우리 고대 국가
위치를 찾다
⟨제7권⟩

우리 고대 국가 위치를 찾다 〈제7권〉

초판 1쇄 인쇄 2023년 5월 31일
초판 1쇄 발행 2023년 6월 5일

지은이 전우성
펴낸이 金泰奉
펴낸곳 한솜미디어
등 록 제5-213호

편 집 김태일, 김수정
마케팅 김명준

주 소 (우 05044) 서울시 광진구 아차산로 413(구의동 243-22)
전 화 (02)454-0492(代)
팩 스 (02)454-0493
이메일 hansom@hansom.co.kr
홈페이지 www.hansom.co.kr

ISBN 978-89-5959-578 5 (03900)

*책값은 표지에 표시되어 있습니다.
*잘못 만들어진 책은 구입하신 서점에서 친절하게 바꿔드립니다.

우리 고대 국가 위치를 찾다

〈제7권〉

전우성 지음

주류 강단 사학계의 '젊은 역사학자 모임'의
(『욕망 너머의 한국 고대사』 비판&반론&올바른 비정)

한국&중국 정사 기록에 의하여 왜곡과 날조로 뒤엉킨
주류 강단사학의 식민사학을 파헤치다.

한솜미디어

| 목 차 |

⟨1권⟩--

[이 글을 쓰는 이유]_16

- 해방 후 한반도에서의 역사학 갈래_19
- 현재 주류 강단 사학계가 표방하는 실증주의 역사관의 실체_23
- 우리나라 주류 강단 사학계가 일제 실증주의 역사학을 추종하고 있다는 증거_30
- 우리나라 역사 인식의 문제_43

Ⅰ. "고조선 역사 어떻게 볼 것인가(기경량)" 글을 반박하여 비판한다_64

[소위 고조선 전문가 논문과 역사 논리를 비판한다]_84
1) 『관자』 사료 이용과 해석을 비판한다_92
2) 『전국책(戰國策)』 사료 이용과 해석을 비판한다_98
3) 『산해경(山海經)』 사료 이용과 해석을 비판한다_107
   - 습수에 대하여_123
   - 산수에 대하여_125
   - 열수에 대하여_126
4) 『사기(史記)』 사료 이용과 해석을 비판한다_141
   - 요수(하)에 대하여_151
   - 요동 개념 변화에 대하여_151
   - 『후한서』「군국지」 연5군 및 한2군의 거리 수치 조작에 대하여_207
     – 백랑수가 소위 연5군 및 한2군에 대한 주류 강단 사학계의 비정을 부정한다._207
     – 소요수가 역시 소위 연5군 및 한2군에 대한 주류 강단 사학계의 비정

을 부정한다._212
　- 사서기록상 소위 한4군의 위치에 있다는 요수, 백랑수, 압록수가
　　흐르는 곳은 하북성이다._213
　- 중국사서는 후대로 올수록 우리 역사를 동쪽으로 조작하여 이동시킨
　　채 왜곡하였다._232
■ 요수와 관련된 사항(대요수, 소요수, 압록수, 안평현) 왜곡에 대하여_234
■ 중국사서 주석(『사기』 삼가주석)에 대하여_316
■ 양평에 대하여_336
■ 영주에 대하여_360
■ 연·진장성에 대하여_364
■ 연나라 위치에 대하여_366
■ 연장성, 연5군에 대하여_384
■ 고조선 이동설의 허구_385
　1) 불확실한 기록을 후대의 '춘추필법'에 의하여 과대포장한 채
　　확실한 것으로 하였다._389
　2) 다른 여러 가지 증거에 의하여도 연나라 진개의 고조선 공략
　　1,000리 내지는 2,000리 사실은 신빙성이 없다._399
(1) 현재 중국과 우리나라 학계에서 강대국으로 비정하는 연나라는
　　약소국이었다._399
(2) 같은 기사를 다른 열전에도 쓴 것은 둘 중 한 기사는 허위일
　　가능성이 높다._403
(3) 설사 연의 진개 조선 공략이 사실일지라도 이내 고조선이 탈환
　　하였다._407
(4) 중국사서상의 기록에 의하더라도 연의 동호 내지는 조선 침략
　　과 연5군, 연장성 설치는 신빙성이 없다._415
(5) 유적, 유물에 의하더라도 식민사관의 '고조선 이동설'은 허구이
　　며 식민사관의 변형물이다._420

· 인용 사료 목록_434 / 참고 자료 목록_448
· 지도 목록_453 / 도표 목록_455

〈2권〉--
- 요동군에 대하여_16
- 요서군에 대하여_27
- 임유관(현, 궁, 임삭궁)에 대하여_31
- 마수산(책)에 대하여_63
- 마읍산에 대하여_76

(1) 고조선_85

(2) 고구려_87
- 중국사서 해석상 유념할 사항에 대하여_88
  - 신뢰성 부족
  - 왜곡과 혼란에 빠지지 않을 사전 인식 필요, 사서와의 교차검증 필요
  - 사전 인식과 교차검증 결과 우리 민족 활동 지역은 산동성 확인
- 고구려와 관련된 중요한 사항에 대하여_100
  ① 고구려 관련 천리와 요동 개념 인식 제고_100
  ② 고구려와 현토군과의 관련성_102
  ③ 고구려 발상지 졸본 지역_103
  ④ 낙랑 개념에 따른 위치 비정_111
  ⑤ 말갈의 위치에 따른 비정_111
- '『삼국사기』 초기 기록 불신론'에 대하여_148

(3) 백제_172
- 백제의 요서 진출에 대하여_263
- 양직공도에 대하여_292
- 임나에 대하여_303
- 백제의 도읍 두 성에 대하여_309

(4) 신라_355

■한반도 신라를 입증하는 경주 고분과 유물에 대하여_402
■탁수, 탁록의 왜곡에 대하여_416
■삼한에 대하여_427

· 인용 사료 목록_457 / 참고 자료 목록_473
· 지도 목록_476 / 도표 목록_479

〈3권〉――――――――――――――――――――――――
■중국사서 기록상 바다[海] 기록에 대하여_16
■신라 진흥왕 순수비에 대하여_38
■백제 무령왕릉에 대하여_41
■신라의 길림성 영역에 대하여_50
■신라와 고려의 하북성 영역에 대하여_60
■신라 9주 설치 기록 조작에 대하여_72
■삭주에 대하여_83

(5) 낙랑_91
■예와 옥저에 대하여_120
■예와 예맥에 대하여_134
■개마대산, 단단대령, 영동 7현에 대하여_183
■죽령과 남옥저에 대하여_214

(6) 말갈_250
■서여진, 동여진, 생여진, 숙여진에 대하여_321
■『고구려-발해인 칭기스 칸 1·2』비판_361
■평주에 대하여_363
■패서도, 패강에 대하여_378
■거란의 위치에 대하여_422

· 인용 사료 목록_435 / 참고 자료 목록_451
· 지도 목록_454 / 도표 목록_456

〈4권〉――――――――――――――――――――――
- 하슬라, 니하, 우산성에 대하여_16
- 말갈 관련 중국사서 기록 비판_50

(7) 왜_62
- 독산성에 대하여_89
- 구천에 대하여_103
- 상곡군에 대하여_112
- 어양군에 대하여_128
- 우북평군에 대하여_130
- 현토군에 대하여_134
- 주류 강단 사학계의 현재 어설픈 시도에 대하여_153
- 『삼국사기』 평양성 기록상 패수 오류 비정에 대하여_170
- 낙랑군에 대하여_204
- 대방(군)에 대하여_209
- 낙랑군 교치설에 대하여_242
- 중국의 우리 민족 역사왜곡 비판_256
- 고구려 천리장성의 조작에 대하여_271
- 질중성에 대하여_290
- 온달과 온달의 활동 지역에 대하여_362
- 아차성, 아단성에 대하여_396
- 나당전쟁의 위치에 대하여_406
- 묘청의 반란 지역 서경에 대하여_447

· 인용 사료 목록_459 / 참고 자료 목록_474
· 지도 목록_477 / 도표 목록_480

〈5권〉――――――――――――――――――――――
- 중국사서 왜곡 기록에 대하여_16
- 『삼국사기』의 올바른 해석 방법에 대하여_56
- 안동도호부의 실체_61
- 고려 천리장성의 조작에 대하여_92

- [1] 서해 압록강 도출 근거 두 가지 : 1)인주 2)의주_105
- [2] 천리장성 동쪽 끝 동해안 도련포 도출 근거 한 가지_161
- 신라의 서쪽 국경인 호로하와 칠중성에 대하여_178
- 호로하에 대하여_181
- 패강에 대하여_192
- 소위 통일신라의 영역 – 발해와의 국경_248
- 신라의 동쪽 경계인 철관성에 대하여_250
- 압록강에 대하여_256
- 이병도가 비정한 통일신라의 동쪽 경계 철관성에 대하여_273
- 책성에 대하여_300
- 고구려, 백제, 신라의 위치 관련 사서기록의 해석 일례에 대하여_331
- 발해에 대하여_352
- 궁예의 활동 지역에 대하여_401
- 발해가 당나라를 공격한 등주에 대하여_423

· 인용 사료 목록_433 / 참고 자료 목록_450
· 지도 목록_453 / 도표 목록_456

〈6권〉————————————————————————
- 유주에 대하여_16
- 『신당서』「가탐도리기」에 대한 바른 재해석에 대하여_49
- 산동성 하슬라 지역에서 활동한 후삼국에 대하여_57
- 거란에 대하여_97
- 요택에 대하여_104
- 발해 5경에 대하여_121
- 고려의 영역에 대하여_132
- 고려 윤관의 동북 9성에 대하여_160
- 고려 서희의 강동 6주(8성)에 대하여(1)_170
- 의무려산에 대하여_217

■ 고죽국에 대하여_229
■ 노룡현과 창려현에 대하여_263
■ 백랑수에 대하여_277
■ 비여현에 대하여_294
■ 용성과 선비족에 대하여(1)_303
■ 소위 서희의 강동 6주(8성) 위치에 대하여(2)_333
(1) 흥화진_333
■ 살수에 대하여_368
(2) 용주와 통주_425
(3) 철주_436

· 인용 사료 목록_439 / 참고 자료 목록_456
· 지도 목록_459 / 도표 목록_462

〈7권〉--
■ 안시성에 대하여_16
(4) 귀주_27
(5) 곽주_33
(6) 장흥진_35
(7) 귀화진_36
(8) 안의진_38
(9) 맹주_38
■ 쌍성총관부, 동녕부, 자비령, 철령에 대하여_49
■ 레지선, 당빌선, 본느선에 대하여_71
■ 고려 지방행정 조직 '5도 양계'에 대하여_90
■ 진장성에 대하여_102
■ 갈석산에 대하여_137
■ 패수에 대하여_197
■ 서안평에 대하여_231
■ 중국 '만성한묘'에 대하여_256

■『구당서』및『신당서』「고구려전」의 올바른 해석에 대하여_327

5) 『위략』 사료 이용과 해석을 비판한다_363
6) 『염철론』「벌공편」과 『사기』「흉노열전」 사료 이용과
   해석을 비판한다_373
7) 『삼국유사』「고조선조」 사료 이용과 해석을 비판한다_382
8) 젊은 역사학자 모임 일원의 『염철론』「벌공편」 사료 이용과
   해석을 비판한다_392
9) 『삼국지』〈위서〉「동이전」 및 『위략』과 『사기』「흉노열전」
   그리고 『삼국유사』 사료 이용과 해석을 비판한다_395
  (1) 동호에 대한 정의 그리고 '고조선 이동설'을 비판한다._395
  (2) 소위 연 5군(진 5군)의 위치 및 양평에 대한 주장을 비판한
      다._400

10) 고조선 유적, 유물에 대한 왜곡된 해석을 비판한다_405
  (1) '고조선 이동설'은 낙랑군 평양설을 유지하기 위한 식민사학의
      왜곡된 변형물이다._405
  (2) 초기 고조선 중심지는 대능하 지역 내지는 요하 일대라는 설정
      은 잘못이다._407
  (3) 고조선 지표 유물에 대한 해석이 잘못되었다._409

11) 고조선과 한나라의 전쟁 기사 해석을 비판한다_419
  (1) 고조선이 패한 전쟁 기사를 이유 없이 장황하게 나열하였다._419
  (2) 조한전쟁 당시 고조선의 위치 문제_421
      ① 전쟁 시작 이유_421
      ② 전쟁 시작 및 경과 그리고 결과_422

12) 결론에 대한 비판_434

II. "낙랑군은 한반도에 없었다?(기경량)"를 반박하여 비판한다_446

1. 낙랑군 위치에 대한 왜곡된 주장_447

   1) 기자조선의 실체_454

   · 인용 사료 목록_467 / 참고 자료 목록_482
   · 지도 목록_485 / 도표 목록_488

〈8권〉--
   ■ 우리 민족 고대 국가 수도 평양에 대하여
   ■ 한산주, 한주 한반도 왜곡 비정에 대하여

   2) 한사군의 실체

2. 실학자들도 식민 사학자?
3. 사이비 역사가의 엉터리 '1차 사료' 활용
4. 진짜 '당대 사료'가 증언하는 낙랑군 위치 P1741
5. 낙랑군 이동과 교치

   ■ 낙랑군 고조선 주민 자치설에 대하여

6. '스모킹 건' 평양지역 낙랑군 유적과 유물
7. 열린 접근이 필요한 낙랑군

III. "광개토왕비 발견과 한·중·일 역사전쟁(안정준)"을 반박하여 비판한다.

1. 고구려 초기 도읍지 및 위치 그리고 천도 사실

- 졸본성에 대하여
- 고구려 수도 천도 사실에 대하여

⟨9권⟩---
- 국내성에 대하여
- 환도성에 대하여
- 평양성에 대하여
- 부여에 대하여
- 선비에 대하여(2)](고구려와의 관계)
- 부여의 약수에 대하여
- 동부여의 위치에 대하여

2. 광개토대왕 비문 재해석

1) 신묘년조 해석
2) 전체 비문 재해석

- 고구려 시조에 대하여
- 고구려 시조 출처에 대하여
- 비려에 대하여
- 부산에 대하여
- 신묘년조에 대하여
- 치양, 주양에 대하여
- 양평도에 대하여
- 관미성에 대하여
- 백제 한성 함락과 관련한 사실에 의하여 그 위치를 조명하면
- 광개토대왕 비문상의 아리수와 서서상의 욱리하, 사성에 대하여
- 광개토대왕 비문상의 아리수에 대하여
- 하평양(남평양)에 대하여
- 고구려 하북성 평주 지역 도읍 시기에 대하여
- 백제의 남한 지방 옮김에 대하여

〈10권〉--
- 백제의 천도지이자 남쪽 경계였던 웅진(웅천)에 대하여
- 백제 성왕 죽음 장소인 관산성에 대하여
- 백제 도읍에 대한 고고학적 측면에 대하여
- 나당연합군의 백제 공격에 대하여
- 바다를 통한 당나라의 백제 공격에 대하여
- 당나라 소정방 출발지 성산에 대하여
- 제1차 도착지인 덕물도에 대하여
- 제2차 도착지인 웅진구와 백강에 대하여
- 백제 항복 주체에 대하여
- 임나가라에 대하여
- 임나일본부의 왜의 외교 사절설 논리의 근거 비판
- 대가야 설정의 허구성에 대하여

　　[대가야의 존속여부]
　　[대가야의 멸망 사실 허구]

- 왜의 외교 사절설 실체 비판

　　[안라의 한반도 가야 비정 근거]
　　[외교 사절 역할에 대하여]

- 『일본서기』 신뢰성에 대하여
- 고대 시기 한반도와 일본열도의 상황에 대하여
- 왜가 침입한 대방계에 대하여
- 407년 광개토대왕의 기병 5만에 의한 공격에 대하여
- 가야와 포상팔국에 대하여
- 가라의 기록에 대한 고찰

[맺는 말]

우리 고대 국가 위치를 찾다

■ 젊은 역사학자들을 학문적으로 비판한다.
(『욕망 너머의 한국 고대사』 비판&반론&올바른 비정)

한국&중국 정사 기록에 의하여 왜곡과 날조로 뒤엉킨
주류 강단사학의 식민사학을 파헤치다.
오랜 기간 이어져 온 논란 사항 정립
(고조선 및 삼국의 위치, 연진장성, 패수, 낙랑, 평양 등)
고구려, 통일신라, 고려 영역 재정립/
고구려 및 고려 천리장성 조작 확인

[안시성에 대하여]

여기서 또 중요한 사항이 확인된다. 이와 같이 모든 곳에서 우리 고대사와 관련된 사항이 나오고 있어 모든 것이 서로 연관되어 있다. 주류 강단 사학계는 고구려의 당나라와 싸움에서 가장 유명한 성인 이 성을 지금의 요령성 안산시 해성시 동남쪽의 영성자산성에 위치해 있는 것으로 비정하고 있다. 하지만 이 비정도 여러 주장이 있는 등 제대로 비정하지 못한다. 그 이유는 제대로 비정하지 않고 왜곡되어 비정하기 때문에 어디를 비정해도 원래의 위치에 맞지 않기 때문이다. 안시성, 안시현을 제대로 비정하는 사서의 기록은 차고 넘친다. 특히 당나라 전쟁 이전 기록에 많이 있다. 그런데도 주류 강단 사학계와 비주류 강단 사학계 심지어는 재야 민족 사학계에서조차 당나라와의 전쟁 기록을 왜곡된 것을 기준으로 비정하니 제대로 비정이 되지 않고 지금의 요령성 인근으로 비정할 수밖에 없다.

> 【사료56】『삼국유사』「흥법」'순도조려'
>
> 살펴보면, 고구려 때의 도읍은 안시성(安市城), 일명 안정홀(安丁忽)로서 요수(遼水)의 북쪽에 위치해 있었고, 요수는 일명 압록(鴨淥)으로 지금은 안민강(安民江)이라고 한다. 송경(松京)의 흥국사의 이름이 어찌 [이곳에] 있을 수 있겠는가?

왜곡되고도 제대로의 역사 인식을 가지지 않고 해석하면 위의 기록을 왜곡된 위치에 비정하게 된다. 이러한 사항을 잘 보여주는 기록이 위의 기록이다. 그렇다면 제대로 된 역사 인식에 의하여 이를 해석하여 보자. 물론 위의 짧은 기록은 제대로 된 요수와 안시성에 대하여 상세히 보여주지 않는다. 그러나 역사 인식의 차이는 충분히 보여준다. 주류 강단 사학계의 경우 위의 기록은 당연히 그들의 논리에 의하여 고구려와 당나라와의 전쟁 과정에서 나온 것만 위주로 하여 요수와 안시성의 위치를 비정한다. 본 필자가 역사를 연구하면서 명확히 확인한 사항이 바로 이것이다. 일제 식민사학이 정립하고 이를 77년이 지난 현재까지도 변함없이 그대로 추종하는 주류 강단 사학계의 소위 우리 고대사 비정 관련 학문이라는 것이 바로 이러한 방식에 의한다.

따라서 학문이라고 할 수 없고 단지 역사왜곡과 조작 행위라는 사실을 본 필자는 명확히 확인하였다. 즉 본 필자가 이 글에서 독산성(책), 구천(구원), 아차(단)성, 죽령(남옥저), 임유관(궁), 마수산(책), 하(아)슬라, 니하 및 우산성, 부양(부현), 소위 강동 6주(8성) 등에서 밝힌 바와 같이 역사상에 나타난 사실에 대하여 한순간, 한순간 그때마다의 비정에 그친 채 종합적으로 비정을 못 하거나 안 하는 것이 주류 강단 사학계의 우리 역사 정함이다. 그럼으로써 각 사건마다 비정을 각각 달리하고 있다. 이는 그들이 이미 정하여 놓은 한반도 안에서의 위치 비정 전제에서는 도저히 한 곳으로 맞게 비정을 할 수 없기 때문인 것이 유일한 이유이다. 한 곳으로 비정하려면 한반도에서의 그들의 비정을 모두 바꾼 채 한반도가 아닌 원래의 맞는 곳에 비정하여야만 한다.

위의 여러 사항과 더불어 또 추가되는 것이 바로 안시성이다. 이 추가되는 사항이 하나뿐만 아니라 이 글에서 전부 거론을 못 하여서 그렇지 우리 고대사 전체가 그렇다. 위의 안시성의 경우에도 단지 고구려와 당나라와의 전쟁 과정에서 나온 것만 위주로 하여 비정을 하였지, 이 글에서 밝히는 바와 같이 『요사』「지리지」나 『고려사』「지리지」를 비롯한 다른 사서나 이 사서들의 다른 사항은 전혀 고려치 않은 채 일반 비정하고 다른 것은 무시하거나 변명한다.

물론 원천적으로 그 기준이 되는 압록강, 요수 등에 대한 비정도 자기들 논리에 맞는 것만을 근거로 비정한 채 다른 비정이 되는 기록은 무시하거나 배척한다. 이 바탕 위에 다시 여기에 관련된 사항 즉 안시성 비정을 하기 때문에 제대로 된 위치에 비정을 하지 못한다. 즉 여기서의 요수를 지금의 요령성 요하로 왜곡 비정된 바를 바탕으로 이 안시성을 비정하니 지금의 요령성 해성시로 비정할 수밖에 없다. 물론 이와 관련된 전쟁 상황을 참조하였을 것이다. 그것도 그들 논리 범위 내에 한에서 참조하였을 것이다. 그러면서 자기들 논리에 반하는 사항은 배척해 버린다. 분명 그들이 비정한 안시성의 위치인 요령성 해성시는 그들이 비정하는 압록수인 요령성 요하의 북쪽이 아니라 동쪽에 있다.

그런데 기록은 원래 안시성 위치를 북쪽에 있다고 하였다. 제대로 된 비정에 의하면 위 기록상의 요수를 요령성 요하로 비정한 자체가 우선 잘못으로 문제이다. 즉 요령성 요하는 남북으로 흐르는 강이다. 엄밀하게 하면 북에서 남으로 흐르다가 서남쪽으로 흐른다. 그러나 보는 사람에 따라 다를 수 있으나 거의 남북으로 흐른다. 그리고 해성시는 요하의 남쪽이 아니라 동남쪽에 있다. 북쪽이 아니다. 그런데 통상적으로 강의 북쪽에 있다고 하면 그 강은 동서로 흐르는 강이다. 남북으로 흐른 채 그 북쪽에 있다고 하지는 않는다. 남북으로 흐르는 경우 동이나 서에 있다고 한다. 그러면 안시성이 요수의 북쪽에 있다고 한다면 이는 요수가 동서로 흐르고 이 위 즉 북쪽에 안시성이 있어야 맞는다.

이와 같은 사항에 의하여도 주류 강단 사학계의 요수를 요령성 요하로 그리고 안시성을 요령성 해성시로 비정하는 것은 일단 문제가 있다. 그리고 다음으로 확인할 사항은 위의 기록상 압록과 요수를 같이 본 것이다. 이에 대한 설명이 있어야 한다. 그러나 주류 강단 사학계는 이에 대한 설명이나 비정이 없는 것으로 본 필자는 알고 있다.

왜냐하면 별도의 설명이나 비정이 있고 없고가 아니라 그들에게는 역사상의 요수는 전부 요령성 요하나 인근의 강으로 그리고 압록강(수)은 전부 한반도 북부의 현재의 압록강으로 비정하기 때문에 다른 설명이나 비정에 대한 확인이 사실상 필요가 없다.

그렇다면 그들의 비정에 의하더라도 이 안시성의 요령성 요하 인근의 해성시로 비정하는 것은 문제가 있다. 먼저 요수에 대한 비정에 있어서 대요수는 압록강, 소요수는 혼강이나 장전하로 비정한다. 그리고 별도로 나오는 요수는 전부 요하로 비정하고 압록수(강)는 전부 현재의 한반도 북부의 압록강으로 비정한다. 그러면 위의 기록상 이와 같이 압록수와 요수를 같이 본 것에 대한 설명이 있고 이에 대한 비정이 있어야 하는데 상관없이 이를 요령성 요하로 보고 인근에 안시성을 비정한다. 물론 주류 강단 사학계는 위의 『삼국유사』기록 한 가지를 가지고 비정하는 것이 아니라고 할 것이다. 위의 기록이 잘못일 수도 있으므로 이에 대한 별도의 설명이나 비정도 필요 없을 것이라고 한다. 이러한 사실을 본 필자도 알면서 이를 고집하는 이유는 위의 기록에 중요한 역사 인식이 들어가 있어 이러한 반론에도 불구하고 이 기록을 제대로 해석하면 모든 해석과 비정이 제대로 될 수 있다는 것을 밝히기 위해서이다.

위의 기록에서 중요한 사항은 요수와 압록강을 같이 본 것이다. 이로 인하여 최근에 이슈가 되고 있는 비주류 강단 사학계인 인하대학교 고조선 연구소의 경우 고대 사료 기록상과 역사적 활동상의 압록수를 지금의 요령성 요하로 비정하고 있다. 물론 이 연구소도 단지 위의 기록에 의하여 이렇게 비정하지 않고 여러 가지 많은 사항으로 이러한 결론을 맺었다고 할 것이다. 하지만 그렇다면 고대 사료 기록상과 역사적 활동상의 압록수를 지금의 요령성 요하로 비정하지 말아야 한다. 위의 기록상 요수를 압록으로 본 것은 『삼국사기』나 『당서』상에 있는 수당전쟁 시의 기록을 보면 압록수와 요수를 혼동하여 기록한 바와 같은 역사 인식에 의한다. 『삼국사기』나 『구당서』 및 『신당서』상에 있는 수당전쟁 시의 기록상에 압록강과 요수로 기록된 것은 다음과 같다.

> – 압록강 : 수나라 살수대첩(612), 당나라 안시성 전투(645), 박작성 공격(648), 남생 수비(661), 남건 수비 지시(667), 이적 침략(668), 나당 전쟁 옥골전투(670)
>
> – 요수 : 고구려 수나라 첫 공격 후 수나라 수비(597), 수양제 공격(611, 613, 614), 이세적 공격, 요동성 함락, 안시성 전투 이후 요택 철군(645), 정명진 공격(655)

이에 의하여 확인되는 것은 『한서』「지리지」, 『수경』, 『수경주』, 『후한서』 및 『삼국지』「고구려전」 등 모든 기록에 의하면 압록수와 소요수 및 대요수는 이웃에 있어 같은 방향으로 평행으로 흐르다가 나중에 안평현(서안평현, 안시현)에서 합류하는 것으로 되어 있다.

그런데 위의 기록상에 나타난 압록강과 요수의 기록을 보면 같이 기록된 것이 없다. 단지 645년 당태종의 고구려 안시성 전투와 관련하여 압록강이 아닌 압록수(鴨淥水) 언급만 나오고 이전과 이후 철군에 관련하여서는 요수만 기록되어 있다. 따라서 분명히 같이 있는 강을 하나만 기록한 것은 요수와 압록강(수)을 같이 취급하거나 인식한 것이 확실하다.

> 중국사서는 하북성의 압록강과 요수를 같은 것으로 기록하였다.
> 이는 이 두 강이 이웃에 있음을 입증하는 것이다.
> 하북성에서 요수와 압록강이 나란히 이웃에 흐른다.

이와 관련하여 특이한 사항은 주류 강단 사학계의 해석에 의하면 원전상에 요를 건너다(度遼), 요의 좌측(遼左)으로 기록된

- 遼(요) : 안시성 전투 이전 이적 공격 및 이후 철군(645), 남건 수비 지시 전의 이적 공격(667)

이 사항에 대한 위 기록을 전부 요하로 해석하였다는 사실이다. 지금의 요령성 요하로 비정한 채 무조건 요하로 해석해 버렸다. 물론 요하는 아니지만 요수일 수도 있다. 하지만 제대로 된 인식에 의하여 이곳은 요동, 요서 지방이다. 여기서 요수라고 하지 않고 굳이 요(遼)라고 한 것은 요수를 나타낸 것이 아니라 요동, 요서 지방의 요를 표현하였다고 하는 것이 더 신빙성이 있다. 이는 무조건 요령성으로 해석해 버리고 이를 관철시키려는 잘못된 의도로밖에 해석될 수 없는 행위이다. 이와 같이 전쟁 기록상에 요수와 압록강을 같이 본 인식을 『삼국유사』가 그대로 받아들였다.

비록 본래의 사실과는 어긋난 것이지만 사서기록(전쟁 기록)의 인식을 그대로 받아들였다. 이는 요수와 압록강이 구분할 필요가 없게끔 이웃에 있다는 것을 나타낸 것으로 볼 수도 있다. 그리고 『삼국유사』는 이 안시성이 고구려 때 도읍이고 이것이 압록인 요수 북쪽에 있다고 한 것은, 먼저 분명히 당나라가 공격한 고구려 안시성은 당시의 요수인 지금의 자하로써 당시 압록수이던 호타하의 북부에 있었다. 따라서 당시의 요수는 지금의 호타하 북부에 있는 자하 북쪽에 있었다.

이 기록은 여기서도 중요한 사항을 우리에게 알려주고 있다. 과연 이것을 아는 사람이 주류 강단 사학계에 있을까 한다. 혹은 알면서도 자신들의 논리가 흔들리는 것을 우려하여 고의로 무시하였을 것이라고 판단한다. 안시성이 고구려의 도읍이었다는 사실이다. 그리고 요

수와 압록이 같은 것이면 그들의 많은 논리가 흔들리게 된다. 그들에게 있어서 요수는 요령성 요하이다. 그것도 수당전쟁 시의 요수일 경우이고, 『후한서』 및 『삼국지』 「고구려전」상의 대요수와 소요수는 각각 압록강과 혼강 내지는 장전하이다. 그리고 압록강은 지금의 한반도 북부의 압록강이다. 이러한 비정에 의하면 『삼국유사』의 압록과 요수가 동일한 것을 인정할 수 없다.

『삼국유사』를 제대로 된 역사 인식 즉 왜곡에 휘둘리지 않은 시각으로 바라보면 왜곡된 역사를 바로잡을 많은 것을 알려준다. 물론 단군조선의 기록을 필두로 하여, 즉 앞에서 살펴본 【사료151】『삼국유사』권 제1 제 1기이(紀異第一) 낙랑국(樂浪國) 기록에서의 낙랑 개념과 살수에 대한 바른 인식을 알려주었듯이 여기서도 고구려 때의 도읍이 안시성이었다는 것을 알려주고 있다. 물론 이 안시성은 지금의 요하 북쪽이 아니라 당시 요수와 압록수를 같이 본 차원에서 이의 북쪽에 있다고 한 것으로 이는 당시의 압록수였던 지금의 호타하 북쪽에 안시성이 있다는 것을 기록한 것이 『삼국유사』 기록이다. 이 안시성 위치이자 환도성 위치는 지금의 보정시 동남쪽이자 호타하 북쪽인 하북성 형수시 안평현 북쪽으로 지금의 하북성 창주시 임구현이다. 이곳이 한때 고구려의 도읍이었던 환도성이다.

> 고구려 안시성 위치는 고구려 도읍인 환도성 위치이다.
> 이곳은 요수이자 압록수인 하북성 호타하 북쪽이다.

주류 강단 사학계가 비정하는 요령성 해성시는 고구려의 도읍이 되었다는 기록이 전혀 없으며 이곳은 왜곡된 바에 의하더라도 요하(수)의 북쪽이 아니고 동쪽이다. 그리고 주류 강단 사학계가 안시성의 위치로 비정하는 요령성 해성시는 요수로 비정하는 요하는 있으나 요수가 들어가는 압록수는 없다. 그래서 이병도의 경우 압록수를 한반도 압록강으로 비정하고 (소)요수를 장전하로 비정하지만 이곳은 『요사』「지리지」상에 안시성이 있다는 요나라 동경도 철주 건무군이 아니다. 그리고 이곳에는 안시성이 없다. 어떻게 이것이 학문이고 우리 고대 역사라는 말인가. 이러한 사실은 『삼국사기』가 기록하여 입증하고 있다.

『삼국유사』와 『삼국사기』에 의하여 고구려의 환도성 위치를 확고히 비정할 수 있다. 주류 강단 사학계는 고구려 환도성을 지금의 압록강 북부의 요령성 본계시 환인현으로 비정하고 있다. 이곳은 한나라 시기의 요동군도 아니었고 요수의 북쪽도 아니다. 이외에도 고구려 고국원왕 시기의 전연의 모용황의 환도성 공격 루트상으로 보아도 이곳 환인은 도저히 환도성이 될 수 없는 등 모든 사항이 맞지 않으며 단지 하북성 형수시 안평현 북쪽이라야만 압록수와 요수의 북쪽으로 연의 모용황의 환도성 공격 루트상으로 보아도 이곳이 맞는 등 모든 기록상으로도 맞는다. 『삼국유사』는

【사료55】『삼국사기(三國史記)』卷第三十七 雜志 第六 지리(地理)四 백제(百濟) 압록수 이북의

압록수 이북의 항복하지 않은 성

압록수 이북의 항복하지 않은 11성. 북부여성주(北扶餘城州)는 본래 조리비서(助利非西)이다. 절성(節城)은 본래 무자홀(蕪子忽)이다. 풍부성(豐夫城)은 본래 초파홀(肖巴忽)이다. 신성주(新城州)는 본래 구차홀(仇次忽) 혹은 돈성(敦城)이라고도 이른다. 도성(桃城)은 본래 파시홀(波尸忽)이다. 대두산성(大豆山城)은 본래 비달홀(非達忽)이다. 요동성주(遼東城州)는 본래 오렬홀(烏列忽)이다. 옥성주(屋城州), 백석성(白石城), 다벌악주(多伐嶽州), 안시성(安市城)은 옛날 안촌홀(安寸忽)(혹은 환도성(丸都城)이라고도 이른다.)이다.

이 『삼국사기』의 기록을 따랐다. 더군다나 안시성은 고구려가 항복

한 이후에도 항복하지 않은 성으로 나오고 있다. 주류 강단 사학계가 비정하는 요령성 해성시라면 나당연합군과 양국이 항복하지 않고 내 버려두지 아니했을 것이다. 이곳 하북성 지방인지라 항복하지 않고 버텼다가 결국 발해에 넘어가게 되는 사항이 그대로 역사적 사실로 나타나고 있다. 이외에도 이곳 하북성으로 비정되는 안시성과 함께 하북성으로 비정이 확실히 되는 수당전쟁 시의 "**신성주**(新城州)**는 본래 구차홀**(仇次忽) (혹은 돈성(敦城)이라고도 이른다.)**이다. 백석성**(白石城)" 등도 같이 항복하지 않은 곳으로 기록되어 있다. 이와 같이 위의『삼국유사』기록은 제대로 된 역사 인식의 척도가 되는 것이며 이러한 제대로 된 역사 인식에 의하여 해석하면 진위 여부는 물론 제대로 된 역사를 파악할 수 있는 좋은 표본이다. 물론 주류 강단 사학계의 입장에서는 배척 대상 내지는 무시 대상이 된다. 왜냐하면 그들의 논리에 반하기 때문이다.

이와 같이 안시성이 있었던 것으로 확인되는 안시현은

【사료22】『한서』「지리지」1. 유주

⑧ 요동군(遼東郡)

4) 망평현(望平縣), 대요수(大遼水)가 새(塞) 밖을 나와서 남쪽으로 안시현(安市縣)에 이르러 바다로 들어가는데 1250리를 흐른다. 왕망은 장설(長說)이라고 했다.[2]
12) 안시현(安市縣),

원래 하북성 지금의 안평현 인근에 있었던 요동군 소속으로 있었다. 여기서 안시현에 이르러 바다로 들어가는 바다를 본 필자가 누누이 강조하여 설명한 호타하를 바다로 기록하였다.

【사료21】『수경주』「대요수」, 「소요수」

[수경]

(대요수는) 또한 동쪽으로 흘러 안시현 서남쪽을 지나고 바다로 들어간다.

[주]
십삼주지에서 말하기를 대요수는 새(塞) 밖으로부터 서남쪽으로 흘러 안시에 도달하여 바다로 들어간다고 하였다.

이와 같은 기록은 이 기록에 의하여도 증명된다. 고구려와 발해 그리고 신라 등 우리 고대 국가와 하북성 호타하 관련 기록상의 바다를 제대로 해석하지 않고 현재의 넓은 바다로 잘못 인식하는 역사 인식 내지는 지식 때문에 발해가 당나라를 공격할 시 등주를 공격할 때 발해만이라는 바다를 건너서 공격하였다고 해석함으로써 발해를 한반도 북부에 위치시켜 놓은 결과 같은 왜곡된 역사가 나온다. 발해는 하북성 북쪽에 고구려 땅을 그대로 이어받아 위치해 있었기 때문에 호타하라는 바다를 건너서 그 남쪽의 당나라를 공격하였다. 이것을 입증하는 사서의 기록이

【사료25】『통전(通典)』「변방」'동이 하 고구려'

평양성(平壤城) 동북쪽에 로양산(魯陽山)이 있고 그 정상에 로성(魯城)이 있다. 서남쪽으로 20리에 위산(葦山)이 있는데 남쪽에 패수(浿水)가 가깝다. 대요수는 말갈국 서남산에서 나와 남으로 흘러 안시현에 이른다.

바로 이것이다. 이들 기록 이외에도 안시성 내지는 환도성이 하북성에 있었다는 것을 입증하는 사서의 기록은 무궁무진하다. 이에 대하여는 이미 앞에서 [살수에 대하여]를 설명하면서 살펴본【사료430】

『동사강목』「안시성고(安市城考)」를 확인하면서 안시성의 왜곡성을 확인한 바 있기도 하지만,

> 【사료30】『신당서(新唐書)』「가탐도리기」
>
> 2. 등주에서 바닷길로 고구려와 발해로 가는 길
>
> 오목도(烏牧島)와 패강구(貝江口)와 초도(椒島)를 지나면 신라(新羅)의 서북쪽에 있는 장구진(長口鎭)에 도달한다. 또한 진왕석교(秦王石橋)와 마전도(麻田島)와 고사도(古寺島)와 득물도(得物島)를 지나는 1000리를 항해하면 압록강(鴨淥江)의 당은포구(唐恩浦口)에 이른다.
> 이내 동남쪽으로 육로를 이용하여 700리를 가면 신라(新羅)의 왕성(王城)에 도달한다. 압록강(鴨淥江)의 어귀로부터 배를 타고 100여 리를 가고, 이내 작은 배로 물길을 거슬러 동북쪽으로 30리를 가면 박작구(泊汋口)에 도달하는데 발해(渤海)의 경내이다. 또한 물길을 거슬러 500리를 가면 환도현(丸都縣)의 성(城)에 도달하는데 옛 고구려의 왕도(王都)이다.

이 기록에 의하여도 요수와 같이 본 압록강인 지금의 하북성 호타하 북쪽 즉 이 사서기록과 같이 이 기록상의 압록강에서 거슬러 올라간 북쪽인 500리에 고구려 도읍이었던 환도성인 안시성이 있었음이 명백히 입증된다. 이 안시성인 환도성에 대하여는 다음의 고구려 도읍 및 천도 사항에서 자세히 살펴보고자 한다.

그리고 여기서 확인하여야 할 사항은 그러나 이 바다로 기록된 압록수이자 마자수인 현재의 호타하 인근의 현재의 하북성 형수시 안평현이자 안시현과 이곳에서 그 북쪽인 지금의 하북성 창주시 임구시에 있었던 안시성이자 환도성은 서로 떨어져 있다는 사실이다. 따라서 이에 의하면 예전에는 이들이 서로 같은 지역으로 편성되어 있거나 이 요동군 안시현의 명칭과 안시성의 명칭이 서로 영향을 받은 것으로 확인된다. 지금까지 살펴본 바와 같이 본 필자의 압록수, 요수, 안시성, 바다에 대

한 비정으로 고구려의 수당전쟁 및 발해 역사를 다시 한 번 살펴볼 것을 추천하는 바이다. 그러면 제대로 된 역사가 제대로 보일 것이다.

이와 같이 철주는 비록 소위 서희의 강동 6주(8성)에는 들지 않았지만 같은 지역의 같은 방어선으로 있었다. 그러므로 소위 강동 6주(8성)상에는 포함시키지 않아야 하므로 서희의 소위 강동 6주는 8성이 된다. 이를 포함하면 9주가 된다. 하지만 기록상 서희가 쌓은 성으로 기록되지 않았으므로 제외시켜야 한다. 하지만 안시현, 안시성, 환도성으로써 소위 강동 6주(8성)의 위치를 상호 연관시켜 비정할 수 있는 중요한 단서이다.

> 중국사서상에만 기록된 철주는 정확한 우리 사서기록에 있지 않은 것이므로 소위 강동 6주(8성)에서 제외시켜야 한다.

다음은 **(4)귀주**에 대하여 살펴보기로 한다. 이 귀주에 대하여는 앞에서도 살펴보았다.

【사료54】『고려사』지 권제12 지리3 「북계」

안북대도호부
귀주
귀주(龜州)는 본래 고려의 만년군(萬年郡)이다. 성종 13년(994)에 평장사(平章事) 서희(徐熙)에게 명하여 병사를 거느리고 여진(女眞)을 공격하여 쫓아내고, 귀주에 성(城)을 쌓았다. 현종 9년(1018)에 방어사(防禦使)가 되었다. 고종 3년(1216)에 거란군이 와서 약탈하니 고을 사람들이 맞서 싸워서 죽이고 사로잡은 자가 많았다. 〈고종〉 18년(1231)에 몽고병이 와서 침략하자, 병마사 박서(朴犀)가 힘을 다해 그들을 방어하면서 힘이 모자랐지만 항복하지 않은 공적이 있으므로, 정원대도호부(定遠大都護府)로 승격시켰다. 뒤에 도호부로 하였다가 다시 정주목(定州牧)으로 고쳤다.

귀주는 나중에 정주(목)로 고쳤다. 그런데 이 정주는 앞에서 살펴보았듯이,

【사료29】『요사』「지리지」

동경도
보주 선의군(保州 宣義軍)
보주(保州) 선의군(宣義軍)이 설치되었으며 절도를 두었다. 고려가 설치한 주이며 옛 현은 래원(來遠) 하나이다. 성종(재위:982~1031)이 고려의 국왕 순(詢 ; 현종)(8대, 재위:1009~1031)이 멋대로 즉위한 것을 문죄하였으나 불복하였다. 개태(開泰) 3년(요 성종 1014)에 보주(保州)와 정주(定州)를 취하였다. 통화 말년(요 성종 983~1011)에 고려가 항복하였는데 그곳(보주 정주)에 각장(榷場 ; 고려시대에, 지금의 의주와 정평에 두고 거란·여진과 무역하던 장)을 두었다. 동경통군사에 예속되었으며, 주와 군 두 개와 현 하나를 관할하였다. 내원현(來遠縣) 처음 요서 지역의 백성을 옮겨 채웠고, 다시 해(奚)와 한(漢)의 병사 700명을 옮겨 지키게 하였다. 호구 수는 1,000이다. 선주(宣州) 정원군(定遠軍)이 설치되어 있으며 자사를 두었다. 개태 3년(1014)에 한(漢)의 호구를 옮겨 설치하였다. 보주에 예속되었다. 회화군(懷化軍)은 하급이며, 자사를 두었다. 개태 3년 설치하였고 보주에 예속되었다.

서희에 의하여 994~996년에 걸쳐 소위 강동 6주(8성)를 설치한 이후 지속적인 요나라의 이 지역에 대한 요구 및 침략이 있다가 1015년에 보주, 정주 2개 즉, **선화진(宣化鎭)과 정원진(定遠鎭)**을 탈취하자 이곳을 경계로 하여 1033년 압록강이 시작되는 인주를 기점으로 흥화진 등을 거치는 나머지 성을 연결하여 천리관성이 설치되었다. 이후 1117년 금나라가 이 두 곳을 100여 년 만에 탈환하여 고려에 넘기자 고려는 여기에 의주를 시작으로 압록강을 경계로 한 관방을 재차 설치하였다. 바로 이 의주가 앞에서 살펴보았듯이『고려사 지리지』상에 기록되기를 위의『요사』「지리지」상 보주 선의군으로 확인되고 이곳에 마

자수 혹은 청하라 불리는 압록강 있다고 하였다. 한편 이 정주는

【사료29】『요사』「지리지」

2. 동경도
정주 보녕군(定州 保寧軍)
정주(定州) 보녕군(保寧軍)은 고려가 설치한 주이다. 옛 현은 하나로 그 이름은 정동(定東)이다. 성종 통화(統和) 13년(995)에 군으로 승격되어 요서 지역의 백성을 옮겨 채웠다. 동경유수사에 예속되었다. 관할 현은 하나이다. 정동현(定東縣) 고려가 설치한 것을 그대로 사용한 것이다. 요나라 때 요서 지역의 백성을 옮겨 거주케 하였다. 호구 수는 800이다.

요서 지역의 백성을 옮겨 채운 것으로 기록되어 있다. 즉 고려로부터 1014년에 탈취한 후 요서 지역의 백성을 이주시켰다. 그렇다면 주류 강단 사학계의 비정에 의한다 하더라도 당시 요서는 지금의 요하 지방 서쪽이기 때문에 도저히 한반도는 될 수 없다. 반면 원래의 요서는 하북성 석가장시 인근 지역이기 때문에 이곳의 백성을 정주로 비정되는 호타하 동쪽 바다로 들어가는 곳 즉 당시의 요동 지역이므로 비주류 강단 사학계 및 재야 민족 사학계의 비정에 의한 지금의 요하 동쪽 지방도 아니다.

【사료451】『고려사절요』 권3 현종원문대왕(顯宗元文大王) 현종(顯宗) 10년 2월 1019년 2월 1일

강감찬, 김종현 등이 귀주에서 거란군에 대승을 거두다

2월 기축 초하루. 거란(契丹)의 병사들이 귀주(龜州)를 지나가자 강감찬(姜邯贊) 등이 동쪽 교외에서 격전을 벌였으나 양쪽 진영이 서로 대치하여 승패가 나지 않았다. 〈이때〉 김종현(金宗鉉)이 병사들을 이끌고 도달하였

> 는데, 홀연히 비바람이 남쪽으로부터 불어와 깃발들이 북쪽을 향해 휘날렸다. 아군이 그 기세를 타고 분발하여 공격하니, 용맹한 기운이 배가 되었다. 거란군이 북쪽으로 달아나자 아군이 그 뒤를 쫓아가서 공격하였는데, 석천(石川)을 건너 반령(盤嶺)에 이르기까지 쓰러진 시체가 들을 가득 채우고, 노획한 포로·말·낙타·갑옷·투구·병장기는 이루 다 셀 수가 없었으며, 살아서 돌아간 적군은 겨우 수천 인에 불과하였다. 거란의 병사들이 패배한 것이 이때처럼 심한 적이 없었다. 거란의 군주가 그 소식을 듣고 크게 노하여 사자를 보내어 소손녕을 책망하며 말하기를, "네가 적을 가볍게 보고 깊이 들어감으로써 이 지경에 이르게 되었으니, 무슨 면목으로 나를 볼 것인가? 짐이 마땅히 너의 낯가죽을 벗겨낸 이후에 죽일 것이다."라고 하였다.

이 귀주는 많이 알려졌듯이 강감찬 장군의 귀주대첩이 이루어진 곳이다. 그런데 주류 강단 사학계는 이 귀주를 지금의 평안북도 구성시로 비정하고 있다. 압록강과도 많이 떨어지고 바다와도 멀리 있는 곳이다. 역사 기록상 귀주는 당시 정주로써 내원성이 있는 보주로 이 보주와 내원성은 압록강인 호타하와 가까운 곳이다. 여기서 압록수는 당연히 하북성 호타하이다.

> 강감찬의 귀주는 내원성의 보주로 압록강인 하북성 호타하와 가까이 있었다.
> 이곳은 요서 백성을 옮긴 곳으로 하북성 지방이다.
> 이를 대능하로 다시 한반도 구성시로 왜곡 이동 비정시켰다.

그리고 이를 왜곡 이동시켜 대능하로 비정한 것은 중국사서 『무경총요』「전집 권지 22」의 역사왜곡으로 같은 사서인 『무경총요』의 「1044년 권22 압록수」의 기록에서는

【사료37】『무경총요』 1044년 권22 압록수

압록수, 고구려(高麗國)의 서쪽에 있다. 수원은 백산(白山)이다. 물색이 압두(鴨頭 오리머리)와 같고 요동에서 5백 리 떨어져 있다. 고구려에 있다. 이 하천이 가장 크며 물이 맑고 천참(天塹)이 된다. 강폭은 3백 보이고 평양성 서북 450리에 있다. (압록)수는 동남쪽 20리쯤에서 갈라져서 신라국(新羅國)의 흥화진(興化鎭)에 도달한다. : 황토암 20리 서북에서 (요나라 초기) 동경까지 850리이다. 남쪽 해변까지는 60리이다.

이곳이 하북성 대능하가 아닌

【사료25】『통전(通典)』「변방」'동이 하 고구려'

마자수는 일명 압록수이다. 물이 동북 말갈의 백산에서 나온다. 물의 색이 기러기 머리색을 닮았기 때문에 속되게 부른 이름이다.

의 기록 및 【사료21】『수경주』「대요수」,「소요수」와 같이 하북성 호타하 북부 산서성 대동시 영구현 태백산에서 발원하는 압록수가 흐르는 하북성 호타하이다. 이곳 인근에 흥화진이 있고 이 흥화진에는 영주가 있는데 이 영주에 살수 즉 청천강이 있어 고구려 을지문덕 장군이 살수대첩을 일으킨 곳이다.

【사료54】『고려사』지 권제12 지리3 「북계」

안북대도호부 영주
연혁
안북대도호부(安北大都護府) 영주(寧州)는 본래 고려의 팽원군(彭原郡)이다. 태조 14년(931)에 안북부(安北府)를 두었다. 성종 2년(983)에 영주(寧州) 안북대도호부(安北大都護府)라고 불렀다. 현종 9년(1018)에 안북대도호부(安北大都護府)라고 불렀다. 고종 43년(1256)에 몽고 병사를 피해 창린도(昌麟

> 島)에 들어갔다가 뒤에 육지로 나왔다. 공민왕 18년(1369)에 안주만호부(安州萬戶府)를 두었다. 뒤에 목(牧)으로 승격시켰다. 별호(別號)는 안릉(安陵)이고【성종[成廟] 때 정하였다.】, 청천강(淸川江)이 있다【옛날에 살수(薩水)라고 불렀는데, 곧 고구려 을지문덕(乙支文德)이 수(隋)나라 병사 1,000,000명을 격퇴한 곳이다.】. 관할하는 방어군(防禦郡)이 25개이고, 진(鎭)이 12개이고, 현(縣)이 6개이다.

수많은 재야 민족 사학계에 의한 고려 귀주대첩의 전쟁 경로를 분석하여 주류 강단 사학계의 귀주의 내륙 지방인 평안북도 구성시의 비정에 대하여 비판하였다. 그러나 이러한 합리적인 분석과 비판에 대하여도 주류 강단 사학계는 전혀 반응을 보이지 않아 왔다. 이상한 일이다. 합리적인 비판에 대하여 합리적인 연구를 하여 합리적인 반론을 하여 더 이상의 논란이 없도록 하여야 하는 것이 대학교수들인 주류 강단 사학계의 기본적인 책무이다. 그러나 하지 않는다. 하지 않는 것이 아니다. 못 하는 것이다. 구주는 마자수이자 청하인 압록수와 가깝고 그 청하의 지류인 청천강인 살수가 가까운 곳에 있다. 그러나 설사 주류 강단 사학계의 비정대로 한반도 평안북도 구성시라고 할지라도 이곳은 압록수와도 멀고 청천강하고도 멀다. 따라서 이 비정은 명백히 잘못되었다. 그렇다면 이곳 한반도가 아니라는 것이 진실이다. 소위 서희의 강동 6주(8성), 압록수, 청천강 모두 한반도에 있지 않다. 수많은 관련 사항과 기록이 이를 입증하고 있다.

> 귀주의 한반도 평북 구성으로의 비정은 귀주대첩 경로 분석에 의하여도 비판받는 사항인데 이에 대한 주류 강단 사학계의 반론이 전혀 없으면서도 기존 논리를 계속 유지해 오고 있다. 이는 고려 천리장성, 동쪽 경계인 선춘령(공험진) 관련 비판에 대한 대응과 같다.

다음으로는 (5)곽주에 대하여 살펴본다.

> **【사료54】**『고려사』지 권제12 지리3 「북계」
>
> 안북대도호부
> 곽주
> 곽주(郭州)는 본래 고려의 장리현(長利縣)이다. 성종 13년(994)에 평장사(平章事) 서희(徐熙)에 명하여 병사를 거느리고 여진(女眞)을 쳐서 쫓아내고 곽주(郭州)에 성(城)을 쌓았다. 현종 9년(1018)에 방어사(防禦使)로 하였다. 고종 8년(1221)에 반역이 있었다 하여 정양(定襄)으로 강등시켰다. 〈고종〉 18년(1231)에 몽고병을 피해 해도(海島)에 들어갔다. 원종 2년(1261)에 육지로 나와 수주(隨州)에 예속되었다. 공민왕 20년(1371)에 군(郡) 이름을 복구하였다.
>
> 수주
> 수주(隨州)는 고종 18년(1231)에 몽고병이 창주(昌州)를 함락시키자, 고을 사람들이 자연도(紫燕島)에 들어갔다. 원종 2년(1261)에 육지로 나와 곽주(郭州)의 해변에 임시로 거처하였는데, 고을 사람들이 땅을 잃었기에 곽주 동쪽 16개 촌(村)과 곽주 소속의 안의진(安義鎭)을 분할하여 그것과 함께 지수주사(知隨州事)라 부르면서 곽주를 겸직하게 하였다. 공민왕 20년(1371)에 다시 나누어 곽주를 설치하였다.

기록상 곽주는 수주에 속하고 이 수주에 바로 안의진이 있다. 곽주는 994년에 서희가 다른 성 즉 장흥진, 귀화진, 귀주들과 함께 쌓은 것이다. 곽주는 곽주 소속의 안의진 즉 흥화진과 같이 곽주를 쌓은 다음해인 995년에 쌓은 안의진은 같이 쌓은 흥화진과 같이 있는 성이다. 그곳은 바로 흥화진인 하북성 안평현 지방이다.

> 곽주는 수주에 속하고 이 수주에 안의진이 있다.
> 곽주가 있는 안의진과 함께 쌓은 흥화진이 있는
> 하북성 안평현 지방에 곽주가 있다.

그리고 이 안의진은 영삭진이라고 하였고,

【사료452】『고려사』 권82 지 권제36 병2(兵 二) 성보 1050년 미상(음)

안의진에 668간 규모의 성을 쌓아 여진의 침략을 막게 하다

안의진(安義鎭)의 진자농장(榛子農場)에 성을 쌓아 영삭진(寧朔鎭)이라 하고, 번적(蕃賊)의 요충을 제압하게 하였다. 668칸이며, 문(門)은 6개, 수구(水口)는 3개, 성두(城頭)는 13개, 차성(遮城)은 5개이다.

이 영삭진은,

【사료338】『고려사절요』 권4 덕종경강대왕(德宗敬康大王) 덕종(德宗) 2년 8월(1033)

평장사(平章事) 유소(柳韶)에게 명하여 북쪽 경계에 관방(關防)을 새로 설치하도록 하였으니, 서해(西海) 연안 옛 국내성(國內城) 인근에 압록강(鴨綠江)이 바다로 들어가는 곳에서부터 시작하여 동쪽으로 위원진(威遠鎭)·흥화진(興化鎭)·정주(靜州)·영해진(寧海鎭)·영덕진(寧德鎭)·영삭진(寧朔鎭)·운주(雲州)·안수진(安水鎭)·청새진(淸塞鎭)·평로진(平虜鎭)·영원진(寧遠鎭)·정융진(定戎鎭)·맹주(孟州)·삭주(朔州) 등 13개의 성을 거쳐 요덕진(耀德鎭)·정변진(靜邊鎭)·화주(和州) 등 3개의 성을 지나, 동쪽으로 바다에 닿았다. 사방으로 뻗은 길이[延袤]가 천여 리나 되고, 돌로 성을 쌓았는데 높이와 두께는 각각 25척이었다.

1033년에 흥화진과 더불어 천리관성을 형성하는 것으로 기록되어 있다. 이 곽주를 주류 강단 사학계는 평안북도 곽산군으로 비정하고 있다. 주류 강단 사학계가 비정하는 흥화진 및 안의진과는 멀리 떨어진 곳이다. 무슨 근거로 이곳에 비정하였는지 진나라 장성이 수성진에 있다고 기록되어 있으니 한반도에 비정하려다 보니 황해도에 수

안이 있어 '수' 자 한 글자가 같다고 여기에 만리장성의 동쪽 끝을 비정한 일제 식민 사학자와 이병도의 작품과 같은 맥락에 의한 것임이 틀림없다. 또한 임나일본부와 관련된 『일본서기』 기록상의 신공황후 임나 7국 평정상의 탁순이 대구가 옛 이름이 달구벌이라고 하여 '탁' 글자와 '달' 글자 단 한 글자가 발음이 비슷하다고 탁순을 대구로 비정하는 일제 식민 사학자들의 비정을 해방 후 77년이 지난 지금까지 그대로 따르고 있다.

물론 조선시대 기록인 『동사강목』에서 앞의 귀주는 귀성 그리고 곽주는 곽산으로 비정하였다. 하지만 이 기록이 맞는지 본 필자와 같이 다른 사서의 기록과 비교하여 검토하여야 하는 것이 역사 전문가들의 책무이다. 하지만 추가 연구 없이 이를 그대로 따른다. 왜냐하면 그들은 이에 의하여 일제 식민 사학자들 그리고 식민 사학자인 이병도를 따르기 때문이다. 역사 사료 기록상 분명히 곽주는 흥화진과 안의진과 같이 있는 것으로 이곳은 적어도 하북성 압록수인 호타하와 가까운 곳이다. 그리고 안평현인 흥화진 인근에 있다.

다음은 주류 강단 사학계의 소위 강동 6주에는 없으나 분명히 고려사의 기록상으로는 서희가 다른 소위 강동 6주(8성)와 함께 성을 쌓은 것으로 분명히 기록되어 있는 4개의 성에 대하여 살펴보기로 한다.

먼저 (6)장흥진에 대하여 살펴본다.

이 장흥진은 서희가 994년 여진을 축출하고 소위 강동 6주(8성)를 설치하는 기록에서 맨 처음 등장하는 이후로는 확인할 수 없다. 다음으로 살펴볼 귀화진과 같이 축성한 것으로 보아 귀화진과 같이 한나라 유성현 지방인 지금의 하북성 석가장시 정정현 지방으로 비정된다.

> 장흥진은 귀화진과 같이 축성된 것에 의하여 귀화진 위치인 하북성 석가장시 정정현 지역이다.

다음은 **(7)귀화진**에 대하여 살펴본다. 귀화진은 앞의 장흥진과 같이 994년 여진을 축출하고 소위 강동 6주(8성)를 설치하는 기록에서 맨 처음 등장하는 장흥진 다음으로 기록되어 있다. 앞의 장흥진과 같이 이 기록 외에는 『고려사』에는 달리 기록이 없다. 그러나 중국사서에는 기록이 있다.

【사료126】『구당서(舊唐書)』「지리지」

1. 유주대도독부(幽州大都督府)
8. 귀순주(歸順州)

귀순주(歸順州). 개원(開元) 4년에 설치하였으며 거란(契丹) 송막부(松漠府) 탄오주(彈汙州) 부락(部落)이라 하였다. 천보(天寶) 원년에 귀화군(歸化郡)이라 하였다. 건원(乾元) 원년에 귀순주(歸順州)로 되돌렸다. 천보 년간에 다스리던 현은 1개이고 가구수는 1037이며 인구수는 4469명이다. 경사에서 2600리 떨어져 있고 동도까지는 1710리이다.
1) 회유현(懷柔縣), 주(州)의 치소이다.

【사료76】『신당서(新唐書)』「지리지」

2. 기미주 하북도

3) 거란(契丹) 주(州) 17 부(府) 1

현주(玄州). 정관(貞觀) 20년에 흘주(紇主) 곡거부락(曲據部落)으로 설치하였다. 범양(范陽)의 로계촌(魯泊村)에서 교치하였다. 현은 1개로 정번현(靜蕃)이다. 위주(威州). 원래 요주(遼州)인데 무덕(武德) 2년에 내계부락(內稽部落)으로 설치하였다. 처음에는 연지성(燕支城)에서 다스리다가 후에 영주(營州)의 성 안에서 교치하였다. 정관(貞觀) 원년에 이름을 바꾸었고, 후에 량향(良鄕)의 석굴보(石窟堡)에서 교치하였다. 현은 1개로 위화현(威化)이다. 창주(昌州). 정관(貞觀) 2년에 송막부락(松漠部落)으로 설치하였고 영주(營州)의 정번수(静蕃戍)에서 교치하였다. 7년에 삼합진(三合鎭)으로 옮겼으며 후에 안차(安次)의 옛 상도성(常道城)에서 다스렸다. 현은 1개로 용산현(龍山)이다. 사주(師州). 정관(貞觀) 3년에 거란(契丹)과 실위(室韋)의 부락으로 설치하였는데 영주(營州)의 폐했던 양사진(陽師鎭)에서 교치하였고 후에 량향(良鄕)의 동려성(東閭城)에서 교치하였다. 현은 1개로 양사현(陽師)이다. 대주(帶州). 정관(貞觀) 10년에 을시혁부락(乙矢革部落)으로 설치하였고 창평(昌平)의 청수점(淸水店)에서 교치하였다. 현은 1개로 고죽현(孤竹)이다. 귀순주귀화군(歸順州歸化郡). 원래 탄한주(彈汗州)인데 정관(貞觀) 22년에 거란(契丹)의 별수(別帥)가 내속하여 홀편부(紇便部)를 쪼개서 설치하였다. 개원(開元) 4년에 이름을 바꾸었고 현은 1개로 회유현(懷柔)이다. 옥주(沃州). 재초(載初) 년간에 창주(昌州)를 쪼개어 설치하였다. 만세통천(萬歲通天) 원년에 리진충(李盡忠)에게 함락당하였고 개원(開元) 2년에 다시 설치하였으며 후에 계(薊)의 남쪽에 있는 회성(回城)에서 교치하였다. 현은 1개로 빈해현(濱海)이다. 신주(信州). 만세통천(萬歲通天) 원년에 을실활부락(乙失活部落)으로 설치하였는데 범양(范陽)의 경내에서 교치하였다. 현은 1개로 황룡현(黃龍)이다. 청산주(靑山州). 경운(景雲) 원년에 현주(玄州)를 쪼개어 설치하였고 범양(范陽)의 수문촌(水門村)에서 교치하였다. 현은 1개로 청산현(靑山)이다.

【사료29】『요사』「지리지」

중경도(中京道)
1. 중경 대정부

7) 귀화현. 원래 漢國(한국) 柳城縣(유성현)의 땅이다.

이 사서기록에 의하면 이곳은 한나라 시기의 유성현 땅으로 현재의 호타하 인접 북부의 석가장시 정정현이다.

| 귀화진은 사서기록상 하북성 석가장시 정정현 지역이다.

다음은 (8)안의진인데 이에 대하여는 앞의 곽주에서 살펴보았다. 안의진은 곽주 소속이며, 1033년에 흥화진과 더불어 천리관성을 형성하는 영삭진이 있는 곳이다.

> 안의진은 곽주 소속이다. 따라서 곽주와 같은 지역에 있는데 이곳은 같이 쌓은 흥화진 지역에 있다. 이곳은 곽주와 같이 하북성 안평현 지역이다.

다음은 마지막으로 (9)맹주에 대하여 살펴본다.

【사료54】『고려사』지 권제12 지리3 「북계」

안북대도호부
맹주
맹주(孟州)는【맹(孟)은 맹(猛)으로도 쓴다.】본래 고려의 철옹현(鐵瓮縣)이다. 현종 10년(1019)에 맹주방어사(猛州防禦使)라 불렀다. 고종 18년(1231)에 몽고병을 피해 해도(海島)로 들어갔다. 〈고종〉 44년(1257)에 은주(殷州)에 병합시켰다. 원종 2년(1261)에 육지로 나가 안주(安州)의 속현(屬縣)으로 삼았다. 공양왕 3년(1391)에 분할하여 현령(縣令)을 두었다.

성주
성주(成州)는 본래 비류왕(沸流王) 송양(松讓)의 고도(故都)로, 태조 14년(931)에 강덕진(剛德鎭)을 두었다. 현종 9년(1018)에 지금 이름으로 고치고 방어사(防禦使)로 삼았다가, 뒤에 지군사(知郡事)로 하였다. 별호(別號)는 송양(松讓)【성종[成廟] 때 정하였다.】이다. 온천이 있다.

맹주는 은주와 관련이 있다. 또한 이 은주는 성주와 관련이 있다. 그런데 성주는 고구려 시기의 비류왕 송양의 고도라고 기록되어 있다.

【사료54】『고려사』지 권제12 지리3「북계」

안북대도호부 은주
은주
은주(殷州)는 본래 고려의 흥덕군(興德郡)으로, 동창군(同昌郡)이라고도 한다. 성종 2년(983)에 은주방어사(殷州防禦使)라고 불렀다. 고종 18년(1231)에 몽고병을 피해 해도(海島)에 들어갔다. 뒤에 육지로 나와 성주(成州)의 속현(屬縣)으로 삼았다. 공양왕 3년(1391)에 감무(監務)를 두었다.

성주
성주(成州)는 본래 비류왕(沸流王) 송양(松讓)의 고도(故都)로, 태조 14년(931)에 강덕진(剛德鎭)을 두었다. 현종 9년(1018)에 지금 이름으로 고치고 방어사(防禦使)로 삼았다가, 뒤에 지군사(知郡事)로 하였다. 별호(別號)는 송양(松讓)【성종[成廟] 때 정하였다.】이다. 온천이 있다.

【사료29】『요사』「지리지」

2. 동경도
동경요양부(東京遼陽府)
녹주 압록군
녹주(淥州) 압록군(鴨淥軍)은 절도를 두었다. 본래 고구려 고국(故國)이며 발해는 서경압록부(西京鴨淥府)(당나라 조공길)라고 불렀다. 성의 높이는 3길이며 너비는 20리나 된다. 신주(神州)·환주(桓州)·풍주(豐州)·정주(正州) 등 4주의 일을 관할하였다. 옛 현은 신록(神鹿)·신화(神化)·검문(劍門) 등 셋인데 모두 폐지되었다. 대연림이 반란을 일으켰을 때 나머지 잔당들을 상경으로 옮겨 역속현(易俗縣)을 두어 거주시켰다. 호구수는 2,000이며, 동경유수사에 예속되었다. 4주와 2현을 관할하였다.
①홍문현(弘聞縣)
②신향현(神鄉縣)
③환주(桓州) 고구려 중도성(中都城)으로 옛 현은 환도(桓都)·신향(神鄉)·패수(浿水) 등 셋인데 모두 폐지되었다. 고구려왕은 여기에 궁궐을 처

> 음 세웠는데 나라 사람들이 신국(新國)이라고 불렀다. 5대손 쇠(釗 ; 고국원왕)는 진(晉)나라 강제(康帝) 건원(建元) 초년에 모용황(慕容皝)에게 패하고 궁실이 불타버렸다. 호구수는 700이며 녹주에 예속되었는데, 녹주에서 서남쪽으로 200리 떨어져 있다.
>
> ④풍주(豊州) 발해가 반안군(盤安郡)을 설치하였는데 옛 현은 안풍(安豊)·발각(渤恪)·습양(隰壤)·협석(硖石) 등 넷인데 모두 폐지되었다. 호구수는 300이며 녹주에 예속되었다. 동북쪽으로 210리 떨어져 있다.
>
> ⑤정주(正州) 본래 비류왕(沸流王)의 옛 지역으로 공손강(公孫康)에게 병합되었다. 발해가 비류군(沸流郡)을 설치하였다. 비류수(沸流水)가 있다. 호구수는 500이며 녹주에 예속되었다. 서북쪽으로 380리 떨어져 있다. 관할 현은 하나이다.
>
> 동나현(東那縣) 본래 후한의 동이(東眱) 부이현(不而縣) 땅으로 정주에서 서쪽으로 70리 떨어져 있다.

이 송양의 비류국 지역은 다시 정주(正州) 지역에 있는 것으로 확인된다. 또한 이 정주 지역은 바로 고구려의 환도성이 있던 곳에 인근 지역으로 확인된다. 앞에서 안시현 즉 안시성이 환도성이라고 하였다. 이곳은 앞에서 철주라고 하였다. 그러므로 중국사서는 『고려사』 기록에도 없는 철주를 서희의 소위 강동 6주로 포함시켰는데 이 맹주(은주, 성주)를 일컫는 것이었다. 그러므로 하북성 호타하 북쪽이자 하북성 형수시 안평현 북쪽 지역인 송양의 비류국 위치가 있고 이 위치의 북쪽에 안시성인 안시현이 있는 환주이자 철주가 있는 것이 확인된다.

> 맹주는 옛 고구려 시기 송양의 비류왕 지역인 성주(은주) 지역이다. 이 송양의 비류국 지역은 『요사』「지리지」상의 정주 지역이다. 이곳은 고구려 도읍 환도성 지역이다. 환도성은 안시현 지역이다. 안시현은 철주 지역이다. 이곳은 철주, 귀주와 같이 하북성 호타하 북부 안평현(흥화진) 인근 지역이다.

앞에서 철주가

【사료29】『요사』「지리지」

2. 동경도
동경요양부(東京遼陽府)
철주 건무군

철주(鐵州) 건무군(建武軍)이 설치되었으며 자사를 두었다. 본래 한나라 안시현(安市縣)으로 고구려 때는 안시성(安市城)이었다. 당나라 태종이 공격하였으나 함락하지 못하였다. 설인귀가 흰 옷을 올려놓은 곳이 바로 이곳이다. 발해가 주를 설치하였는데, 옛 현은 위성(位城)·하단(河端)·창산(蒼山)·용진(龍珍) 등 넷이 있었는데 모두 폐지되었다. 호구수는 1,000이며 동경에서 서남쪽으로 60리 떨어져 있다. 관할 현은 하나이다.

한나라 시기의 안시현으로 이는 안시성으로써 고구려 환도성임을 확인하였는데

【사료55】『삼국사기(三國史記)』卷第三十七 雜志 第六 지리(地理)四 백제(百濟) 압록수 이북의

압록수 이북의 항복하지 않은 성

안시성(安市城)은 옛날 안촌홀(安寸忽)(혹은 환도성(丸都城)이라고도 이른다.)이다.

이 맹주(은주, 성주)에 대한 기록이 그것을 정확하게 입증하여 주고 있다. 이미 앞에서 살수였던 청천강이 있는 영주를 살펴보면서 영주가 안주에 속하였고

41

【사료54】『고려사』지 권제12 지리3 「북계」

안북대도호부 영주
연혁
안북대도호부(安北大都護府) 영주(寧州)는 본래 고려의 팽원군(彭原郡)이다. 태조 14년(931)에 안북부(安北府)를 두었다. 성종 2년(983)에 영주(寧州) 안북대도호부(安北大都護府)라고 불렀다. 현종 9년(1018)에 안북대도호부(安北大都護府)라고 불렀다. 고종 43년(1256)에 몽고 병사를 피해 창린도(昌麟島)에 들어갔다가 뒤에 육지로 나왔다. 공민왕 18년(1369)에 안주만호부(安州萬戶府)를 두었다. 뒤에 목(牧)으로 승격시켰다. 별호(別號)는 안릉(安陵)이고【성종[成廟] 때 정하였다.】. 청천강(淸川江)이 있다【옛날에 살수(薩水)라고 불렀는데, 곧 고구려 을지문덕(乙支文德)이 수(隋)나라 병사 1,000,000명을 격퇴한 곳이다.】. 관할하는 방어군(防禦郡)이 25개이고, 진(鎭)이 12개이고, 현(縣)이 6개이다.

맹주도 안주에 속한다. 그렇다면 맹주는 안시현이고 안시현은 고구려 환도성 지역이다. 철주가 안시현으로 안시성이므로 이곳은 환도성 지역으로써 결국 송양의 비류국 위치 남쪽이었다. 그런데 이 안주가【사료29】『요사』「지리지」2. 동경도 동경요양부(東京遼陽府) 녹주 **압록군**상의 환도성이 있었던 환주 인근에 비류왕의 옛 지역이었던 정주가 있다. 그런데 맹주는 은주이고 은주는 성주이다. 성주는 송양의 비류국의 고도이다. 이는 정주로 정주 또한 송양의 비류국 지역이다. 결국 이곳은 모두 하북성 호타하 북쪽의 옛 비류국 송왕의 땅으로써 인근인 북쪽에 환도성인 안시현이 있고 이곳에 살수가 있었다. 이곳은 모두 인근에 있다.

■ [도표23] 서희의 강동 6주(8주) 위치 비정

구분	대상	내용	주류 강단 비정	본 필자 비정	비고
1	흥화진	흥화진=영주(靈州)/영주(寧州) -청천강(살수) 흥화진-강감찬 수공 승리	평북 의주 동쪽	하북성 형수시 안평현	
2,3	용주, 통주	선주->통주->용주(통주 -흥화진)/선주-내원성 선주로 통합 변경	평북 용천 평북 선천 서북쪽	하북성 형수시 안평현 인근	통합대상
4	철주	철주-안시현(안시성)-환도성 우리 사서에 없음	평북 철산	하북성 형수시 안평현 북쪽	제외대상
5	귀주	귀주->정주(定州)-내원성, 압록강 인근 정주-요서 지역 백성 이주	평북 구성	하북성 형수시 안평현 인근	
6	곽주	곽주-수주-안의진	평북 곽산	하북성 형수시 안평현 인근	
7	장흥진	994년 최초 축성/귀화진과 같이 축성		하북성 석가장시 정정현 인근	
8	귀화진	장흥진과 같이 축성/한나라 유성현 땅		하북성 석가장시 정정현	
9	안의진	안의진=영삭진-천리관성 설치		하북성 형수시 안평현 인근	
10	맹주	맹주=은주-성주(成州)-비류왕 송왕 고도 영주(寧州)-청천강(살수)-안주 (安州) 맹주-안주(安州)		하북성 형수시 안평현 인근	

이와 같이 소위 서희의 강동 6주가 아닌 8성 중 994년 최초로 쌓은 장흥진과 귀화진 2개 성은 하북성 석가장시 정정현 인근 위치에 비정되는 것을 제외하고는 모두 당시 압록강인 지금의 호타하 동쪽인 '강동' 하북성 석가장시 안평현 인근에 나머지 6개 성이 모두 근처에 있는 것으로 비정된다. 따라서 주류 강단 사학계가 그들의 논리에 이용하고자 성(城) 축성을 지역인 주(州)로 하여 평안북도 넓은 지역에 위치한 것으로 비정하는 것은 위치도 잘못이거니와 내용도 그리고 숫자도 잘못된 중국사서의 기록만을 따른 이른바 서희의 강동 6주 허위

조작 사실이 바로 이것이다.

> 서희의 강동 8성은 2성은 제외하고서라도 모두 같은 지역에
> 축성한 성이다. 따라서 한반도 평안북도 넓은 지역에
> 비정한 것은 잘못이다.

이렇게 하북성에 있었던 이들의 위치가 한반도 평안북도로 옮기게 된 경위는 물론 다른 모든 우리 고대사도 마찬가지이지만 먼저 압록강을 옮기고 이와 관련된 중국사서상의 압록강의 발원지인 백산(태백산)을 한반도 백두산으로 옮기고, 압록강과 같이 이웃에 흐르는 대요수와 소요수도 압록강 등으로 옮긴 것에 의한다. 그러나 이 과정에서 여러 가지 중국사서상의 관련사항이 맞지 않는 등 문제가 심각하게 발생하고 있다.

압록강과 대요수가 분명히 다른 채 같이 존재하는데도 대요수를 압록강으로 비정하는가 하면, 특히 소요수의 경우 구려의 별종 소수맥이 탄생하는 곳으로 선비족이 탄생하는 곳인데도 이병도의 경우 한반도 압록강으로 흘러 들어오는 장전하로 비정함으로써 선비족이 이곳 한반도 북부에서 탄생하는 것으로 하였다. 또한 공손씨가 조조의 위나라 사마의에게 죽임을 당하는 곳으로 되어 공손씨가 여기 한반도 북부에서 활동하고, 위나라가 여기까지 활동 영역으로 하게 되는 등 우리 고대 역사 활동 영역은 한반도로 축소시키는 대신 중국 민족국가의 활동 영역은 무한히 넓히는 역사 비정을 하고 있다. 그러면서 이러한 비정의 잘못을 비판하면 우리 민족의 영토만 넓기를 바라는 욕망에 사로잡혀 비학문적인 주장만을 일삼는 사이비, 유사 사학자들이라고 오히려 비난을 하고 있는 상황이다.

조선시대의 『세종실록 지리지』가 앞에서 살펴본 대로 이들이 속한

안주를 평안도 안주로 비정하면서 여기의 청천강을 살수로 비정하였다. 이런 식이다. 이런 방식으로 하북성의 우리 고대 국가의 활동 지역을 한반도로 전부 끌어들였다. 이는 엄청난 왜곡이다. 그런데도 전문가라고 하는 주류 강단 사학자들은 이를 그대로 따르고 있다. 살수인 청천강을 한반도로 비정하려면 안시현, 안시성, 환도성도 한반도의 같은 지역으로 비정하여야 한다. 그러나 그럴 수 없다. 왜냐하면 이들은 이미 그들의 논리에 따라 다른 곳으로 비정하였기 때문이다. 안시성은 수당전쟁 기록에 맞추어 요령성 해성시 인근으로, 환도성은 그들이 반드시 무조건 지켜야 하는 교리인 '낙랑군 평양설' 때문에 이 낙랑군 위에 현토군 그리고 고구려를 비정하여야 하므로 요령성 본계시 환인현으로 비정하여 다른 것은 모르거나 다른 곳에 그냥 맞추어 비정하기 때문이다. 이렇게 되는 유일한 원인은 오로지 원래의 위치가 아닌 한반도에 모든 것을 비정하기 때문이다. 그러면 맞지 않는다. 그래서 제각각이다. 맞는 곳이 없다.

이곳은 앞에서 본 필자가 누누이 강조하여 설명한 바와 같이 사서의 기록상에 명백히 말갈이 북쪽에 있어 백제와 신라를 수시로 괴롭히고 백제의 북쪽이 아닌 동쪽에 낙랑(국)이 있고, 북쪽에 말갈이 있으며 신라와 왜가 관계가 있는 (남)옥저가 가까이 있다. 역시 마찬가지로 말갈이 북쪽에 있어 괴롭히는 신라의 가까운 곳에 낙랑(국)이 있어 수시로 신라 수도 금성을 침범하여 에워 쌓고, 북으로도 또 다른 낙랑(군)이 있어 침범을 하고, 옥저가 가까이 있고 남쪽에 왜가 가까이 있어 수시로 침범하는 이곳은 한반도일 수가 없다. 마찬가지로 살수인 청천강과 한나라 안시현인 안시성이자 고구려 환도성이 인근에 백산에서 발원한 마자수이자 청하인 압록수의 북쪽에 고조선과 고구려의 수도인 평양성이 있는 곳은 한반도일 수가 없다.

이곳은 압록수였던 지금의 하북성 호타하시 동쪽의 안평현 북쪽이다. 이곳 남부에서 건국한 신라는 고구려가 멸망하자 이곳을 차지하였다가 고려에 물려주어 고려가 이곳에서 요나라와 대치하면서 천리관성을 쌓은 곳이다. 이 사항은 모든 기록이 입증하고 있다. 그래서 고대사를 다루면서 고려시대를 다루는 것이다. 고려시대의 천리관성이 이전의 신라와 고구려 역사를 역으로 입증해 주기 때문이다. 이같이 역사는 서로 맞물려 있어 거짓으로 왜곡할 수가 없다. 그것을 밝혀내지 못하거나 안 하는 것뿐이다.

주류 강단 사학계는 물론 비주류 강단 사학계 그리고 재야 민족 사학계 대부분의 역사학자들이 고대사를 연구하면서 어떤 이는 당 시대의 사료만을 가지고 연구하거나 또 어떤 이들은 어떤 고대 국가 시대를 연구하면서 1천 년 이상 지난 뒷시대의 사료를 주로 연구하고 있다. 이는 역사의 기본이 아니다. 앞의 것이 어떻게 뒤로 이어졌나를 살펴보는 것은 당연하면서 어느 뒤의 시기의 것을 살펴봄으로써 연구하고자 하는 앞의 시기의 것을 제대로 규명할 수 있다.

특히 우리나라 역사는 중국과 일본에 의하여 의도적으로 왜곡된 것이 명백하므로 후대의 역사 기록이나 의견 해석에 의하여 앞 시대인 당해 시대를 해석하면 안 된다. 일본도 그렇지만 중국의 경우 기록만을 옮기거나 바꾼 것이 아니라 실제로 지명 등을 옮기거나 바꾼 것이 많다. 하지만 전부 다 바꾸거나 왜곡할 수 없다. 수많은 기록과 연관된 기록이 무수히 많기 때문이고 연관된 기록은 어쩔 수 없이 사실 그대로 기록해 놓았기 때문이다. 실제 지명도 그렇다.

이 같은 경우가 가장 많이 적용되는 것이 『일본서기』이다. 이는 역사서가 될 수 없는 역사 소설책이다. 하지만 행간에 무수히 많은 역사적 진실이 숨겨져 있다. 이를 제대로 밝혀내는 혜안이 필요하다. 그런데 이 혜안은 간단하다. 기본적인 인식만 가지면 가능하다. 역으로 이는 중국사서의 우리 역사 기록에도 적용된다. 원래 하북성에서 지금도 존재하는 많은 실제 지명에 의하여 우리 고대 국가가 활동하였고 많은 경우 이를 '춘추필법'에 의하여 동쪽으로 이동시켰다는 기본 인식만을 가지고 모든 사서의 기록을 검토하고 해석하면 의외로 간단한 방법으로 제대로 된 우리 역사를 파악할 수 있다. 그러면 명·청대 중국 학자들과 고려 및 조선시대 유학자들의 역사왜곡을 명철히 짚어낼 수 있다.

앞에서 살펴본 『동사강목』의 「살수고」와 「안시성고」 그리고 『후한서』를 해석한 심흠한을 비롯한 명·청대 학자들의 왜곡을 명확하게 비판할 수 있다. 지금까지 소위 서희의 강동 6주(8성)에 대하여 살펴보았다. 앞으로 서희가 쌓은 성을 굳이 부르자면 강동 6주라 하지 말아야 한다. 사료 그대로 한다면 서희가 성을 쌓은 것이므로 서희 8성이라고 명명하는 것이 맞다.

그러나 본 필자가 앞에서 '소위'와 관련하여 언급하였듯이 본 필자는 인정하지 않으나 이 글을 읽는 독자들을 위하여 왜곡되어 잘못된 용어이지만 그동안 사용하였던 통상적인 용어이므로 알기 쉽게 하기 위하여 '소위'라는 단어를 소위 '낙랑군 평양설', 소위 '임나일본부', 소위 '낙랑군 교치설', 소위 '통일신라' 등에 사용하여 왔던 맥락과 같이 '서희의 강동 6주'를 '소위 서희의 강동 6주(8성)'라고 표현하고자 한다.

서희 8성 즉 소위 서희의 강동 6주(8성)의 위치는 단지 고려의 강역과 국경을 규명해 줄 뿐 아니라 이전의 발해와 소위 통일신라 그리고 이전의 고구려, 백제, 신라의 위치와 강역을 알려주는 중요한 지표다. 이외에도 고려의 강역을 알려주는 지표로 일제 식민 사학자들과 이를 이어받은 주류 강단 사학계가 왜곡 조작한 쌍성총관부, 동녕부, 철령 등에 대하여 살펴보고 비판하겠으나 이들에 대하여는 앞에서 관련 사항이 있을 때 언급하였으므로 지면상 생략하고 간단히 언급하고 넘어가고자 한다. 이 분야에 대하여는 인하대학교 고조선 연구소를 비롯한 다수의 연구 성과가 있으므로 본 필자가 더 이상 언급할 필요성이 없기도 한 이유도 있다.

그리고 이러한 고려의 영역을 이어받은 조선의 영역 및 국경에 대하여도 살펴보려 하였으나 마찬가지로 이유 등으로 간단히 살펴보고 다음으로 고려의 조작된 지방행정 조직에 대하여만 살펴보고 원래의 순서인 '진장성'에 대하여 설명하고 순차적인 차례대로 '패수' 등의 순서대로 진행하고자 한다.

[쌍성총관부, 동녕부, 자비령, 철령에 대하여]

■ [그림56] 주류 강단 사학계 쌍성총관부, 동녕부 조작 비정

■ [그림57] 쌍성총관부, 동녕부 위치 비정도

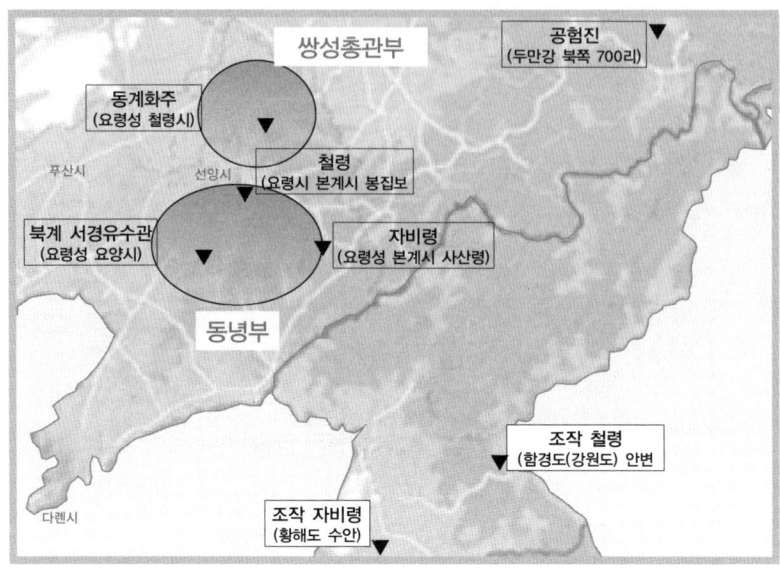

먼저, 주류 강단 사학계는 쌍성총관부를 동해안인 함경도 화주 즉 함경도 함흥시 남쪽 인근인 영흥에 비정한다. 앞에서 살수인 청천강이 있는 【사료54】『고려사』지 권제12 지리3 「북계」 안북대도호부 영주가 안주에 속한다는 기록에 의거 평안북도 안주에 살수인 청천강을 조선시대 지리지들이 이곳에 비정하여 위치를 한반도로 왜곡한 바와 같이,

【사료453】『고려사』권24 세가 권제24 고종(高宗) 45년 12월 1258년 12월 14일(음) 기축(己丑)

몽고가 쌍성총관부를 설치하고 조휘를 총관에 임명하다.

용진현(龍津縣) 사람 조휘(趙暉)와 정주(定州) 사람 탁청(卓靑)이 화주(和州) 이북 지방을 몽고에 넘겨주었다. 몽고가 화주에 쌍성총관부(雙城摠管府)를 설치하고 조휘를 총관(摠管)으로, 탁청을 천호(千戶)로 임명하였다.

【사료53】『고려사』지 권제12 지리3 「동계」

안변도호부
화주

화주(和州)는 본래 고구려의 땅으로, 혹은 장령진(長嶺鎭)이라 불렀고, 혹은 당문(唐文)이라 불렀고【당(唐)은 당(堂)으로도 쓴다.】, 혹은 박평군(博平郡)이라고도 불렀는데, 고려 초에 화주(和州)라고 하였다. 성종 14년(995)에 화주 안변도호부(安邊都護府)라 고쳤다. 현종 9년(1018)에 화주방어사(和州防禦使)로 강등시키고 본영(本營)으로 삼았다. 고종 때에 몽고(蒙古)에 편입되어 쌍성총관부(雙城摠管府)가 되었다. 화주가 이로 인해 등주(登州)에 합병되었지만 여전히 방어사로 불렀다. 뒤에 통주(通州)에 합병되었다. 충렬왕 때에 복구되었다. 공민왕 5년(1356)에 군사를 보내어 수복하고 화주목(和州牧)으로 하였다. 〈공민왕〉18년(1369)에 화령부(和寧府)로 승격시키고 토관(土官)을 두었다. 횡강(橫江)이 있다.

【사료454】『조선왕조실록』세종실록 세종 지리지 함길도

⊙ 영흥 대도호부(永興大都護府)

본래 고구려의 땅으로서 장령진(長嶺鎭)이라 일컬었는데, 혹은 당문(唐文)이라【옛 문적에는 당(唐)이 당(堂)으로 되었다.】일컫기도 하고, 혹은 박평군(博平郡)이라고도 하였다. 고려 초에 화주(和州)로 되었고, 광종(光宗) 6년 을묘【주(周)나라 세종(世宗) 현덕(顯德) 2년】에 비로소 성보(城堡)를 쌓았으며, 성종(成宗) 14년 을미에 화주 안변도호부(和州安邊都護府)로 고치었다가, 현종(顯宗) 9년 무오에 화주방어사(和州防禦使)로 강등하여 본영(本營)을 삼았다. 고종(高宗) 때 등주(登州)에 합쳐 그대로 화주방어사(和州防禦使)라 일컬었는데, 뒤에 원나라에 속(屬)하게 되어 쌍성총관부(雙城摠管府)가 되었다. 공민왕(恭愍王) 5년 병신에 군사를 보내어 수복하고 화주목(和州牧)을 삼았고,

에 기록되어 있는 화주를 동해안 함경도의 영흥을 화주로 하여 이 쌍성총관부를 설치한 것으로 비정하였다. 설사 조선시대 유학자들이 이렇

게 비정하고 일제 식민 사학자들이 이를 악용하여 정립하였다 하더라도 해방 후 77년이 지난 지금까지 여러 사서의 기록 등에 의하여 이곳이 아님을 알 수 있는데도 그대로 따르고 있는 것은 문제가 심각하다.

2020년 6월 14일자로 발표된 인하대 융합고고학과 허우범 교수의 연구 논문인 「고려말 조선초 서북 국경선 연구」를 비롯한 그동안의 수많은 비주류 강단 사학계와 재야 민족 사학계의 연구에 의하면, 본 필자의 고려 천리장성의 허구와 같이 이 쌍성총관부가 함경도 영흥이 아닌 만주 요령성 화주 즉 지금의 요령성 철령시로 밝혀졌다. 이의 증빙하는 자료는 무궁무진하다. 그중의 하나만으로도 주류 강단 사학계의 한반도 비정은 배척된다.

> ■고려사 권137 열전 권제50 우왕(禑王) 14년 2월 1388년 2월 미상(음)
>
> 명에 철령위 설치의 중지를 요청하는 표문을 보내다
>
> 명(明)에서 철령위(鐵嶺衛)를 세우고자 하니, 우왕이 밀직제학(密直提學) 박의중(朴宜中)을 보내어 표문으로 청하기를, ~
>
> 금(金)의 요동(遼東) 함주로(咸州路) 부근의 심주(瀋州)에 쌍성현(雙城縣)이 있다는 것을 알고서, 본국의 함주 근처 화주의 옛날에 쌓은 작은 성 2개를 모호하게 주청하여 마침내 화주를 가지고 쌍성이라고 모칭하고, 조휘를 쌍성총관(雙城摠管)으로, 탁청을 천호(千戶)로 삼아 인민을 관할하게 하였습니다. ~
>
> 철령의 산은 왕경(王京)으로부터 거리가 겨우 300리이며,

함주 근처 화주가 요동에 있다고 하였다. 여기서의 철령은 고려 서경으로 지금의 요령성 요양이다. 철령시는 현재 요양시의 동북쪽 123km 거리에 있다. 현재 거리 환산 단위(1km=2.54리)에 의하면 313리로 약

300리가 맞는다.

> 철령과 쌍성총관부의 화주는 분명히 최근의 요동에 있음이 여러 사서에 기록되어 있는 것을 일제가 한반도로 조작한 사항을 해방 후 77년이 지난 지금까지도 유지하고 있다.

다음은 동녕부이다. 주류 강단 사학계는 동녕부가 서경에 설치되었다는 다음 사료에 의거 서경을 지금의 평양으로 보아 평안도 지방 중 자비령인 황해도 수안을 중심으로 그 이북 지방을 원나라의 직할 식민지로 비정하였다. 물론 이는 일제 식민사학의 비정을 그대로 이어 받아 해방 후 77년이 지난 지금까지 유지하고 있다.

> 【사료455】『고려사』권26 세가 권제26 원종(元宗) 11년 2월 1270년 2월 7일(음)
>
> 몽고가 서경을 귀속시키고 동녕부로 이름을 고치다
>
> 정축 최탄(崔坦)이 몽고 군사 3천 명을 요청하여 서경(西京)에 주둔시키자, 몽고 황제가 최탄・이연령(李延齡)에게 금패(金牌)를, 현효철(玄孝哲)・한신(韓愼)에게 은패(銀牌)를 차등 있게 하사하였다. 조서(詔書)를 내려 〈서경을〉 직접 몽고에 속하게 하고, 동녕부(東寧府)라고 이름을 고쳤으며 자비령(慈悲嶺)을 〈고려와의〉 국경으로 삼았다.

> 【사료28】『원사』「지리지」 요양등처행중서성 동녕로
>
> 동녕로(東寧路). 본래 고구려(高句麗) 평양성(平壤城)으로 또한 장안성(長安城)이라고도 하였다. 한(漢)이 조선(朝鮮)을 멸하고 낙랑(樂浪)・현토군(玄菟郡)을 설치하였는데, 이것이 낙랑 지역이었다. 진(晉) 의희(義熙) 연간(405~418) 후반에 그 왕 고련(高璉)이 처음으로 평양성(平壤城)에 머물렀다.

> [居]. 당(唐)이 고려(高麗)를 정벌할 때 평양(平壤)을 공략하여 그 나라가 동쪽으로 옮겨 압록수(鴨綠水)의 동남쪽 1,000여 리 되는 데에 있었는데, 평양의 옛터가 아니었다. 왕건(王建)에 이르러 평양이 서경(西京)이 되었다. 원(元) 지원(至元) 6년(1269)에 이연령(李延齡)·최탄(崔坦)·현원열(玄元烈) 등이 부주현진(府州縣鎭) 60개 성(城)을 가지고 와서 귀부하였다. 〈지원〉 8년(1271)에 서경을 고쳐 동녕부(東寧府)라고 하였다.

이 기록과 관련한 사항은 앞에서 살펴보았듯이 고구려 장수왕 시기에 하북성 평주 지방에 도읍을 정하여 평양성으로 하여 여기서 수당전쟁을 치른 후 나당연합군과 싸울 때 이곳 요령성 요양으로 잠시 옮겼다. 이는 이후 고려의 서경이 되었다. 따라서 한반도 평양은 고구려 수도 평양성이 된 사실이 없다. 이와 관련한 사료는 무궁무진하다. 그런데도 주류 강단 사학계는 위만조선의 수도 평양인 한반도 평안도 평양이 고구려 장수왕의 천도지인 평양이고 이곳이 고려의 서경이 되었다고 한다. 이에 대하여는 앞에서 자세히 비판하였으므로 여기서는 생략한다.

한편, 이 고려의 서경에 대하여는 추가 연구가 필요하다. 고구려가 나당연합군과 싸울 때 하북성 평주에서 옮겼다가 나중에 고려의 서경이 되는 이 사서기록과 위치를 주류 강단 사학계는 완전 무시한 채 오로지 한반도 평양이 위만조선 왕험성이고, 나중에 장수왕이 천도한 평양으로 이곳에서 고구려가 나당연합군에 멸망당하고, 나중에 고구려 서경이 되었다는 논리를 유지하고 있다. 이 논리에 있어서 다른 사항은 설사 그들만의 테두리에서 논란의 여지가 있다고 하여도 사서기록에 명백히 나와 있는 고구려 멸망 당시 수도를 기존의 장수왕 평양에서 옮겼고 이곳이 서경이 되었다고 하는 이 기록을 완전히 무시하는 것은 역사학상 있을 수 없다.

그리고 이를 비판하여 장수왕 평양성을 지금의 요령성 요양시로 비정하는 비주류 강단 사학계의 고조선 연구소는 이곳에서 고구려 멸망 당시 옮겼다는 고구려 도읍을 이 요령성 요양 인근으로 하는 논리를 주장하고 있다. 이는 이 사서기록상의 지금의 평양이 옛 평양이 아니라는 이 기록에 의한다. 하지만 이 논리 역시 장수왕 평양이 하북성 평주라는 기록을 무시함을 차치하더라도 장수왕 평양인 요령성 요양에서 동쪽으로 옮겼고, 이곳이 압록수의 동남 1000리가 되었다는 그곳은 당연히 그들이 장수왕 평양으로 설정한 요령성 요양시와 압록수인 요령성 요하에서 각각 동쪽과 동남 1000리 지점은 요양시와 요하에서 제법 동쪽이든 동남쪽이든 떨어진 곳이 분명한데도 같은 사서의 다른 기록은 따르고 또 다른 기록은 따르지 않은 채 요양시 인근을 고구려 멸망 시 옮긴 마지막 도읍으로 비정하거나 제대로 정확히 그 위치를 정하지 못하고 있다. 이는 잘못된 것이다.

　물론 본 필자의 이들에 대한 논리는 장수왕의 평양성은 당연히 하북성 평양성이고 여기서 동쪽으로 옮긴 곳이자 지금의 한반도 평양이 옛 평양이 아니라는 기록과 나중에 서경이 되었다는 기록에 의하여 요령성 요양을 고구려 멸망 시 마지막으로 옮긴 평양성으로 하고 있지만 본 필자의 논리 또한 마지막으로 옮긴 도읍 평양성이 압록수의 동남 1000여 리라는 기록에는 맞지 않는다. 이 요령성 요양시는 현재의 방위상 분명히 원래의 압록수라고 본 필자가 비정하는 하북성 호타하의 동북쪽이지 동남쪽이 아니고 그 거리도 1000리면 현재 환산 단위로 392km인데 현재 하북성 호타하와 요령성 요양 간의 직선거리는 702km로써 이에 의하더라도 2000여 리 가까이 되고 예전 거리로 하면 이보다 더 넘는다. 따라서 이에는 맞지 않는다. 단지 당시에 방위 개념과 거리 개념이 지금과는 달랐다 하더라도 맞지 않는 문제점이 있다. 따라서 이 사서기록과 맞는 정확한 위치를 찾는 것은 앞으로의 과제일 것이다. 물론 이 사서기록의 부정확성과 부실 가능성도 있음을 무시할 수 없다. 그러한 차원에서는 오히려 이 사서기록 중 동쪽 기록만을 무시한다면, 원래 고구려 평양성 기록에 있어서 고구려 도읍인 장수왕 천도지인 하북성 평양성이 아닌 산동성 고구려 졸본성을 평양성으로 혼돈하여 중국사서가 기록하고 있는 가운데 이 졸본성인 평양성이 압록수인 하북성 호타하의 동남 450리 즉 이 평양성인 졸본성의 서북 450리에 압록수가 있다고 기록하고 있는

【사료25】『통전』「변방」'동이 하 고구려'

평양성(平壤城) 동북쪽에 노양산(魯陽山)이 있고 그 정상에 노성(魯城)이 있다. 서남쪽으로 20리에 위산(葦山)이 있는데 남쪽에 패수(浿水)가 가깝다. 대요수는 말갈국 서남산에서 나와 남으로 흘러 안시현에 이른다. 소요수는 요산에서 나와 서남으로 흘러 대양수와 만난다. 대양수는 나라의 서쪽에 있다. 새 밖에서 나와 서남으로 흘러 소요수로 흘러간다. 마자수는 일명 압록수이다. 물이 동북 말갈의 백산에서 나온다. 물의 색이 기러기 머리색을 닮았기 때문에 속되게 부른 이름이다. 요동에서 5백 리 떨어져 있다. 국내성 남쪽을 지나 서쪽으로 흘러 염난수와 만나 두 물이 합하여 서남으로 흘러 안평성에 이르러 바다에 들어간다. 고구려에서 이 강이 제일 크다. 물결이 이는데 푸르고 맑으며, 나루터마다 큰 배가 서 있다. 그 나라에서 이를 천참(천연요새)으로 여긴다. 강의 너비가 3백 보이고, 평양성 서북 450리에 있다. 요수 동남 480리에 있다. (한나라 낙랑군, 현토군 땅이다. 후한 때부터 위나라 때까지 공손씨가 점거하고 있다가 공손연 때 멸망했다. 서진 영가(307~312) 이후 다시 고구려에 함락되었다.~(생략))(생략)

【사료37】『무경총요』1044년 권22 압록수

압록수, 고구려(高麗國)의 서쪽에 있다. 수원은 백산(白山)이다. 물색이 압두(鴨頭 오리머리)와 같고 요동에서 5백 리 떨어져 있다. 고구려에 있다. 이 하천이 가장 크며 물이 맑고 천참(天塹)이 된다. 강폭은 3백 보이고 평양성 서북 450리에 있다. (압록)수는 동남쪽 20리쯤에서 갈라져서 신

> 라국(新羅國)의 홍화진(興化鎭)에 도달한다. : 황토암 20리 서북에서 (요나라 초기) 동경까지 850리이다. 남쪽 해변까지는 60리이다.

이 사서기록들에 의한다면 그 거리에 차이가 있지만 이 산동성 졸본성이 바로 고구려 평양성이자 나중에 고구려 멸망 시 옮긴 평양성일 가능성이 있다. 더군다나 나중에 고려의 서경이 되었다는 기록에 의한다면 고려가 후삼국시대에도 소위 통일신라의 영역이었던 산동성에서 활동하다가 이곳에서 고려를 건국한 사실에 의하더라도 이곳에 서경이 있었을 가능성이 크고, 이 서경이 나중에 원나라 시기에 완전히 고려가 산동성 지역을 상실한 채 오로지 요령성 요하 동쪽과 한반도만을 그 영역으로 가질 때 이 산동성 서경이 요령성 요양시로 옮긴 사실에 의한다면, 고구려 마지막 천도지인 사서기록상의 장수왕 천도지 하북성 평양성에서 옮겨서 나중에 고려 서경이 된 압록수 동남 1000여 리 위치는 고구려 산동성 졸본성일 가능성도 있다. 이 경우 1000여 리는 제법 멀다는 의미로 통상적으로 쓰인 거리 수치로써 이에는 위 사서상인 【사료25】『통전』「변방」'동이 하 고구려'와 【사료37】『무경총요』 1044년 권22 압록수상의 마자수이자 압록수인 하북성 호타하의 동남쪽 450리에 존재한다는 기록상의 평양성으로 흔히 기록된 고구려 졸본성으로 450리 거리에 포함되는 거리 수치라는 의미가 포함된 것으로 확인될 수 있다. 이에 대하여는 추가 연구가 필요하나 일단 본 필자는 이 【사료28】『원사』「지리지」요양등처행중서성 동녕로 사서기록상의 나중에 고구려 멸망 시 옮긴 평양성을 동쪽으로 이동 사항과 나중에 고려 서경이 되었다는 사항에 중점을 두어 지금의 요령성 요양시에 위치한 것으로 비정하고자 한다.

주류 강단 사학계가 비정하는 동녕부와 관련된 자비령에 대하여 주류 강단 사학계는 황해도 수안으로 비정하였다. 이러한 비정에는 일제 식민 사학자들의 근거 없는 비학문적이고 비역사적인 지극히 개인적인 설정에 근거하였다. 자비령을 황해도 수안에 비정한 일제 식민 사학자 야나이 와타리[箭內亘]는 그의 저서「만주 역사지리(1913)」에서 "동녕부는 고려의 서경이며 지금의 평양이라는 것은 어떤 고증도 필요하지 않는다."라고 하여 근거 없이 일방적으로 설정한 것임을 알 수 있다.

그러나 이보다 지극히 비참한 것은 이러한 설정을 해방 후 77년이 지난 지금까지도 그대로 따르고 교과서에 나타내고 있다는 사실이다. 마찬가지로 원래 압록강에도 못 미치던 고려의 강역이 서희의 담판으로 원래 요나라의 땅이었던 강동 6주를 확보함으로써 비로소 겨우 압록강 의주까지 영토가 확대되어 이곳으로부터 동쪽 동해안 도련포까지 천리장성을 쌓아 그 이남으로 하여 영역을 확정하였다는 논리를 형성한 쓰다 쏘우키치[津田左右吉]는 저서「조선 역사지리(1913)」에서 "강동 6주를 확보한 고려의 재상 서희야말로 대표적인 거짓말쟁이이며 이런 고려인들이 기술한 지리지는 믿을 수 없기 때문에 자신이 한국의 역사 지리를 재정리하게 됐다."고 하였다. 이 말은 자신이 설정한 자신의 논리가 고려사에 기록된 서희의 소위 강동 6주(8성) 설치 논리와 다르다는 것을 실토한 것이다. 즉 자신의 논리가 근거 없이 사료의 기록과는 다르다는 것을 합리화하는 과정에 자신도 모르게 드러낸 것이다. 즉 앞에서 본 필자가 인용하여 제시함으로써 살펴보았지만『고려사』등 사료상으로는 원래 고려의 땅에 고려가 성을 축조해 왔던 지역을 요나라가 침범하여 영유권을 주장하자 이를 서희가 강변하여 물리치자 이의 합리성을 깨닫고 이러한 서로의 영역을 예전 그대로 고착시키기 위해 각자 성을 쌓은 것이 서희가 쌓은 성이다. 이것은 요나라 땅을 서희가 외교 담판으로 새롭게 차지하여 고려의 영역을 넓혔다는 쓰다 쏘우키치의 논리와는 전혀 다르다. 그럼에도 주류 강단 사학계는 사료상의 기록과 쓰다 쏘우키치의 발언 등에 의하여 사료상의 기록대로 역사를 정립하는 것이 당연한데도 쓰다 쏘우키치의 논리를 해방 후 77년이 지난 지금까지도 조작된 논리를 우리 역사로 삼고 있다.

　사료상의 서희의 소위 강동 6주(8성) 설치 발언은 단순한 것이 아니다. 즉 단지 고려의 영역만을 언급한 것이 아니라 앞에서 살펴보았듯이 원래 하북성에 있었던 고구려와 백제의 땅이 멸망 후 원래 그곳에 있었던 신라의 영역에 더하여져 있다가 고려에 그대로 물려주었다. 그런데 이곳을 관리하다가 산서성 지역에서 일어나 강대해져 가는 거란족의 요나라는 인근인 남쪽 하북성 호타하 지방에 접해 있던 고려가 위협 내지는 방해가 되어 이곳을 침범하자 서희가 물리치고 상호 합의하에 이곳에 성을 쌓은 것이 소위 강동 6주(8성) 설치 역사적 진실이고 사건 전말이다. 이를 알고 이러한 역사관을 없애고자 하는 일제 식민사관에 의하여 쓰다 쏘우키치 등에 의하여 소위 강동 6주라는 조작설을 설정하고 이 논리가 해방 후 77년 동안 주류 강단 사학계의 수많은 전문가들의 용인 덕분에 지금까지도 유효하게 성행하고 있다. 이러한 사항은 앞에서 본 필자가 여러 사서의 기록을 들어 입증하였지만 다음 사서의 기록으로도 확인된다. 그것도 중국의 정사 사서기록이다.

【사료308】『구당서(舊唐書)』 卷三十八 志 第十八 地理 一

천보 11년(당 현종 11년, 752년)의 지리, 당의 땅은 동쪽은 안동부에 이르고, 서쪽은 안서부에 이르고, 남쪽은 일남군, 북쪽으로는 선우부에 이른다. 남과 북은 전한시대 강성할 때의 것과 같다. 동쪽은 옛 한의 영토에 미치지 못하였고, 서쪽은 옛 한의 땅을 넘어섰다. 한나라의 땅은 동으로 낙랑 현토에 이르렀으며, 지금은 고려 발해의 땅이다. 현재 요동에 있으며 당의 땅이 아니다.

이 기록에서는 네 가지 중요한 사항이 파악된다.
(1) 당나라는 한나라가 차지한 낙랑 현토를 차지하지 못하였다는 사실이다.
(2) 이 땅은 고구려가 차지하고 있다가 발해와 고려에 넘어갔다는 사실이다.
(3) 당시의 인식이 요동은 지금의 요하 동쪽이 아니라는 사실이다.
(4) 고려의 영역은 지금의 요하가 아니라 당시의 요동 즉 낙랑과 현토가 있었던 하북성 지역에서 발해와 신라가 국경을 맞붙어 있었듯이 발해는 요나라의 영역으로, 신라의 영역은 고려의 영역으로 전해졌다는 사실이다.
(5) 결국 당나라의 영역은 소위 나당연합군에 의한 고구려 및 백제 멸망 전에도 그렇고 그 후의 소위 통일신라시대에도 한나라 군현인 낙랑, 현토 땅이 있었던 하북성 지역에 못 미쳤다는 사실이다.

이러한 사실들은 본 필자가 이 글에서 입증하여 밝힌 바와 같이 결국 고구려시대에는 고구려의 영역이 하북성에, 소위 통일신라 시기에도 고려 및 발해의 영역이 하북성에 있었다는 것을 나타낸 것이다.

물론 이 해석에 이론이 있을 수 있다. 하지만 이에 대하여는 지금까지 본 필자가 여러 사서의 기록을 근거로 입증한 바 있다. 이를 다시 설명한다는 것은 이 글을 처음부터 다시 써야 한다. 이 기록은 본 필자의 이 글에서 입증한 것을 그대로 나타내 주고 있다. 이러한 역사 인식은 이전 우리나라에서는 비록 고려 및 조선시대 유학자들이 중국의 명·청대 유학자들의 우리 고대사 왜곡에 동조 내지는 적극 옹호하여 왜곡된 역사관이 성립되었지만 지금과 마찬가지로 제대로 된 역사관과 사료가 남아 있어 제대로 된 바른 역사의식이 존재하고 있었다는 사실이 확인되고 있다. 이러한 역사관은 조선시대 후기까지 이어져 비록 정약용 같은 인물도 있었지만 박지원 같은 인물의 한사군, 패수, 평양에 대한 의식을 갖게 하였다. 이 사실은 다음 기록에서도 확인된다. 이 기록은 위의 『구당서』 기록과도 지명만 일부 바뀌었을 뿐 일맥상통한다.

【사료456】『조선왕조실록』 성종실록 134권, 성종 12년 10월 17일 무오 1번째 기사 1481년

남원군 양성지가 중국이 개주에 위를 설치한다는 것에 대해 상언하다.

남원군(南原君) 양성지(梁誠之)가 상언(上言)하기를,
"신이 생각건대, ~
~ 지금 듣건대 중국이 장차 개주(開州)에 위(衛)를 설치하려 한다 하는데, 신이 거듭 생각해 보니 크게 염려되는 바가 있습니다. 개주는 봉황산(鳳凰山)에 의거하여 성(城)을 이루었는데,
~ 생각건대 우리나라는 요수(遼水)의 동쪽 장백산(長白山)의 남쪽에 있어서 3면이 바다와 접하고 한쪽만이 육지에 연달아 있으며 지역의 넓이가 만리(萬里)나 됩니다.
~ 고구려가 풍씨(馮氏)의 남은 세력을 근거로 강성해져서 수양제(煬帝)의 1백만 군이 살수(薩水)에서 대패하였고, 당나라 태종은 여섯 차례나 원정하였지만, 요좌(遼左)에서는 공이 없었으며, 한(漢)나라는 비록 평양을 얻었으나 곧 고구려에 점거당하였고, 당나라는 평정하였으나 역시 신라의 소유가 되었습니다.
~ 개주는 의주에서 1백여 리밖에 떨어져 있지 않고

여기서는 제대로 된 역사 인식과 잘못된 역사 인식 그리고 새로이 인식하여 할 사항이 각각 공존하고 있다. 먼저 잘못된 역사 인식은 앞에서 살펴보았듯이 여기서 개주를 지금의 압록강 북쪽 연산관, 봉황성의 봉황산에 위치한 것으로 인식하고 있다. 이는 중국의 '춘추필법'에 의한 위치 이동 왜곡에 따른 잘못된 역사 인식이다. 그러나 백

제의 영역을 확인하면서 살펴보았듯이 원래 개주는 【사료29】『요사』 「지리지」 2. 동경도 해주(海州) 남해군(南海軍), 개주 진국군(開州 鎭國軍)상에 기록된 바와 같이 하북성 대요수 및 소요수 그리고 마자수라 불리는 압록수가 있는 현재 석가장시 호타하 인근에 있었던 것이 고려 이후에 옮겨져 조선시대에는 아예 요령성 인근으로 옮겨졌음을 확인할 수 있는 기록이다. 그러나 옮겨졌지만 이 개주에 있다고 하는 봉황산이 현재에는 요령성 단동시에 존재하고 있다. 따라서 이에 의하면 원래의 봉황성은 지금의 요령성 개주시에 있었던 것이 나중에 지금의 단동시로 이동되었음이 확인된다. 이는 중국 측의 역사왜곡에 의한 것으로 명나라와 조선과의 국경선이 이 봉황산에 의하여 있었으므로 그 국경선을 동쪽으로 옮긴 것으로 확인된다. 이는 새로이 확인된 새로운 역사 인식 사항이다. 이에 대하여는 앞으로 연구가 이루어져야 할 것이다. 그러므로 이에 의한다면 고려시대까지만 지금의 요령성 요하를 경계로 우리 국경이 있었던 것이 아니라 적어도 조선 초기까지도 요령성 요하 동쪽이 조선의 영역이었음이 확인된다.

그리고 제대로 된 역사 인식은 조선시대 성종 시기까지도 장백산이 지금의 백두산이 아님을 이 기록상의 역사 인식에 의하여 입증된다는 사실이다. 이에 의하면 원래 하북성의 압록수인 호타하의 발원지에서 유래한 백산을 요령성으로 옮긴 장백산으로 한 다음, 당시의 역사 인식에 따라 이를 지금의 요령성 요하 발원지로 인식하였지 이 장백산이 현재의 백두산이 아닌 것으로 인식하였음을 알 수 있다. 물론 이곳 장백산이 나중에 지금의 압록강의 발원지인 백두산으로 왜곡되지만 이 기록은 그 이전의 역사 인식을 보여준다.

또한 한나라가 고조선의 평양을 비록 얻었으나 고구려에 다시 점거당하고 당나라가 평정하였으나 신라의 소유가 되어버린 이 지역을 요하 인근으로 보고 있는 역사 인식이다. 이는 또한 본 필자의 역사 인식과도 일치하는 것이고 이 글의 주요 골자인 것이고 이것은 단지 본 필자의 일방적인 근거 없는 주장이 아니라 모든 역사 사료 등 역사가 입증함을 이 기록이 보여주고 있다. 특히 신라의 영역 재인식 관련 사료는 유념해야 할 사항으로 이는 이미 본 필자가 강조하여 입증한 사항이다. 즉 신라가 고구려 땅을 차지하였다는 사실이다. 이는 단지 고구려 영역 중 황해도와 평안도 지방을 일부 차지한 채 대동강~원산만 일대를 이남을 차지하였다는 일제 식민사학과 이를 추종하는 주류 강단 사학계의 논리가 허구라는 것을 입증한다. 즉 신라가 차지한 것은 한나라가 차지한 평양이자 고구려가 차지하고 수나라와 당나라가 공격한 이곳이라는 사실이다.

물론 이곳도 일제 식민사학과 이를 추종하는 주류 강단 사학계는 왜곡 이동된 요동으로 한 채 이곳을 지금의 요령성 요하 동쪽 지방과 한반도로 비정하지만 이곳은 원래의 요동인 하북성 요수이자 소위 요동군 동쪽 지방이다. 이러한 역사 인식이 적어도 조선 초기까지도 존재하였다는 사실이 새롭다. 하지만 비록 왜곡되어 이동된 바에 따른 역사 인식이지만 이러한 자주적인 제대로 된 역사 인식은 임진왜란과 정유재란(일본과의 전쟁)을 통하여 재조지은(再造之恩) 즉 명나라가 없어질 우리나라를 다시 세워주었다는 극도의 중화 사대주의와 소중화 사상, 주자학 제일주의, 오랑캐 멸시주의에 의하여 모든 역사는 한반도에서 이루어진 것이라는 역사 인식의 팽배로 역사가 굴절된다. 이러한 역사 인식에 힘입어 중국 명·청대 학자들은 적극적으로 역사를 조작하여 우리 역사를 계속 동쪽으로 이동시켜 놓았다. 우리나라는 이를 다시 재생산하는 악순환이 드디어 일제 식민사학 논리와 맞아떨어져 일제 식민사학이 완성되고 이 논리는 그대로 일제 식민사학의 유일한 학설이 되어버린 해방 후의 우리나라 주류 강단 사학계가 되어 현재의 역사 논리가 되었다.

그 일례로 여기서의 장백산은 원래 청대 편찬한 『성경통지』「장백산도」 초간본에는 길림성 합달령에 있었던 장백산과 지금의 혼동강이 3차본 즉 청나라 옹정제 때 편찬한 판본에는 지금의 백두산과 압록강으로 바뀌어 이후 중국과 조선에서는 바뀐 곳으로 역사를 비정하여 그나마 하북성에서 요령성으로 옮긴 우리 고대사 활동 지역을 한반도로 옮기게 되어 개별적인 역사 인식은 위의 양성지와 같은 인식이었으나 공식 문서상 즉 『세종실록지리지』를 비롯한 모든 사료는 하북성의 것이 요령성 및 한반도로 옮겨지게 되는 것이 앞에서 그 사례 즉 안시성, 살수 등으로 확인되었다.

이러한 자비령에 대하여 인하대학교 고조선 연구소와 같은 비주류 강단 사학계와 그동안의 재야 민족 사학계의 연구 결과에 의하면 자비령은 만주의 요령성 본계 사산령 지역에 있는 것으로 밝혀졌다. 이는 동녕부와 관련이 있으므로 동녕부의 서경 즉 요령성 요양 인근에 있었음이 확인된다.

> 일제 식민사학이 한반도 평양 지방에 비정한 동녕부의 기준이 되는 자비령은 황해도 수안에 있었던 것이 아니라 요령성 본계시 사산령 지역에 있었다.

또한 철령은 위의 【사료345】 『고려사』 권137 열전 권제50 우왕(禑王) 14년 2월상의 기록과 같이 왕경으로부터 300리에 있다고 하였다. 물론 주류 강단 사학계는 이 왕경을 고려의 수도인 개성으로 보았다. 그래서 이곳에서 동쪽으로 300리인 강원도와 함경남도 경계지방인 함경남도 안변군 신고산면과 강원도 회양군 하북면(지금의 강원도 고산군과 회양군) 사이에 있는 고개로 비정하였다. 하지만 철령은 처음에 명나라가 요령성 본계시 봉집보에 설치하였다가 나중에 지금의 철령시로 옮기게 되었다.

> 일제 식민사학이 한반도 동해안 함경도 안변 지방에 비정한 철령은 요령성 본계시 봉집보에 설치하였다가 나중에 지금의 철령시로 옮겼다.

여기서의 왕경을 허우범 교수는 지금의 요령성 환인 지역으로 보았다. 따라서 여기서의 300리인 철령시에 철령위를 설치한 것이다. 물론 본 필자는 이 왕경을 지금의 요령성 요양의 고려 서경으로 보았다. 참고로 요령성 본계시 환인현은 현재 철령시의 동남쪽 218㎞ 거리에 있다. 현재와 다른 한편 당시의 도보 가능 거리인 점을 감안하더라도 당시의 300리에 비하여 과하게 먼 거리이다. 또한,

> 【사료457】『명사(明史)』志 第十七 地理 二 철령위(鐵嶺衛)
>
> 철령위(鐵嶺衛)는 명(明) 태조(太祖) 주원장(朱元璋) 홍무(洪武) 21년(1388년) 3월, 옛 철령성(鐵嶺城)에 치소를 세웠다.
> 홍무(洪武) 26년(1393년) 4월, 옛 은주(古嚚州) 땅으로 치소를 옮기었다. 바로 현재의 치소(治所)이다.
> 서쪽으로는 요하(遼河)가 있고 남으로는 범하(泛河)가 있으며 다시 남으로 소청하(小淸河)가 있는데 모두 다 요하(遼河)로 유입되어 들어간다.

주류 강단 사학계가 비정하는 바에 의하면 명나라도 철령위의 위치를 자기들의 영역인 만주 지방 요령성 요하 동쪽이자 범하의 북쪽인 곳에 있다고 하였다. 이곳은 명나라와 조선의 국경 지대이므로 첨예하게 대립하는 민감한 지역이었다. 따라서 조선 초기까지도 조선의 영역은 요하 동쪽 인근까지였다는 것이 입증되는 것이기도 하다.

더군다나 명나라는 이 철령 이남과 두만강 북쪽 700리에 있는 공험진을 연결하는 국경선을 공식적인 문서에서 인정하였다는 것이 중국사서 정사 및 『조선왕조실록』에 실려 있다. 이렇게 고려의 국경을 인하대 고조선 연구소를 비롯한 비주류 강단 사학계와 재야 민족 사학계는 서쪽으로는 철령위 및 쌍성총관부가 설치된 고려시대 화주인 지금의 철령시로부터 동쪽으로 두만강 북쪽 700리인 공험진으로 이어지는 것으로 보았다. 일제 식민 사학자들이 정립하고 이를 추종하는 주류 강단 사학계는 압록강 의주로부터 동해안 도련포까지의 천리장성을 고려의 국경과 영역으로 한 채 해방 후 77년이 지나도록 이 조작의 논리상에 수많은 허구가 존재하고 있음에도 그대로 유지하고 새로운 연구에 의한 비판과 반론이 논문에 의하여 제기되었음에도 일언반구 없이 단 1건의 반론이나 재반박 없이 침묵한 채 기존의 허구의 논리를 그대로 지속시키고 있다.

  이 허구의 조작된 논리를 해방 후 77년까지 어린 학생부터 전 국민이 배우고 그대로 따르고 있으며, 지금도 공부하고 있고 앞으로도 그렇게 해야만 한다. 하지만 본 필자의 중국 정사 및 우리나라 정사의 기록에 의하면 이 두 가지 상반되는 주장과는 달리 고구려와 신라 그리고 백제는 한반도에서도 활동하였지만 이들 모든 기록이 삼국이 하북성 및 산동성에서 활동하였고 이곳에 영역을 가지는 한편 한반도 및 만주에 서로 영역을 가지고 있다가 발해와 소위 통일신라에 그대로 물려져 결국 고려에까지 이어짐으로써 고려는 이곳 하북성으로부터 만주의 화주 즉 철령시까지 천리관성을 설치하였다는 것을 확인하였다.

  이후 원나라 시기에 하북성, 산동성 지역은 상실한 채 축소되었다가 요령성 만주 지방은 일부 공민왕 시기에 회복하고 이를 조선에 물려줘 조선 말기까지 비록 일부 축소되었으나 만주 지방에 조선의 영역과 국경선이 있는 것이 여러 가지 사료와 지도에서 확인된다. 그럼에도 불구하고 일제 식민사학에 의하여 정립하고 주류 강단 사학계가 그대로 추종한 논리에 의하여 고조선은 물론 고구려 등 소위 삼국의 역사도 한반도로 국한시켜 소위 통일신라는 극히 일부인 대동강~원산만 그리고 고려는 이보다 조금 늘어난 압록강~함흥만 지방만을 영역으로 하였다. 조선시대에는 4군 6진 개척이라는 논리를 형성하여 앞에서 살펴본 대로 고려가 소위 서희의 강동 6주를 획득하여 압록강 이남의 영역이 압록강까지 확대되었다는 논리와 마찬가지로 압록강 및 두만강에 못 미쳤던 고려 영역을 조선시대 세종대왕 시기에 서북 4군을 최윤덕과 이천에 의하여, 동북 6진을 김종서에 의하여 개척하여 마침내 우리나라 영역이 압록강 두만강으로 확정되어 오늘날에 이른 것으로 하여 왔다.

　이는 나라를 팔아먹은 것이다. 우리 고대사의 모든 나라의 땅을 팔아먹더니 고려의 땅도 팔아먹고, 조선의 땅도 팔아먹었다. 개척이란 자기 것이 아닌 새로운 땅을 새로 획득하는 것을 말한다. 세종대왕 시의 4군 6진은 개척이 아니라 우리 땅에 여진족이 발호한 것에 대한 진압이다. 조선시대의 영역은 신라가 하북성 남부 및 길림성 그리고 개 이빨처럼 뾰족한 형태로 요령성의 고구려와 백제의 땅 사이의 영역과 한반도의 땅을 가지고 있던 신라가 나당연합군에 의하여 고구려와 백제를 무너뜨리고 수많은 입증 사료 중 제일 나중에 제시한 사료인 위의 【사료308】『구당서(舊唐書)』卷三十八 志 第十八 地理 一 와 【사료456】『조선왕조실록』성종실록 134권, 성종 12년 10월 17일 무오 1번째 기사 1481년 사료 기록과 같이 하북성의 고구려 땅을 차지하였다가 발해에 압록수인 호타하 북부의 땅을 물려주고 나머지 땅인 호타하 남부와 산동성 그리고 요령성 및 길림성 땅을 모두 고려에 그대로 물려줌으로써 고려가 여기에 소위 강동 6주(8성)와 천리관성을 설치하였다가 요나라 및 원나라 시기에 이 중 일부인 호타하 남부와 산동성 지방을 빼앗긴 채 나머지인 요하 이동 및 길림성 지방 그리고 한반도 지방을 조선에 그대로 물려주었다.

조선이 들어서기 전인 고려시대 말기에 원나라 뒤에 새로 건국된 명나라가 고려의 영역인 요령성 지역에 철령위를 설치하려고 하자 이에 반발하여 고려가 요동정벌을 시행하였으나 위화도 회군 등으로 무산되자 명나라는 지금의 철령시 동남부인 요령성 본계 봉집보에 철령위를 설치하였다가(1388년) 나중에 지금의 요령성 철령시로 옮겼다(1393년). 이렇게 옮기게 되는 것은 이전의 고려의 반발에 이는 조선 초기의 반발에 의하여 군사 진출 즉 요동 정벌의 조짐이 있자 뒤로 물린 채 옮기게 되는 것이다.

당시 명나라는 고려를 상당히 강국으로 인식하여 두려워했다. 이후 조선이 건국한 후에는 조선의 반발이 계속되어 항의를 정식으로 제기하자 『세종실록』 21년(1439) 3월 6일자에 의하면 1388년 명 태조시에 중국으로부터 "공험진 이북은 (중국의) 요동에 복속시키고, 이남 철령까지는 그대로 (우리나라) 본국에 소속시키라."는 황제의 명을 받았다고 하여 철령과 공험진 이남의 우리나라와의 국경선을 명나라로부터 인정받았다. 따라서 적어도 조선시대까지도 요하 동쪽 지방은 우리나라 영역이었으니 그 남쪽을 개척하였다는 4군 6진 개척은 있을 수 없는 역사 조작이다. 이는 장수왕의 평양 천도를 한반도 평양으로 하여 남진정책이라고 한 것과 같은 맥락의 대표적인 일제 식민사학에 의한 역사 조작 사례이다.

> 조선시대 세종의 '4군 6진 개척'도 역사 조작이다.
> 이는 '4군 6진 평정'이다.

우리는 고구려와 고려의 천리장성, 소위 서희의 강동 6주(8성) 등과 함께 조작된 역사를 배우고 이를 다시 후손들에게 가르치고 있다. 이후 임진왜란과 병자호란을 거치면서 우리 영역이 축소된 채 축소 변하였으나 여전히 압록강 너머 만주 지방에 우리 영역을 두고 명나라 시기에는 지금의 연산관~봉황산 지대가, 청나라 시기에는 유조변장~혼강이 국경 완충지대가 되기도 하였으나 적어도 우리 영역이 한반도의 압록강 두만강 이남으로 축소된 사실은 절대 없다.

> 고려시대 국경은 원나라 시기 이전에는 산동성, 하북성에서 만주 요령성 철령시를 거쳐 두만강 북쪽 700리 선춘령(공험진)까지였다가 이후에는 만주 요하로부터 선춘령(공험진)까지이었다. 일제 강점기 이전의 조선 국경은 초기에는 고려 말기 국경과 같았다가(철령~선춘령(공험진)) 점점 축소되었어도 한반도 압록강 두만강이 아니라 그 이북이었다.

이러하였던 것이 일본국이 제국주의에 의하여 한반도와 만주에 진출하여 만주국을 세워 이 영역이나 한반도를 모두 자신들의 식민지라는 인식하에 청나라와의 '간도협약'에 의하여 요령성 만주 지방의 영역을 만주국에게 넘겨주고 압록강 두만강 이남의 우리 영역이 이때 결정되었다. 이러한 사항은 수많은 자료에 의하여 입증되는 것임에도 주류 강단 사학계는 국민들의 역사 인식을 바꾸려는 의사는 전혀 없는 반면 영토를 넓히려는 역사 인식을 사이비, 비과학적이고 비상식적이고 근거 없는, 허황되게도 영토만 넓기를 욕망하는 허구의 역사 인식이라는 의식을 퍼트려 이와 관계되는 주장을 잘못된 시각으로 바라보게 하는 풍조를 일부 언론과 카르텔을 형성하여 퍼뜨림으로써 주류 강단 사학계의 역사 인식을 비판하는 싹을 제거하는 분위기와 풍토를 조성한 것이 현재 우리나라 역사학계의 실정이다.

바른 주장이 오히려 그릇된 주장으로 둔갑하고 있다. 왜곡 조작함으로써 나라의 역사를 팔아먹은 것을 비판하는 사람이 오히려 이상한 사람으로 몰리는 세상을 그들은 만들었다. 일제 강점기에서 해방된 조국에 귀국한 독립 운동가들을 해방 후 친일정권에 의하여 재 등용된 친일 부역자들이 오히려 탄압하는 해방 후 우리나라 형국과 같은 상황이 되었다. 조선이 압록강과 두만강을 조선시대 세종대왕 시 4군 6진에 의하여 확정된 채 오늘에 이르지 않았음을 증명하는 증거는 차고 넘친다.

[레지선, 당빌선, 본느선에 대하여]

　이 중에 대표적인 사료가 중국도 아니고 조선도 아닌 객관적으로 작성된 것이 조선 말 서양인이 제작한 지도와 우리나라 조선인이 작성한 지도이다. 서양인에 의하여 제작된 지도는 세 가지로 자세한 것은 관련 자료를 참조하고 여기서는 지면상 간단히 설명하고 넘어가기로 하겠다.
(1) 레지선으로 프랑스 레지 신부가 18세기 초(1709년부터) 만주 지역을 직접 측량했다는 데서 비롯한다. 이 지도에는 중국과 조선의 국경선이 봉황성과 압록강의 중간 지점으로 되어 있다.
(2) 당빌선으로 프랑스 지리학자인 당빌이 1737년에 만든 「신중국지도첩」에서는 레지선을 국경으로 하였으나 1749년 제작한 지도에서는 조선의 국경이 서쪽으로 더 나아가 있는 것으로 되어 있다. 봉황성과 목책이 조선과 청의 국경선이 되고 있다.
　봉황성의 책문은 조선시대 관리들이 청나라에 들어가기 전에 신고하는 오늘날 세관에 해당한다. 이곳이 국경선이다. 소위 봉금지대를 조선의 땅으로 해석하였다. 제대로 된 영토와 역사 인식에 의함이다. 이는 단순한 자기 판단이 아니라 여러 사항을 반영하였다. 또한 이 지도에는 특이한 사항이 있다. 대마도가 조선 땅으로 되어 있다.
(3) 본느선이다. 1771년 프랑스 수학자 본느가 만든 중국 지도에 나타난 국경선이다. 이 선은 레지선, 당빌선보다 더 많은 영역을 조선 땅이라고 표기했다.
　이 밖에도 여러 서양 지도들이 있는데 이들은 모두 같이 간도 지방 즉 압록강 및 두만강의 북부 지역인 요령성과 길림성 지역을 조선 영역으로 그렸다.

더군다나 이들은 당시 청나라의 요청에 의하여 그린 것으로 청나라도 이를 인정하였음을 나타낸다. 그리고 우리 지도로 1863년 김정호 「대동지지」가 있다. 조선의 영역이자 지방조직인 서북계의 위치가 위의 당빌 지도와 같이 그려져 있다. 그리고 안정복의 『동사강목』 여덟 가지 지도 중 첫 번째 지도상의 서쪽 조선의 경계를 동가강으로 표시하였는데 이 동가강을 지금의 혼강으로 비정하고 있다. 이들은 전부 요령성 요동반도의 동쪽 지역을 조선의 영역으로 그렸다.

> **조선시대 말기에 서양인이 그린 3개의 지도상에도 조선의 영역이 압록강~두만강 이북 지역임을 증거하고 있다.**

우리나라 역사를 좌지우지하는 것이 주류 강단 사학계이므로 이와 같은 사실을 적극 알리고 이에 따라 역사를 정립하여야 함에도 우리나라 영역의 압록강 및 두만강 이남의 영역을 세종대왕 시기의 4군 6진 개척에 의하여 비로소 정립되었다는 일제 식민 사학자들의 논리를 그대로 유지한 채 바꾸려고 하지 않고 그대로 유지하고 있다. 바꾸는 것도 그들이요 바꾸지 않는 것도 그들이다.

그렇다면 조선이 세종대왕 시기 이후에 만주로 쳐들어가 위의 지도상의 조선 영역을 새로 차지하였다는 것인가. 이에 대하여 주류 강단 사학계는 대답을 내놓아야 한다. 그러나 물론 침묵하고 있고 앞으로도 침묵할 것이다. 그들은 올바른 역사보다는 역사로 지키는 자신들의 자리와 자기들이 살아온 세월 동안의 잘못을 인정할 수 없고 그들이 해온 밥벌이가 더 중요하다. 비록 선조 나라의 땅이 타국에 넘겨지는 한이 있더라도 말이다.

이상으로 순서에 의한 연 5군과 연장성을 설명하면서 주류 강단 사학계의 역사왜곡 사항을 비판하였다. 그러면서 연 5군과 관련된 사항으로 우리나라 고대 국가 및 관련 사항에 대하여 살펴보면서 고구려 천리장성과 고려의 천리장성 조작 사실을 살펴보았다. 그리고 이와 관련된 신라와 발해의 영역을 비롯한 역사왜곡 사항에 대하여 살펴보고 고대 국가의 영역과 이들의 계승과 관련하여 윤관 9성과 소위 서희의 강동 6주(8성)에 대하여 자세히 알아보고 쌍성총관부, 동녕부, 자비령, 철령 등은 간략히 살펴보았다.

다음으로 고려의 조작된 지방행정 조직에 대하여 살펴보고 원래 순서인 '진장성'에 대하여 살펴보고, 그 다음은 갈석산, 패수에 대하여 살펴봄으로써 고조선의 위치를 확인하고자 한다. 그럼으로써 송호정 교수의 '4.『사기(史記)』사료 이용과 해석을 비판한다.'를 마치면 '5.『위략』사료 이용과 해석을 비판한다.'에 대하여 들어가고자 한다.

앞에서 소위 통일신라 후의 지방행정 조직인 9주 5소경에 대하여 살펴보았듯이 이에 대한 전반적인 기록이 안 맞는다는 것을 확인하였다. 더군다나 소위 삼국의 초기 건국지와 관련된 활동 지역에 있어서는 더욱 맞지 않는 것으로 대륙에서의 지역 및 행정구역 명칭이 한반도 안으로 축소되어 기록되어 있는데다가 이를 한반도 고착화에 이용하여 해석하였다.

특히 소위 삼국시대 초기의 백제와 신라의 북쪽에서 괴롭힌 말갈과 관련하여 기록된 니하 그리고 우산성과 관련되어 기록된 하슬라 주에 대하여 이를 명주로 하여 한반도 동쪽의 강릉 지방으로 비정하여 기록하고 이를 그대로 해석하여 비정하고 있다. 앞에서 이에 대하여 비판하였듯이 『삼국사기』가 원래 고구려의 땅인 하서량에다가 이를 비정한 채 신라의 명주로 한 것을 후대에서 지금의 강릉으로 비정하였다.

■ [그림58] 주류 강단 사학계 고려 5도 양계

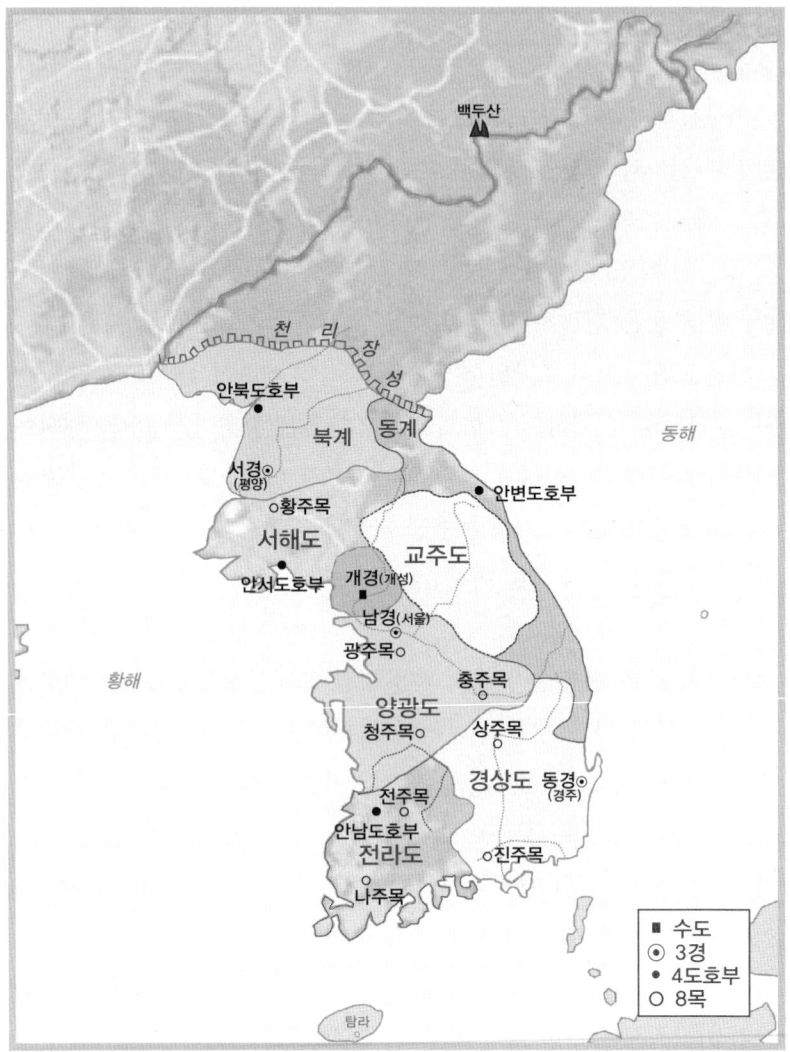

 이와 같이『삼국사기』의 비정은 원래의 기록을 그대로 옮기면서도 이를 옮긴 후의 지역으로 해석하여 비정하였다. 즉 원래『삼국사기』가 고구려의 땅이라는 것은 그 후에 해석하여 비정한 명주가 아니다.

■ [그림59] 고려 북계, 동계 위치도

아니면 하슬라를 하서량에 비정한 것 자체가 잘못이다. 즉 고구려의 영역이었던 곳을 한주, 삭주, 명주로 하였다는 것인데,

【사료186】『삼국사기(三國史記)』卷第三十四 雜志 第三지리(地理)一 신라(新羅) 이전 고구려

이전 고구려 지역의 3주

이전의 고구려 남쪽 영토 내에도 3주를 설치하였다. 서쪽 제일 첫 번째가 한주(漢州), 그 다음 동쪽을 삭주(朔州), 그 다음 동쪽을 명주(溟州)라고 하였다.

【사료96】『삼국사기(三國史記)』卷第三十七 雜志 第六 지리(地理)四 고구려(高句麗)

고구려는 처음에 중국 북부 지역에 있다가, 곧 점점 동으로 패수(浿水)의 근처로 옮겨갔다. ~ 그 지역의 대부분이 발해말갈(渤海靺鞨)로 편입되고, 신라 또한 그 남쪽 지경을 차지하여, 한(漢)·삭(朔)·명(溟)의 3주와 군현을 설치하여 9주를 갖추었다.

이 중에서 하슬라주를 비정한 명주는

■ 三國史記 卷第三十五 雜志 第四 지리(地理)二 신라(新羅)

명주

명주(溟洲)(註 423)는 본래 고구려(高句麗) 하서량(河西良) (한편 하슬라(何瑟羅)라고 쓴다.)인데, 후에는 신라(新羅)에 속하였다.
가탐(賈耽)의 고금군국지(古今郡國志)에 "지금 신라(新羅) 북쪽 경계인 명주(註429)는 대개 예(濊)(註 430)의 옛 국가이다" 하였다. 전사(前史)에서 부여(夫餘)를 예의 땅이라고 함은 잘못인 듯하다.
선덕왕(善德王) 때 소경(小京)으로 삼고 사신(仕臣)을 두었다. 태종왕(太宗王) 5년 당(唐) 현경(顯慶) 3년(658)에 하슬라(下瑟羅) 지역이 말갈(靺鞨)과 서로 맞닿아 경(京)을 없애고 주(州)로 삼고, 군주(軍主)를 두어 지키게 하였다. 경덕왕(景德王) 16년(757)에 명주로 고쳐 삼았다. 지금까지 그대로 따른다. 거느리는 현(領縣)은 4개이다.

정선현(旌善縣)(註 439)은 본래 고구려(高句麗) 잉매현(仍買縣)이었는데 경덕왕(景德王)이 이름을 고쳤다. 지금까지 그대로 따른다.
속 한편 동(楝)이라고 쓴다. 제현(楝隄縣)은 본래 고구려(高句麗) 속토현(束吐縣)이었는데 경덕왕(景德王)이 이름을 고쳤다. 지금은 알 수 없다.
지산현(支山縣)은 본래 고구려(高句麗)의 현이었으며 경덕왕(景德王)은 이를 따랐다. 지금은 연곡현(連谷縣)이다.
동산현(洞山縣)은 본래 고구려(高句麗) 혈산현(穴山縣)이었는데 경덕왕(景德王)이 이름을 고쳤다. 지금까지 그대로 따른다.

註 423
지금의 강원도(江原道) 강릉시(江陵市)로 비정한다(이병도,《역주 삼국사기》하, 을유문화사, 1996, 231~232쪽).

註 429
지금의 강원도(江原道) 강릉시(江陵市)로 비정한다(이병도,《역주 삼국사기》하, 을유문화사, 1996, 231~232쪽).

註 430
상고시대 한반도 동해안 지역에 존속했던 종족들의 정치체로서 '동예(東濊)'라고도 하며, 그 위치는 대체로 강원도(江原道) 일대로 비정된다. 이 지역은 위만조선(衛滿朝鮮)에 속하였다가 그 멸망과 함께 한군현(漢郡縣)으로 편제되었으나, 후한 말(後漢末) 이래 대부분 고구려에 예속되었다(정구복 외,《역주 삼국사기》4 주석편(하), 한국정신문화연구원, 157쪽).

註 439
지금의 강원도(江原道) 정선군(旌善郡) 정선읍(旌善邑)으로 비정한다(정구복 외,《역주 삼국사기》4 주석편(하), 한국정신문화연구원, 286쪽).

이고 원래 고구려의 하슬라주는

■ 三國史記 卷第三十七 雜志 第六 지리(地理)四 고구려(高句麗)

하슬라주의 주·군·현·성

하슬라주(何瑟羅州)

하서량(河西良)이라고도 하고 하서(河西)라고도 한다. 내매현(乃買縣), 동토현(東吐縣), 지산현(支山縣), 혈산현(穴山縣), 수성군(䢘城郡) 가아홀(加阿忽)이라고도 한다. 승산현(僧山縣) 소물달(所勿達)이라고도 한다. 익현현(翼峴縣) 이문현(伊文縣)이라고도 한다. 달홀(達忽), 저수혈현(猪迏穴縣) 오사압(烏斯押)이라고도 한다. 평진현현(平珍峴縣) 평진파의(平珍波衣)라고도 한다. 도림

77

> 현(道臨縣) 조을포(助乙浦)라고도 한다. 휴양군(休壤郡) 금뇌(金惱)라고도 한다. 습비곡(習比谷) 탄(呑)이라고도 한다. 토상현(吐上縣), 기연현(岐淵縣), 곡포현(鵠浦縣) 고의포(古衣浦)라고도 한다. 죽현현(竹峴縣) 나생어(奈生於)라고도 한다. 만약현(滿若縣) 만혜(滿兮)라고도 한다. 파리현(波利縣), 우진야군(于珍也郡), 파차현(波且縣) 파풍(波豐)이라고도 한다. 야시홀군(也尸忽郡), 조람군(助攬郡) 재람(才攬)이라고도 한다. 청이현(靑已縣), 굴화현(屈火縣), 이화혜현(伊火兮縣), 우시군(于尸郡), 아혜현(阿兮縣), 실직군(悉直郡) 사직(史直)이라고도 한다. 우곡현(羽谷縣). 이상은 고구려의 주·군·현으로 모두 164곳이다. 그 신라에서 고친 이름과 지금[고려]의 이름은《신라지(新羅志)》에서 볼 수 있다.

이러한 고구려의 하슬라주, 하서량주, 하서주를 경덕왕 16년, 757년 명주로 고치는 등 9주 5소경을 확정 짓는 시기에 명주가 탄생하는 것으로 되어 있다.

> 【사료188】『삼국사기(三國史記)』卷第九 新羅本紀 第九 경덕왕(景德王) 十六年冬十二月
>
> 9주의 이름을 고치고 군현을 소속시키다 (757년 12월(음))
>
> ~ 한산주(漢山州)를 한주(漢州)로 고치고 1주 1소경 27군 46현을 거느리게 했다. 수약주(水若州)를 삭주(朔州)로 고치고 1주 1소경 11군 27현을 거느리게 했다. ~ 하서주(河西州)를 명주(溟州)로 고치고 1주 9군 25현을 거느리게 했다. ~

이러한 명주에 대하여『삼국사기』편찬자들 스스로【사료52】『삼국사기(三國史記)』「잡지 지리」'고구려' '평양성과 장안성'에서 고구려 평양성을 하북성에 비정하는『당서』의 기록을 그대로 인용하면서도 이를 요령성 요양으로 비정하였듯이 여기서는 한반도에 있지 않은 고구려의 하슬라주, 하서량주, 하서주를 한반도에 비정되는 명주로 연결시켰다. 이에 대하여는 앞에서 말갈과 관련된 하슬라와 니하에 대하여 설명하면서 입증하였다.『삼국사기』는 이 하슬라주를 고구려 영역이었다고 하였다. 그런데 명주로 비정한 강릉 지방은 원래 소위 삼국시대부터 신라의 영역이었다. 이 고구려의 영역이었던 곳에 설치한 명주를 지금의 강릉 지방으로 비정한 것이 잘못이다. 그런데 여기서 본 필자는 강력한 의심을 가지게 된다.

이러한『삼국사기』의 명주에 대한 한반도 비정은 너무나 어처구니없는 비정이자 기록이다. 과연『삼국사기』의 편찬자들이 이렇게 비정하는 기록을 남겼을지 의문이 든다. 이러한 기록은 일제 식민 시절 일제 식민 학자들에 의하여 조작하지 않았나 하는 의심을 가지게 된다. 앞서 언급한 고구려 평양성 비정과 한반도 고착화를 위한 나당 전쟁의 조작 등 일제 식민 사학자들에 대한 의심과 함께『삼국사기』의 한반도 고착화를 위한 조작에 방점을 둔다.

물론 고려시대에 편찬, 판각되어 출판된 이후 1512년(중종 7)에 새로이 판각된 정덕본으로 현재의 정본으로 삼고 있는데 이때 지독한 주자학 제일주의와 소중화 사대주의에 의하여 기자조선 및 사상 등 우리 고대 국가의 모든 역사를 한반도로 귀착시키는 역사 인식에 따라 한반도로 조작하여 판각한 의심도 있다.

【사료147】『삼국사기(三國史記)』卷第三十四 雜志 第三 지리(地理)一 신라(新羅)

9주의 관할 내역

처음에는 고구려(高句麗) 백제(百濟)와는 지형이 개 이빨처럼 들쭉날쭉 엇갈려 있어서 혹은 서로 화친하기도 하였고, 혹은 서로 침략하다가, 후에 대당(大唐)과 함께 두 나라를 쳐서 멸망시키고, 그 토지를 평정한 뒤에 마침내 9주를 설치하였다.

『삼국사기』는 중국사서를 인용하면서도 구체적으로 밝히지 않는 등 한반도 이외의 사실에 대하여는 상당히 소극적이거나 부정적이다. 이 기록도 원래는

> **【사료148】『흠정만주원류고』 권9 강역2 신라**
>
> 신라국은 백제의 동남쪽 5백 리 거리에 있다. 동쪽은 대해에 닿고 그 서북쪽 경계는 (백제와)고구려 사이로 튀어 나왔다.

> **【사료146】『흠정만주원류고』 권4 부족4 신라**
>
> 살피건대 요(遼)나라 함주(咸州)는 금(金)나라 때 함평부(咸平府)가 되고, 동주(同州)는 금(金)나라 때 동산현(銅山縣)이 되었는데 모두 지금의 철령(鐵嶺)과 개원(開原)사이다. 동쪽으로 위보(威堡)가 있고 보(堡)는 곧 길림(吉林) 경계이고 남으로 봉천(奉天)이다. 곧 당나라 때의 고구려의 지경이다. 개원(開原)은 즉 한(漢)나라 때 부여국(夫餘國) 곧 옛 백제(百濟)의 나라이다. 통고(通考)에서 말하는 '신라서북 지경이 고려와 백제의 사이로 튀어 나왔다'고 한 것은 곧 이것을 가리킨 것이다. 그 뒤 모두 발해(渤海)에 병합 되었으며 그때에는 곧 여진(女眞)에 속하게 되었다.

라고 되어 있어 신라의 소위 통일 후 9주의 영역이 한반도가 아님을 기록하고 있는데도 이에 대하여는 침묵하고 있다. 더군다나,

> **【사료458】『삼국사기(三國史記)』권 제34 잡지 제3 지리(地理)― 신라(新羅)**
>
> 9주의 설치
>
> 9주에서 관할하던 군(郡), 현(縣)은 무려 4백50개였다. (방언에 소위 향(鄉), 부곡(部曲) 등 잡다한 곳들은 다시 갖추어 기록하지 않는다.) 이렇듯 신라(新羅) 영토가 매우 넓었다. (410개)

라고 되어 있는 등 상세한 위치는 기록하지 않고 있으나 그 범위는

기록하고 있으나 이 기록도,

> **【사료81】**『흠정만주원류고』 권9 강역2 신라 9주
>
> 신라 9주
>
> 9주의 설치는 동쪽으로 길림, 서쪽으로 광녕에 이르고 해주와 개주를 지나 조선을 포함하는 것으로 실로 넓이가 광대하였다.

상당히 차이가 나는 것이며, 더욱이 9주 관할 군현 수에 있어서도 450개라고 기록하고 있으나 실제 **【사료458】**『삼국사기(三國史記)』 **권 제34 잡지 제3 지리(地理)一 신라(新羅)**상의 각 9주의 기록을 확인한 바, 410개로써 40개 차이가 난다. 이는 1개 내지는 2개 주에 해당한다. 이러한 『삼국사기』의 9주 기록은 분명히 위의 중국사서의 기록으로 보더라도 한반도가 아닌 고구려와 백제는 물론 신라의 영역을 모두 한반도로 국한하여 비정 기록한 것이 확실하다.

더군다나 이후 고려시대의 기록인 『고려사』에서 이러한 『삼국사기』의 지방행정 조직을 이어받아 기록한 내용을 보면 더욱 확실히 드러난다. 이러한 사실을 살펴보기에 앞서 『삼국사기』 자체의 비정상 모순점에 대하여 몇 가지 살펴보고 『삼국사기』의 지방행정 조직 기록의 문제점을 지적하고자 한다.

> 『삼국사기』「지리지」상의 9주 5소경 기록은 산동성 및 하북성 위치의 지방행정 조직을 한반도로 비정하면서 많은 오류 등 비정상적인 기록으로 남겨졌다.
> 『고려사』「지리지」는 이러한 기록을 그대로 따랐다.

신라 선덕왕 8년 639년 2월 하슬라주를 '북소경'으로 삼았다. 물론

이 하슬라주는 고구려의 영역이었던 한주, 삭주, 명주 중에 명주에 속한다고 하였다. 그런데 신라 문무왕 18년 678년 01월 북원소경을 설치하였다. 그런데 정작 【사료458】『삼국사기(三國史記)』권 제34 잡지 제3 지리(地理)一 신라(新羅)상의 각 9주의 기록상에는 명주가 아닌 삭주에 북원경이 소속되어 있다.

【사료189】『삼국사기(三國史記)』권 제35 잡지 제4 지리(地理)二 신라(新羅)

○삭주

- 북원경

북원경(北原京)은 본래 고구려(高句麗)평원군(平原郡)이었는데 문무왕(文武王)이 북원소경(北原小京)을 설치했다(678년 01월(음)). 신문왕(神文王) 5년(685)에 성을 쌓았는데 둘레는 1031보(步)이다. 경덕왕(景德王)은 이를 따랐다. 지금은 원주(原州)이다.

그러고는 이를 지금의 원주로 비정하였다. 그리하여 『삼국사기』 기록상의 모든 '북원(경)'은 한반도 원주로 비정하는 계기가 되었다. 즉 궁예의 활동 지역과 관련하여 기록된 북원과 이전의 김헌창의 반란과 관련되어 기록된 북원을 모두 한반도로 비정한다.

하지만 궁예는 하슬라, 패서도, 한산주, 한강 이북, 국원, 평양성, 청주, 부양, 패강도, 죽령 등, 김헌창은 청주, 한산주, 패강진 등과 관련 있는 것으로 이는 한반도가 아닌 원래 동쪽으로는 신라의 건국지인 산동성 남옥저 지방이고 서쪽으로는 이전의 백제의 한산, 한성 지방이다. 이에 대하여는 앞에서 자세히 입증하였기 때문에 생략하기로 한다.

이와 같이 『삼국사기』의 한반도로의 위치 이동 변경 기록은 『삼국사기』 편찬자들이 주로 인용한 중국사서가 우리 고대사의 활동 영역에 대하여 주로 이용하는 수법이다. 이와 같이 우리 고대사의 지역은 원래의 위치에서 이동된 곳 특히 한반도 내가 아니었던 곳을 한반도 내로 옮긴 것이 대부분이다. 이것은 본 필자의 근거 없는 선입견에 의한 의견이 아니라 명백히 사서의 기록에 의한 근거 있는 사실이다. 이에 대하여는 앞에서 이미 살펴보면서 비판하였고 여기서는 우선 하슬라가 어떻게 한반도로 비정하게 되었는지 그 연혁과 경과를 살펴보고 다른 사항에 대하여도 살펴봄으로써 우리 고대사가 어떻게 왜곡되었는지 확인하고자 한다.

 이러한 사실도 모르고 무조건 후대의 기록만을 가지고 앞선 시기의 위치를 비정하는 것은 스스로 왜곡에 휘말리는 것임을 자각하여야 한다. 먼저 앞선 시기의 위치를 확인하고 그 위치가 나중의 기록에서 왜곡 변형된 사실을 간파하여야 제대로 된 역사를 확인할 수 있고 왜곡에 휘말리지 않게 되는 것임을 명심하여야 한다.

> 후대의 기록만을 가지고 앞선 시기의 위치를 비정하는 것은 스스로 왜곡에 휘말리는 것임을 자각하여 먼저 앞선 시기의 위치를 확인하고 그 위치가 나중의 기록에서 왜곡 변형된 사실을 간파하여야 제대로 된 역사를 확인할 수 있고 왜곡에 휘말리지 않는다.

『삼국사기』가 고구려의 하슬라주를 신라의 명주로 비정한 것으로 하고 이를 한반도로 비정하면서 그 소속 군을 보면 곡성군, 야성군(영덕군), 유린군, 울진군, 나성군(영월군), 삼척군(죽령현(고구려 죽현현)-지금은 알 수 없다.), 수성군(간성군), 고성군, 금양군으로 하여 도합 1주 9군 25현으로 되어 있다. 그 명칭과 위치를 보면 명백히 현재와 비교하여 알 수 있는 영월군, 삼척군, 간성군은 소위 삼국시대에 고구려와 신라의 영역에 있어서 논란의 소지가 있다고도 하지만 주류 강단 사학계의 비정대로라면 분명히 온달과 진흥왕 순수비에 의하여 이곳도 신라의 영역이었다. 그리고 분명히 영덕군은 신라의 수도인 경주와 가까운 곳이다. 이곳을 고구려의 영역이었던 하슬라주였다고 하면서 이를 명주로 바꾸었다고 한다.

> 『삼국사기』「지리지」가 한반도로 비정한 많은 사항이 무리가 따르는 비정상적인 기록들이 대부분이다. 이에 따라 고대사 기록상의 지명을 한반도로 비정하는 것은 잘못된 것으로 왜곡 조작을 따름이다.

이것이 과연 가능한 것인지 심히 의심스러운 것을 떠나서 명백한 역사왜곡이자 조작이다. 이것을 『삼국사기』 편찬자들이 그랬다고 생각하기에는 너무 벅찬 무리한 행위이다. 이는 후세의 조작으로도 보일 만큼 심각한 오류이다. 앞에서 언급한 바와 같이 하슬라주 즉 명주를 북소경으로 삼고 북원소경을 설치한 것을 북원경이 삭주에 있는 것으로 기록하는가 하면 신라의 말갈과 발해와의 북쪽 경계로써 왜와 관계있고 백제와 가야가 말갈의 신라 침입을 구원해 주는 니하가 있고, 궁예가 활동한 이 하슬라 지역은 철원과 송악이 있고 이는 패서도, 한산주, 부양과 연결되어 결국 죽령이 있는 남옥저 지방 즉 신라의 건국지인 산동성 지역으로 비정되는 이곳을 한반도 동해안으로 비정하는 것은 심각한 역사 조작이다. 이러한 잘못된 비정에 따라 고려시대에서는 『고려사』에서

【사료53】『고려사』지 권제12 지리3 「동계」

연혁

동계(東界)는 본래 고구려의 옛 땅으로, 성종 14년(995)에 영토를 나누어 10도(道)로 할 때 화주(和州)·명주(溟州) 등의 군현(郡縣)으로 삭방도(朔方道)라 하였다. 정종 2년(1036)에 동계(東界)【북계(北界)와 더불어 양계(兩界)라 하였다.】라 불렸고, 문종 원년(1047)에 동북면(東北面)【혹 동면(東面)·동로(東路)·동북로(東北路)·동북계(東北界)라고도 불렸다.】이라 불렸다. 뒤에 함주(咸州) 이북지역은 동여진(東女眞)에 편입되었다. 예종 2년(1107)에 평장사(平章事) 윤관(尹瓘)이 원수(元帥)가 되어 지추밀원사(知樞密院事) 오연총(吳延寵)을 부원수로 삼아 병사를 거느리고 여진을 쳐서 쫓아내고 9성(城)을 두었으며, 공험진(公嶮鎭)의 선춘령(先春嶺)에 비석을 세워 경계로 삼았다. 명종 8년(1178)에 이르러 연해명주도(沿海溟州道)라 불렸다.
~

이로써 살펴보면, 철령(鐵嶺) 이북은 삭방도가 되고, 이남은 강릉도가 된다. 고려 때에 혹 삭방도, 혹 강릉도, 혹 합쳐서 삭방강릉도, 혹 강릉삭방도, 또는 연해명주도라 불렸다. 한 번 나누고 한 번 합침에 따라 비록 연혁과 명칭은 같지 않지만 고려 초로부터 말년에 이르기까지 공험(公嶮) 이남에서 삼척(三陟) 이북은 통틀어 동계라 일컬었다. 관할하는 도호부(都護府)가 1개, 방어군(防禦郡)이 9개, 진(鎭)이 10개, 현(縣)이 25개이다. 예종 때에 설치한 것이 대도호부(大都護府) 1개, 방어군(防禦郡) 4개, 진(鎭) 6개이다. 공민왕 이후로 둔 것이 부(府) 2개이다.

동계 명주

연혁

명주(溟州)는 본래 예국(濊國)으로【철국(鐵國) 혹은 예국(蘂國)이라고도 한다.】, 한(漢)나라 무제(武帝)가 장군을 보내어 우거(右渠)를 토벌하고 사군(四郡)을 정할 때 임둔(臨屯)이라 하였다. 고구려 때에 하서량(河西良)이라 불렀고【하슬라주(何瑟羅州)라고도 한다.】, 신라 선덕왕 때에 소경(小京)으로 삼고 사신(仕臣)을 두었다. 태종왕 5년(658)에 이 지역이 말갈(靺鞨)에 접한다 하여 경(京)을 없애고 주(州)로 삼아 도독(都督)을 두어 지키도록 하였다. 경덕왕 16년(757)에 지금 이름으로 고쳤다가, 혜공왕 12년(775)에 옛 이름을 회복하였다. 태조 19년(936)에 동원경(東原京)이라 불렀다. 〈태조〉 23년(940)에 또 명주(溟州)라고 하였다. 성종 2년(983)에 하서부(河西府)라 불렸고, 〈성종〉 5년(986)에 명주도독부(溟州都督府)로 고쳤다가, 〈성종〉 11년(992)에 다시 목(牧)으로 바꾸었다. 〈성종〉 14년(995)에 단련사(團練使)로 하였다가, 뒤에 또 방어사(防禦使)로 고쳤다. 원종 원년(1260)에 공신 김홍취(金洪就)의 고향이라 하여 경흥도호부(慶興都護府)로 승격시켰다. 충렬왕 34년(1308)에 강릉부(江陵府)로 고쳤다. 공양왕 원년(1389)에 대도호부(大都護府)로 승격시켰다. 별호(別號)는 임영(臨瀛)이다. 오대산(五臺山)【다섯 개 봉우리가 둘러서 있는데 크기가 비슷하여 이름 지었다. 서대(西臺)의 아래쪽에 샘물이 솟아나는데 곧 한수(漢水)의 발원지이다.】가 있다. 대령(大嶺)이 있다. 경포(鏡浦)가 있다. 속현(屬縣)이 3개이다.

이러한 『삼국사기』의 비정에서 벗어나지 못하고 요령성 요하 동쪽으로부터 두만강 북쪽 700리 그리고 남쪽으로 지금의 함경도 지방을 거쳐 삼척 지방 즉 소위 통일신라시대의 명주로 비정한 그대로 비정하였다. 이는 『삼국사기』가 명주로 비정한 것을 그대로 그 위치를 따라서 비정함이다. 하지만 그 연혁 기록상의 '예국', 한사군의 임둔 등의 기록을 보면 이는 도저히 한반도 동해안으로 볼 수 없는 원래의 기록을 엉뚱한 곳에 비정한 후 가져다가 붙였다. 앞에서 『삼국사기』가 하슬라주를 명주로 비정하면서 명주의 내역에 기록한

【사료189】『삼국사기(三國史記)』 권 제35 잡지 제4 지리(地理)二 신라(新羅)

명주

명주(溟洲)(註 423)는 본래 고구려(高句麗)(註 424)하서량(河西良) (한편 하슬라(何瑟羅라고 쓴다.)인데, 후에는 신라(新羅)(註 425)에 속하였다.

> 가탐(賈耽)의 고금군국지(古今郡國志)에 "지금 신라(新羅) 북쪽 경계인 명주(註429)는 대개 예(濊)(註 430)의 옛 국가이다" 하였다. 전사(前史)에서 부여(夫餘)를 예의 땅이라고 함은 잘못인 듯하다.

의 기록 역시 원래의 하슬라주에 대한 기록을 나중의 엉뚱한 위치에 비정한 명주에 갖다 붙였다. 이 기록상의 가탐의 『고금군국지』상의 기록대로 예의 옛 국가에서 주류 강단 사학계는 이 예를 동예로 보아 하슬라를 명주로 바꿔 비정하고 이 명주를 고려 동계 소속 명주로 한 이후 강릉도, 강릉부로 하여 지금의 강릉으로 위치한 것으로 비정하고 있다. 이러한 하슬라주의 명주에의 비정이 주류 강단 사학계로 하여금 예의 위치는 물론 신라의 말갈과 발해와의 국경과 신라의 북쪽 영역의 한계를 비정하게 하는 단서를 제공하게 되었다. 하지만 중국 사서상의 '예'는 앞에서 살펴보았지만

> 【사료110】『후한서(後漢書)』東夷列傳 濊
>
> ○ 濊
>
> 濊는 북쪽으로는 高句驪·沃沮와, 남쪽으로는 辰韓과 접해 있고, 동쪽은 大海에 닿으며, 서쪽은 樂浪에 이른다. 예 및 옥저·고구려는 본디 모두가 [옛] 朝鮮의 지역이다.

라는 기록과 같이 이곳은 한반도가 아니다. 물론 이러한 구절을 한반도에 맞게 꾸며 낙랑군을 평양에 비정하였지만 낙랑군은 물론 옥저 그리고 고구려, 진한, 옛 조선의 지역은 한반도가 아니라 하북성이라는 것을 이 글에서 충분히 논증하여 왔고 앞으로도 그럴 것이다. 결국 이러한 무리하고 비상식적인 과정에 의하여 우리 고대사가 왜곡과 조작된 사실을 확인하게 된다.

또한 다음으로는 이러한 과정을 보여주는 사실로써 철원과 송악의 위치가 하북성에서 한반도로 옮긴 기록을 살펴보고 이에 따라 왜곡 과정을 입증하도록 하겠다. 앞에서 궁예와 왕건의 활동 지역에 대하여 살펴보았듯이 다음 기록을 보자. 분명히 궁예의 철원과 이가 속한 패서진 즉 패서도가 북계에 속하였는데 나중에 서해도로 옮긴 사실을 확인할 수 있다.

이것은 그 지방은 그대로 두고 소속 지방행정 조직명만 달리한 채 소속 명을 바꾼 것이 아니라는 사실이다. 원래 어떤 위치에 있던 지방명을 아예 다른 곳으로 옮긴 채 그 소속 명도 바꾸었다는 사실이다. 이것이 논란이 있게 된 연유이다. 즉 주류 강단 사학계에서는 궁예의 철원과 패서도가 그 위치가 그대로인 채 나중에 그 소속 명칭만 서해도가 되었다고 한다. 그러나 본 필자는 원래의 위치는 다른 곳이었던 이곳이 그 위치를 아예 옮긴 채 그 소속 명칭도 바꾸었다는 주장이다. 그러면 어느 주장 내지는 의견이 옳은 것인가.

> 주류 강단 사학계가 고대사 지명을 한반도로 비정하는 근거는 『삼국사기』「지리지」 및 『고려사』「지리지」상 원래 위치와 소속 명칭이 위치는 바뀌지 않고 소속 명칭만 달라졌다는 것인데, 본 필자의 판단으로는 원래 위치가 한반도로 바뀐 후 그 소속 명칭도 달라진 채 이중적으로 기록되는 등 문제가 많아 조작된 것으로 확인된다.

이는 중대한 문제로 단순히 의견이나 주장이 틀리고 맞는가의 문제가 아니다. 틀린 의견이나 주장의 측은 이를 수정하고 이에 맞게 관련사항을 모두 역사에서 수정하여야 한다.

【사료54】『고려사』지 권제12 지리3 「북계」

연혁

북계(北界)는 본래 조선(朝鮮)의 옛 땅이다. 삼국시대에 고구려가 소유하였다. 보장왕 27년(668)에 신라 문무왕이 당(唐)나라 장수 이적(李勣)과 함께 협공하여 멸망시키고 그 땅을 병합하였다. 효공왕 9년(905)에 궁예(弓裔)가 철원(鐵圓)을 근거지로 삼아 후고려왕(後高麗王)이라 자칭하며 나누어서 패서(浿西) 13진(鎭)을 정하였다. 성종 14년(995)에 전국을 나누어 10도(道)를 만들 때에 서경(西京)의 소관(所管)으로 하여 패서도(浿西道)라 하였다. 뒤에 북계(北界)라 불렸다. 숙종 7년(1102)에 또 서북면(西北面)이라 불렸고, 뒤에 황주(黃州)·안악(安岳)·철화(鐵和)·장명진(長命鎭)을 내속(來屬)시켰다. 우왕 14년(1388)에 다시 서해도(西海道)에 소속시켰다. 관할하는 경(京)이 1개, 대도호부(大都護府)가 1개, 방어군(防禦郡)이 25개, 진(鎭)이 12개, 현(縣)이 10개이다. 〈고려〉 중엽 이후로 설치한 부(府)가 2개, 군(郡)이 1개이다.

고려의 지방행정 조직은 최종적으로 5도 양계가 되었다. 이는 다음에 기록된 바와 같다.

[고려 지방행정 조직 '5도 양계'에 대하여]

【사료176】『고려사』지 권제10 지리1「지리 서문」

지(志) 권제10(卷第十) 고려사56(高麗史五十六)

정헌대부 공조판서 집현전대제학 지경연춘추관사 겸 성균대사성(正憲大夫 工曹判書 集賢殿大提學 知經筵春秋館事 兼 成均大司成)【신(臣)】정인지(鄭麟趾)가 교(敎)를 받들어 편수하였다.

지리1(地理一)

우리 해동(海東)은 삼면이 바다에 막혀 있고, 한 모퉁이가 육지에 이어져 있는데, 그 폭과 둘레는 거의 10,000리(里)나 된다. 고려(高麗) 태조(太祖)가 고구려(高句麗) 땅에서 일어나 신라(新羅)를 항복시키고 백제(百濟)를 멸망시켜, 개경(開京)에 도읍을 정하니, 삼한(三韓)의 땅이 하나로 통합되었다. 그러나 동방(東方)이 처음 평정될 때에는 미처 정리[經理]할 여유가 없었다가, 〈태조〉23년(940)에 이르러서야 비로소 여러 주(州)·부(府)·군(郡)·현(縣)의 이름을 고쳤다. 성종(成宗)이 또 주·부·군·현 및 관(關)·역(驛)·강(江)·포(浦)의 명칭을 고쳤으며, 마침내 경내(境內)를 나누어 10도(道)로 만들고, 12주(州)에 각각 절도사(節度使)를 두었다. 그 10도는 첫째는 관내(關內), 둘째는 중원(中原), 셋째는 하남(河南), 넷째는 강남(江南), 다섯째는 영남(嶺南), 여섯째는 영동(嶺東), 일곱째는 산남(山南), 여덟째는 해양(海陽), 아홉째는 삭방(朔方), 열 번째는 패서(浿西)이었다. 관할하는 주군(州郡)은 모두 580여 개였으니, 우리나라[東國] 지리(地理)의 융성함이 여기서 극치를 이루었다. 현종(顯宗) 초에 절도사를 폐지하고, 5도호(都護)와 75도(道) 안무사(安撫使)를 두었으나, 얼마 후 안무사를 폐지하고, 4도호와 8목(牧)을 두었다. 그 이후로 5도(五道)·양계(兩界)를 정하니, 양광(楊廣)·경상(慶尙)·전라(全羅)·교주(交州)·서해(西海)·동계(東界)·북계

> (北界)가 그것이다. 모두 합하여 경(京)이 4개, 목(牧)이 8개, 부(府)가 15개, 군(郡)이 129개, 현(縣)이 335개, 진(鎭)이 29개이었다. 그 사방 경계[四履]는, 서북은 당(唐) 이래로 압록(鴨綠)을 한계로 삼았고, 동북은 선춘령(先春嶺)을 경계로 삼았다. 무릇 서북은 그 이르는 곳이 고구려에 미치지 못했으나, 동북은 그것을 넘어섰다. 이제 대략 사책(史策)에 나타난 연혁에 근거하여 지리지(地理志)를 짓는다.

이에 의하면 먼저 전제 조건이 있는 한편 사전에 유념할 사항이 있다. 고려의 영토는 주류 강단 사학계의 비정인 원래 청천강 원산만 이남이었다가 소위 서희의 강동 6주 영토 할양으로 압록강까지 진출한 것으로 되어 있는 것과는 전혀 다르게 기록된 대로 사방 1만 리로써 서북은 고구려에 못 미치고 동북은 고구려보다 더 북상하였다고 하였으나 발해의 5경, 15부, 62주의 사방 5천 리와 요동 현토 등 수십 성을 차지하여 수나라 당시에는 동서가 6천 리였다는 고구려의 영역보다도 더 넓은 것으로 기록되어 있다.

여기서의 지방행정 조직 변화 중 북계에 대한 변화는 위의 북계 기록과 같다. 이의 기록과 『고려사』「지리지」 전체 기록에 의하면 북계는 요령성으로부터 서쪽으로 대능하, 난하를 거쳐 당시 압록수, 마자수인 청하인 호타하까지이다. 이는

> 【사료148】『흠정만주원류고』 권9 강역2 신라
>
> 9주의 설치는 동쪽으로 길림, 서쪽으로 광녕에 이르고 해주와 개주를 지나 조선을 포함하는 것으로 실로 넓이가 광대하였다.

주류 강단 사학계의 소위 통일신라의 영역과는 다른 소위 통일신라의 영역인 요령성 및 하북성 그리고 요령성 및 한반도를 포함하는 것을 그대로 물려받았다. 이 하북성 유역에 소위 강동 6주(8성)가 설

치되고 천리관성이 설치되었다. 이는 위의 ■**고려사 志지 권제12 지리3**(地理 三) **북계 연혁** 기록과 함께 모든 『고려사』「지리지」 전체 기록에서도 확인된다.

이들 기록에 따르면 북계는 원래 신라의 영역이었던 하북성 남쪽으로부터 동쪽으로 난하, 대능하를 거쳐 예전의 고구려 및 백제의 영역이었던 요령성 요하로부터 한반도 북부 서쪽 지역까지이고, 동계는 원래 신라의 영역이었던 개 이빨처럼 백제와 고구려 사이의 영역이었던 요령성 요하 동쪽 지방 및 길림성 지역으로부터 남쪽 한반도 북부 동쪽 지역이다. 이러한 것은 당연히 고려시대 그 위치에 있던 북계에 기록하고 있으면서도 이를 중복적으로 비상식적으로 한반도 내에 위치한 교주도 동주로 편성된 것이다. 이 교주도는

【사료384】『고려사』 지 권제12 지리3 「교주도」

동주
연혁
동주(東州)는 본래 고구려의 철원군(鐵圓郡)【모을동비(毛乙冬非)라고도 한다.】으로, 신라 경덕왕(景德王) 때에 철성군(鐵城郡)으로 고쳤다. 뒤에 궁예(弓裔)가 병사를 일으켜 고구려의 옛 땅을 공략하여 차지하고서 송악군(松岳郡)으로부터 와서 도읍(都邑)으로 삼고 궁궐을 수축하였는데 극도로 사치스러웠으며 국호(國號)를 태봉(泰封)이라 하였다. 태조가 즉위하여 도읍을 송악으로 옮기고 철원을 고쳐 동주(東州)라 하였다【궁예의 궁전 옛 터는 주(州) 북쪽 27리 풍천(楓川) 들판에 있다.】.

이와 같은 사실은 다음의 기록에서도 확인된다.

【사료383】『삼국유사』 권 제1 왕력(王曆)

892년 궁예(弓裔) (대순(大順) 경술(庚戌)년에 처음 북원(北原)의 도적 양길(良吉)의 무리에 투항하였다. 병진(丙辰)년에 도읍을 철원성(鐵圓城)으로 하였다.ㅣ지금의 동주(東州)다.ㅣ 정사(丁巳)년에 도읍을 송악군(松岳郡)으로 하였다.

그러나 문제는 분명히 고려 지방행정 조직인 5도 양계 중에 하나인 북계에 속하였는데도 다시 철원, 송악군과 이가 속한 패서도가 둘로 나누어 교주도와 서해도에도 속해 있다는 사실이다. 즉 주류 강단 사학계가 비정하여 놓은 5도 양계상에 현재의 강원도 철원 땅이 속한 강원도 지방이 속한 교주도와 송악이 속한 서해도에도 속하게 되었다. 이중적으로 속해 있다. 이는 원래의 북계에서 나중에 교주도와 서해도로 옮겨 기록한 것이 분명하다. 동시에 지방이 다른 곳에 이중으로 속해 있을 수는 없는 일이다.

이것을 반영한 것이 『삼국유사』의 기록이다. 즉 『삼국유사』가 편찬될 당시인 1285년 충렬왕 11년 당시에는 소위 원나라 간섭기로 이 시기는 1231년(고종 18)부터 몽골의 침략을 받아 약 30년 동안 항전을 벌인 뒤 1259년(고종 46)에 강화를 맺었고, 그로부터 1356년(공민왕 5) 공민왕의 반원운동이 성공할 때까지 원나라의 간섭을 받았다. 그러므로 일반적으로는 1259년부터 1356년까지 97년간의 시기를 가리킨다. 하지만 1270년(원종 11) 무신정권이 붕괴되고 개경환도가 이루어질 때까지 고려의 대몽항쟁이 계속되었다고 하기도 하고, 1273년(원종 14) 제주도에서 삼별초가 진압된 때를 대몽항쟁의 종료 시점으로 보기도 한다. 이러한 관점에서는 원나라 간섭기의 시작은 1270년 또는 1273년으로 보기도 한다.

이 시기에 고려는 세계에서 유일하게 왕조는 유지하고 있었지만, 원나라의 간섭을 받게 되어 자주성이 크게 훼손되었다. 이에는 부마국이 되는 등 여러 가지가 있지만 가장 두드러지는 것은 고려 영토의 훼손과 축소였다. 즉 쌍성총관부, 동녕부, 탐라총관부 등 원의 직할 통치가 이루어지는 곳의 영토 일부를 상실했다. 이 가운데 동녕부와 탐라총관부는 고려의 요구에 따라 이른 시기에 반환되었으나 쌍성총관부는 1356년 무력으로 수복할 때까지 약 100년 동안 원의 영토가 되었다.

이것이 일반적인 통론으로 이는 주류 강단 사학계의 비정이다. 이것도 그의 위치를 왜곡 조작시킨 일제 식민사학을 그대로 따라서 쌍성총관부는 동해안 함경도의 영흥 지방으로, 동녕부는 서경과 자비령을 왜곡시켜 황해도 수안의 자비령 이북 평안도 지방으로 비정하였다. 고대 시대에 낙랑군과 대방군 등 한반도 안의 외국 식민지 설정에 이어 제2 제3의 식민지를 설정해 놓았다. 그러나 이러한 주류 강단 사학계의 비정에 의한 왜곡과 이에 따른 조작 이외에 더 큰 손실은 하북성과 산동성에서의 예전 소위 서희 강동 6주와 천리관성 지역의 상실이다. 이 시기에 소위 삼국시대의 신라 영역으로부터 소위 통일신라시대를 거쳐 고려에 계승된 하북성에서의 영역을 원나라 간섭기 시절에 상실한 데다가 요령성에서도 쌍성총관부에 의하여 일부를 상실하였다.

이에 따라 하북성 남부이자 산동성 북부로부터 동으로 요령성에 이어지는 영역을 상실함으로써 여기에 있었던 모든 것이 실질적으로나 명목상으로나 기록상으로도 주류 강단 사학계가 현재 비정하는 한반도 안의 교주도와 서해도로 옮기게 되었다. 즉 장부상에 여러 곳에 있는 것을 모두 한반도 안으로 구겨 넣어 편성한 채 기록하였다. 이를 증명하는 것이 바로 이것으로써 위의 『삼국유사』 기록에 따르면 철원성이 『삼국유사』 편찬 당시 동주에 있다고 하였다. 이에 대하여 주류 강단 사학계는 침묵하고 있다. 하지만 이 동주는 『요사 지리지』에 나오고 있다.

【사료29】『요사』「지리지」

2. 동경도
동주
동주(東州) 발해 민호로 설치하였다.

이곳은 요나라 동경에 있었다. 당시 동경은 하북성 보정시로부터 남쪽으로 호타하 남부까지를 그 영역으로 하고 있었다. 설사 주류 강단 사학계의 비정대로라 하더라도 요하 인근이다. 여기에 『삼국유사』 당시에 동주가 있었고 여기에 궁예의 철원성이 있었다. 하지만 원래 위치는 발해 남부로 소위 통일신라와 경계로 하고 있었던 곳이다. 이곳은 고려시대 북계 지역이었다. 여기에 철원성이 있었던 것이 교주도로 옮겨져 한반도 강원도 철원에 위치하게 되었다. 이러한 방식으로 옮겨지는 것으로,

【사료385】『고려사』 지 권제12 지리3 「서해도」

연혁
서해도(西海道)는 본래 고구려의 땅으로 당(唐)나라 고종(高宗)이 고구려를 멸망시켰지만 능히 지켜내지 못해 신라가 결국 병합하였다. 신라 말엽에 이르러 궁예(弓裔)가 근거지로 삼았다. 태조가 즉위하여 그 땅을 다 차지하였다. 성종 14년(995)에 영토를 나누어 10도(道)를 만들면서 광주(黃州)·해주(海州) 등의 주현(州縣)을 관내도(關內道)에 속하게 하였고, 뒤에 서해도(西海道)로 고쳤다. 뒤에 수안(遂安)·곡주(谷州)·은율(殷栗) 등의 현(縣)이 원(元)나라에 편입되었다. 충렬왕 4년(1278)에 이르러 원나라로부터 그곳을 돌려받았다. 관할하는 대도호부(大都護府)가 1개, 목(牧)이 1개, 군(郡)이 6개, 현(縣)이 16개, 진(鎭)이 1개이다.

이는 원래 북계에 속하였던 것이 나중에 교주와 서해도에 기록상으로만 변경하여 속하게 되었다는 것을 의미한다. 이러한 사항은 앞에서도 살펴보았지만 궁예와 왕건의 활동 관련 기록에서 남옥저, 죽령, 부양, 한산, 평양, 국원, 청주에 대한 위치가 이 철원과 송악의 위치를 말해 주고 있다. 이 같은 고려시대의 이동은 다음의 기록에서도 확인된다. 즉

【사료53】『고려사』지 권제12 지리3「동계」

연혁

동계(東界)는 본래 고구려의 옛 땅으로, 성종 14년(995)에 영토를 나누어 10도(道)로 할 때 화주(和州)·명주(溟州) 등의 군현(郡縣)으로 삭방도(朔方道)라 하였다. 정종 2년(1036)에 동계(東界)【북계(北界)와 더불어 양계(兩界)라 하였다.】라 불렸고, 문종 원년(1047)에 동북면(東北面)【혹 동면(東面)·동로(東路)·동북로(東北路)·동북계(東北界)라고도 불렸다.】이라 불렸다. 뒤에 함주(咸州) 이북 지역은 동여진(東女眞)에 편입되었다. 예종 2년(1107)에 평장사(平章事) 윤관(尹瓘)이 원수(元帥)가 되어 지추밀원사(知樞密院事) 오연총(吳延寵)을 부원수로 삼아 병사를 거느리고 여진을 쳐서 쫓아내고 9성(城)을 두었으며, 공험진(公嶮鎭)의 선춘령(先春嶺)에 비석을 세워 경계로 삼았다. 명종 8년(1178)에 이르러 연해명주도(沿海溟州道)라 불렸다.

【사료54】『고려사』지 권제12 지리3「북계」

안북대도호부
삭주
삭주(朔州)는 본래 고려의 영새현(寧塞縣)이다. 현종 9년(1018)에 삭주방어사(朔州防禦使)라 부르다가, 뒤에 부(府)로 승격시켰다.

이미 앞에서 쌍성총관부를 설명하면서 살펴보았지만 주류 강단 사학계가 쌍성총관부 설치 지역인 화주를 한반도 동해안 함경도의 영

홍으로 비정하여 쌍성총관부를 이곳으로 비정하였지만 화주는 동계에 속하는 지금의 요령성 철령시로써 이곳으로부터 고려의 동쪽 영역 경계선인 두만강 북쪽 700리 선춘령까지 국방선으로써 성을 구축하는 시작점이 되는 곳이다.

현재 주류 강단 사학계는 동계를 세계 역사상 가장 이상한 지방행정 조직 구역으로 그려 놓았다. 화주인 함경도 영흥으로부터 남쪽으로 동해안을 따라 길게 이어져 경북 영덕까지로 그려 놓았다. 이는 지방행정 효율상 있을 수 없는 구역 설정이다. 그리고 분명 고려의 영토는 동쪽은 두만강 북쪽 선춘령이라고 하였는데 함경도 영흥 이남으로 국경선을 그려 놓았다.

【사료176】『고려사』 지 권제10 지리1 「지리 서문」

~ 그 사방 경계[四履]는, 서북은 당(唐) 이래로 압록(鴨綠)을 한계로 삼았고, 동북은 선춘령(先春嶺)을 경계로 삼았다. 무릇 서북은 그 이르는 곳이 고구려에 미치지 못했으나, 동북은 그것을 넘어섰다. ~

설사 이것이 무시되고 선춘령이 두만강 북쪽 700리라는 것도 무시되더라도 분명히 『고려사』 「지리지」상에 고려의 동북 영역은 선춘령을 경계로 삼았는데 이는 고구려의 영역을 넘어섰다고 하였다. 그렇다면 고려의 영역을 함경남도 영흥으로 설정하였으니 고구려의 영역은 주류 강단 사학계의 비정대로라면 요령성 본계시 환인현 내지는 집안시 수도에서 오히려 그 영역이 남쪽으로 내려온 지경이라는 깃이 된다. 더군다나

> **【사료53】**『고려사』지 권제12 지리3 「동계」
>
> 연혁
> ~ 이로써 살펴보면, 철령(鐵嶺) 이북은 삭방도가 되고, 이남은 강릉도가 된다. ~
> ~한 번 나누고 한 번 합침에 따라 비록 연혁과 명칭은 같지 않지만 고려 초로부터 말년에 이르기까지 공험(公嶮) 이남에서 삼척(三陟) 이북은 통틀어 동계라 일컬었다. ~

분명히 동계가 변화되었어도 그 동계는 북쪽으로는 공험진 그리고 남쪽으로는 강원도 삼척이라고 하였다. 그런데도 현재 교과서에 그리고 있는 동계는 경북 영덕까지 그려 놓고 있다. 이 최종적인 동계의 영역 기록은 동계의 동쪽 끝과 동쪽의 남쪽 끝을 기록하고 있다. 이는 도저히 납득할 수 없는 역사 무지의 소산으로써 앞에서 살펴본 대로 고려시대 동계의 원조인 소위 통일신라시대의 명주의 위치를 『삼국사기』상에서 그 소속 주를 야성군(영덕군)으로 하여 놓은 것을 그대로 따른 채 고려시대의 동계 기록인 삼척 지방까지의 기록을 무시하였기 때문이다.

『삼국사기』의 잘못된 비정으로 인하여 이를 그대로 따른 『고려사』「지리지」도 문제이지만 행정구역을 설치한 것은 사실 그대로일 텐데 잘못된『삼국사기』의 잘못된 비정은 인식하지 못하고 그대로 따른 채 『고려사』「지리지」의 실질적인 기록을 무시한 주류 강단 사학계 및 이들이 편찬한 교과서의 수준은 참으로 한탄할 지경이다. 이것이 우리 사학계의 현주소이다.

> 기록상 고려의 5도 양계 중 동계는 그 남단을 삼척이라고 하였는데 주류 강단 사학계에 의한 교과서는 영덕으로 되어 있다. 사서기록을 무시하고 축소하는 것이 상례이다.

그리고 분명히 『고려사』「지리지」상의 기록은 철령 이북은 삭방도이고 그 이남이 강릉도가 된다고 하였다. 그렇다면 철령은 어디인가. 이것에 대하여도 주류 강단 사학계의 고려 말 조선 초의 철령위 설치 왜곡 비정에 대해서 설명하였듯이 이들은 이를 강원도와 함경남도 경계지방으로 비정하였다.

하지만 앞에서 살펴보았듯이 이곳에 어떻게 명나라가 철령위를 설치한다고 하겠으며, 이곳에 설치하는 철령위 때문에 이곳의 반대편인 요동정벌을 하겠냐는 점과 명백히 기록상 철령위의 위치가 만주 지방이라는 것 등에 의하면 이에 반한 도저히 상식 밖의 비정에 대하여 비판하였듯이 이 철령위는 지금의 요령성 본계시 봉집보인 것으로 연구 결과 밝혀졌다. 그리고 이 철령을 한반도로 비정한 것은 일제 식민 사학자들임이 명백히 밝혀졌다. 이것은 단순한 철령위 위치를 알려주는 사실 이외에 이곳 북부 지방이 삭방도이고 그 이남이 강릉도라는 사실이다. 즉 삭방도와 강릉도의 위치가 밝혀진다. 따라서 현재의 강릉 지방이 강릉도가 아니다.

물론 강릉과 사료 기록상 그 이남의 동계 남쪽 경계인 삼척도 강릉도에 속한다. 하지만 주류 강단 사학계가 비정하는 강원도 강릉 지방만이 강릉도가 아니라는 사실이고 삭방도는 만주 지방이라는 사실이다. 이로 말미암아 삭방도에 속하는 명주 즉 주류 강단 사학계가 식민 사학자 이병도의 비정을 이어받아 그대로 지금의 강릉으로 비정하는 명주도 원래는 철령 이북 지방의 만주 지방에 있었던 것이 나중에 한반도 명주로 위치 변경된 것이다. 이러한 사실을 이해를 안 하려거나 못 하면 우리 역사 특히 고대사를 제대로 파악할 수 없어 혼미 속으로 빠져 원래의 위치에서 나중에 변경된 곳으로 왜곡되어 모든 역사가 조작된다. 이렇게 하여 우리 고대 역사의 활동 무대가 하북성에서 요령성 내지는 한반도로 전부 옮겨지게 된다. 이리하여 고려가 물려받

은 신라의 영역으로서의 신라의 영역 기록조차 왜곡되어

> 【사료189】『삼국사기(三國史記)』권 제35 잡지 제4 지리(地理)二 신라(新羅)
>
> 명주
>
> 명주(溟洲)(註 423)는 본래 고구려(高句麗) 하서량(河西良) (한편 하슬라(何瑟羅)라고 쓴다.)인데, 후에는 신라(新羅)에 속하였다. 가탐(賈耽)의 고금군국지(古今郡國志)에 "지금 신라(新羅) 북쪽 경계인 명주는 대개 예(濊)의 옛 국가이다" 하였다. 전사(前史)에서 부여(夫餘)를 예의 땅이라고 함은 잘못인 듯하다.
>
> 註 423
> 지금의 강원도(江原道) 강릉시(江陵市)로 비정한다(이병도, 《역주 삼국사기》 하, 을유문화사, 1996, 231~232쪽).

> 【사료186】『삼국사기(三國史記)』卷第三十四 雜志 第三지리(地理)一 신라(新羅) 이전 고구려
>
> 이전 고구려 지역의 3주
>
> 이전의 고구려 남쪽 영토 내에도 3주를 설치하였다. 서쪽 제일 첫 번째가 한주(漢州), 그 다음 동쪽을 삭주(朔州), 그 다음 동쪽을 명주(溟州)라고 하였다.

고구려로부터 획득한 영역인 명주이자 신라의 명주가 식민 사학자인 이병도에 의하여 강원도 강릉으로 왜곡 비정되었다. 이러한 비정은 주류 강단 사학계가 대부분의 것이 그렇듯이 이후 아무런 연구 없이 그대로 수용한 채 그들의 논리가 되고 있다. 위의 신라의 북쪽 경계가 명주라고 하였는데 이곳은 한반도가 아니라 앞에서의 고려시대 기록상으로는 철령 이북 지방인 만주 지방이다. 이것이 나중에 한반도로 옮겨져 강릉 지방이 되었다. 적어도 신라시대에는 명주로, 고려

시대에는 삭방도와 강릉도로써 철령 이북 지방에 있었다.

> 『삼국사기』「지리지」 및 『고려사』「지리지」는 본기와는 달리 한반도 바깥에 있었던 지역명을 모두 한반도 안으로 기록하였다.

이외에도 고려시대 지방행정 조직인 5도 양계에 대하여 잘못된 사항이나 거론할 사항이 많으나 기회가 주어지는 대로 살펴보기로 하고 원래 순서대로 진장성에 대하여 살펴보기로 한다.

[진장성에 대하여]

그러면 이제는 다시 중국 진시황의 진나라 시기로 가서 진장성 즉 진나라의 만리장성에 대하여 살펴보기로 한다. 진장성은 낙랑군과 관련하여 사서에 기록되어 있기 때문에 낙랑군의 위치를 비정하는 데 있어 이 위치가 중요하다. 이 낙랑군의 위치는 당연히 고조선의 위치를 비정하게 되고 다시 이 고조선의 위치는 고구려의 위치를 비정하게 되기 때문이다. 현재 중국의 산해관에서 시작하는 만리장성은 명나라 시기에 쌓은 장성으로 진나라 장성 즉 고조선과의 경계선에 있던 장성 즉 연장성이나 진장성이 아니다.

이 인식이 중요하다. 현재 하북성 북경시 북쪽으로 하여 진황도시 노룡현 지방을 거쳐 산해관에 있는 장성은 명나라 장성이지 소위 연나라가 쌓았다는 연장성이나 진나라가 쌓은 진장성은 아니다. 당시 장성은 하북성 북경시 서남쪽에 위치한 하북성 보정시에 그쳐 있었다. 따라서 여기는 원래의 연나라와 고조선과의 경계지방이 아니다. 나중에 여러 중국사서가 당초 원래의 연나라와 고조선과의 경계지방에 있던 행정구역과 지명이 이곳으로 옮긴 것을 기록하면서 이곳이 원래의 위치로 판단하게 만들었다. 원래 진장성 즉 만리장성에 관한 사료는 본 글에서 인용한 사료에 의하여 확인할 수 있다. 즉,

【사료43】『사기』「흉노열전」

"뒤에 진(秦)나라가 여섯 나라를 멸하였고, 시황제(始皇帝: B.C.246-210)가 몽념(蒙恬)을 보내 10만을 거느리고 북쪽으로 호(胡)를 공격하게 하여 하남(河南, 지금의 오르도스.河套) 땅을 모두 거두었다. 하수를 따라 새(塞)를 만

들고 [11] 하수 변에 44개 현성(縣城)을 쌓아 적수(適戍, 변경에서 둔수하는 죄수)를 옮겨 [12] 이를 채웠다. 그리고 직도(直道)를 뚫어 [13] 구원(九原)에서 운양(雲陽)에까지 이르렀고 [14] (장성을 쌓아) 변경 산의 험준함을 활용하며 계곡을 참호로 하고 수선할 수 있는 곳은 수선해서 쓰며 임조(臨洮)에서 요동(遼東)까지 만여 리에 이르렀다."[15]

[11] [색은] 살펴보건대, 「태강지기(太康地記)」에서 "진(秦)나라의 새(塞)가 오원(五原) 북쪽 9백 리 되는 곳에서 비롯되는데 이곳을 조양(造陽)이라 한다. 동쪽으로 이어져 이분산(利賁山) 남쪽, 한양(漢陽) 서쪽에서 끝난다." 했다. 漢은 漁로도 적혀 있다. (※ 한양漢陽 또는 어양漁陽으로 적혀 있다는 말)

(중간 생략)

[15] [색은] 위소(韋昭)는 "임조(臨洮)는 농서(隴西)의 현."이라 했다. [정의] 「괄지지」에서 "진(秦)나라 농서군(隴西郡) 임조현(臨洮縣)은 즉 지금 민주(岷州) 성(城)이다. 본래 진(秦) 장성(長城)의 처음(首)으로 (진 장성은) 민주(岷州) 서쪽 12리 되는 곳에서 시작되어 만여 리를 이어져 동쪽으로 요수(遼水)로 들어간다."

【사료44】『사기』「몽염열전」

"진나라가 천하를 통일한 후 몽염 장군으로 하여금 30만의 무리를 거느리고, 북쪽으로 융적을 쫓아내고 하남 땅을 거두었다. 장성을 쌓았는데, 지형을 따라 험한 새를 활용하고 마름질하면서, 임조에서 일어나 요동에 이르기까지 길이가 만여 리에 이어졌다.

『사기정의』: 요동군은 요수의 동쪽에 있다. 진시황이 쌓은 장성이 동쪽으로 요수에 닿고, 서남쪽으로 바다에 이르렀다."

【사료74】『한서』 권94 上 「흉노전」

"그 이듬해(B.C.127년, 원삭 2년), 위청이 다시 운중(雲中)을 나가 서쪽으로 진군해 농서(隴西)에 이르러 호(胡)의 누번(樓煩), 백양왕(白羊王)을 하남(河南)에서 공격하고 호(胡)의 수급과 포로 수천 명, 소(牛)와 양(羊) 백여만 마리를 얻었다. 이에 한나라가 마침내 하남(河南) 땅을 차지하여 삭방(朔方)에 축성하고 예전 진(秦)나라 때 몽염(蒙恬)이 만든 새(塞)를 보수하며 하수에 의거해 방비를 굳건히 했다. 한나라는 또한 상곡(上谷)의 궁벽하고 외떨어진 조양(造陽) 땅을 버려 호(胡)에게 주었다. (漢亦弃上谷之什辟縣造陽地以予胡) [1] 이 해가 원삭(元朔) 2년(B.C.127)이다.

[1] [집해] 什의 음은 斗. 「한서음의」에서 "외떨어지고 궁벽하여 호(胡)와 가까웠다는 말."이라 했다. [색은] 살펴보건대 맹강(孟康, 魏)은 "외떨어지고 궁벽하여 호(胡)와 가까웠다." 했다. 조양(造陽)이 즉 궁벽하고 외떨어진 땅에 있었다는 말이다. [정의] 살펴보건대, 궁벽하고 깊숙이 외떨어져 있어 흉노의 지경에 들어가 있는 것이 조양(造陽) 땅이니 이를 버려 호(胡)에게 준 것이다.

【사료64】『삼국지(三國志)』〈위서〉「동이전」韓

"진나라가 천하를 아우르자 몽염(蒙恬)을 보내 요동에 이르는 장성을 쌓게 했다. 그때 조선왕 부(否)가 즉위했는데 진나라의 습격을 두려워해 대략 진나라에 복속했으나 조회(朝會)하는 것은 거부했다. 부가 죽자 그 아들인 준(準)이 즉위했다.(이하 생략)"라고 기록되고 있고,

【사료49】『회남자』「인간훈」

"진시황이 『녹도서』를 보니 거기에 전하기를 '진나라를 망하게 할 자는 호胡이다'라고 하였다. 이로 인하여 50만 명의 병졸을 일으켜, 몽염과 양옹자 장군으로 하여금 성을 쌓게 하였다. 서쪽으로는 유사에 이르고, 북쪽으로는 요수와 만나며, 동쪽은 조선과 연결되었다."

이와 같은 또 같은 사건 즉 진장성에 대하여 쓴 여러 사료를 살펴봄으로써 몇 가지 역사적 사실을 살펴볼 수 있겠다.

앞에서 연 5군과 연장성에 대하여 살펴보면서 연나라의 동호 및 고조선 공격에 있어서 동호 및 1,000여 리 공략은 역사적 사실로 확인되고 연 5군 설치 역시 연나라가 아닌 진나라가 설치한 것으로 확인되나, 사서기록상 동호에 대한 공략 사실을 고조선에 대한 공략 사실로 바꾸면서 교묘히 진나라 시기에는 '요동외요'에 두었다고 씀으로써 명목상이나마 지배한 것으로 하였다는 것에 대하여 확인하였다. 앞에서 살펴보았지만 연장성과 연 5군의 근거는

【사료43】『사기』「흉노열전」

그 후 연(燕)나라에 현장(賢將, 현명한 장수) 진개(秦開)란 이가 있어 호(胡)에 볼모로 갔는데 호(胡)가 그를 매우 신임했다. (연나라로) 되돌아와 동호(東胡)를 습격해 격파하니 동호(東胡)가 천여 리를 물러났다. 형가(荊軻)와 함께 진왕(秦王)을 암살하려 했던 진무양(秦舞陽)이란 이가 진개(秦開)의 손자다. 연(燕)나라 또한 장성(長城)을 쌓아 조양(造陽)에서부터 양평(襄平)에 이르렀고 상곡(上谷), 어양(漁陽), 우북평(右北平), 요서(遼西), 요동군(遼東郡)을 설치해 호(胡)를 막았다. 당시 관대(冠帶, 의관속대)하던 전국시대 일곱 나라 중 세 나라가 흉노와 접경했다. 그 후 조(趙)나라 장수 이목(李牧)이 있을 때에는 흉노가 감히 조나라의 변경을 침입하지 못했다.

에 의한다. 하지만 연장성과 연 5군의 전제가 되는 것은 또한 '고조선 이동설'의 전제가 같이 되는 진개의 고조선 공략이다. 하지만 앞에서 살펴보았듯이 이 진개의 고조선 공략과 '고조선 이동설'은 허구인 것이 분명하다. 연 5군을【사료8】『후한서』「군국지」에서는 그 설치 당사자를 진나라라고 기록하고 있다. 그리고 연장성과 연 5군의 근거가 되는 위의 사서상에 연 5군과 연장성을 연나라가 쌓았다고 하면서 정작 막고자 하던 동호인

흉노가 침범하지 못한 것이 연나라가 아닌 조나라라고 하고 있다.

고조선에 대한 연나라의 연장성 축성과 연 5군 설치는 의심스럽다. 이러한 의심에 대한 설명과 기록상 증빙은 앞으로도 계속된다. 그러나 연나라는 진개에 의한 진출로 조양과 양평 간 소위 연장성을 쌓은 것은 사실로써, 연나라는 원래의 남쪽 경계로 앞에서 인용하여 확인한 【사료8】 『사기』 「권69 소진열전 제9」에 기록된 바와 같이 서쪽으로부터 안문, 호타, 갈석 안문의 북쪽에 있다가 영역을 넓힌 채 남쪽으로 진출하여 하북성 남쪽의 호타하 인근의 연계, 연군성인 하북성 석가장시 평산현 인근으로 와서 그 북쪽인 조양~양평 간에 【사료43】 『사기』 「흉노열전」 사서기록과 같이 쌓은 것으로 확인된다. 이것이 바로 【사료11】 『사기』 「조선열전」 '고조선'상에 기록된 바와 같이 연나라와 진나라를 거쳐 한나라 시기에 와서 연나라 때 영역을 넓히고, 진나라 때 요동외요로 둔 지역에서 물러나 요동의 옛 새를 수리한 바로 그 '요동고새'인 것으로 파악된다.

한편 연나라 시기 이후 진나라 시기에 연나라가 넓힌 영역인 옛 연나라 남쪽 경계인 안문, 호타, 갈석, 역수 선상에 장성을 쌓아 북방 오랑캐에 대비한 것이 '요동외요'로 나중에 갈석산과 낙랑군 수성현 사이에서 확인되는 진장성으로 파악된다. 따라서 원래 연나라를 원래는 안문, 호타, 갈석, 역수 선상 북쪽에 있다가 연나라 연개 장군 시기에 동호를 물리치고 고조선 영역을 일부 차지한 채 연계, 연군성까지 남쪽으로 진출하였다가 진나라에 멸망 당시에는 다시 옛 지역인 북쪽으로 돌아간 것으로 확인된다. 결국 진나라는 자기들이 직접 소위 '요동외요'에 장성을 쌓는가 하면, 진나라 이후 한나라 시기에 진나라가 확보한 '요동외요'에서조차 물러나 수리한 옛 새로써 '요동고새'인 원래 연나라가 쌓은 장성인 조양과 양평 간의 연장성에 장성에 진나라가 덧쌓고 한나라 시기에 이곳으로 물러나 수리한 것으로 파악할 수 있겠다. 이와 같은 사실을 증명하는 결정적인 사료는

【사료11】『사기』「조선열전」'고조선'

"조선의 왕이었던 위만은 옛 연국(燕國) 사람이다. 연국의 전성기때부터 일찍이 진번과 조선을 침략하여 속하게 하고 아전[吏]을 두고 장새(鄣塞)를 쌓았다. 진국(秦國)이 연국을 멸하고 요동 밖 요(徼)에 소속시켰다. 한국(漢國)이 일어나고 그곳이 지키기 어려우므로 요동의 옛 새(塞)를 수리하고 패수(浿水)를 경계로 하여 연국에 소속시켰다. 연국 노관이 반하여 흉노로 들어갔고 위만은 망명하였다. 1000여 명을 모아 무리를 지어 상투를 틀고 만이(蠻夷)의 복장을 하여 동쪽으로 달아나 새(塞)를 나와 패수를 건넌 후에 옛 진국(秦國)의 공터인 상하장(上下鄣)에 살았다. 점차 진번과 조선과 만이(蠻夷)들을 복속하여 거느리고 연국과 제국(齊國)의 망명자들의 왕이 되어 왕험(王險)에 도읍하였다."

【사료71】『한서』「조선전」'고조선'

"조선왕 '만'은 연나라 사람이다. 연나라가 전성할 때로부터 일찍이 '진번', '조선'을[사고는 전국시대에 연나라가 빼앗아 얻은 땅이다.] 침략해서 자기 나라에 붙여 관리를 두고 요새를 쌓았었다. [사고는 '장'은 스스로 가로막다 이다. 음이 량으로 바뀌었다.] 그 뒤에 진나라가 연을 멸하자 요동 경계 밖을 소속시켰다. 한나라가 일어나자 그곳이 멀어 지키기 어려우니 다시 요동의 옛날 요새를 수축하여 패수에 이르러 경계를 삼아[사고는 패수는 낙랑현에 있다. 음이 보개로 바뀌었다.] 연에 속하게 했다."

이 사료들이다. 여기서 위의 사실 즉 연나라 시기에 쌓고 진나라 시기에 둔 '요동외요'와 연나라 시기에 쌓고 진나라 시기에 덧쌓고 한나라 시기에 이곳으로 물러나 방어선으로 한 채 '요동고새'를 수리한 것을 알 수 있다. 하지만 바로 앞에서 인용한 다른 사료인 【사료25-2】『사기』「흉노열전」 등을 분석하여 살펴보면 이러한 사실이 입증됨과 동시에 다른 사실 몇 가지를 파악할 수 있다.

> 【사료43】『사기』「흉노열전」
>
> "시황제(始皇帝: B.C.246-210)가 몽념(蒙恬)을 보내 10만을 거느리고 북쪽으로 호(胡)를 공격하게 하여 하남(河南, 지금의 오르도스, 河套) 땅을 모두 거두었다. 하수를 따라 새(塞)를 만들고 [11] 하수 변에 44개 현성(縣城)을 쌓아 적수(適戍, 변경에서 둔수하는 죄수)를 옮겨 이를 채웠다. 그리고 직도(直道)를 뚫어 구원(九原)에서 운양(雲陽)에까지 이르렀고 (장성을 쌓아) 변경 산의 험준함을 활용하며 계곡을 참호로 하고 수선할 수 있는 곳은 수선해서 쓰며 임조(臨洮)에서 요동(遼東)까지 만여 리에 이르렀다." [15]
>
> [11] [색은] 살펴보건대, 「태강지기(太康地記)」에서 "진(秦)나라의 새(塞)가 오원(五原) 북쪽 9백 리 되는 곳에서 비롯되는데 이곳을 조양(造陽)이라 한다. 동쪽으로 이어져 이분산(利賁山) 남쪽, 한양(漢陽) 서쪽에서 끝난다." 했다. 漢은 漁로도 적혀 있다. (※한양漢陽 또는 어양漁陽으로 적혀 있다는 말)
> [15] [색은] 위소(韋昭)는 "임조(臨洮)는 농서(隴西)의 현."이라 했다. [정의] 「괄지지」에서 "진(秦)나라 농서군(隴西郡) 임조현(臨洮縣)은 즉 지금 민주(岷州) 성(城)이다. 본래 진(秦) 장성(長城)의 처음(首)으로 (진 장성은) 민주(岷州) 서쪽 12리 되는 곳에서 시작되어 만여 리를 이어져 동쪽으로 요수(遼水)로 들어간다."

이와 같이 기록하였듯이 색은 주석의 [11]의 새를 만든 것은 조양에서 시작된다고 하였으므로 중국사서상의 연장성을 말한다. 연장성으로 '새'를 만든 것이다. 하지만 색은 주석의 [15]와 같이 또 다른 장성을 세웠다. 왜냐하면 이 성은 임조에서 시작한 것으로 되어 있기 때문이다. 물론 원래 연나라가 쌓은 장성에 멀리 임조에서 시작된 장성을 이 장성에 연결시켰을 수도 있다. 하지만 분명히 위의 해설 [11], [15]과 같이 진나라가 두 성을 각기 쌓은 것으로 기록함을 알 수 있다. 그런데 몽염이 10만을 거느리고 쌓은 것이 2개 모두인지 아니면 1개인지 알 수가 없다. 이후의 기록에서도 마찬가지이다. 여기서 두 번째 성이 앞에서 언급한 진의 장성이요 만리장성이다. 이는 다음 사료인

【사료44】『사기』「몽염열전」

"진나라가 천하를 통일한 후 몽염 장군으로 하여금 30만의 무리를 거느리고, 북쪽으로 융적을 쫓아내고 하남 땅을 거두었다. 장성을 쌓았는데, 지형을 따라 험한 새를 활용하고 마름질하면서, 임조에서 일어나 요동에 이르기까지 길이가 만여 리에 이어졌다."

이 사서기록에서 알 수 있다. 그러면 앞에서 살펴본 사료인

【사료74】『한서』권94 上「흉노전」

"예전 진(秦)나라 때 몽념(蒙恬)이 만든 새(塞)를 보수하며 하수에 의거해 방비를 굳건히 했다. 한나라는 또한 상곡(上谷)의 궁벽하고 외떨어진 조양(造陽) 땅을 버려 호(胡)에게 주었다."

를 보면 연 5군의 상곡과 연장성의 조양을 거론하는 것에 의하면 몽염이 쌓은 것은 연장성이고, 이는 몽염이 쌓은 2개의 성 중 연장성을 지칭한다. 좌우지간 여기서는 몽염이 쌓은 연장성을 거론하였다. 그런데 앞에서 살펴본

【사료74】『한서』권94 上「흉노전」

"예전 진(秦)나라 때 몽념(蒙恬)이 만든 새(塞)를 보수하며 하수에 의거해 방비를 굳건히 했다. 한나라는 또한 상곡(上谷)의 궁벽하고 외떨어진 조양(造陽) 땅을 버려 호(胡)에게 주었다. (漢亦弃上谷之什辟縣造陽地以予胡) [1] 이해가 원삭(元朔) 2년(B.C.127)이다.

[1] [집해] 什의 음은 식. 「한서음의」에서 "외떨어지고 궁벽하여 호(胡)와 가까웠다는 말."이라 했다. [색은] 살펴보건대 맹강(孟康, 魏)은 "외떨어지

> 고 궁벽하여 호(胡)와 가까웠다." 했다. 조양(造陽)이 즉 궁벽하고 외떨어진 땅에 있었다는 말이다. [정의] 살펴보건대, 궁벽하고 깊숙이 외떨어져 있어 흉노의 지경에 들어가 있는 것이 조양(造陽) 땅이니 이를 버려 호(胡)에게 준 것이다."

여기서도 연장성의 조양을 거론하는 것을 보면 몽염이 쌓은 2개의 성 중 연장성을 거론하고 있다. 이것을 보면 위의 【사료74】『한서』권 94 上「흉노전」상과 함께 살펴보면 몽염이 쌓은 것은 연장성으로 보인다. 아니면 역시 2개의 성 중 연장성을 기록한 것으로 해석할 수도 있다. 그런데 앞에서 살펴본 사료인 후대에 기록된

> 【사료64】『삼국지(三國志)』〈위서〉「동이전」韓
>
> "진나라가 천하를 아우르자 몽염(蒙恬)을 보내 요동에 이르는 장성을 쌓게 했다. 그때 조선왕 부(否)가 즉위했는데 진나라의 습격을 두려워해 대략 진나라에 복속했으나 조회(朝會)하는 것은 거부했다. 부가 죽자 그 아들인 준(準)이 즉위했다. (이하 생략)"

이 기록에 의하면 2개의 성이나 1개의 성을 뭉뚱그려 진장성으로 기록했다. 이는 앞에서 연나라 진개의 공격 대상을 2개 즉 동호 내지는 진번조선에 대한 공격을 조선에 대한 공격으로 줄여서 기록한 것과 일맥상통한다.

따라서 (1)연의 진개의 공격 대상과 함께 이 기록은 신빙성에 문제가 되는 것임을 파악할 수 있다.

그런데 지금까지 살펴본 여러 기록보다 앞선 시기의 이 기록에 의하면

【사료49】『회남자』「인간훈」

"진시황이 『녹도서』를 보니 거기에 전하기를 '진나라를 망하게 할 자는 호胡이다.'라고 하였다. 이로 인하여 50만 명의 병졸을 일으켜, 몽염과 양옹자 장군으로 하여금 성을 쌓게 하였다. 서쪽으로는 유사에 이르고, 북쪽으로는 요수와 만나며, 동쪽은 조선과 연결되었다."

라고 되어 있어 사마천의 『사기』 기록보다 앞선 시기의 당초의 기록은 진의 장성은 호에 대한 대비책으로 몽염과 양옹자 두 사람에 의하여 각각이든지 아니면 같이 2개의 성이든지 하나의 성을 쌓은 것으로 되어 있어 불확실한 기록으로 되어 있다. 따라서 원래 '호'에 대한 대비책으로 1개의 성을 쌓은 것을 후대에 사마천이 2개의 성을 쌓은 것으로 기록했거나 아니면 같은 1개의 성인데 주석인 색은에서 2개의 성이라고 나누어 파악한 것인지도 불확실하다는 것을 알 수 있다.

또한 다음 사료를 보면,

【사료459】『수경주』「하수3」

始皇令太子扶蘇與蒙恬築長城, 起自臨洮,至于碣石

진시황이 태자 부소와 몽염에게 명하여 장성을 쌓게 하였다. 임조에서 일어나 갈석까지 이르렀다.

이전의 몽염 내지는 몽염과 양옹자 장군이 쌓은 것과는 달리 몽염과 태자 부소가 진장성을 쌓은 것으로 기록하고 있다.

앞에서 살펴본 기록들보다 후대에 쓴 것으로 새로 제시하는 자료인

【사료460】『후한서』권3「장제기 제3」

三年春二月戊辰進幸中山遣使者祠北嶽出長城(史記蒙恬爲秦築長城西自臨洮東至海)癸酉還

3년 봄 2월 무진일에 중산으로 행차했다. 사자를 보내어 북악에 제사를 지내고, 장성(『사기』에 '몽염 장군이 진나라 장성을 쌓았는데, 서쪽의 임조로부터 동쪽으로 바다에 이르렀다'고 하였다.)을 나갔다가 계유일에 돌아왔다.

을 보면 여기서는 몽염 장군이 쌓은 것으로 진장성만을 거론하였다. 그렇다면 당초 2개의 성이 있었는지 아니면 1개의 성이 있었는지 그리고 각각 어떤 것을 기록했는지 모르나 점차 후대에 갈수록 진장성만을 거론하는 것으로 보아 중국 계열 국가와 우리 민족 계열 국가인 고조선과의 접경이요 경계요 국경은 진장성이 되는 것이지, 연장성은 이미 고조선의 영역으로 되어 잊힌 지 오래이다. 따라서 (2)연의 진개 침입에 의한 고조선 영역 침범은 이내 원위치로 돌아간 채 이후 진나라, 한나라까지 이어지는 것이 확실하다. 즉, 【사료11】『사기』「조선열전」'고조선'에서 명확히 확인되듯이 연나라가 동호 즉 같은 연나라의 동호 공략 사건 기록인

【사료43】『사기』「흉노열전」

연나라 북쪽에는 동호(東胡), 산융(山戎) 등의 융족이 살고 있었다.

[13]한서음의(漢書音義) : 오환(烏丸)을 간혹 선비(鮮卑)라고도 한다.
- 복건(服虔) : 동호(東胡)는 오환의 선조이며 이후에 선비(鮮卑)이다. 흉노의 동쪽에 있기에 동호(東胡)라고 한다.
- 속한서(續漢書) : 한나라 초기에 흉노의 묵돌(冒頓)이 나라를 멸하니 남

> 은 자들이 오환산(烏桓山)에서 보전하여 그렇게 (오환이라) 부른다.
> - 풍속은 수초(水草)를 따라다니며 일정한 거주지가 없다. 아비의 이름을 성씨(姓)로

상의 해설에 의한 대로 연나라가 공략한 동호는 고조선이 아니라 선비의 전신인 오환이라는 사실에 의하여 북쪽 영역을 확보하는 한편, 별도로 고조선에 침범하여 일정 영역을 확보하여 남쪽으로 진출하였으나, 이후 진나라 시기에는 확보한 북쪽 영역을 지키기 어려워 남쪽으로 물러난 채 이곳을 '요동외요'로 두었다. 한나라 시기에는 아예 이곳에서 물러나 연나라가 쌓고 진나라가 덧쌓은 조양과 양평 간의 소위 '요동고새'로 물러나 이곳을 수리하여 방어선으로 한 채 고조선과 패수를 경계로 마주하고 있었음이 확인된다. 따라서 결국 고조선은 이후 위만조선에 이르러 예전에 연나라에 일부 잃은 영토를 전부 되찾은 것으로 확인된다. 따라서 연나라에 공략당하여 1,000리나 2,000리를 물러나 한반도 평양으로 물러났다는 것은 허위로써 식민 이론인 '낙랑군 평양설'을 유지하고자 하는 변명 회피 논리임이 명백히 확인된다. 고조선은 일부 영역을 상실하였으나 이후 진나라를 거쳐 한나라 시기에는 다시 전부 되찾은 것으로 확인된다.

또한 중국사서가 동호를 쳐서 1,000리를 물러나게 했다는 것은 고조선과는 별개로 이루어진 동호 즉 나중의 오환에 대한 공격이었음이 확인된다. 따라서 연나라 위치를 당초 산서성에서 요령성 대능하 인근으로 보는 한편 동호를 고조선으로 보고, 이 동호에 대한 공격 결과인 1,000리나 2,000리를 후대의 왜곡된 기록을 근거로 고조선에 대한 공격 결과로 해석한 채 이를 '한반도 낙랑군 평양설'의 근거로 한 일제 식민사학 논리이자 현재 주류 강단 사학계의 우리 고대사의 제1의 논리이자 교리는 근거 없는 허위임이 명백하다.

> 연장성에 덧쌓은 진장성에 의하면 설사 연나라가
> 고조선 영역을 침범하였어도 이후 원래의 위치로 돌아왔음을
> 중국사서가 증거하고 있다.

이 밖에도 이미 제시한 자료 중에서

> 【사료16】『진서』「지리지」'평주', '유주'
>
> 낙랑군은 한나라가 설치했다. 6개 현을 다스리며, 3,700호이다.
>
> 조선현: 주나라가 기자를 봉한 땅이다.
> 둔유현.
> 혼미현.
> 수성현: 진나라 장성이 일어난 곳이다.
> 누방현.
> 사망현.

라고 되어 있어 앞의 자료와 함께 한나라가 설치한 한사군의 낙랑군 수성현은 진장성이 일어난 곳으로 확인된다. 이와 같은 사실은 후대의 다음 기록들에서도 같이 확인된다.

> 【사료65】『통전(通典)』「주군」'평주'
>
> 수성현은 옛날의 무수현이다. 진나라 장성이 일어난 곳이다.
> 평주는 지금 주청사 소재지는 노룡현에 있다. 은나라 때는 고죽국이었고 춘추시대에는 산융, 비자 두 나라 땅이었다. 오늘날의 노룡현에는 옛 고죽성이 있는데 백이 숙제의 나라였다. 전국시대에는 연나라에 속하였고 진나라 때는 우북평군과 요서군 지역이었다. 전한, 후한시대에는 진나라의 행정구역을 그대로 따랐다. 진나라 때는 요서군에 소속되

었고 후위시대에도 역시 요서군이라 하였다. 수나라 초기에 평주를 설치하였고, 양제 초기에는 평주를 폐지하고 다시 북평군을 설치하였다. 당나라 때는 수나라의 행정구역을 그대로 따랐다. 관할한 현은 3개 현인데 노룡현 석성현 마성현이다.

노룡현은 한나라 때의 비여현이며 갈석산이 있다. 우뚝 솟아 바닷가에 서 있으므로 그런 이름을 얻었다. 진나라의 태강지지에서는 '진 장성이 갈석산으로부터 시작한다. 지금 고려의 옛 경계에 있는 것은 이 갈석이 아니다.' 한의 요서군 옛성은 지금 군의 동쪽에 있으며 한의 영지현성도 있다. 임여관은 지금은 임유관이라 하고 현의 성 동쪽 1백8십 리에 있다. 노룡새는 성의 서북 2백 리에 있다.

【사료25】『통전(通典)』「변방」 '동이 하 고구려'

갈석산은 한나라 낙랑군 수성현에 있다. 장성이 이 산에서 일어났다. 지금 그 증거로 장성이 동쪽으로 요수를 끊고 고구려로 들어간 흔적이 아직도 남아 있다. 『상서』에서 '갈석을 오른쪽으로 끼고 황하로 들어간다'는 문구를 살펴보면, 우갈석은 황하가 바다 근처에 다다르는 곳으로 지금 북평군 남쪽 20여 리에 있다. 그러므로 고구려에 있는 것은 좌갈석이다.

【사료461】『무경총요』권16 상「변방 정주로」

廣信軍, 治遂城縣, 戰國時武遂縣地. 秦築長城所起, 因名遂城. 本朝建軍. 東至安肅軍二十里, 西至長城一十里, 南至安肅軍一十五里, 西南至北平軍約九十里, 西至北易州七十里.

광신군 치소는 수성현으로 전국 시기 무수현의 땅이다. 진秦나라 장성이 일어난 곳이라 하여 수성이라는 이름이 붙었다. 본조(송나라)가 군을 세웠다. 동쪽으로 20리에 안숙군이 있고, 서쪽으로 10리에 장성이 있다. 남쪽으로 15리에 안숙군이 있고, 서남쪽으로 약 90리에 북평군이 있으며, 서쪽으로 70리에 북역주가 있다.

이러한 사항은 앞으로 살펴볼 진장성의 위치 그리고 갈석산 관련 사항에서도 확인할 수 있다. 그러면 진장성의 위치에 대하여 살펴보기로 한다.

이에 대하여는 앞에서 살펴본 사료인

【사료43】『사기』「흉노열전」

"(장성을 쌓아) 변경 산의 험준함을 활용하며 계곡을 참호로 하고 수선할 수 있는 곳은 수선해서 쓰며 임조(臨洮)에서 요동(遼東)까지 만여 리에 이르렀다." [15]

[15] [색은] 위소(韋昭)는 "임조(臨洮)는 농서(隴西)의 현"이라 했다. [정의] 「괄지지」에서 "진(秦)나라 농서군(隴西郡) 임조현(臨洮縣)은 즉 지금 민주(岷州) 성(城)이다. 본래 진(秦) 장성(長城)의 처음(首)으로 (진 장성은) 민주(岷州) 서쪽 12리 되는 곳에서 시작되어 만여 리를 이어져 동쪽으로 요수(遼水)로 들어간다."

라고 하였듯이 색은 주석의 [15]와 같이 이 성은 서쪽의 임조에서 시작하여 동쪽으로 요동 내지는 요수로 들어간다고 되어 있다. 이는 앞에서 살펴본『후한서』「장제기」에서도 같이 확인된다. 또한 앞에서 살펴본 사료인

【사료44】『사기』「몽염열전」

"임조에서 일어나 요동에 이르기까지 길이가 만여 리에 이어졌다."
『사기정의』: 요동군은 요수의 동쪽에 있다. 진시황이 쌓은 장성이 동쪽으로 요수에 닿고, 서남쪽으로 바다에 이르렀다.

마찬가지로 임조에서 시작하여 요동군이 요수의 동쪽에 있는데 그

요수에 이른다고 하였고 서남쪽은 바다에 이른다고 하였다. 또한

【사료49】『회남자』「인간훈」

"서쪽으로는 유사에 이르고, 북쪽으로는 요수와 만나며, 동쪽은 조선과 연결되었다."

라고 하여 북쪽은 요수, 동쪽은 조선과 연결되었다고 기록하였다. 그리고

【사료50】『회남자』「시칙훈」

"동방의 끝은 갈석산으로부터 조선을 지나 대인지국을 통과하여, 동쪽으로 해가 뜨는 부목의 땅에 이른다."

【사료18】『회남자』「추형훈」 고유의 주석

"요수는 갈석산에서 나온다. 요새의 북쪽으로부터 동으로 흘러 똑바로 요동의 서남에 이르러 바다로 들어간다."

【사료19】『염철론』「험고」

"연나라는 갈석산에 의해 막히고, 사곡에 의해 끊겼으며, 요수에 의해 둘러싸였다… 중략… (이것으로) 나라를 굳게 지킬 수 있으니 산천은 나라의 보배이다."

라고 되어 있다. 갈석산과 진의 장성 그리고 요동은 요수와도 관련이 있다.

[역수-〉자하-〉요하]
제1요수 : 역수 - 연장성, 진장성(요동외요)과 좌갈석
[역수-〉자하-〉요하]
제1요수 : 역수 - 연장성, 진장성(요동외요)과 좌갈석
제2요수 : 자하 - 진장성(요동고새)과 우갈석 : 연5군, 수당전쟁 시 요수
진장성 : 요동고새 장성과 요동외요 장성을 연결하여 완성한 것
중국사서 : 3개 요수, 2개 진장성, 2개(3개) 갈석산을 혼돈하여 기록하고 있다.
제3요수 : 현재 요령성 요하 - 요나라 이후 '춘추필법'에 의한 왜곡으로 이전의 요수, 장성을 이곳으로 비정한 채 하북성의 고조선, 낙랑군, 고구려 평양성을 요령성으로 왜곡 연결하고 있다. 그러나 현재 요령성 요하에는 원래 요수에 있다는 진장성과 갈석산이 없다.

앞에서 살펴본 대로 중국 사료 기록상 요수(하)는 3개가 존재한다. 즉 ①이전에 연나라가 고조선 영역을 차지한 후 쌓았던 연장성으로 나중에 진나라가 장성을 설치한 후 '요동외요'로 두었던 곳에 있었던 요수로 원래 연나라 위치.

②다음으로는 ①과 마찬가지로 고조선 영역을 차지한 후 남쪽으로 이동한 후 연 5군과 연장성을 설치하였다는 【사료43】『사기』「흉노열전」상의 기록에 있지만 실제로는 진나라가 설치하는 한편 5군의 가장 동쪽에 설치한 요동군 위치에 쌓은 것으로 '요동고새'인 이곳과 만나는 요수. 그리고

③마지막으로 요나라 이후에 명명된 지금의 요하가 그것이다.

이들 요수 중 고조선의 원래 위치와 관련되는 것은 첫 번째 요수인 것은 물론이다. 이의 위치는 당연히 지금의 하북성에 있었다. 그것도 처음에는 ①첫 번째 요수 지역인 하북성 석가장시 북부에 있던 것을

중국사서가 이후 두 번째로 ②두 번째 요수의 동쪽 지방인 하북성 진황도시 위치로 이동시키고, 세 번째로는 ③세 번째 요수인 지금의 요하 인근으로 지명 이동되면서 우리 고대사의 난맥상이 나타난다.

하지만 더욱더 혼란이 나타나는 것은 앞에서 살펴보았듯이 중국사서 기록상 요수(하)라는 명칭이 3개이고 이들 요수(하)와 밀접하게 같이 연결되어 같은 위치에서 나타나는 진장성도 2개 그리고 앞으로 살펴볼 갈석산도 3개로 나타나 서로 얽히어 중국사서들도 혼란스럽게 혼돈되게 기록하고 지금의 학자들도 이를 제대로 파악하지 못한 채 고의 내지는 착오로 지금의 요하로 지명 이동된 이후의 것에 모든 것을 맞추어 해석하는 바람에 우리 고대사가 왜곡되기에 이르렀다.

원래의 진나라 장성 즉 만리장성이 시작되는 곳인 갈석산이 있는 한사군의 낙랑군 수성현은 현재 하북성 보정시 수성진 일대로 인식해야 한다. 현재 수성이라는 지명이 중국 하북성 보정시 북쪽에 수성진이라는 명칭으로 위치하고 있다. 이곳은 앞서 살펴본 연나라의 위치이면서 고조선과의 경계인 것으로 중국사서가 기록하고 있는 갈석산, 안문, 호타하 및 연나라를 둘러싼 요수인 역수가 있는 곳이기도 하고, 나중에 낙랑군 수성현이 되는 곳이다. 이 수성현이 지금의 중국 하북성 보정시 서수구(徐水区) 수성진(Suichengzhen, 遂城镇)이다. 이곳 서쪽에 좌갈석으로 비정되는 백석산이 존재하고 있다. 나중에 설명하겠지만 이곳 근처에 위만조선의 왕검성이 있다. 또한 이곳 서수구(徐水区) 및 인근에서 역수 등 여러 하천이 만난 후 예전의 바다로 흘러들어간 곳으로 이곳 지방이 이른바 고조선의 위치로 중국사서가 기록한

【사료11】『사기』「조선열전」'고조선'

[집해] 장안이 말하기를 조선에는 습수와 열수와 산수가 있는데 이 세 강

> 이 합하여져서 열수가 된다고 하였다. 아마도 낙랑이 조선이란 이름을 얻은 것은 여기에서인 것 같다.

것으로 확인된다. 이곳이 바로 애초부터 고조선이 있던 자리이고 나중에 위만조선을 이어 낙랑군 그리고 신라와 관련된 탁수가 있던 자리이자 나중에 산동성에서 세워진 고구려가 이곳을 점령하여 수도인 평양이 자리 잡았던 자리이고 이곳에 당나라가 안동도호부를 처음 두었던 자리이다.

이것에 대하여는 계속하여 설명함과 동시에 중국사서를 비롯하여 각종 증거에 의하여 계속 입증하고자 한다. 따라서 앞으로 우리 고대사의 출발점이 되는 곳이 바로 이곳이다. 그런데도 일본 식민 사학자들과 이를 이어받은 우리나라 주류 강단 사학자들은 이와 같은 사료가 있음에도 전체를 입체적으로 분석 연구하지 않고 고의로 일부 오해할 수 있는 사료만을 가지고 갈석산과 낙랑군 수성현 그리고 진나라 장성 즉 만리장성의 동쪽 시작점을 '한사군 낙랑군 한반도 평양설'에 맞추기 위해서 한반도 평양 일대에 비정하고 있다. 하지만 지금까지의 사료를 입체적으로 분석하여 보면 어떻게 그런 비정과 결론이 나올 수 있는지 도무지 이해를 할 수 없다. 그러므로 어떠한 중국 사료의 꼬투래기, 허점, 오해할 수 있는, 달리 해석할 수 있는 사료를 내어놓아도 도저히 비정할 수 없는 것이 '한사군 낙랑군 한반도 평양설'이다.

또한 주류 강단 사학자들 중 소위 '한사군 낙랑군 한반도 평양설'의 변형물이요 변칙적인 주장인 '고조선 이동설'의 주요 근거로 내세우는 주장이요, 중국 사학자들이 학문적인 주장으로 내세우는 요령성 요하에 대한 연·진장성 비정 주장의 근거로 내세우는 것이 요하 서쪽 요령성 지역의 장성의 흔적이다. 그들은 특히 중국 사학자들은 이곳에서 연, 진, 한나라 시대의 유물이 출토됨을 또한 다른 근거로 내세워 이를 뒷받침한다고 한다. 하지만 일제 식민사학이 순수한 학문이 아니라 식민지 유지라는 목적성을 지니고 논리를 성립시키고자 비학문적으로 왜곡하여 논리를 성립시켰듯이 중국 사학자들은 동북공정에 의하여 비학문적으로 역사를 왜곡하여 무슨 유물이든지 즉 고조선, 고구려, 요나라, 금나라 유물이든지 무조건 연, 진, 한나라 시기 유물이라고 하여 이를 연장성, 진장성이라고 하고 있다. 유물이라는 것은 이동 가능한 것이므로 이들의 일방적인 주장은 문제가 있다. 그러나 더 큰 문제는 우리나라 주류 강단 사학계는 이것이 자신들의 논리에 부합되므로 의심이나 추가 연구 없이 그대로 추종한다는 사실이다.

그리고 앞에서 살펴보았듯이 민망할 정도의 돌무더기나 초소 망루 시설을 무조건 장성 흔적이라고 하는 것은 문제가 심각하다. 더군다나 당나라 이전의 모든 기록은 아무리 살펴보아도 연나라와 고조선 그리고 연·진장성, 낙랑군의 위치를 지금의 하북성으로 비정하고 있고, 비록 왜곡된 결과이지만 그나마 당나라 이후의 사서들의 기록은 다음으로 하북성 진황도시로 비정하는가 하면 그 다음으로 고조선과 낙랑군의 위치를 고구려의 수도인 평양성과 연계시켜 지금의 요하 지방으로 비정하고 있지만 한반도는 아니다.

그럼에도 불구하고 고려 및 조선시대 유학자들이 이를 더 왜곡시키고 이후 현재 우리 주류 강단 사학계는 이러한 사실을 제대로 파악하지 못한 채 유학자들은 중화 사대주의에 의하여, 주류 강단 사학계는 식민사관에 얽매어 제대로 된 학문도 제대로 된 역사관도 펼치지 못하고 있다. 그러나 더 심각한 것은 학문적으로 문제가 심한 중국 학자들의 발표 내지는 일방적인 주장을 다른 것도 아니고 일제의 식민사학을 유지하기 위하여 아무런 비판 없이 받아들여 자신들이 유지하고자 하는 논리의 근거로 삼는 우리나라 주류 강단 사학자들의 학문적 성향이다. 우리 고대사의 근간에 대한 연구는 대부분 77년 이전의 일제 식민 사학자들의 연구 결과와 이후 중국 학자들에 의한 고고학적 발굴 조사 발표 자료이다.

이것을 확인할 수 있는 것이 국사편찬위원회가 국민들에게 공개하고 있는 한국사 데이터베이스상의 각종 역사 자료에 대한 설명 자료이다. 그야말로 거의 모두 이병도를 비롯한 일제 식민 사학자들의 주장들이 대부분이다. 이를 비판하거나 반론을 제시한 자료는 거의 없다는 것이 이를 입증한다. 그러므로 우리나라에서는 역사란 무조건 가르치는 대로 외워야 하는 것이지 토를 달거나 따져서는 안 된다. 그 가르침은 바로 일제 식민사학 논리이다. 일방적으로 비판을 허용하지 않은 채 무조건 따르고 있음을 보여주는 사항이 우리 문화 여부에 대한 반론이 많은데도 정작 주류 강단 사학계에서는 아예 중국의 것이라는 중국 학자들의 일방적인 연구와 여기서 나온 일방적인 발표와 주장을 아무런 비판 없이 그대로 받아들이는 '홍산문명'에서 그대로 보여주고 있다.

진장성은 "연 5군과 연장성" 그리고 "고조선 이동설"에 대하여 살펴보면서 확인하였듯이 신빙성이 없지만 진개의 고조선 침략으로 차지한 지역에 연 5군과 함께 연장성을 설치한 지역으로 알려진 곳에 진나라가 이것을 보수하여 진장성을 쌓고 '요동외요'로 두고 나서 나중에 한나라의 '요동고새'가 되는 것으로 원래의 연나라 경계를 중심으로 진장성을 별도로 쌓아 소위 만리장성을 쌓았던 바, 결국 2개의 장성이 존재하게 되는데 이들 장성에 각각 요수와 갈석산이 나타나고 있음을 알 수 있다. 지금까지 살펴본 바와 같이 진장성은 2개로 이어진 것으로 이들 장성에 각각 요수와 갈석산이 나타난다. 그러므로 진장성의 위치 또한 요수와 갈석산의 위치와 관련이 있다. 이는 중국사서상 그렇다는 것이지 실제로는 그렇지 않은 것을 그렇다고 중국사서가 기록하고 이것에 의하여 역사를 해석하여야 하기 때문에 이것을 감안하여 역사를 해석하면 제대로 된 역사를 파악할 수 있다.

> 진장성은 서쪽 임조로부터 첫 번째 요수(역수)인
> 처음 연나라의 경계에 설치한 연장성(한나라의 '요동외요')과
> 갈석산으로 이어진 후 두 번째 요수(자하)인
> 동쪽 요동(진나라의 '요동고새' 경계)인 요동군까지 이어졌다.

여기서 전제로 설정할 것이 있다. 일반적으로 생각하는 것과 다른 사항이 있어 이를 염두에 두어야만 제대로 해석하거나 이해할 수 있다.

진나라 시기에 쌓은 원래의 진장성은 명나라 시기의 진장성과는 달리,

① 일자로 죽 이어진 일자형 장성이 아니다.
② 새로 쌓은 것도 있지만 대부분 전국시대 연나라, 조나라의 북방 민족을 대상으로 쌓은 성에 덧쌓거나 이어서 만들었다.
③ 진장성과 명나라의 장성은 같은 것도 있고 다른 것도 있는 것이지 전부 일치하는 것이 아니다. 더군다나 진장성은 현재의 만리장성과 달리 반듯한 돌과 벽돌에 의하여 만들어지지 아니 하였다.
④ 이 진장성은 지금의 북경에도 못 미쳤고, 보정시 서수구 수성진이 그 동쪽 끝이다.
⑤ 현재 북경 북쪽으로 해서 진황도시 산해관까지 이르는 장성은 진장성이 아니라 명장성이다.

①에 대한 보충 설명으로 진장성은 먼저 고조선과의 경계인 하북성 보정시 서부에 있는 갈석산 즉 현재의 백석산 서북부에 있는 장성인 임조에서 시작된 장성이 동쪽으로 쭉 뻗어 나가는 도중에 곁으로 나와서 앞서 설명한 수성진이 있는 서수구 인근의 바닷가까지 이어진 장성이다. 이것이 한나라 시기의 '요동외요'이

다. 이것이 중국사서상 좌갈석으로 기록되어 있는 갈석산과 함께 나타나는 진장성이다. 이 기록은 고조선과 낙랑군의 위치에 대한 지표로도 기록되어 있다.

【사료11】『사기』「조선열전」'고조선'

조선의 왕이었던 위만은 옛 연국(燕國) 사람이다. 연국의 전성기 때부터 일찍이 진번과 조선을 침략하여 속하게 하고 아전[吏]을 두고 장새(鄣塞)를 쌓았다. 진국(秦國)이 연국을 멸하고 요동외요(徼)에 소속시켰다. 한국(漢國)이 일어나고 그곳이 지키기 어려우므로 요동고새(塞)를 수리하고 패수(浿水)를 경계로 하여 연국에 소속시켰다. 연국 노관이 반하여 흉노로 들어갔고 위만은 망명하였다. 1000여 명을 모아 무리를 지어 상투를 틀고 만이(蠻夷)의 복장을 하여 동쪽으로 달아나 새(塞)를 나와 패수를 건넌 후에 옛 진국(秦國)의 공터인 상하장(上下鄣)에 살았다. 점차 진번과 조선과 만이(蠻夷)들을 복속하여 거느리고 연국과 제국(齊國)의 망명자들의 왕이 되어 왕험(王險)에 도읍하였다.

이것이 연나라가 강성할 당시에 고조선과의 경계선이 된다. 원래 연나라의 강역은 앞에서 살펴본 대로

【사료6】『사기』「소진열전」

연나라 문후에게 유세하여 말하였다. "연나라의 동쪽에는 조선과 요동이 있고, 북쪽에는 임호와 누번이 있으며, 서쪽에는 운중과 구원이 있고, 남쪽에는 호타와 역수가 있다. 지방이 이천여 리이며, 갑옷 입은 군사가 수십만이고, 전차가 육백 대이며, 기마가 육천 필이고, 곡식은 수년을 지탱할 수 있다. 남쪽에는 갈석과 안문의 풍요로움이 있고, 북쪽에는 대추와 밤의 이로움이 있다. 백성들이 비록 농사짓지 않아도 대추와 밤으로 넉넉하니, 이것이 이른바 천부이다…"

갈석이 연나라와 조선의 경계가 되는 것은 주지의 사실이다. 하지만 역수, 안문, 호타하 역시 연나라 위치의 지표가 됨과 동시에 그 옆에 있던 조선 위치의 지표가 된다. 왜냐하면 갈석은 중국사서상 여러 기록이 있어 그 비정에 약간의 혼란이 있는 것이 사실이다. 물론 사서의 기록을 면밀히 살피면 이도 명확히 확인될 수 있다. 하지만 역수, 안문, 호타하는 지금도 존재하거나 논란의 여지가 없기 때문이다. 이들은 모두 산서성과 하북성에 같이 일직선상에 있다.

우리 고대사를 논함에 있어 우선 고조선의 위치를 여기에 두고 시작하면 모든 우리 고대사가 저절로 풀리게 되거니와 제대로 비정이 될 수 있다. 여기에 고조선, 고구려, 백제, 신라 그리고 발해, 고려가 있었고 시작되었다. 특히 고구려는 이곳 하북성 보정시 만성구 지역에 위치하였던 위만조선의 왕험성인 나중의 평주 지역에 도읍하였기 때문이다. 갈석에 대하여는 다음에 자세히 살펴볼 것이고 역수, 안문, 호타하는 이미 살펴보았다. 역수는 앞에서 살펴본 대로 예전의 고조선과 연나라의 경계인 이전의 갈석산으로써 현재의 백석산에서 발원한다.

갈석산 즉 좌갈석으로 비정되는 현재의 하북성 보정리 래원현의 백석산에서 발원한 역수호(안격장수고, 安格庄水库)에서 역수하가 흘러 다른 하천과 합류하여 북역수(Beiyishui River, 北易水)가 되어 역현 중앙을 가로질러 흘러간다. 같은 역수호에서 발원한 중역수(Zhongyishui River, 中易水)가 남쪽으로 흐르고 있다. 이곳 남쪽에 낙랑군의 수성현으로 비정되는 곳으로 지금도 중국 허베이성 바오딩시 쉬수이구(수성진, Suichengzhen, 遂城镇)이란 명칭으로 남아 있다.

이 두 북역수와 중역수는 역현 동남부에서 합쳐져 정흥현(定兴县) 바로 서남쪽에서 합쳐진 후 탁수인 남거마하(South juma River, 南拒马河)와 합쳐져 남거마하가 되어 흐르다가 백도진 바로 서남쪽이자 용성현의 동북쪽에서 란도하(Langou River, 兰沟河) 및 탁수인 북거마하의 백도하

(Baigou River, 白沟河)와 만나 대청하(Daqing River, 大清河)와 백거인하(Baigouyin River, 白沟引河)로 나뉜 후 소차정(Shaochedian, 烧车淀), 백양정(Baiyangdian, 白洋淀)으로 흘러 들어간다.

이 역수는 중국사서 기록상 첫 번째 요수로 기록되고 있는 강이기도 하다. 그리고 안문은 예전의 갈석산인 현재 백석산의 서쪽인 중국 산서성 삭주시 남부에 걸친 산에 안문관(Yanmenguan, 雁門关)이 있는데 이것이 사서기록상의 연나라의 위치로 기록되어 있는 안문이다. 그리고 호타하는 마자수이자 청하인 압록수로써 우리 고대사에 이처럼 중요한 하천이 없다.

이 하천은 나중에 고려가 이곳으로부터 천리관성을 쌓는 곳이고, 서희가 성을 쌓은 곳이기도 하다. 그리고 고구려를 침범한 수나라와 당나라가 이곳 압록수를 넘어 하북성 보정시에 있는 고구려 평양성을 공격하게 된다. 그 시대 즉 고구려의 수당과의 전쟁을 비롯하여 다른 일부 시기를 기록한 사서에는 당시의 요수가 지금의 자하로 존재하는 데도 이 압록수를 요수로 기록하기도 하였다. 또한 유념해야 할 사항이 이 호타하 하천은 중국사서상 바다 해(海)로 표기되기도 하는 강이기도 하다.

이 호타하는 지금도 그 명칭 그대로 존재하고 있다. 호타하는 앞에서 우리 고대사와 밀접한 관계가 있어 자주 등장하여 많이 거론하였듯이,

【사료25】『통전(通典)』「변방」 '동이 하 고구려'

평양성(平壤城) 동북쪽에 노양산(魯陽山)이 있고 그 정상에 노성(魯城)이 있다. 서남쪽으로 20리에 위산(葦山)이 있는데 남쪽에 패수(浿水)가 가깝다. 대요수는 말갈국 서남산에서 나와 남으로 흘러 안시현에 이른다. 소요수는 요산에서 나와 서남으로 흘러 대양수와 만난다. 대양수는 나라의 서쪽에 있다. 새 밖에서 나와 서남으로 흘러 소요수로 흘러간다. 마자

수는 일명 압록수이다. 물이 동북 말갈의 백산에서 나온다. 물의 색이 기러기 머리색을 닮았기 때문에 속되게 부른 이름이다. 요동에서 5백리 떨어져 있다. 국내성 남쪽을 지나 서쪽으로 흘러 염난수와 만나 두 물이 합하여 서남으로 흘러 안평성에 이르러 바다에 들어간다. 고구려에서 이 강이 제일 크다. 물결이 이는데 푸르고 맑으며, 나루터마다 큰 배가 서 있다. 그 나라에서 이를 천참(천연요새)으로 여긴다. 강의 너비가 3백 보이고, 평양성 서북 450리에 있다. 요수 동남 480리에 있다. (한나라 낙랑군, 현토군 땅이다. 후한 때부터 위나라 때까지 공손씨가 점거하고 있다가 공손연 때 멸망했다. 서진 영가(307~312) 이후 다시 고구려에 함락되었다.~(생략))(생략)

【사료26】『신당서(新唐書)』「동이열전 고구려」

물은 大遼와 少遼가 있다. 大遼는 靺鞨의 서남쪽 산에서 흘러나와 남으로 安市城을 거쳐 흐른다. 少遼는 遼山의 서쪽에서 흘러나와 역시 남으로 흐르는데, 梁水가 塞外에서 나와 서쪽으로 흘러 이와 합류한다. 馬訾水가 있어 靺鞨의 白山에서 흘러나오는데, 물빛이 鴨頭와 같아서 鴨淥水로 불리운다. 國內城의 서쪽을 거쳐 鹽難水와 합류한 다음, 다시 서남으로 [흘러] 安市[城]에 이르러서 바다로 들어간다. 平壤은 鴨淥江의 동남쪽에 있는데, 큰 배로 사람이 건너다니므로, 이를 해자(天塹)로 여긴다.

이 사서들 기록과 같이 우리 고대사의 주요 활동 위치상의 압록수이자 압록강이다. 이 마자수이자 압록수인 지금의 호타하는 위 사서 기록상과 같이 백산인 지금의 태백산인 산서성 대동시 영구현 태백산(Taibai Mountain, 太白山)에서 발원하여 산서성 흔주시 번치현 고산수고(Gushan Reservoir, 孤山水庫)에 모인 물이 강을 이루어 서쪽으로 안문이 있는 삭주시 남부를 지나 흔주시 남부, 석가장시 북부, 보정시 남부를 각각 흘러 헌현 서부에서 부양하(fuyang river, 滏陽河)를 만나 자아하(Tzu-ya river, 子牙河)가 되어 나중에 역수와 만나 천진만으로 흘러 들어간다.

이 강에 의하여

> **【사료68】**『삼국지(三國志)』〈위서〉「동이전」부여(夫餘)
>
> ○ 夫餘
>
> 夫餘는 長城의 북쪽에 있는데, 玄菟에서 천 리 떨어져 있다. 남쪽은 高句驪와, 동쪽은 挹婁와, 서쪽은 鮮卑와 접해 있고, 북쪽에는 弱水가 있다. [국토의 면적은] 방 2천 리가 되며, 戶數는 8만이다.

우리 고대사의 기본이 되는 고대 국가의 위치가 명백히 확인된다. 이 동쪽에 있다는 읍루가 바로 압록수의 발원지인 말갈이다. 이 말갈의 백산인 지금의 태백산에서 압록수가 발원하여 흐른다. 이 말갈인 읍루의 서쪽에 있는 부여의 남쪽에 있는 것이 바로 장성으로 이것이 연나라의 남쪽 경계이자 나중에 갈석과 수성진 사이에 쌓은 장성인 '요동외요'이다. 이 장성 북쪽에 있는 것이 부여로 지금의 산서성 대동시 영구현 일대이다. 이곳 남쪽에 고구려가 있었다. 이것이 우리 고대사의 기본이 된다. 이러한 것을 식민사학 제1논리인 '낙랑군 평양설'에 의하여 이곳 인근에 현토군을 두어야 하고 이 현토군에 고구려가 있다는 논리에 따라 한반도 북부에 고구려를 갖다 놓고 이 남쪽에 있는 지금의 압록강을 이 원래의 압록강인 지금의 호타하로 비정한 채 우리 고대사가 동쪽으로 옮긴 우리 고대사의 왜곡사항이 이것에 의하여 명백히 입증된다.

이 하천은 기본적으로 하북성 석가장시 서북부로부터 흘러 내려와 석가장시를 관통하여 석가장시 동북부를 흘러 안평현을 지나간다. 이 사항에 의하여 요동군 위치와 요동군 양평현에 의하여 고구려 요동성 위치가 확인된다. 즉,

【사료21】『수경주』「대요수」, 「소요수」

「대요수」
대요수는 새외(塞外)의 위백평산(衛白平山)에서 나와
동남쪽으로 새(塞)로 들어와 요동의 양평현 서쪽을 지난다.

(대요수는) 또한 동쪽으로 흘러 안시현 서남쪽을 지나고 바다로 들어간다.

[주]
십삼주지에서 말하기를 대요수는 새(塞) 밖으로부터 서남쪽으로 흘러 안시에 도달하여 바다로 들어간다고 하였다.

「소요수」
『수경』
소요수(小遼水)는 또한 서남쪽으로 흘러 양평현(襄平縣)을 지나고 담연(淡淵)이 된다.

[주]
소요수(小遼水)는 또한 요대현(遼隊縣)을 지나서 대요수(大遼水)로 들어간다. 사마선왕(司馬宣王)이 요동을 평정하였는데 공손연(公孫淵)을 이 물 위에서 목을 베었다.

에 의한 바와 같이 소요수가 연 5군인 요동군 치소인 양평현을 거쳐 흐르고, 대요수가 서남쪽으로 지나서 이들이 요대현에서 합류한 다음 합류한 대요수가 요동군 안평현에서 이 마자수이자 압록수인 지금의 호타하와 합류함으로써 요동군, 양평현, 고구려 요동성 위치가 확인된다.

그럼에도 불구하고 나중에 이 호타하인 압록수가 요령성 요하로 다시 지금의 한반도 압록강으로 변함을 유의하여야 한다. 중국사서에 호타하가 압록수로 기록된 것을 요령성 요하나 한반도 압록강으로 파악하면 우리 역사는 혼미와 왜곡에 빠지게 되고 고의로 이를 왜곡하여 비정하는 식민사학과 주류 강단 사학계의 논리에 동조하게 되는 것이거나 이의 왜곡을 비판하고자 하면서도 오히려 또 다른 왜곡에 빠지게 된다.

이렇게 명백하게 연나라의 위치와 고조선의 위치가 비정되어 이는 다시 낙랑군의 위치로 귀결되고 여기에서 주로 활동하던 고구려의 위치 또한 규명된다. 그런데도 우리나라 고조선의 전문가라고 하는 이 글이 비판하는 논문의 경우, 고조선을 한반도 평양에 비정하는가 하면 주류 강단 사학계는 원래 대능하 인근에 있다가 연나라 진개의 침범으로 동쪽으로 2,000여 리나 밀려나 요하 지방에 있다가 결국은 한반도로 들어와 여기에서 한나라에 멸망당하여 여기에 낙랑군이 설치되었다는 도저히 있을 수 없는 일제 식민사학을 펼치고 있다.

그리고 이를 비판하는 비주류 강단 사학계와 재야 민족 사학계는 중국사서의 이동하여 왜곡 기록한 후대의 기록을 받아들여 난하나 대능하나 요령성 요하 인근에 비정하는 또 다른 왜곡을 저지르고 있다. 시작점을 제대로 비정하여 시작하면 혼란이 없다. 당나라 시기는 물론 요나라와 고려시대까지의 압록수를 지금의 하북성에 있는 호타하로 비정하면 모든 것이 제대로 자리를 잡을 수 있다는 것을 명심하여야 한다. 이미 확인한 좌갈석과 함께 중국사서 기록상 나타나는 위의 진장성 이외에 우갈석이 있는데 이 우갈석과 함께 등장하는 진장성이 바로 【사료9】『사기』「조선열전」상의 '요동고새'인 또 다른 진장성이다. 이 진장성과 갈석 즉 우갈석이 바로,

【사료17】『사기』 권2 「하본기」 제2

우는 기주(冀州)에서 치수사업을 시작했다. 기주에서 먼저 호구(壺口)를

> 잘 다스리고 다시 양(梁)과 기(岐) 지역을 잘 다스렸다. 다시 태원(太原) 시작하여 악양까지 이르렀다. 또 담회(覃懷)에서 공적을 이루고 형장(衡漳)에 이르렀다. 이곳 기주의 토질은 희고 부드러워서 세금 등급은 1등급이었으나 흉년에는 2등급도 되었으며 전답은 5등급이었다. 상수(常水)와 위수(衛水)가 물길대로 흐르고 대륙택(大陸澤)도 잘 다스려졌다. 조이(鳥夷)들은 가죽옷을 입었으며, 오른쪽으로 있는 갈석(碣石)을 끼고[1] 바다로 들어간다.[2]
>
> [1]집해 공안국이 이르기를 : 갈석이 바닷가의 산이라 했다.
>
> [2]집해 서광이 이르기를 : 바다를 강이라고 하기도 한다. 색은 :『지리지』는 말하기를 '갈석산은 북평군 여성현 서남쪽에 있다.'고 하였다. 『태강지리지』는 말하기를 '낙랑군 수성현에 갈석산이 있다. 장성이 일어났다.'고 하였다. 또 『수경』은 말하기를 '요서 임유현 남쪽 물속에 있다.'고 하였다. 아마도 갈석산은 두 개인 듯하다. 여기에서는 '갈석을 오른쪽으로 끼고 '하'로 들어간다.'는 구절의 갈석은 당연히 북평군의 갈석이다.

이 기록상의 요서 임유현 남쪽 물속에 있는 갈석으로 향해 있는 장성으로 여기서의 임유현은 현재의 하북성 석가장시 정정현, 남쪽 물속은 바로 호타하를 일컫는다. 이곳이 요서군 지역이었다. 여기서의 진 장성이 연나라 시기에 조양과 양평 사이에 쌓은 연장성이다. 이것이 '요동고새'이다. 물론 위의『태강지리지』가 말하는 낙랑군 수성현의 갈석산과 장성이 이미 앞에서 거론한 좌갈석으로써 지금의 하북성 보정시 서쪽의 보정시 래원현에 있는 현재 백석산으로 불리는 것이고, 장성은 이곳에서부터 지금의 보정시 북쪽의 보정시 서수구 수성진으로 쌓인 장성으로 이것이 '요동외요'이다.

고조선과 낙랑군의 위치를 비정하는 이러한 사서기록을 주류 강단 사학계는 완전 배척한 채 무시하고 있다. 그리고 이를 비판하는 재야 민족 사학계에서는 2개의 갈석산과 2개의 장성에 대한 기록을 혼란스럽게 여겨 제대로 비정하지 못하여 정확한 논리를 주류 강단 사학계나 역사학계에 제시를 못 해 제대로 된 역사가 정립되지 못하고 있다. 물론 어떠한 합리적인 이론을 제시하여도 우리나라 주류 강단 사학계는 그들의 식민사학을 유지하기 위하여 받아들이지 않고 배척한 채 비판 아닌 비난을 할 것이다. 해방 후 77년이 지난 지금까지도 그래 왔다. 이러한 갈석에 대한 사항 특히 2개의 갈석 사항 그것도 좌갈석에 대한 사항은 위의 집해 서광 주석상에 기록된 『태강지리지』 사서와 해설 이외에도 다음의 기록들에 의하여도 입증된다.

> **【사료25】**『통전(通典)』「변방」'동이 하 고구려'
>
> 갈석산은 한나라 낙랑군 수성현에 있다. 장성이 이 산에서 일어났다. 지금 그 증거로 장성이 동쪽으로 요수를 끊고 고구려로 들어간 흔적이 아직도 남아 있다. (『상서』에서 '갈석을 오른쪽으로 끼고 하로 들어간다'는 문구를 살펴보면, 우갈석은 하가 해(바다) 근처에 다다르는 곳으로 지금 북평군 남쪽 20여 리에 있다. 그러므로 고구려에 있는 것은 좌갈석이다.)

> **【사료65】**『통전(通典)』「주군」'평주'
>
> 노룡현은 한나라 때의 비여현이며 갈석산이 있다. 우뚝 솟아 바닷가에 서 있으므로 그런 이름을 얻었다. 진나라의 태강지지에서는 '진 장성이 갈석산으로부터 시작한다. 지금 고려의 옛 경계에 있는 것은 이 갈석이 아니다.'

이러한 2개의 갈석과 2개의 장성의 진위성은 위 기록에 의하여 입증된다.

■ [도표] 2개의 갈석산

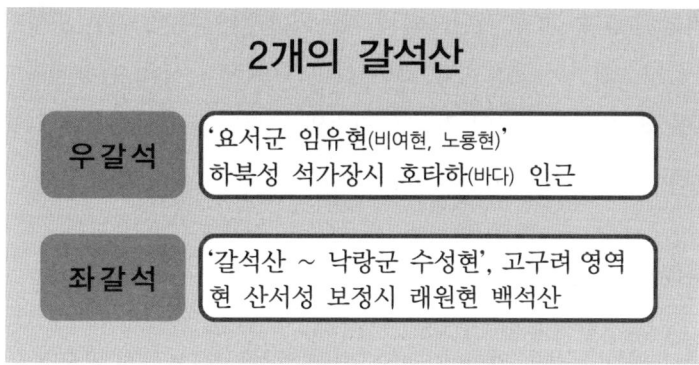

■ [도표] 2개의 연, 진장성

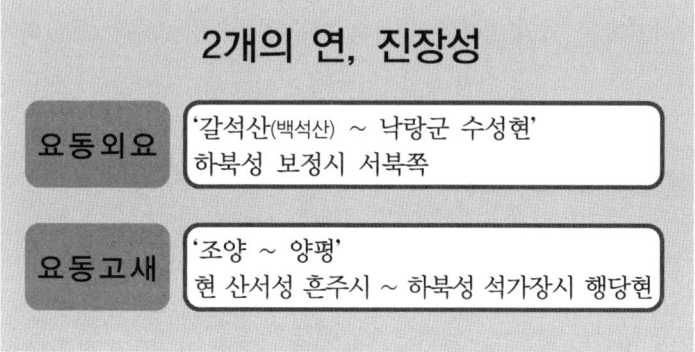

　자세한 갈석산과 이와 연관되어 기록되고 있는 진장성은 앞으로 자세히 살펴보고자 한다. 그리고 분명히 유념해야 할 인식과 역사 지식은 산해관으로 이어지는 하북성 진황도시 인근의 장성은 진나라 시기에 축성한 것이 아니라 명나라 시기에 축성한 것이라는 사실이다.
　따라서 난하와 진황도시 노룡현, 창려현은 우리 고대사와 전혀 관련이 없다. 또한 중국사서는 그들조차도 제대로 된 지식이 없거나 원래 기록을 제대로 해석하지 못하여 혼란스럽게 기록하였다는 사실을 명심하여야 한다. 이러한 차원에서 중국사서 기록상 진장성과 관련되어 기록된 요수 또한 혼란스럽게 기록되고 있어 이에 대한 명확한 분별력 있는 해석이 필요하다. 고구려의 수당전쟁 시의 기록에서도 그렇지만 요수(두 번째 요수)인 지금의 자하와 압록수인 지금의 호타하를 혼돈하여 기록한 경우가 있다.

【사료56】『삼국유사』「흥법」'순도조려'

"고구려 때의 도읍은 안시성(安市城), 일명 안정홀(安丁忽)로서 요수(遼水)의 북쪽에 위치해 있었고, 요수는 일명 압록(鴨淥)으로 지금은 안민강(安民江)이라고 한다."

이 사서기록이 이의 대표적인 기록으로 압록수를 요수와 동일하게 보고 있다.

【사료43】『사기』「흉노열전」

"[15] [색은] 위소(韋昭)는 "임조(臨洮)는 농서(隴西)의 현"이라 했다. [정의] 「괄지지」에서 "진(秦)나라 농서군(隴西郡) 임조현(臨洮縣)은 즉 지금 민주(岷州) 성(城)이다. 본래 진(秦) 장성(長城)의 처음(首)으로 (진 장성은) 민주(岷州) 서쪽 12리 되는 곳에서 시작되어 만여 리를 이어져 동쪽으로 요수(遼水)로 들어간다."

이 기록 역시 진장성이 요수로 들어간다고 하였는데 이 기록은 제대로 기록하였다. 왜냐하면 진장성의 서쪽은 구체적으로 임조라고 기록하였지만 동쪽은 요동이라고 포괄적으로 기록하였듯이 이 요수 역시 포괄적으로 여기서의 요수는 첫 번째 요수인 역수와 두 번째 요수인 지금의 자하를 모두 가리키는 것으로 보아야 한다. 이 두 군데 모두 갈석과 장성이 있기 때문이다.

> **【사료43】『사기』「흉노열전」**
>
> 그 후 연(燕)나라에 현장(賢將, 현명한 장수) 진개(秦開)란 이가 있어 호(胡)에 볼모로 갔는데 호(胡)가 그를 매우 신임했다. (연나라로) 되돌아와 동호(東胡)를 습격해 격파하니 동호(東胡)가 천여 리를 물러났다. 형가(荊軻)와 함께 진왕(秦王)을 암살하려 했던 진무양(秦舞陽)이란 이가 진개(秦開)의 손자다. 연(燕)나라 또한 장성(長城)을 쌓아 조양(造陽)에서부터 [8] 양평(襄平)에 이르렀고 [9] 상곡(上谷), 어양(漁陽), 우북평(右北平), 요서(遼西), 요동군(遼東郡)을 설치해 호(胡)를 막았다. 당시 관대(冠帶, 의관속대)하던 전국시대 일곱 나라 중 세 나라가 흉노와 접경했다. [10] 그 후 조(趙)나라 장수 이목(李牧)이 있을 때에는 흉노가 감히 조나라의 변경을 침입하지 못했다.
>
> [8] [집해] 위소(韋昭)는 "(조양造陽은) 지명이고 상곡(上谷)에 있었다." 했다.
> [정의] 살펴보건대, 상곡군(上谷郡)은 지금의 규주(嬀州)다.
>
> [9] [색은] 위소(韋昭)는 "(양평襄平은) 지금 요동(遼東)(군郡)의 치소"라 했다.

이 연장성의 서쪽 지점인 조양은 연 5군의 상곡이자 당나라 시기의 규주이다. 이 상곡도 현재의 산서성 흔주시임이 명확히 입증되었고 규주에는 인근에 거용새, 노룡, 갈석이 있는 것으로 기록되었다.

이곳 규주가 바로 산서성 흔주시이다. 그리고 동쪽 지점인 양평은 요동군의 치소로써 이곳은 요동성으로써 하북성 석가장시 행당현이다. 이 조양과 양평에 대하여는 앞에서 자세히 설명하였다. 이러한 연장성 및 진장성에 대하여 중국사서가 명확히 기록하였는데도 불구하고 이 기록상의 양평을 세 번째 요수인 지금의 요하 지방으로 이동시킨 것으로 기록한 채 여기에 한나라 양평 그리고 안동도호부, 평양을 모두 설정하고 있다. 이것이 중국사서의 우리 고대사 왜곡 위치 비정의 전형이다. 이것을 인식하고 중국사서를 해석하여야 한다. 그런데 우리나라 주류 강단 사학계는 '낙랑군 평양설'에 맞추기 위하여 이 모든 것을 무시하고 가장 뒤늦은 시기의 기록만을 그대로 받아들여 이도 역시 자기 입맛에 맞추어 왜곡 해석한 채 무조건 '한반도 평양설'에 귀착시켜 해석 이용하고 있다.

그럼 이제부터는 요수와 장성과 밀접한 관련이 있는 갈석산에 대하여 살펴보고 이 세 가지가 어떻게 중국 사료상에 나타나 혼돈을 초래하였는지 그래서 우리 고대사가 어떻게 왜곡되었는지 살펴보기로 한다.

[갈석산에 대하여]

앞에서 확인하였듯이 우리가 파악하려는 한사군 낙랑군의 위치를 알기 위해서는

【사료17】『사기』권2「하본기」제2

島夷皮服. 夾右碣石, 入于海.[2]

[2]집해 서광이 이르기를 : 바다를 강이라고 하기도 한다. 색은 :『지리지』는 말하기를 '갈석산은 북평군 여성현 서남쪽에 있다.'고 하였다.『태강지리지』는 말하기를 '낙랑군 수성현에 갈석산이 있다. 장성이 일어났다.'고 하였다. 또『수경』은 말하기를 '요서 임유현 남쪽 물속에 있다.'고 하였다. 아마도 갈석산은 두 개인 듯하다. 여기에서는 '갈석을 오른쪽으로 끼고 '하'로 들어간다.'는 구절의 갈석은 당연히 북평군의 갈석이다.

와 같이 갈석산과 장성의 존재와 위치를 파악하면 된다. 이미 장성 즉 진장성, 만리장성에 대하여는 살펴보았다. 이 진장성, 만리장성은 요수(하)와 같이 나타나고 갈석산과 같이 나타난다. 그러므로 이들은 서로 연관성이 있다. 그러므로 연관성 있게 파악하면 제대로 파악할 수 있다. 하지만 이미 살펴본 바와 같이 중국사서상 요수도 3개의 개념(갈석산과 관련된 것은 2개, 나머지 1개는 지금의 요하)을 확인하였고 장성도 2개의 개념을 확인하였다. 그러면 당연히 같이 연관된 갈석산도 2개의 개념(나중에 현재 진황도시 갈석산을 포함하면 3개)이 중국사서에 나타난다는 점을 인식하고 확인하여야 한다.

▎낙랑군의 위치는 요수, 갈석산, 진장성의 위치를 연구하면 된다.

갈석산의 의미가 시작된 위의 【사료14】『사기』「하본기」상의 기록은 원래 『서경』에 나오는 글을 사마천이 『사기』에 나타내었다. 그럼 살펴보자.

【사료462】『서경』〈하서〉「우공」제10장

島夷는 皮服이로다
海曲曰島니 海島之夷가 以皮服來貢也라

『도이(島夷)가 피복(皮服)을 입고 와서 공물(貢物)을 바쳤다.』
『바다의 굽이를 도(島)라 하니, 해도(海島)의 오랑캐가 피복(皮服)을 입고 와서 공물(貢物)을 바친 것이다.』

【사료48】『서경』〈하서〉「우공」제11장

『오른쪽으로 갈석(碣石)을 끼고서 하(河)로 들어간다.』

『갈석(碣石)은 〈지지(地志)〉에 "북평군(北平郡) 여성현(驪城縣) 서남쪽 하구(河口)의 땅에 있다." 하였으니, 지금의 평주(平州)의 남쪽이다. 기주(冀州)는 북방(北方)에서 공부(貢賦)를 수송해 올 때에, 북해로부터 황하(黃河)로 들어와서 남향(南向)하여 서쪽으로 돌 때 갈석(碣石)이 오른쪽으로 도는 사이에 있으므로 "오른쪽으로 낀다."고 한 것이다.』

『정씨(程氏)가 말하였다. "기주(冀州)는 제도(帝都)가 되어 동(東)·서(西)·남(南) 삼면(三面)이 황하(黃河)와 접해 있으니, 다른 주(州)의 공부(貢賦)는 모두 황하(黃河)에 도달함을 이른다고 하였다. 그러므로 이 세 방위는 또한 굳이 쓸 것이 없고, 북쪽 경계는 한(漢)나라의 요동군(遼東郡)·요서군(遼西郡)·우북평(右北平)·어양(漁陽)·상곡(上谷) 지역이니, 그 물에 요하(遼河)·유수(濡水)·호타하(滹沱河)·역수(易水)와 같은 것은 다 중간지역이 높아서 황하(黃河)와 통하지 못한다. 그러므로 반드시 북해(北海)로부터 온 뒤에야 황하(黃河)에 도달할 수 있는 것이다."』

『또 살펴보건대, 역도원(酈道元)이 말하기를 "여성(驪城)의 바닷가에 돌이 용도(甬道)와 같은 것이 수십 리가 있으며, 산마루에 큰 돌이 있는데 기둥의 모양과 같으니, 위소(韋昭)가 이것을 갈석(碣石)이라 하였다. 이 산이 옛날에는 하구(河口)의 바닷가에 있었기 때문에 공물(貢物)을 들여오는 황하(黃河)의 길을 기록한 것인데, 세월이 이미 오래되어 물에 침몰되어서 바닷물 속에 잠겼으니, 이미 강안(江岸)과 거리가 5백여 리나 된다." 하였다. 《전국책(戰國策)》에 "갈석(碣石)이 상산군(常山郡) 구문현(九門縣)에 있다."고 한 것은 이름이 우연히 같은 것인 듯하며, 정씨(鄭氏)는 "구문현(九門縣)에는 이 산(山)이 없다." 하였다.』

여기서 살펴볼 수 있는 것이 "〈지지(地志)〉에 "북평군(北平郡) 여성현(驪城縣) 서남쪽 하구(河口)의 땅에 있다." 하였으니, 지금의 평주(平州)의 남쪽이다. "중에" 지지(地志)〉에 "북평군(北平郡) 여성현(驪城縣) 서남쪽 하구(河口)의 땅에 있다."라고 한 것은 이미 인용한 【사료22】『한서』「지리지」1. 유주상의 유주-우북평군-여성현조에 나온다.

그리고 "지금의 평주(平州)의 남쪽이다."라고 한 것은 주자학을 완성한 주자의 제자인 남송시대 사람 채침이 주석을 달았다. 이 주석은 앞에서 살펴본 【사료17】『사기』권2「하본기」제2에도 똑같이 기록되었다.

또한 앞에서 살펴본 【사료8】『사기』「권69 소진열전 제9」상에도 똑같이 기록되어 있는데 여기서는 갈석산을 대갈석산으로, 북평군을 우북평군이라고 기록하였다.

그리고 【사료10】『후한서(後漢書)』「군국지」1. 유주 요서군 임유현에 주석으로 『산해경』, 『수경주』, 곽박의 주석으로 나오고 있다.

그리고 《전국책(戰國策)》에 "갈석(碣石)이 상산군(常山郡) 구문현(九門縣)에 있다."고 한 것은 《전국책》「연책」에 나오는 기록으로 【사료8】『사기』「권69 소진열전 제9」에도 똑같이 나오는 기록에 똑같이 색은이 주를 단 것을 기록하였다.

여기에 역시 채침이 이전 시대에 주자학 이전의 훈고학의 대가인 정현(127~200)을 정씨로 하여 소개하면서 "정씨(鄭氏)는 '구문현(九門縣)에는 이 산(山)이 없다.' 하였다."고 하였다.

> 갈석산은 중국사서상 여러 개로 기록하고 있지만 이는 모두 2개의 갈석산을 기록하였다. 중국사서의 갈석산 혼돈 기재로 인하여 고대사 파악을 혼돈스럽게 하였다.

여기서 살펴볼 수 있는 것이 두 가지 사실이다. 즉 하나(1)는 갈석산의 존재에 대하여 두 가지를 나타내고 있다는 점이다. 그리고 두 번째 (2)는 원래 기록상의 본래의 갈석산에 대하여 후대에 주석을 달면서 다른 곳을 비정하거나 다른 갈석산을 지칭한다는 사실이다. 이러한 사례는 살펴본 사료에서도 찾아볼 수 있다. 【사료17】『사기』 권2 「하본기」 제2가 그것을 보여준다. 이 사료상에 "아마도 갈석산은 두 개인 듯하다."가 그것을 말해 준다. 그런데 이러한 상황은 계속된다. 다음의 사료를 살펴보자. 이 사료들은 낙랑군이 설치된 곳에 진장성이 있다는 것을 살펴볼 때 앞에서 인용하였는데 역시 갈석산도 관련이 있다.

> 【사료65】『통전(通典)』「주군」 '평주'
>
> 평주는 지금 주청사 소재지는 노룡현에 있다. 은나라 때는 고죽국이었고 춘추시대에는 산융, 비자 두 나라 땅이었다. (오늘날의 노룡현에는 옛 고죽

성이 있는데 백이 숙제의 나라였다.) **전국시대에는 연나라에 속하였고 진나라 때는 우북평군과 요서군 지역이었다. 전한, 후한시대에는 진나라의 행정구역을 그대로 따랐다. 진나라 때는 요서군에 소속되었고 후위시대에도 역시 요서군이라 하였다. 수나라 초기에 평주를 설치하였고, 양제 초기에는 평주를 폐지하고 다시 북평군을 설치하였다. 당나라 때는 수나라의 행정구역을 그대로 따랐다. 관할한 현은 3개 현인데 노룡현 석성현 마성현이다.**

노룡(현은 한나라 때의 비여현이며 갈석산이 있다. 우뚝 솟아 바닷가에 서 있으므로 그런 이름을 얻었다. 진나라의 태강지지에서는 '진 장성이 갈석산으로부터 시작한다. 지금 고려의 옛 경계에 있는 것은 이 갈석이 아니다.' 한의 요서군 옛 성은 지금 군의 동쪽에 있으며 한의 영지현성도 있다. 임여관은 지금은 임유관이라 하고 현의 성 동쪽 1백8십 리에 있다. 노룡새는 성의 서북 2백 리에 있다.)

【사료25】『통전(通典)』「변방」'동이 하 고구려'

~ **갈석산은 한나라 낙랑군 수성현에 있다. 장성이 이 산에서 일어났다. 지금 그 증거로 장성이 동쪽으로 요수를 끊고 고구려로 들어간 흔적이 아직도 남아 있다.** (『상서』에서 '갈석을 오른쪽으로 끼고 하로 들어간다'는 문구를 살펴보면, 우갈석은 하가 해(바다) 근처에 다다르는 곳으로 지금 북평군 남쪽 20여 리에 있다. 그러므로 고구려에 있는 것은 좌갈석이다.) ~

여기에서도 갈석산이 2인 것으로 하고 있다. 이러한 사례에서 알 수 있듯이 본 필자가 앞에서 요수와 진장성을 설명하면서 거론하였듯이 (1)요수(첫 번째 요수인 역수)가 있었고 여기에 연나라가 영역을 일시 넓혀 쌓은 장성 즉 '요동외요' 위에 진나라가 장성을 쌓아놓았는데 여기에 갈석산이 있었는데 이 갈석산이 고구려에 있다는 좌갈석으로 지금의 백석산이다. 그리고 여기에도 (2)요수(두 번째 요수인 자하)가 있었음에 여기에도 이전에 연나라가 고조선 영역을 차지한 후 남쪽으로 이동한 후 쌓았던 연장성으로써 나중에 진나라가 장성을 설치한 '요동고새'가 있었는데 이곳에도 갈석산이 있었다. 이 갈석이 우갈석으로써 지금은 실제로 존재하지 않는다. 바다로 표현되는 당시의 압록수이자 마자수이자 청하인 지금의 호타하라는 하천 물속에 있기 때문이다. 이는 사서기록상에만 존재하거나 사서기록상으로도 물에 빠져 없어졌다고 하거나, 바다 즉 바다로 불리던 호타하 물속에 있었다고 하는 그 갈석이다.

이러한 복잡한 사정 즉 2개의 장성, 2개의 요수, 2개의 갈석이 있음에 이를 후대의 학자들이 착각하였거나 고의로 기록하였다. 여기에 현재 혼란에 한몫을 더하는 것이 원래의 갈석산은 백석산으로 고쳐놓고 원래 갈석산이 아니었던 진황도시의 산을 갈석산으로 바꾸어 놓은 데다가 원래의 갈석산이 있었던 것으로 기록되어 있던 우북평군 여성현, 요서군 임유현이 그 소속현이 북평군 노룡현으로 달라진 것에 의하여 이 노룡현을 아예 없던 갈석산을 만들어놓은 진황도시에 옮겨놓은 것에 의하여 이곳 진황도시를 원래의 갈석산이 있던 곳으로 왜곡한 것을 그대로 따르게 된 사실이다. 현재 진황도시에 노룡현과 창려현 그리고 갈석산이 존재하고 있다. 하지만 정작 노룡현에 있어야 할 갈석산은 노룡현에 있지 않고 현재 창려현에 있다. 이는 모순이다.

그리고 여기에는 진장성이 아닌 명나라 장성이 있는 데다가 같이 있다는 요수가 없다. 멀리 난하밖에는 없다. 그리고 진장성이든 명장성이든 그 장성의 끝이 요수도 아니고 난하도 아닌 이곳에서 떨어진 위치의 산해관에 있다. 더군다나 이곳은 분명히 중국사서 기록상의 노룡현이나 창려현이 아니다. 더군다나 【사료25】『통전(通典)』「변방」 '동이 하 고구려'상의 갈석과 우갈석 기록 중에서 하(河)는 바로 【사료17】『사기』권2「하본기」제2상에 바다(海)로 기록된 하북성 호타하이다.

이러한 모든 사항에 대하여는 앞에서 고죽국의 위치와 관련하여 설명하면서 명백히 입증하였다.

> 광개토대왕이 낙랑군, 대방군을 포함한 고조선의 옛 영역을 전부 다시 되찾았다. 장수왕은 이곳(하북성, 평주)으로 천도했다.

이러한 갈석산과 그리고 이 갈석산과 관련된 요수와 진장성이 중요한 까닭은 중국사서상에 연나라와 고조선의 위치는 물론 한사군의 낙랑군 그리고 고구려의 위치가 이들과 같이 기록에 나타나고 있기 때문이다. 즉 좌갈석과 이 좌갈석이 있는 요수인 역수와 진장성인 낙랑군 수성현 사항에 의하여 낙랑군 그리고 나중의 고구려 위치가 확인된다. 더욱이 여기에 한몫을 한 것이 고구려 수도 평주 사실이다. 바로 평주에 낙랑군이 소속되어 있기 때문이다.

또한 여기에 더한 것이 고조선의 수도도 평양이고 고구려의 수도도 평양이라는 개념이다. 즉 앞에서도 설명한 바 있지만 고구려가 광개토대왕 시기에 이전 고조선이 한나라에 빼앗긴 옛 낙랑군 지역인 평주 지역 즉 현재의 북경 이남 지방이자 보정시 동남쪽 지방으로부터 그 서남쪽 지방 다시 말해서 고조선의 옛 영토이자 위만조선의 왕검성을 차지한 후 이곳에 광개토대왕 내지는 장수왕 시기에 천도하여 수도인 평양성을 두었다. 이는 중국사서가 기록하고 있는 사항이다. 이를 입증하는 자료는 풍부하게 많다. 물론 『삼국사기』는 이보다 일찍 이곳에 고구려가 진출한 것으로 기록하고 있다.

> 장수왕 천도 평양은 한반도 평양이 아니다.
> 하북성 평주 지방이다. 이곳은 낙랑군과 현토군이 있었던 곳이다. 장수왕 남진 정책은 허구이며 대국민 사기극이다.
> 고구려는 산동성에서 북상하여 하북성을 장악하였다.

그런데도 우리 주류 강단 사학계에서 편찬한 교과서에는 일본 식민주의 시절에 고의로 조작하여 완성한 논리에 의거 원래 고구려의 수도는 압록강 북쪽 집안시의 국내성에 있다가 장수왕이 남진 정책을 펴서 한반도의 평양으로 천도한 다음 여기서 나당연합군에게 패한 후 당나라가 여기에 안동도호부를 설치하였다고 하였다. 하지만 이는 전혀 사실이 아니다. 나중에 자세히 설명할 기회가 있겠지만 당시인 광개토대왕(재위:391~413) 시기 및 장수왕(재위:413~490) 시기에는 한반도에의 남진 정책을 펼 상황이 아니었다. 당시 중국은 5호 16국 시대를 포함한 위진남북조시대(221~589, 368년간)로 당시 북경 지방 즉 당시의 요서 지방으로서 행정구역상 평주 지방은 혼란한 상태로 세력이 난립한 관계로 대부분의 세력이 소규모인지라 취약한 상태로써 고구려가 최강자로 군림할 수 있는 상황이었다. 이때 광개토대왕이 최대의 영토를 확보하는 기반을 마련하였고 장수왕 시기에는 그 최전성기를 맞이하였다. 결과적으로 장수왕은 이곳 평주에서 활동함으로써 후연, 북연을 제압하고 북위를 거의 부용국 수준으로 한 채 역사적 활동을 하고 있었던 것으로 확인된다. 물론 『삼국사기』에는 유달리 강력한 장수왕 시기에 북위에의 조공 기록이 많게 기록되어 있다. 이는 전형적인 중국사서의 우리 고대 국가 폄하를 위한 조작 기록에 의한다.

  우리 주류 강단 사학계는 이때의 최대 서쪽으로의 영토를 한반도 북부 집안으로부터 요하 지방까지로 한정하고 있다. 중국 고유의 전통적인 변방민족 왜곡 기법인 '춘추필법'에 의하여 쓰인 두 당서(『구당서』, 『신당서』)조차 **"서북으로는 遼水를 건너 營州에 이른다."**라고 기록하여 비록 왜곡된 비정으로 요수와 영주를 각각 지금의 요하와 요령성 조양으로 비정하더라도 고구려의 영역은 지금의 요하를 넘어 요령성 조양까지인데도 불구하고 우리나라 교과서는 고구려의 최대 영토를 주류 강단 사학계가 지정하여 준 요하까지로 하고 있다. 이것이 우리나라 역사학의 현실이다.

그러나 왜곡되기 전의 원래 위치는 이 기록상의 요수는 하북성 자하이고 영주는 하북성 석가장시 북부 지방이라는 사실은 이미 이 글에서 입증하여 비정하였다. 왜곡된 사서의 기록마저 무시하고 따르지 않은 채 우리 역사를 정하여 놓은 것은 이것뿐만 아니라 전체 우리 고대사이다.

대표적인 예가 고구려 최대 영토이고, 고구려의 천리장성, 고려의 천리관성, 고려의 동쪽 국경인 선춘령(공험진) 기록 무시, 요동 지방에 있다는 기록을 무시한 고려의 철령과 동녕부 쌍성총관부 위치 그리고 고려의 5도 양계 중 동계 삼척까지의 기록을 무시한 경북 영덕까지의 비정 등 일반인이 알기 쉬운 사실만 열거해도 수도 없고 이 이외에 백제의 성왕 죽음 장소, 백제의 웅진 천도 사실, 온달 활동 장소, 궁예와 왕건·견훤의 활동 위치 등 이 글 전체에서 다룬 것만 해도 수없이 많은데 그 이외에도 우리 역사 전반이 다 그렇다. 이는 『삼국사기』상에 기록된 우리 고대 국가의 활동 지역이 한반도가 아님에도 이를 전부 한반도로 무리하게 조작하여 비정하였기 때문이다.

> 우리 고대사의 활동 지역이 산동성, 하북성임에도 이를 한반도로 위치 비정한 관계로 모든 사항이 사서기록과 맞지 않는다.

고구려는 산동성 졸본 지방에서 건국되어 광개토대왕 비문상에 북부여를 계통으로 삼아 17대 손으로 삼은 바와 같이 그들의 조상국인 북부여와 고조선의 옛 땅을 차지하고자 북으로 영토를 확장하여 드디어 고조선의 중심지인 하북성 지역 즉 평주 지역 전체를 차지하였다.

그리고 동쪽으로 영역을 넓혀 지금의 요령성과 한반도 북부에 진출함으로써 소위 북진과 동진 정책을 편 것이지 주류 강단 사학계가 비정하는 한반도 내에서의 남진 정책을 편 것이 아니다. 이것은 단순한 추리에 의한 것이 아니다. 그리고 이 글에서 비판 대상인 소위 '젊은 역사학자 모임'의 일원이 잘 쓰는 표현인 영토만 넓었으면 하는 욕망에 의한 것도 아닌 철저한 중국사서와 우리 사서에 의한 것이다. 그것이 앞에서 살펴본 다음의 중국사서 기록이다. 앞서 인용한

【사료29】『요사』「지리지」

2. 동경도
1) 동경요양부(東京遼陽府)

한나라 말기에 공손탁(公孫度)이 점거하여 아들 공손강(公孫康)을 거쳐 손자 공손연(公孫淵)은 스스로 연왕(燕王)을 자칭하고 소원(紹漢)이라는 연호를 사용하였다. 위(魏)나라가 멸망시켰다. 진(晉)나라가 고려(高麗 ; 고구려)를 함락시켰고, 나중에는 모용수(慕容垂)에게 귀속하였다. 아들 보(寶)(396~398)는 고구려왕 안(安 ; 광개토왕)을 평주목(平州牧)에 임명하여 거주케 하였다.

【사료28】『원사』「지리지」 요양등처행중서성 동녕로

동녕로(東寧路). 본래 고구려(高句驪) 평양성(平壤城)으로 또한 장안성(長安城)이라고도 하였다. 한(漢)이 조선(朝鮮)을 멸하고 낙랑(樂浪), 현토군(玄菟郡)을 설치하였는데, 이것이 낙랑 지역이었다. 진(晉) 의희(義熙) 연간(A.D. 405~418년) 후반에 그 왕 고련(高璉)이 처음으로 평양성(平壤城)에 머물렀다[居]. 당(唐)이 고려(高麗)를 정벌할 때 평양(平壤)을 공략하여 그 나라가 동쪽으로 옮겨 압록수(鴨綠水)의 동남쪽 1,000여 리 되는 데에 있었는데, 평양의 옛터가 아니었다. 왕건(王建)에 이르러 평양이 서경(西京)이 되었다. 원(元) 지원(至元) 6년(A.D.1269년)에 이연령(李延齡)・최탄(崔坦)・현원열(玄元烈) 등이 부주현진(府州縣鎭) 60개 성(城)을 가지고 와서 귀부하였다. 〈지원〉 8년(A.D.1271년)에 서경을 고쳐 동녕부(東寧府)라고 하였다.

【사료25】『통전(通典)』「변방」'동이 하 고구려'

○ 高句麗

(생략) 그 후 모용보는 고구려왕 안을 평주목으로 삼아 요동 대방 2국왕으로 하였다. 안(광개토왕)은 당초에 長史·司馬·參軍官의 관직을 설치하였고 후에 요동군을 경략하였다. 손(아들) 고연(장수왕)에 이르러 동진 안제 의희 연중(405~418)에 장사 고익을 보내 자백마를 바치매, 연을 영주제군사, 고려왕, 낙랑군공으로 삼았다. ~ 동진 이후로 그 왕이 평양성에 살았다. (즉 한 낙랑군 왕험성이다. 모용황이 와서 침공하자 후에 국내성으로 옮겼는데, 다시 이 성으로 옮겼다.) 장안성이라 한다. 그 성은 산의 굴곡을 따라 있으며 남으로 패수에 임해 있고, 요동의 남쪽 천여 리에 있다. 성내에는 오로지 곡식창고가 있고, 각종 기계 및 병장기를 저장해 두는데 적이 침범해 오면, 그 성안에 들어가서 방어한다. 왕은 따로 그 성의 측면에 집(왕궁)이 있다. 그 나라의 또 다른 성으로는 국내성과 한성이 있는데 또 다른 수도이다. 다시 요동, 현토 등 수십 성을 차지했다. 관리를 두어 서로 연락이 되도록 하여 관리하였다. (그 땅은 후한 때에 사방 2천 리(약 785km)였다. 위나라 때 남북이 점점 좁아져서 겨우 1천여 리(약 400km)였으며, 수나라 때 점점 커져서 동서가 6천 리(약 2400km)가 되었다.)(생략)

이 사서들은 이와 같이 기록하였다. 여기에 중요한 사항이 많이 담겨 있다. 중국 북위(후위)시대인 396~398년 즈음에 고구려가 평주 지역을 차지하고 도읍하였다고 한다. 이 중 먼젓번의 사서는 광개토대왕을 평주목으로 임명하여 거주하게 하였다 하여 자기들이 허용 내지는 시킨 것으로 기록하였지만 이는 중국 측 입장에서 쓴 것으로 이때 고구려가 이곳에 진입하여 수도를 옮긴 것으로 해석된다.

또한 이 기록에서 공손씨가 활동한 지역이 바로 연 5군의 요동군 지역이라는 것을 나타내고 있다. 물론 주류 강단 사학계는 공손씨 활동 지역을 지금의 요동반도로 비정하고 있지만 공손씨 세력을 멸망시킨 것은 조조의 위나라가 고구려와 연합하여 사마의를 보내 토벌하여 죽인 곳이

> 【사료21】『수경주』「대요수」, 「소요수」
>
> 「대요수」
>
> (대요수는) 또한 남쪽으로 흘러 요대현(遼隊縣) 옛 성의 서쪽을 지나는데 왕망이 순목(順睦)으로 바꾸었다. 공손연(公孫淵)이 장군 필연거(畢衍拒) 사마의(司馬懿)를 요대(遼隊)에 보냈는데 즉 이곳이다.
>
> 「소요수」
>
> 소요수(小遼水)는 또한 요대현(遼隊縣)을 지나서 대요수(大遼水)로 들어간다. 사마선왕(司馬宣王)이 요동을 평정하였는데 공손연(公孫淵)을 이 물 위에서 목을 베었다.

이곳으로써 이곳은 앞에서 살펴본 『한서』「지리지」와 『후한서』 및 『삼국지』「고구려」전상의 대요수, 소요수 지역으로 바로 지금의 하북성 호타하 북쪽의 두 번째 요수인 자하와 소요수인 고하이다. 이곳은 하북성 지역이다. 공손씨 활동 지역은 이곳 요동군 치소였던 양평현으로 고구려의 수당전쟁 시 요동성이었던 지금의 하북성 석가장시 행당현이다. 이곳에서 활동하다가 이곳을 거쳐 흐르는 소요수인 지금의 자하에서 살해당했다.

그리고 공손씨를 토벌한 것은 물론 조조의 위나라이지만 이곳 동쪽에 위치한 고구려의 동의 협조 없이는 불가한 사항이다. 따라서 위나라는 사신을 보내어(237년) 고구려의 협조를 얻어 공손씨 세력을 제거하였다.(238년) 이후 당초 약속과는 달리 위나라가 공손씨 세력 근거지인 요동군을 계속 점거하자 고구려가 위나라의 서안평을 선제공격함으로써(242년)

> 【사료121】『삼국사기(三國史記)』 권 제17 고구려본기 제5 동천왕(東川王)
>
> 서안평을 공격하다 (242년 (음))
>
> 16년(242)에 왕이 장수를 보내 요동 서안평(西安平)을 습격하여 격파하였다.

이곳을 차지하자 이에 이전의 공손씨 세력과 같이 위협을 느낀 위나라는 관구검을 보내어 고구려의 현토군을 공격하게 하였으나(246년 8월) 처음에는 패배하다가 나중에 승리하여 고구려왕 동천왕이 압록원을 통하여 남옥저 죽령으로 달아나자 관구검은 당시 고구려 도읍이었던 환도성을 불태우고 철수하였다. 이에 동천왕은 도읍을 드디어

> 【사료280】『삼국사기(三國史記)』 권 제17 고구려본기 제5 동천왕(東川王) 21년 2월
>
> 평양성을 쌓고 천도하다 (247년 02월(음))
>
> 21년(247) 봄 2월에 왕이 환도성으로 전란을 겪고 다시 도읍으로 삼을 수 없다고 하여, 평양성(平壤城)(註 045)을 쌓고 백성과 종묘와 사직을 옮겼다. 평양은 본래 선인(仙人) 왕검(王儉)의 땅이다. 다른 기록에는 "왕이 되어 왕험(王險)에 도읍하였다"고 하였다.
>
> 註 045
> 여기의 평양성은 현재의 평양이 아니라 通溝 부근의 어느 곳일 것이다. 현재의 자강도 강계 지방이라는 설이 있다(이병도, 《국역 삼국사기》, 267쪽). 그러나 중국 학계의 일부에서는 국내성을 현재의 山城子山城으로 보고, 이때 쌓았다고 하는 평양성은 현재의 집안현성으로 여기면서, '평양 동쪽의 黃城'은 현재의 東台子 遺蹟으로 보는 견해도 있다. 제설에 대한 소개는 차용걸, 「고구려 전기의 도성」, 《국사관논총》 48, 1993 참조.

위만조선의 도읍이었던 왕험성 평양에 도읍하였다. 즉 중국사서는 이곳 평주 땅에 도읍한 것을 광개토대왕 내지는 장수왕 시기라고 하지만 우리 사서는 이미 동천왕 시기에 도읍한 것으로 기록하고 있다. 당시 위나라는 중국 계통 국가의 전통적인 수도 장안(시안)과 낙양의 동남쪽에 위치한 허현(許縣: 지금의 하남성 허창시(許昌市) 동쪽)과 낙양을 중심으로 오나라와 촉나라와 쟁패를 벌이던 와중에 있던 나라로 동북쪽으로는 지금의 산서성과 하북성에 겨우 미치는 영역을 가지고 있던 나라였다.

이러한 나라가 주류 강단 사학계의 비정대로라면 공손씨 세력이 요동반도나 이들이 세웠다는 낙랑군 남쪽의 대방군인 황해도 지방에 있었다면 무슨 위협이 된다고 고구려 가까이 있는 이곳을 하남성에서 그 먼 길을 돌아 요동반도 내지는 현토군과 낙랑군을 통과하여 한반도 황해도 대방군에 출정하여 전투를 벌여 공손씨를 죽였다는 것인가. 이는 역사상 있을 수 없는 일이다. 설사 요동반도에 있었다면 대방군 황해도설은 허위가 되는 것이며, 요동반도에서 공손씨가 활동하였다는 역사상 기록과 근거도 전혀 없다. 공손씨는 원래 요동군 치소인 양평 지방 즉 하북성 석가장시 행당현이 그들의 본거지였다.

주류 강단 사학계의 비정은 소위 공상과학 소설에서만 가능한 소설인 것으로 학문이 아니다. 도대체가 조조의 위나라가 한반도 내지는 요동반도를 공격하였다는 것이 불가능한 있을 수 없는 일이다. 이미 앞에서 언급하였지만 이러한 상식 밖의 소설을 우리 주류 강단 사학계가 인정한 관계로 중국 측은 최근에 한나라 시기는 물론 그 이후 시기인 소위 그들의 위, 촉, 오 삼국시대까지도 지도상에서 한반도 황해도 이남은 물론 충청도까지 그들의 영역으로 그려 넣고 있다. 얼마 전 우리나라 국립중앙박물관에서는 이 지도를 그대로 보여줌으로써 2021년 10월 국회 국정감사에서 지적을 받은 사실이 있다.

> 주류 강단 사학계의 공손씨 세력의 활동 지역과
> 한반도 대방군 설정은 조조의 위나라가 한반도 인근 내지는
> 한반도 황해도까지 진출하는 것으로 만들었다.

그리고 두 번째 사서에는 장수왕 시기에 이곳 평양성에 머물렀다고 한 것은 우리 사서상의 장수왕이 427년 평양으로 천도한 것을 일컫는다. 따라서 이 두 사서 기록에 의하면 이미 설명한 대로 광개토대왕 시기 및 장수왕 시기에 두 왕 중 하나 내지는 둘 모두 한나라의 낙랑 지역으로 나중에 평주로서 지금의 하북성 지역에 도읍인 평양성에 천도하였다는 사항이 우선 그것이다.

다음은 고구려가 나당연합군에 멸망할 당시 고구려 수도인 평양성이 주류 강단 사학계가 교과서에 기재한 한반도의 평양이 아니라는 사실이다. 나중에 고려의 서경이 된 지금의 요령성 요양인 평양성인 원래 위치에서 동쪽인 이곳으로 옮긴 것은 수당전쟁이 끝나고 나중에 나당연합군과의 싸움 중일 때였다. 그러므로 이곳 서쪽은 하북성 평주 지역이다.

원래 평주로 현재 하북성 지방에 위치해 있던 고구려 수도 평양성을 한반도 평양으로 비정한 것도 잘못이지만, 이를 비판하면서 요령성 요양으로 비정하는 것은 더욱 잘못된 왜곡이다. 이러한 왜곡 이동을 대표적으로 나타낸 것이 앞에서 설명한 【사료52】『삼국사기(三國史記)』「잡지 지리」'고구려' '평양성과 장안성'의 기록이다. 하지만 고구려가 수당전쟁(598~668)을 벌인 곳과 고구려 수도인 평양성은 당시 그 위치를 기록한 중국사서 및 『삼국사기』 기록을 면밀히 검토한 바, 원래의 고조선 지역이자 '요동외요' 지역이자 '요동고새' 동쪽으로 위만조선의 왕검성 지역이자, 나중에 낙랑군 지역인 것으로 밝혀졌다. 이곳을 이전부터 공략해 왔던 고구려의 공격과 점령에 이어 광개토대

왕과 장수왕 시기에 지금의 북경 서남쪽 지방인 보정시 인근 지방이었던 당시 평주였던 곳을 점령한 후 도읍인 평양성을 옮기고 여기서 수당전쟁을 치른 뒤 나당연합군과 싸운 것으로 확인되고 있다. 이것을 중국 측에서는 지금의 요양 지방으로 옮겨 기록하였다.

이를 우리나라에서는 고려시대부터 조선시대에 이르기까지 '기자동래설'의 도입에 따라 한반도 평양을 고조선의 평양으로, 그 평양을 고구려의 도읍인 평양으로 인식하여 한반도 평양으로 옮겨 기록하는 한편, 결국에는 낙랑군조차 이곳으로 비정하는 식민사학을 완성하고 해방 후 77년이 지난 현재까지 이러한 논리를 지속하고 있다.

앞에서 인용한 【사료25】『통전(通典)』「변방」'동이 하 고구려'상의 사서기록이 또한 고구려 평양성의 위치를 입증하고 있다. 이 사서기록에서도 동진(317~420)시대 즉 광개토대왕 내지는 장수왕 시기에 이곳에 진출한 것으로 기록하고 있는데 이곳을 한나라 낙랑군 왕험성 지역이라고 하였다. 그런데 위의 첫 번째 사서상에 이곳에 진출한 시기로 기록한 전연의 두 번째 왕인 모용보(355~398, 재위:396~398)와는 다른 전연의 초대 왕인 모용황(297~348, 재위:337~348) 시기인 342년(고구려 고국원왕 12)에 고구려를 침입하여 당시 고구려 도읍이었던 환도성을 불태우고 미천왕 시신을 탈취하고 왕의 모친과 부인을 포로로 데려갔다고 하였다. 이는 동천왕 시기에 환도성에서 평양성으로 천도하였다가 고국원왕 시기에 다시 환도성으로 천도하였는데 이곳을 침범함을 말한다. 이후 고국원왕은 환도성을 버리고 다시 평양성의 동쪽 황성(동황성)으로 옮기었다. 이후 장수왕 시기에 이곳에서 동쪽의 평양성으로 천도한다.

그런데 이 천도 사항이 중요한 것이 아니라 당시 모용황(고국원왕 시기)이나 모용보(광개토대왕 시기)가 활동한 지역은 하북성과 산서성 사이 예전의 예맥 지역으로써 선비 지역이다. 이곳에서 고구려를 수시로 천도하는 이유와 장소는 주류 강단 사학계가 비정하는 구석진 지방인 한반도 북부의 길림성 집안시가 될 수도 없고 공격할 필요도 없다. 물론 이러한 사실에 맞추기 위하여 주류 강단 사학계는 모용선비족 전연 나라를 요하 서쪽으로 비정하고 있다. 이는 있을 수 없는 역사 조작이요 소설이다. 이에 대한 증명을 이 글은 지금까지 해왔고 앞으로 계속 해나가고자 한다. 이것이 이 글의 진정한 목적이다.

따라서 이 글을 전부 읽고 이해한다면 이 사실을 확실히 인식할 수 있다. 중국사서의 기록이 얼마나 왜곡과 혼란으로 일관하고, 『삼국사기』 등 고려 및 조선시대 사서들이 왜곡하였고, 식민사학의 우리 고대사 조작사항과 그것을 그대로 이어받아 유지하고 강변하는 현재 주류 강단 사학계의 상황을 알게 된다. 또한 『삼국사기』 기록상 천도한 기록은 동천왕 시기 및 고국원왕 시기에 주류 강단 사학계가 한반도 평양으로 비정하는 장수왕 15년, 427년에 천도한 평양성에 천도하였다. 하지만 위의 중국사서들은 비록 광개토대왕 내지는 장수왕 시기에 이곳 하북성 평주에 도읍한 것으로 하고 있으나 고구려는 이전에 진출하여 국내성, 환도성, 평양성, 평양 동쪽 황성에 도읍하고 있었으나 모용선비족인 전연 등과 고구려의 서쪽이자 이들의 동쪽에 인접한 요동군과 현토군을 두고 싸운 결과 마침내 승리함으로써 고조선의 옛 땅을 모두 회복한 시기를 광개토대왕 내지는 장수왕 시기로 인정한 채 이 시기에 이곳에 천도한 것으로 기록된 것으로 파악된다.

그러나 주류 강단 사학계는 이러한 사실을 모두 숨긴 채 모두 길림성 집안시에서 이루어진 것으로 한 채 장수왕 시기의 평양성 천도만을 한반도 평양 천도로 하고 있다. 이것은 그들이 만든 것이 아니라 일제 식민 사학자들인 일본인들과 이병도가 만든 것을 해방 후 77년이 지난 지금까지도 그대로 유지하고 있다.

그러면서 소설 같은 장수왕 남진 정책의 의의와 필요성 등을 열심히 만들어 국민들에게 알리고 있다. 중국의 혼란스러운 5호 16국시대(304~439)에 한반도 남쪽 평양으로 천도하는 것이 가능하다고 하는 것인가.

이러한 일제 식민사학과 우리나라 주류 강단 사학계의 비정에 힘입어 중국에서는 당나라 이후 및 요나라 이후 위치를 변경시킨 후 평주를 현재의 진황도시 지방으로 그리고 나중에는 고구려의 도읍지를 지금의 요령성 요양 지방으로 비정하고 있다. 이에 힘입은 현재 주류 강단 사학계는 이러한 왜곡을 막기는커녕 오히려 왜곡을 더 가한 채 앞에서 확인하였듯이 유주를 나누어 설치한 평주에서 유주를 지금의 한반도를 포함한 지역으로 평주는 한반도 압록강까지로 비정하고 있다. 이것이 우리나라의 진정한 역사학자들이 설정한 역사학인지 의심스럽다. 일제 식민사학보다 더욱 악랄한 우리 역사 조작이다.

그러나 비록 왜곡 내지는 혼란되게 기록되어 있다 하더라도 절대로 한반도의 평양은 아니다. 즉 고조선의 위치도, 한사군의 위치도, 여러 번 천도 사실이 있는 고구려의 수도인 평양성은 한반도는 절대 아니다. 중국사서와 『삼국사기』 기록상 장수왕 시절의 평양과 수당전쟁 당시 및 나당연합군에 의한 공격 대상인 고구려의 평양성도, 고려 서경도 한반도의 평양은 전혀 아니다.

그것은 중국사서가 증거하고 있으며 중국 학자들도 인정한다. 한국 주류 강단 사학계와 일제 학자들 그리고 이에 고무된 중국 당국만 한반도 평양이라고 하고 있다. 이러한 인정에 고무된 중국 당국과 공식적인 대외 입장상의 중국 학계가 한반도로 비정하고 있다.

이와 같은 이유 등으로 2개의 갈석산이 존재하는 데 있어서는 중국 사서를 기록한 이들의 혼돈 내지는 고의에 의한다. 앞에서 살펴본 【사료17】『사기』 권2 「하본기」 제2상의 기록과 같은 기록인 【사료48】 『서경』〈하서〉「우공」 제11장상의 "오른쪽으로 갈석(碣石)을 끼고서 하(河)로 들어간다."에서의 '갈석산'은 원래 연나라 위치에 있던 갈석산이다. 즉 우갈석이다.

여기서의 하(河)는 해(海)로써 하북성 호타하이다. 여기에 달린 색은의 주석 중 지리지상의 북평군 여성현 서남쪽에 있는 것은 【사료22】『한서』「지리지」 1. 유주 우북평군 여성현조의 대게석산(왕망)에 대한 기사로 이도 우갈석이다. 그리고 당나라 이전인 서진 무제 태강(太康, 280~290) 시기에 쓴 『태강 지리지』에서는 좌갈석 즉 낙랑군과 고구려에 있었던 갈석을 언급하고 있다. 【사료10】『후한서(後漢書)』「군국지」 1. 유주 요서군 임유현상에 나오는 『산해경』,『수경주』, 곽박의 주석은 우갈석에 대한 것들이다. 이 중에서 곽박의 주석은 【사료48】『서경』〈하서〉「우공」 제11장과 【사료8】『사기』「권69 소진열전 제9」상에 주석에 기록한 【사료22】『한서』「지리지」 1. 유주 우북평군 여성현조의 대게석산(왕망)에 대한 기사이다. 그리고

【사료60】『위서』「지형지, 남영주/영주」

6. 평주(平州)
① 요서군(遼西郡)
요서군(遼西郡), 진(秦)에서 설치하였다.
다스리는 현은 3개이고 가구 수는 537이며 인구수는 1905명이다.

1) 비여현(肥如縣), 두 한(漢)과 진(晉)에 속했다. 고죽산사(孤竹山祠)와 갈석(碣石)과 무왕사(武王祠)와 령지성(令支城)과 황산(黃山) 유하(濡河)가 있다.

이 기록상의 갈석도 우갈석에 대한 기록이다. 이 갈석이 있는 평주와 요서군 그리고 비여현, 고죽산사 등은 나중에 지금의 난하 인근이자 산해관 인근의 하북성 진황도시 창려현에 있는 갈석산을 이 진장성과 관련 있는 좌갈석과 우갈석으로 한 채 이곳으로 비정하는 역사왜곡이 이루어지는 단서가 된다. 즉

【사료60】『위서』「지형지, 남영주/영주」

6. 평주(平州)
② 북평군(北平郡)
북평군(北平郡), 진(秦)에서 설치하였다.
다스리는 현은 2개이고 가구 수는 130이며 인구수는 1836명이다.

1) 조선현(朝鮮縣), 두 한(漢)과 진(晉)에서는 낙랑(樂浪)에 속했으며 후에 폐하였다. 연화(延和) 원년에 조선(朝鮮) 사람을 비여(肥如)로 옮겨 다시 설치하여 속하게 하였다.
2) 신창현(新昌縣), 전한(前漢)에서 탁군(涿郡)에 속하였고 후한(後漢)과 진(晉)에서는 료동군(遼東郡)에 속하였다가 후에 속하였다. 로룡산(盧龍山)이 있다.

같은 지리지상에 낙랑군 조선현 사람을 요서군 비여현에 옮겨서 설치하였다고 한 기록에서 이 평주, 요서군, 비여현이 지금의 진황도시라고 비정하고 있다. 또한 이 기록상의 고죽산사가 있다는 것에 의하여 고죽국도 이곳으로 비정하고 있다. 이는 중국의 '춘추필법', '동북공정'에 의한 왜곡과 일본의 식민사학 왜곡에 못지않은 또 다른 역사왜곡이다. 왜곡을 비판하면서 새로운 왜곡을 하고 있다. 다시 한 번 강조하여 언급하지만 중국사서상에서 평주, 요서군, 비여현, 노룡현, 창려현은 하북성 석가장시 정정현 인근에서 옮긴 사실이 없다. 이에 대하여는 앞의 고죽국을 설명하면서 확실히 입증하였다.

갈석산 즉 연나라 위치에 있으면서 첫 번째 요수인 역수에 있었던 '요동외요'와 이곳에 진나라 장성을 구축한 곳인 현재 하북성 보정시 서쪽에 위치한 갈석산 즉 좌갈석을 나타내는 중국사서는 앞에서 살펴본 바와 같이, 2개의 갈석이 있다는 기록을 포함하여,

【사료50】『회남자』「시칙훈」, 【사료18】『회남자』「추형훈」 고유의 주석, 【사료19】『염철론』「험고」, 【사료8】『사기』「권69 소진열전 제9」본

문,【사료17】『사기』권2「하본기」제2상의 색은 주석사상의『태강지리지』기록,【사료66】『사기』「화식열전」,【사료464】『한서』〈엄주오구주부서엄종왕가전〉「가연지열전」,【사료16】『진서』「지리지」'평주', '유주' 낙랑군 수성현조,【사료25】『통전(通典)』'변방' '동이 하 고구려' 낙랑군 수성현 진장성 기록,【사료65】『통전』「주군」'평주'상의『태강지리지』기록 등이다.

한편 이와는 달리 '요동고새'에 진나라가 장성을 쌓은 두 번째 요수와 만나는 곳, 처음에는 유주 소속의 우북평군 이후 평주 소속의 요동군, 다시 이후에는 북평군 노룡현 소속 지역에 구축한 갈석산 즉 우갈석을 나타내는 중국사서는 앞에서 살펴본 바와 같이,

【사료48】『서경』〈하서〉「우공」; 제11장 본문 및 주석상『전국책』「연책」기록,【사료17】『사기』「하본기」원본과 색은 주석상 지리지 기록,【사료8】『사기』「권69 소진열전 제9」상의 색은 주석,【사료22】『한서』「지리지」여성현,【사료10】『후한서』「군국지」요서군 임유현상의『산해경』기록,『수경주』곽박의 주석,【사료58】『수서』「지리지」북평군, 노룡현조,【사료65】『통전』「주군」'평주'상의 노룡현 등이다.

> 우리 고대사를 밝힐 또 하나의 중요 소재인 갈석산은 연나라의 위치, 고조선의 위치, 고조선과 연나라의 경계, 연장성 및 진장성 즉 만리장성, 요수, 패수, 한사군 낙랑군 수성현과 서로 연관되어 있어 이들을 연구하면 된다.

우리 고대사를 밝힐 또 하나의 중요 소재인 갈석산은 연나라의 위치, 고조선의 위치, 고조선과 연나라의 경계, 연장성 및 진장성 즉 만리장성, 요수, 패수, 한사군 낙랑군 수성현과 서로 연관이 있어 어느 하나를 살펴보려면 다른 것을 알아보아야 하는 반면, 한 가지를 알면

다른 것도 알 수 있다. 중국 사료에 그렇게 나와 있다. 그러므로 종합적으로 검토해야 하지만 어느 하나만 알아도 관련된 다른 것 내지는 모든 것을 알 수도 있다. 그런데도 이에 대한 우리 주류 강단 사학계의 해방 후 77년간 연구는 거의 전무하거나 심히 왜곡, 편파적으로 이루어졌다. 해방 전 신채호를 비롯한 민족 사학자들이 부르짖다가 차디찬 중국 감옥에서 쓰러져 갔는데도 해방 후 놀라운 학문적 업적을 애국적 정신에 의한 비학문적 연구라고 비하하면서 학자로서 비학문적인 편안한 식민사학의 길을 걸어가고 있다.

한편 【사료17】『사기』 권2 「하본기」 제2상의 갈석에 대한 색은 주석상에 "『태강지리지』는 말하기를 '낙랑군 수성현에 갈석산이 있다. 장성이 일어났다.'"라고 기록한 『태강지리지』를 인용한 것과 이 인용 구절은 주류 강단 사학계와 재야 사학계 간 많은 논쟁이 있는 사항이다. 이 논쟁의 시작은 재야 사학계에서 낙랑군 위치의 경우 갈석산이 있는데 한반도 평양에는 갈석산이 없다는 근거로 『태강지리지』를 인용한 것에 대하여 '낙랑군 평양설'을 주장하는 주류 강단 사학계가 이는 어느 사서의 주석에 나오는 것으로 이 주석상에서 인용한 『태강지리지』는 지금 전하지 않는 사서이므로 이를 근거로 내세우는 것은 근거가 될 수 없다고 한 것에서 유래한다.

그러나 이에 대하여는 앞에서 거론하였듯이 『태강지리지』를 인용하여 기록한 【사료65】『통전(通典)』 「주군」 '평주'에 있듯이 『태강지리지』 사서가 비록 전래되지 않으나 존재한 것이 분명한 것으로 다른 사서에도 기록되어 있는가 하면, 같은 사서인 【사료25】『통전(通典)』 「변방」 '동이 하 고구려'에는 문제가 되는 구절인 낙랑군 수성현에 갈석산이 있다고 기록하는가 하면 같은 내용이 【사료16】『진서』 「지리지」 '평주', '유주 낙랑군 수성현조에 기록되고 있어 어느 사서 존재 신빙성이나 기록상의 주석에 불과하다는 등의 신빙성을 문제 삼아서 낙랑군에 갈석산이 없다는 빌미로 삼아서는 안 된다. 분명히 낙랑군 수성현에는 갈석산이 있었다. 이것이 고구려 영역에 있다는 2개의 갈석산 중 좌갈석산이다. 그리고 분명히 이 낙랑군 수성현 위치에 있는 좌갈석산을 기록한 사서는 확인한 바와 같이 수도 없다. 이러한 연구를 하지 않은 채 이의 신빙성을 문제 삼는 것은 스스로 학자의 자질과 양심을 저버리는 행위이다. 많은 중국사서의 기록을 본 필자와 같은 방식으로 즉 낙랑군의 위치를 추적하면 모든 사서가 낙랑군에는 요수와 갈석산 그리고 장성이 있다는 것을 입증해 주고 있다.

그런데도 앞으로 살펴볼 사료도 많거니와 이러한 명백한 사료에 대해서도 주류 강단 사학계는 앞의 사서 주석인 **【사료17】**『사기』권2 「하본기」제2의 경우 [2]집해 ~ 『태강지리지』는 말하기를 '낙랑군 수성현에 갈석산이 있다. 장성이 일어났다.'에서 『태강지리지』는 없어진 채 불분명한 자료를 근거를 든 후대의 주석에 의한 것이라고 평가 절하하는 한편, 위의 **【사료464】**『한서』〈엄주오구주부서엄종왕가전〉「가연지열전」의 기록은 갈석산을 지나서 낙랑군이 있다고 해서 바로 옆에 있다는 것은 아니라고 하면서 이 글의 비판 대상인 소위 '젊은 역사학자 모임'의 일원과 마찬가지로 우북평군 등 연 5군의 위치를 어마어마하게 크게 그려 놓고 그 동쪽 구석인 한반도 평양 지방에 낙랑군을 그려 넣고 있다.

만약 갈석산과 그렇게 멀리 떨어져 있다면 갈석과 현도, 낙랑 사이에 다른 커다란 산과 강을 기재하였을 것인데 그렇지 않았으며, 이 사료만 볼 것이 아니라 다른 사료를 종합하여 검토하여야 함에도 이 사료의 신빙성을 문제 삼았다. 그런데 문제가 없음에도 트집을 잡은 후 전체의 것을 문제로 삼는 것은 현재 일본을 포함한 일제 식민주의 사학자들의 동북아 역사를 바라보는 전통적인 역사 조작 기법을 사용하여 그들의 '낙랑군 평양설' 등 식민사학 논리를 옹호 유지하고 있다.

주류 강단 사학계의 논문이나 주장을 면밀히 검토하면 이러한 일제 식민주의 학자나 이를 이어받은 주류 강단 사학계의 선배 학자들의 논문이나 주장은 아무런 검토 없이 무조건 인정하는 기반 위에 자기 논리를 펼쳐 나가는 반면, 분명히 기록되어 있는 중국 사료에 대해서는 자기 논리에 유리한 것만 취사선택하거나 지금 본 필자가 비판하는 논문의 경우처럼 임의 해석하여 버린다. 이에 반하여 이를 비판하는 재야 사학자들이 제시하는 사료는 근거가 없다고 하거나 비상식적으로 평가절하 하여 신빙성이 없는 것으로 치부하고 무시한 채 자기 논리에 반영하지 않는다. 그렇게 해서 지금의 우리나라 모든 고대사 통설이 형성되었다.

계속하여 자세히 살펴보겠지만 낙랑군과 관계있는 갈석산, 갈석산과 관계있는 장성 그리고 요수 등은 한반도에는 없다. 제시한 중국사서가 입증하듯이 우북평군, 북평군에 있다.

물론 현재 우리나라 사학계를 장악하고 있는 주류 사학계에서는 이 갈석산을 무시하고 일제 강점기의 '조선사편수회' 간사직을 맡아 '조선사' 편찬사업의 주역인 '만선사관'의 주창자로서 대표적 식민주의 역사학자 '이나바 이와기치[稻葉岩吉]'가 일제시대『사학잡지(史學雜誌)』에 기고한「진장성동단급왕험성고(秦長成東端及王險城考, 1910년, 41쪽)」라는 논고에서 황해도 수안을 만리장성의 동쪽 끝으로 본 것을 그대로 이어받고 있다. 이러한 식민사학에 의한 주장은 일제 식민사학을 정립한 '조선사편수회'에서의 이병도가 그 뒤를 이어 이 주장을 계승하였고 현재 주류 강단 사학계기 계승하여 유지하고 있다.

해방 후 77년이 지난 지금까지 이를 교리처럼 받들고 있음으로써 중국이 역사지도 즉「중국 역사지도집(사회과학원)」을 만듦에 있어 만리장성을 한반도 황해도까지 그려 넣게 만들고 있다. 그것도 이러한 중국의 동북공정에 대처하라고 국비를 들여 만들고 운영하는 '동북아역사재단'에서 이를 오히려 주장하고 있다. 하지만 이러한 주장을 펼친 일본 학자 이나바 이와기치의 "진나라 장성의 동쪽 끝은 지금의 조선 황해도 수안의 경계에서 비롯된다."라고 주장한 것은 그만두고서라도 이를 이어받은 이병도의 주장은 가관이다.

어떠한 사료의 근거가 있어서가 아니라 관계없는 여러 가지를 억지로 연관시킨 채 견강부회하면서 학자로서는 절대 해서는 안 되는 감정상의 결론으로 "비정하고 싶어서" 비정한 것을 해방 후 77년이 지난 현재까지도 본 필자가 제시한 바와 같이 수많은 중국 사료가 있음에도 이를 수정 없이 계승하고 있다.

> "수성현(遂成縣)… 자세하지 아니하나, 지금 황해도 북단에 있는 수안(遂安)에 비정하고 싶다. 수안에는 승람산천조(勝覽山川條)에 요동산(遼東山)이란 산명이 보이고, 관방조(關防條)에 후대소축(後代所築)의 성이지만, 방원진(防垣鎭)의 동서행성(東西行城)의 석성(石城)(고산자(古山子)의 대동지지(大東地志)에는 이를 패강장성(浿江長城)의 유지(遺址)라고 하였다.)이 있고, 또 진지(晉志)의 이 수성현조(遂成縣條)에는 -맹랑한 설이지만- 「진축장성지소기(秦築長城之所起)」라는 기재도 있다. 이 진장성설은 터무니없는 말이지만, 아마 당시에도 「요동산」이란 명칭과 어떠한 장성지(長城址)가 있어서 그러한 부회가 생긴 것이 아닌가 생각된다. 그릇된 기사에도 어떠한 꼬투리가 있는 까닭이다." 『한국고대사연구』 「낙랑군고」, 이병도.

이병도가 한나라 낙랑군 수성현(遂成縣)을 황해도 수안(遂安)에 비정한 것은 수성현의 '수(遂)' 자와 수안의 '수(遂)' 자가 같다는 것 외에는 아무런 근거가 없다. 그 근거라는 것은 '요동산'이라는 산이 있고, 그 시대가 아닌 후대에 쌓은 것이 확실하다는 것을 이미 알고 있는 석성이 고대 사료에 등장하는 패강장성의 흔적이라는 신빙성 없는 기록이 있을 뿐이다. 그래서 그는 "자세하지 아니하나", "비정하고 싶다", "맹랑한 설이지만", "터무니없는 말이지만", "아마, 아닌가 생각된다", "어떠한 꼬투리가 있는 까닭이다"라는 학문 연구서에는 나올 수 없고, 나와서는 안 되는 추상적이고도 근거 없어 자신 없는 단어에 의한 추정을 하였다. 단지 지명 단어 한자가 같은 것만을 유일한 근거로 삼았다. 도저히 학문적 비정이라고 할 수 없는 이병도의 비정을 그대로 따라서 현재까지 유지하는 사항이 우리 역사에 많다. 대표적인 것이 위의 진장성 황해도 수안 비정과 함께 충주 고구려비문 해석이다. 이 비문 해석에 있어서 이병도의 비학문적 역사적 사실 규명에 대하여는 이미 서술한 바 있다.

이렇게 진장성의 황해도 수안 비정을 한 이유는 일본 식민 사학자인 조선총독부 산하 조선사편수회의 이나바 이와기치[稻葉岩吉]가 『진장성동단고(秦長城東端考)』라는 논고에서 주장한 황해도 수안을 만리장성의 동쪽 끝으로 본 것을 아무런 연구나 비판 없이 무조건 추종하고자 한 것에 불과하다. 그런데 중국사서에는 황해도에 낙랑군이 존재하는 것으로 기록한 것이 단 하나도 없다. 그런데도 주류 강단 사학계의 수많은 학자들은 현재까지 이를 그대로 인정하고 있다. 도대체 어떻게 이러한 것을 77년이 지난 이후까지 바꾸지 않을 수 있단 말인가.

갈석산과 만리장성 그리고 낙랑군(수성현)이 황해도(수안)에 있다는 중국 사료가 어디 있다는 것인가. 모두 지금의 중국 하북성에 있는 것으로 되어 있다. 만리장성을 한반도 황해도까지 그려 넣고 있는 「중국 역사지도집(사회과학원)」에서조차 갈석산을 지금의 중국 하북성 창려현 부근에 표기해 놓았다. 그러면서도 우리나라 사학계의 주장에 힘입어 만리장성을 황해도까지 그려 넣으면서 한반도 북부에 대해 역사적 영유권 주장을 하고 있다. 현재 우리 주류 강단 사학계에 있어서 식민사학과 이병도 사학은 학설이 아니라 교리이다. 이것을 배신하면 이단으로, 사문난적으로 취급받아 교단·강단에서 배척받아 설 자리를 잃어버린다.

> 낙랑군에 있어야 할 갈석산과 진장성이 한반도 낙랑군에는 없다. 그래서 이병도를 비롯한 일제 식민 사학자들은 한반도에 진장성과 갈석산을 만들려고 노력하다 실패하였다. 그런데 현재 주류 강단 사학계는 이러한 사서기록을 무시한 채 아예 없는 것으로 한다.

일제 식민 사학자가 주창한 식민사학을 이어받은 이병도의 비학문적인 비정을 그대로 이어받은 현재 주류 강단 사학계의 논리는 당연히 일고의 가치가 없는 것으로 해방 후 77년이 지난 이제라도 바뀌어야 한다. 그런데 이러한 주류 강단 사학계의 논리는 당연히 일고의 가치가 없는 것인데 반하여 현재 비주류 사학계 내지는 재야 사학계 일부에서는 패수 난하설과 같이 갈석산과 진장성의 기점을 난하 인근 즉 현재 중국 하북성 노룡현 남쪽 하북성 창려현으로 비정하고 있다.

하지만 이러한 주장을 하는 윤내현 교수와 이덕일 박사의 경우 본 필자가 이미 설명한 바와 같이 3개의 요수, 2개의 장성, 2개의 갈석산과 이들의 위치 이동 그리고 중국사서들의 기록상의 혼란을 간과한 것으로 보인다. 그리고 당연히 중국의 '춘추필법'을 알고 있으면서도 이것을 적용하지 않은 것으로 판단된다. 이러한 것은 윤내현 교수의 『**사료로 보는 우리 고대사**(윤내현의 청년을 위한 고대사 3)』 **윤내현 지음, 만권당, 2017.4.7.**에서의 각 단원 제목인

> 3. 고조선의 서쪽 국경은 난하와 갈석산이다.
> 5. 고대의 요수는 지금의 난하이다.
> 6 요동은 2가지 의미가 있다.
> 16. 고구려는 고구려현에서 건국되지 않았다. (고구려의 위치는 한반도 북부이다)

와 같이 내린 결론은 본 필자가 설명한 바와 같이 여러 가지 중국사서의 기록을 본 필자와 같이 파악하지 않은 잘못된 것이라고 본 필자

는 감히 주장하는 바이다. 다시 한 번 본 필자는 같은 사항에 대하여 다음과 같이 다른 결론을 내린다.

> 3. 고조선의 서쪽 국경은 연나라와의 경계인 세 하천 즉 습수, 산수, 열수가 있는 곳으로써 현재 중국의 하북성 보정시 인근이다. 그리고 그 경계가 되는 갈석산은 중국사서상에 2개로써 모두 하북성에 있었다.
> 5. 고대의 요수는 첫 번째 요수가 역수이고, 두 번째 요수는 자하이고 세 번째 요수가 현재의 요하이다.
> 6. 요동은 세 가지 개념이 있다. 즉 첫 번째는 연나라가 고조선을 침범한 후 설치한 연 5군 설치 이전까지는 고조선을 포함하여 연나라 동쪽 지방을 통칭하여 나타낸 것이다. 두 번째 요동은 중국 계열 국가인 전국시대의 연나라시대의 연 5군 설치 이후에 연 5군의 요동군 위치가 요동의 기준점이 되었다. 그리고 세 번째 요동 즉 많은 사서의 마지막 요동은 '요'나라 성립 이후 지금의 요하 동쪽을 지칭하게 되었다.
> 16. 고구려는 현토군 고구려현에서 건국되지 않았지만 하북성 남부 산동성 졸본에서 건국된 후 점차 북상하여 (현토군)고구려현 이웃으로 진출해 왔다. (고구려의 위치는 한반도 북부가 아니라 하북성 보정시 인근이자 석가장시 동북부이다.)

그리고 이와 같이 위의 "3"과 "5" 그리고 "6"에 대해서는 현재 설명하는 바로 판단될 것이고, 나머지 "16"에 대해서도 이미 설명하였고 앞으로도 계속하겠지만 본격적으로는 다음 편인 '광개토대왕 비문 비판 편'에서도 자세히 설명할 것이다.

그리고 갈석산과 진장성의 기점을 난하 인근 즉 현재 중국 노룡현 남쪽인 하북성 창려현으로 비정하고 있는 것에 대해서도 본 필자의 많은 설명이 있었으며 특히 바로 앞에서 설명하였지만, 고조선의 서쪽 국경으로 연나라와의 경계는 좌갈석이라고 불리는 갈석산으로써 이는 첫 번째 요수인 역수의 '요동외요'의 갈석산으로써 난하 부근인 하북성 진황도시 창려현이 아니라 첫 번째 요수인 역수와 좌갈석이 있었던 하북성 보정시이다. 현재 중국 하북성 보정시 래원현(保定市 淶源縣)에 백석산(Baishi Mountain, 白石山)이라는 명칭으로 남아 있다.

이곳 인근에는 지금도 첫 번째 요수인 역수[YIshuihe River, 易水]가 이 갈석산(좌갈석)인 백석산에서 발원하여 흐르고 있고 이곳 동남쪽에는 『요사지리지』상의 남경도 남경 석진부 기록상에 **"역현은 한국(漢)의 현이었고 옛 성은 지금 현은 동남쪽 60리에 있다"**고 기록되어 있는 역현이 중국 하북성 보정시 역현(保定市 易县)이라는 주소지로 남아 있고 그 동남쪽에는 기록대로 전국시대의 성(战国城)이라는 명칭으로 남아 있기도 하다. 그 역현 남쪽에는 많은 기록상에 장성이 시작되고 갈석산이 시작된다는 수성현이 중국 하북성 보정시 서수구 수성진(保定市 徐水区 遂城镇)이라는 주소와 명칭으로 남아 있다. 이곳의 북쪽으로 첫 번째 요수인 역수가 지금도 흐르고 있다.

그런데 윤내현 교수와 이덕일 박사 등이 난하를 고대의 패수로 보고, 이곳 현재 중국 하북성 진황도시 노룡현(盧龍縣) 옆 창려현(昌黎县)과 이곳에 있는 갈석산(碣石山)을 중국사서상의 위만조선의 험독현으로써 나중에 낙랑군이 된 창려현과 진장성의 동단인 갈석산으로 비정하는 것은 중국사서와 마찬가지로 옮긴 후의 것을 혼돈하여 판단한 것으로 바로잡아야 한다. 이것이 입증되려면 바로 옆에 연나라가 위치하여야 한다. 그러려면 연나라와 관련된 전국시대에 발생한 수많은 역사적 사실을 입증하여야 한다. 그러나 이곳 하북성 진황도시는 이러한 사실들을 입증할 수 없다.

【사료11】『사기』「조선열전」 '고조선'

(생략)

조선의 왕이었던 위만은 옛 연국(燕國) 사람이다. 연국의 전성기 때부터 일찍이 진번과 조선을 침략하여 속하게 하고 아전[吏]을 두고 장새(鄣塞)

165

를 쌓았다. 진국(秦國)이 연국을 멸하고 요동외요(徼)에 소속시켰다. 한국(漢國)이 일어나고 그곳이 지키기 어려우므로 요동고새(塞)를 수리하고 패수(浿水)를 경계로 하여 연국에 소속시켰다. 연국 노관이 반하여 흉노로 들어갔고 위만은 망명하였다. 1000여 명을 모아 무리를 지어 상투를 틀고 만이(蠻夷)의 복장을 하여 동쪽으로 달아나 새(塞)를 나와 패수를 건넌 후에 옛 진국(秦國)의 공터인 상하장(上下鄣)에 살았다. 점차 진번과 조선과 만이(蠻夷)들을 복속하여 거느리고 연국과 제국(齊國)의 망명자들의 왕이 되어 왕험(王險)에 도읍하였다.

(생략)

집해에서 안을 내었는데 한서음의를 인용하여 기록하기를 浿의 음은 배(傍沛反)라고 하였다. 정의에서 기록하기를 한서지리지에서는 패수가 요동의 새(塞) 밖을 나와서 서남으로 낙랑현(樂浪縣) 서쪽에 이르러 해(海)로 들어간다고 했고 浿(패)의 음은 배(普大反)라고 했다.

(생략)

집해에서 서광이 말하기를 창려에는 험독현이 있다고 하였다. 색은에서 위소가 말하기를 옛 마을의 이름이라고 하였다. 응소가 주석하기를 지리지에서는 요동군에 험독현이 있다고 했는데 조선 왕의 옛 도읍이라고 하였다고 했다. 신찬은 말하기를 왕험성은 낙랑군의 패수의 동쪽에 있다고 하였다.

이 기록을 보고 이곳이 고조선의 위치이자 위만조선의 위치이고 여기에 진장성과 갈석산이 있었고 그곳의 현재 난하가 이전의 요수인 것으로 비정하였다. 그리고 여기에 낙랑군이 나중에 설치된 곳이라고 비정하였다. 하지만 이는 중국사서의 기록을 잘못 해석한 것이다. 분명히 요수는 바다로 기록된 호타하로 흘러 들어간다. 난하가 설사 요수라면 이 난하가 들어가는 또 다른 하천이 있어야 한다. 그리고 다른 사서기록에 의하여도 이는 잘못이거니와 사서기록을 잘못 해석하기도 한 것이다.

【사료22】『한서』「지리지」1. 유주

⑧ 요동군(遼東郡)

요동군(遼東郡), 진(秦)에서 설치하였고 유주(幽州)에 속한다. 가구수는 5,5972이고 인구수는 27,2539명이다. 현은 18개이다.

9) 험독현(險瀆縣),[4]

[4] 應劭曰, 朝鮮王滿都也. 依水險, 故曰險瀆. 臣瓚曰, 王險城在樂浪郡浿水之東, 此自是險瀆也. 師古曰, 瓚説是也. 浿音普大反. 응초(應劭)가 말하기를 조선(朝鮮)의 왕(王) 위만이 도읍인데 강물의 험한 것을 의지하였기에 험독(險瀆)이라 한 것이라고 했다. 신찬(臣瓚)이 말하기를 왕험성(王險城)은 낙랑군 패수(浿水)의 동쪽에 있는데 요동군 험독현은 그냥 험독이라고 했다. 사고(師古)가 말하기를 신찬의 말이 옳다고 했다. 浿의 음은 배(普大反)이다.

⑦ 요서군(遼西郡)

8) 교려현(交黎縣), 유수(渝水)가 상류에서 새(塞) 밖에서 만나서 남쪽으로 바다로 들어간다. 동부도위(東部都尉)가 다스린다. 왕망은 금로(禽虜)라고 하였다.[4]

[4] 應劭曰今昌黎師古曰渝音喻其下並同. 應劭(응초)가 말하기를 지금 昌黎(창려)라고 했다. 師古(사고)는 말하기를 渝의 음은 유(喻)라고 했다. 그 아래는 모두 같다.

또한 이 사서들을 보면 험독현은 원래 한나라 시기에는 요동군 소속으로 있었다. 여기서의 험독현과 이후의 사서로써 진황도시 창려현으로 착각하게 만든 【사료10】『후한서(後漢書)』「군국지」1. 유주상의 요동속국 소속으로 창려현과 같이 있는 험독현은 이 사서의 험독현에 대한 신찬의 주석대로 원래의 위만조선의 왕험성이 있는 험독현이 위치한 낙랑군 패수의 동쪽이 아니다.

【사료10】『후한서』「군국지」1. 유주

⑦ 요서군(遼西郡)

요서군(遼西郡), 진(秦)에서 설치하였다. 낙양(雒陽)에서 동북쪽으로 3300리 떨어져 있다. 성은 5개이고, 가구수는 1,4150이며, 인구수는 8,1714명이다.

1) 양락현(陽樂縣). 2) 해양현(海陽縣). 3) 영지현(令支縣). 고죽성(孤竹城)이 있다.[1] 4) 비여현(肥如縣). 5) 임유현(臨渝縣).[2]

[1] 伯夷叔齊本國. 백이(伯夷)와 숙제(叔齊)의 본국이다.
[2] 山海經曰…碣石之山, 編 水出焉, 其上有玉, 其下有靑碧. 水經曰…在縣南. 郭璞曰…或曰在右北平驪城縣海邊山也. 山海經(산해경)에서 말하기를 '碣石山(갈석산)이 있는데 編水(편수, 망수網水, 승수繩水)가 나오며, 갈석산 위에는 옥이 많고 갈석산 아래에는 푸른 碧(벽)이 많다'고 했다. 수경주에서 말하기를 '(갈석산은) 현(縣) 남쪽에 있다'고 하였다. 郭璞(곽박)은 말하기를 '혹 우북평군 驪城縣(려성현) 해변 산에 있다고 한다'고 했다.

⑧ 요동군(遼東郡)

요동군(遼東郡), 진(秦)에서 설치하였다. 낙양(雒陽)에서 동북쪽으로 3600리 떨어져 있다. [1] 성은 11개이고 가구수는 6,4158이며 인구수는 8,1714명이다.

1) 양평현(襄平縣). 2) 신창현(新昌縣). 3) 무려현(無慮縣). 4) 망평현(望平縣). 5) 후성현(候城縣). 6) 중국사서현(安市縣). 7) 평곽현(平郭縣). 철(鐵)이 있다. 8) 서안평현(西安平縣).[2] 9) 문현(汶縣). 10) 번한현(番汗縣). 11) 답씨현(沓氏縣).

[1] 案, 本紀和帝永元十六年, 郡復置. 西部都尉官. 안(案), 본기(本紀) 화제(和帝) 영원(永元) 16년에 군(郡) 十六年을 다시 설치하였으며 서부도위(西部都尉)의 관청(官)이다.
[2] 魏氏春秋曰… 縣北有小水, 南流入海. 句驪別種, 因名之小水貊. 위씨춘추(魏氏春秋)에서 말하기를 '서안평현 북쪽에 소수(小水)가 있는데 남쪽으로 흘러 바다로 들어간다. 구려(句驪) 별종(別種)이 (있는데), 그것의 이름(즉 소수小水)으로 인하여 소수맥(小水貊)이라 한다.

⑪ 요동속국(遼東屬國)

요동속국(遼東屬國), 옛 감향(邯鄕)이며, 서부도위(西部都尉)가 (다스린다). 안제(安帝) 때에 속국(屬國)으로 도위(都尉)를 삼았으며 별도로 6개의 성을 다스린다. 락양(雒陽)에서 동북쪽으로 3260리 떨어져 있다.

1) 창료현(昌遼, 교려, 창려), 옛 천료(天遼)이며 요서(遼西)에 속했다.[1]
2) 빈도현(賓徒, 빈종), 옛 요서(遼西)에 속했다.
3) 도하현(徒河), 옛 요서에 속했다.
4) 무려현(無慮), 의무려산(醫無慮山)이 있다.
5) 험독현(險瀆),[2]
6) 방현(房)

[1] 何法盛 晉書 有靑城山. 하법성(何法盛)의 진서(晉書)에 청성산(靑城山)이 있다고 했다.
[2] 사기(史記)에서 말하기를 왕험(王險)인데 위만(衛滿)이 도읍한 곳이라고 했다.

또한 위의 【사료22】『한서』「지리지」 요동군 험독현 주석상의 집해에서 서광이 말하기를 창려에는 험독현이 있다고 하였다.고 하여 이 험독현과 같이 있는 이 사서상의 요동속국 소속 창료현(창려)은 지금의 난하 부근인 하북성 진황도시 창려(현)도 아니라 원래 이전에는 요서군에 속해 있던 교려현을 불렀던 것인데도 불구하고, 나중에 지금의 진황도시에 있던 지방을 창려라고 부른 잘못과 함께 원래의 위만조선의 험독현(낙랑군 패수 동쪽)이 아닌 요서군에 속했던 창려현과 나중에 요동군을 나누어 설치한 창려군과 함께 잘못 취급한 채 이 창려를 지금의 진황도시 창려현으로 한 것은 잘못이다. 이 창려라고 나중에 불리던 요서군에 속해 있던 교려현은 창려라고 이름을 바꿔 후한시대에는 요동속국 소속이 되어 험독현과 같이 **낙양**(雒陽)**에서 동북쪽으로 3260리 떨어진 곳**에 위치하게 되었다. 따라서 지금의 진황도시 창려현은 이 창려가 아니다. 더군다나 중국사서 편찬 시기상의 순서대로 『한서』「지리지」및 『후한서』「군국지」에는 지금의 진황도시 노룡현에 속한 창려 지역은 아예 존재하지 않았다.

그러므로 지금의 진황도시 창려현은 위만조선 험독현의 창려가 아니며 여기에 있는 지금의 갈석산은 고조선과 연과의 경계이자 원래의 갈석산, 요수, 진장성이 있던 곳이 아니다. 위만조선의 험독(현)은 낙랑군 패수 동쪽에 있었지 요동군 인근에 있지 않았다. 따라서 이 【사료10】『후한서(後漢書)』「군국지」1. 유주상의 요동속국 소속으로 창려현과 같이 있는 험독현에 대한 주석과 같이 이것이 위만조선의 도읍이라는 주석은 잘못된 것이다. 그럼에도 이 주석을 근거로 이를 위만조선의 왕험성으로 하여 지금의 진황도시 창려현 인근을 위만조선 지역으로 한 것은 크나큰 실수이다. 더군다나 이 요동속국에 창료현(창려)과 험독현이 소속되어 있는 무려현의 의무려산으로 이것을 지금의 요령성 북진시 의무려산으로 비정한 채 이곳과 제법 거리가 떨어져 있는 이곳 진황도시 창려현을 의무려산이 있는 무려현 인근으로 하는 것은 이마저 비교적 멀리 떨어져 있는 한편 원래의 의무려산인 태행산맥을 의무려산 명칭만을 이곳 요령성 북진시로 옮긴 사실을 모르고 비정하는 많은 잘못된 역사 전문가들의 논리를 따른 잘못이 있다.

한편 창려는 【사료22】『한서』「지리지」1. 유주 요서군 교려현상과 같이 원래 요서군에 소속되어 있던 교려현을 【사료10】『후한서』「군국지」1. 유주 요동속국 창료현(창려)과 나중에 창려라고 불렀다. 요동군은 비록 거리 수치가 조작되었지만 기록대로라도 낙양(雒陽)에서 동북쪽으로 3,600리 떨어져 있다. 요서군은 낙양(雒陽)에서 동북쪽으로 3,300리 떨어져 있다. 그러므로 현재의 진황도시 창려현은 이 창려가 아니다. 현재의 진황도시 창려현은 낙양으로부터 요동군 지역으로 예전의 양평 지역인 석가장시 북부 지방인 행당현 그리고 요서지방인 석가장시 정정현 인근보다 더 동쪽으로 멀리 떨어진 위치이다. 창려현으로 비정한 채 이가 소속한 요동속국은 요동군(3,600리)과 요서군(3,300리)보다 더 서쪽으로 낙양에서 3,260리 떨어진 것으로 되어 있다. 물론 이 거리 수치는 신뢰성이 없지만 상대적인 거리 수치로는 유용하다.

【사료16】『진서』「지리지」'평주', '유주'

① 창려군

창려군(昌黎郡), 한(漢)에서는 요동속국(遼東屬國) 도위(都尉)에 속했고, 위(魏, 曹魏)에서 군을 설치하였다. 관할하는 현은 2개이고 가구수는 900이다.

1) 창려현(昌黎縣).
2) 빈도현(賓徒縣).

【사료60】『위서』「지형지」남영주/영주」

5. 영주(營州)

영주(營州), 화룡성(和龍城)에서 다스린다. 태연(太延) 2년에 진(鎭)이 되었고 진군(眞君) 5년에 고쳐서 설치하였다. 영안(永安) 말에 함락되어 천평(天平) 초에 다시 회복했다.
다스리는 군은 6개이고 현은 14개이다.
가구수는 1021이며 인구수는 1664명이다.

① 창려군(昌黎郡)
창려군(昌黎郡), 진(晉)에서 요동(遼東)을 나누어 설치하였고, 진군(眞君) 8년에 기양(冀陽)을 병합하여 속하였다.
다스리는 현은 3개이고 가구수는 201이며 인구수는 918명이다.

1) 용성현(龍城縣), 진군(眞君) 8년에 류성(柳城), 창려(昌黎), 극성(棘城)을 병합하여 속하게 하였다. 요사(堯祠)와 유돈성(榆頓城)과 랑수(狼水)가 있다.
2) 광흥현(廣興縣), 진군(眞君) 8년에 도하(徒何) 영악(永樂) 연창(燕昌)을 병합하여 속하게 하였다. 계명산(鷄鳴山)과 석성(石城)과 대류성(大柳城)이 있다.
3) 정황현(定荒縣), 정광(正光) 말년에 설치하였다. 녹두산(鹿頭山)과 송산(松山)이 있다.

요동속국에 속하여 창료현(창려)으로 있었던 창려는 이 사서들 기록과 같이 별도의 창려군을 설치하여 이곳 소속으로 하였다가 없어진 것으로 확인된다. 더군다나 이 창려현이 소속되었던 창려군 역시 실질적인 지배를 하지 못한 채 통합하거나 명목상 설치되었다가 이후 이 창려는 다음 사서기록과 같이

【사료58】『수서』「지리지」

1. 기주(冀州)

② 상곡군(上谷郡)

4) 수성현(遂城縣). 옛날에는 무수현(武遂)이라고 하였는데 북위(北魏)가 남영주(南營州)를 설치하였는데 이에 준하여 영주(營州)를 설치하였었다. 군은 5개이고 【현은 11개였다. 용성현(龍城縣)과 광흥현(廣興縣)과 정황현(定荒縣)은 창려군(昌黎郡)에 속하였고, 석성현(石城縣)과 양무현(陽武縣)과】 광도현(廣都縣)은 건덕군(建德郡)에 속하였고, 양평현(襄平縣)과 신창현(新昌縣)은 요동군(遼東郡)에 속하였으며, 영락현(永樂縣)은 낙랑군(樂浪郡)에 속하였고, 부평현(富平縣)과 대방현(帶方縣)과 영안현(永安縣)은 영구군(營丘郡)에 속하였다. 북제(北齊)에서는 오직 창려군(黎) 한 개만을 남겨 놓았었는데 영락현(永樂縣)과 신창현(新昌縣) 등 2개의 현을 다스렸었는데, 나머지는 모두 없앴다(餘並省). 개황(開皇) 원년에 주(州)를 옮겼고 3년에는 군(郡)을 폐하였고, 18년에는 수성현(遂城)으로 고쳤다. 용산(龍山)이 있다.

소멸된 것으로 확인된다. 더군다나 이 창려군과 창려현이 있는 지역은 원래 갈석산이 있었던 지금의 하북성 보정시 남부이자 석가장시 북부 지역으로 이곳으로부터 동쪽 전 지역은 고구려가 장악하고 있어서 이곳에서 한참 동쪽으로 떨어진 하북성 진황도시 인근은 도저히 그들의 행정구역 편제상 있을 수 없는 지역이다. 더군다나 이 하북성 진황도시의 노룡현과 창려현 그리고 이 창려현에 있는 갈석산은 원래 위치가 아님을 결정적으로 증거하는 자료에 의하여 명백히 입증된다.

【사료76】『신당서(新唐書)』「지리지」

3) 평주(平州) 북평군(北平郡)
평주(平州) 북평군(北平郡). 下. 처음에 림유(臨渝)에서 다스리다가 무덕(武德) 원년에 로룡(盧龍)으로 옮겨 다스렸다. 토공(土貢)으로는 곰가죽과 순비기나무열매(蔓荊實)와 인삼(人蔘)이 있다. 가구수는 3113이고 인구수는 2,5086명이다. 현은 3개이다. 부(府)가 하나인데 로룡(盧龍)이라고 한다.

노룡군(盧龍軍)이 있는데 천보(天寶) 1년에 설치하였다. 또한 유성군(柳城軍)이 있는데 영태(永泰) 원년에 설치하였다. 온구(溫溝)와 백망(白望)과 서협석(西狹石)과 동협석(東狹石)과 록주(綠疇)와 미부(米磚)와 장양(長楊)과 황화(黃花)와 자몽(紫蒙)과 백랑(白狼)과 창려(昌黎)과 요서(遼西) 등의 12 수(戍)가 있다. 애천(愛川)과 주기(周夔) 등의 2개의 진성(鎭城)이 있다. 동북쪽에는 명질관(明垤關)과 골호성(鶻湖城)과 우모성(牛毛城)이 있다.

① 노룡현(盧龍縣). 中. 본래 비여현(肥如)인데 무덕(武德) 2년에 이름을 바꾸었다. 또한 무녕현(撫寧縣)을 설치했었는데 7년에 없앴다.
② 석성현(石城縣). 中. 본래 임유현(臨渝)인데 무덕(武德) 7년에 없앴다. 정관(貞觀) 15년에 다시 설치하였다가 만세통천(萬歲通天) 2년에 이름을 바꾸었다. 임유관(臨渝關)이 있는데 또한 임려관(臨閭關)이라고도 한다. 대해관(大海關)이 있다. 갈석산(碣石山)이 있다. 온창진(温昌鎭)이 있다.
③ 마성현(馬城縣). 中. 옛 해양성(海陽城)이다. 개원(開元) 28년에 설치하여 물로 운반하는 것을 통하게 하였다. 동북쪽에는 천김야성(千金冶城)이 있고 동쪽에는 무향진성(茂鄉鎭城)이 있다.

4) 규주(嬀州) 규천군(嬀川郡)
규주(嬀州) 규천군(嬀川郡). 상(上). 원래 북연주(北燕州)이고 무덕(武德) 7년에 고개도(高開道)를 평정하여 유주(幽州)의 회융군(懷戎)으로 설치하였다. 정관(貞觀) 8년에 이름을 바꿨다. 토산물 조공품으로는 자작나무껍데기(樺皮)와 호록(胡祿)[2] 갑유(甲楡)와 고시(楛矢)[3], [4]와 사향(麝香)이 있다. 가구수는 2263이고 인구수는 1,1584명이다. 현은 1개이다. 2개의 부가 있는데 밀운(密雲)과 백단(白檀)이다.[5] 청이군(清夷軍)이 있어 수공(垂拱) 연간에 설치하였다. 퇴북(堆北)과 백양도(白陽度)와 운치(雲治)와 광변(廣邊) 등 4개의 진병(鎭兵)이 있다. 횡하(横河)와 시성(柴城) 등 2개의 수(戍)가 있다. 양문성(陽門城)이 있다. 영정(永定)과 요자(窯子) 등 2개의 관(關)이 있다. 또한 회유군(懷柔軍)이 있는데 규주(嬀州)와 울주(蔚州)의 지경에 있다.

① 회융현(懷戎縣). 上. 천보(天寶) 년간에 규천현(嬀川縣)을 쪼개서 설치하였다가 곧 없앴다. 규수(嬀水)가 가운데를 지나간다. 북쪽 90리에 장성이

있는데 개원(開元) 년간에 장설(張說)이 쌓은 것이다. 동남쪽 50리에 거용새(居庸塞)가 있고 동쪽으로 연이어 노룡(盧龍)과 갈석(碣石)이 있고 서쪽으로는 태행산(太行)과 상산(常山)이 잇닿아 있는데 실로 천하의 험한 곳이다. 철문관(鐵門關)이 있다. 서쪽으로 녕무군(寧武軍)이 있다. 또한 북쪽으로 광변군(廣邉軍)이 있는데 옛날 백운성(白雲城)이다.

원래의 갈석산이 있는 노룡현은 서쪽에 지금의 태행산(맥)이 있다. 원래 노룡현의 위치가 지금의 태행산(맥) 동쪽이다. 이곳 하북성 진황도시는 지금의 태행산(맥)과 멀리 떨어져 있어 원래의 노룡현이 아님을 여실히 증명하고 있다.

한편 현재 진황도시에 이 창려와 같이 있어 원래의 노룡현으로 하고 있는 노룡현의 경우, 원래 노룡현은

【사료58】『수서』「지리지」

1. 기주(冀州)
④ 북평군(北平郡)
북평군(北平郡). 옛날에 평주에 설치했었다. 다스리는 현은 1개이고 가구수는 2269이다.

1) 노룡현(盧龍縣). 옛날에는 북평군(北平郡)을 두었었는데 신창현(新昌)과 조선현(朝鮮) 등 2개의 현을 다스렸다. 북제(北齊)에서는 조선현을 없애고 신창현으로 편입시켰고 또한 요서군의 해양현을 없애고 비여현(肥如)으로 편입시켰다. 개황(開皇) 6년에 또한 비여현(肥如)을 없애고 신창현(新昌)으로 편입시켰다가 18년에 이름을 노룡현(盧龍)으로 바꾸었다. 대업(大業) 초에 북평군(北平郡)을 설치하였다. 장성(長城)이 있다. 관관(關官)이 있다. 임유궁(臨渝宮)이 있다. 복주산(覆舟山)이 있다. 갈석(碣石)이 있다. 현수(玄水)와 로수(盧水)와 열수(洹水) 윤수(閏水)와 용선수(龍鮮水)와 신량수(臣梁水)가 있다. 바다가 있다.

이 기록에 의하여 그 이전에 북평군 소속의 신창현과 조선현이 있었던 것을 조선현을 없애고 신창현으로 편입시켰고, 또한 별도로 요서군의 해양현을 없애고 비여현으로 편입시켰는데, 이 비여현을 없애고 앞의 신창현으로 편입시켰다가 이 신창현을 노룡현으로 바꾼 것이다. 물론 이곳에 갈석이 있다. 하지만 지금의 진황도시에는 노룡현이 아니라 창려현에 갈석산이 있어 이도 잘못이다. 더군다나 이미 앞에서 확인하였듯이 이곳에 있다는 임유궁 즉 임유관은 수나라가 고구려를 침입할 때 집결한 장소로 위치는 압록수 인근이다. 이 압록수가 이 하북성 진황도시에는 없다. 이도 잘못이다. 노룡현으로 이름이 바뀐 신창현으로 된 조선현과 비여현은 이 사서기록 이전 시기의 지리지인

【사료60】『위서』「지형지, 남영주/영주」

5. 영주(營州)

③ 요동군
요동군(遼東郡), 진(秦)에서 설치하였고 후에 폐하였다. 정광(正光) 년간에 다시 설치하였다. 고도성(固都城)에서 다스린다.
다스리는 현은 2개이고 가구수는 131이며 인구수는 855명이다.

1) 양평현(襄平縣), 두 한(漢)과 진(晉)에 속했으며 후에 폐하였다. 정광(正光)에 다시 설치하였다. 청산(青山)이 있다.
2) 신창현(新昌縣), 두 한(漢)과 진(晉)에 속했으며 후에 폐하였다. 정광(正光) 년간에 다시 설치하였다.

6. 평주(平州)

평주(平州), 진(晉)에서 설치하였고 비여성(肥如城)에서 다스린다. 다스리는 군은 2개이고 다스리는 현은 5개이다. 가구수는 973이며 인구수는

3741명이다.

① 요서군(遼西郡)

요서군(遼西郡), 진(秦)에서 설치하였다.
다스리는 현은 3개이고 가구수는 537이며 인구수는 1905명이다.

1) 비여현(肥如縣), 두 한(漢)과 진(晉)에 속했다. 고죽산사(孤竹山祠)와 갈석(碣石)과 무왕사(武王祠)와 령지성(令支城)과 황산(黃山) 유하(濡河)가 있다.
2) 양락현(陽樂縣), 두 한(漢)과 진(晉)에 속했다. 진군(真君) 7년에 령지(令支)와 령자(令資)를 병합하여 속하게 하였다. 무력산(武歷山)과 복주산(覆舟山)과 림유산(林榆山)과 태진산(太真山)이 있다.
3) 해양현(海陽縣), 두 한(漢)과 진(晉)에 속했다. 횡산(橫山)과 신부산(新婦山)과 청수(清水)가 있다.

② 북평군(北平郡)

북평군(北平郡), 진(秦)에서 설치하였다.
다스리는 현은 2개이고 가구수는 130이며 인구수는 1836명이다.

1) 조선현(朝鮮縣), 두 한(漢)과 진(晉)에서는 락랑(樂浪)에 속했으며 후에 폐하였다. 연화(延和) 원년에 조선(朝鮮) 사람을 비여(肥如)로 옮겨 다시 설치하여 속하게 하였다.
2) 신창현(新昌縣), 전한(前漢)에서 탁군(涿郡)에 속하였고 후한(後漢)과 진(晉)에서는 요동군(遼東郡)에 속하였다가 후에 속하였다. 노룡산(盧龍山)이 있다.

요동군 소속이었다. 이 인근에 요동군 양평현이 있다. 이 요동군 위치는 지금의 하북성 진황도시가 절대 아닌 요수가 나오는 요산이 있는 태행산맥이다. 또한 이 신창현으로 되었다는 북평군 소속의 신

창현과 조선현 그리고 요서군 비여현과 이전의 해양현은 이 사서 지리지 이전의 지리지인,

【사료16】『진서』「지리지」'평주', '유주'

③ 낙랑군

낙랑군(樂浪郡), 한(漢)에서 설치하였다. 6개의 현을 다스린다. 가구수는 3700이다.

1) 조선현(朝鮮縣), 주(周)가 기자(箕子)를 봉한 땅이다.

⑦ 요서군

요서군(遼西郡), 진(秦)에서 설치하였다. 관할하는 현은 3개이고 가구수는 2800이다.

1) 양락현(陽樂縣). 2) 비여현(肥如縣). 3) 해양현(海陽縣).

요서군 소속이었고, 이들은 이전의 사서 지리지에 의하면,

【사료10】『후한서』「군국지」1. 유주

⑦ 요서군(遼西郡)

요서군(遼西郡), 진(秦)에서 설치하였다. 낙양(雒陽)에서 동북쪽으로 3300리 떨어져 있다. 성은 5개이고, 가구수는 1,4150이며, 인구수는 8,1714명이다.

1) 양락현(陽樂縣). 2) 해양현(海陽縣). 3) 영지현(令支縣), 고죽성(孤竹城)이 있다.[1] 4) 비여현(肥如縣). 5) 임유현(臨渝縣).[2]

> [1] 伯夷叔齊本國. 백이(伯夷)와 숙제(叔齊)의 본국이다.
> [2] 山海經曰… 碣石之山, 繩 水出焉, 其上有玉, 其下有青碧. 水經曰… 在縣南. 郭璞曰…或曰在右北平驪城縣海邊山也. 山海經(산해경)에서 말하기를 '碣石山(갈석산)이 있는데 繩水(편수, 망수網水, 승수繩水)가 나오며, 갈석산 위에는 옥이 많고 갈석산 아래에는 푸른 碧(벽)이 많다'고 했다. 수경주에서 말하기를 '(갈석산은) 현(縣) 남쪽에 있다'고 하였다. 郭璞(곽박)은 말하기를 '혹 우북평군 驪城縣(려성현) 해변 산에 있다고 한다'고 했다.

이들 요서군 소속 해양현과 비여현은 이전 사서인

【사료22】『한서』「지리지」 1. 유주

⑦ 요서군(遼西郡)
요서군(遼西郡), 진(秦)에서 설치하였다. 작은 강들이 48개이고 모두 합쳐 3416리를 흘러간다. 유주(幽州)에 속한다. 가구수는 7,2654이고 인구수는 35,2325명이다. 현은 14개이다.

1) 차려현(且慮縣), 고묘(高廟)가 있다. 왕망은 서려(鉏慮)라고 하였다.[1]
2) 해양현(海陽縣), 룡선수(龍鮮水)가 동쪽으로 봉대수(封大水)로 들어간다. 봉대수(封大水)와 완허수(緩虛水)는 모두 남쪽으로 바다로 들어간다. 염관(鹽官)이 있다.
3) 신안평(新安平), 이수(夷水)가 동쪽으로 새(塞) 밖으로 들어간다.
4) 유성현(柳城縣), 마수산(馬首山)이 현의 서남쪽에 있다. 참류수(參柳水)가 북쪽으로 海로 들어간다. 서부도위(西部都尉)가 다스린다.
5) 영지현(令支縣), 고죽성(孤竹城)이 있다. 망(莽)은 령씨정(令氏亭)이라고 하였다.[2]
6) 비여현(肥如縣), 현수(玄水)가 동쪽으로 유수(濡水)로 들어간다. 유수(濡水)는 남쪽으로 해양현(海陽縣)으로 들어간다. 또한 로수(盧水)가 있어 남쪽으로 현수(玄水)로 들어간다. 왕망은 비이(肥而)라고 하였다.[3]
7) 빈종현(賓從縣), 망(莽)은 면무(勉武)라고 하였다.

8) 교려현(交黎縣), 유수(渝水)가 상류에서 새(塞) 밖에서 만나서 남쪽으로 바다로 들어간다. 동부도위(東部都尉)가 다스린다. 왕망은 금로(禽虜)라고 하였다. [4]
9) 양락현(陽樂縣),
10) 호소현(狐蘇縣), 당취수(唐就水)가 도하현(徒河縣)에 이르러 바다로 들어간다.
11) 도하현(徒河縣), 망(莽)은 하복(河福)이라 하였다.
12) 문성현(文成縣), 망(莽)은 언로(言虜)라 하였다.
13) 임유현(臨渝縣), 유수(渝水)가 상류에서 백랑수(白狼水)를 받고 동쪽으로 새(塞) 밖으로 들어간다. 또한 후수(侯水)가 있는데 북쪽으로 유수(渝水)로 들어간다. 왕망은 풍덕(馮德)이라 했다. [5]
14) 류현(絫縣), 하관수(下官水)는 남쪽으로 바다로 들어간다. 또한 게석수(揭石水)와 빈수(賓水)가 있는데 모두 남쪽으로 하관수(官)로 들어간다. 망(莽)은 선무(選武)라 했다. [6]

[1] 師古曰且音子余反慮音廬.
고(師古)가 말하기를 且의 음은 져(子余反)라 했고 慮의 음은 려(廬)라고 했다.
[2] 應劭曰故伯夷國今有孤竹城令音鈴孟康曰支音秪師古曰令又音郎定反.
응초(應劭)가 말하기를 옛 백이국(伯夷國)인데 지금 고죽성(孤竹城)이 있으며 令의 음은 령(鈴)이라 했다. 맹강(孟康)이 말하기를 支의 음은 지(秪)라고 했다. 사고(師古)는 말하기를 令은 또한 음이 렁(郎定反)이라 했다.
[3] 應劭曰肥子奔燕燕封於此也師古曰濡音乃官反○宋祁曰入玄當作入畜.
응초(應劭)가 말하기를 비자(肥子)가 연(燕)으로 달아나니 연(燕)이 이곳에 봉하였다고 했다. 사고(師古)가 말하기를 濡의 음은 난(乃官反)이라 했다. 송기(宋祁)는 말하기를 入玄은 당연히 入畜으로 써야 한다고 했다.
[4] 應劭曰今昌黎師古曰渝音喻其下並同.
應劭(응초)가 말하기를 지금 昌黎(창려)라고 했다. 師古(사고)는 말하기를 渝의 음은 유(喻)라고 했다. 그 아래는 모두 같다.
[5] 師古曰馮讀曰憑.

> 師古(사고)가 말하기를 馮은 憑(빙)으로 읽어야 한다고 했다.
> [6] 師古曰粲音力追反.
> 師古(사고)가 말하기를 粲의 음은 루(力追反)라고 했다.

앞에서 살펴본 바와 같이 마수산이 있고, 갈석산이 물에 빠졌다는 임유관이 있는 임유현이 있는 압록수 인근이 분명하다. 그 위치는 그대로 소속만 바뀐 것뿐이다. 따라서 이 위치가 지금의 하북성 진황도시가 될 수 없음이 명백하다. 따라서 지금의 진황도시 창려현과 노룡현 그리고 갈석산은 중국 측이 우리 역사를 조작하기 위하여 동쪽으로 실제 지명조차 옮긴 것이 명백히 확인된다.

이는 본 필자가 누누이 강조하지만 원래 위치하던 곳이 왜곡되어 옮겨졌음에도 불구하고 원래의 명칭을 그대로 사용하는 고의 내지는 착오가 있어 혼란을 야기하였다. 즉 원래 하북성 보정시 첫 번째 요수이자 갈석산과 장성이 있던 행정구역이 다른 곳으로 옮기었는데도 불구하고 새로이 옮긴 곳에 있는 자연물과 인공물을 원래의 곳의 것과 혼돈하여 기록하였다. 그리하여 결국은 원래 있던 위치의 갈석산과 장성이 나중에 옮겨진 곳의 것이 중국사서 기록상 되어버리고 이것을 확인한 후대나 현재의 연구자들이 그대로 비정하게 되었다.

이와 같이 본 필자와 같이 그 연혁을 살피지 않고 이 사서와 같이 나중의 것만 파악하면 그 위치는 바꾸지 않았는데 같은 명칭이 그 위치를 달리한 채 바뀐 위치가 원래의 위치가 된다. 이러한 것이 현재 우리나라 고대사 정립에 커다란 장애가 되고 있다. 이렇게 행정구역명이 바뀌거나 그 위치가 바뀐 후의 기록을 보고 우리 민족국가의 위치를 파악하는 잘못을 범하고 있다. 이러한 잘못은 본 필자가 이 글에서 강조하는 바이지만 『삼국사기』 및 『삼국유사』의 편찬자들도 마찬가지이고 이후의 현재 비주류 강단 사학계와 다수의 재야 민족 사학계에서 해왔다. 하지만 그래도 적어도 원위치에서 벗어나 우리 한반도로 이동된 것이지만 적어도 한반도는 아니다.

그런데 중간에 고려시대 및 조선시대 유학자들과 실학자조차도 유교 사대주의 및 소중화 사상에 의한 기자조선의 편입으로 그나마 하북성 진황도시 노룡현 지방 및 요하 지방에 비정되었던 고조선 및 고구려 등 고대 국가의 역사 활동무대를 한반도 내로 끌어들인 커다란 잘못이 있다. 여기에 이것을 빌미로 식민지 합리화를 위한 식민사관에 이를 이용하여 반도사관을 완성시킨 일제 식민 사학자들의 잘못이 여기에 더해진다.

하지만 이들 즉 중국사서 편찬자들, 『삼국사기』 및 『삼국유사』 편찬자들, 고려시대 및 조선시대 유학자들과 실학자들 그리고 식민 사학자들보다 더욱 비난 아니 더 큰 모욕을 받아야 할 대상이 현재 주류 강단 사학계이다. 이러한 사실을 비전문이면서 그들이 사이비 및 유사 사학자라고 멸시하는 본 필자도 알 수 있는 것을 전체 학자들로서도 77년간, 개인적으로도 각각 수십 년간 연구하면서도 이를 밝혀내지 못하고 일제 식민사관과 똑같은 논리를 아직도 펼치고 있는 것은 논리나 학설이 아니라 잘못된 교리라고 말할 수밖에 없다.

현재 진황도시 창려가 원래의 창려가 아니라는 것은 다음 기록에서 확인할 수 있다. 설사 『삼국사기』와 『삼국유사』에 잘못된 것이 있다 하더라도 제대로 된 것이 많으니 제대로 살펴서 연구하여야 하는 것처럼 중국사서의 경우 여러 가지를 면밀히 살펴보면 역사를 제대로 살필 수 있다. 반면에 『일본서기』의 경우 당시 상황을 파악하고 난 후에 이것을 근거로 대상과 기사를 바꾸거나 하여 해석하면 제대로 해석되는 역사서인 것으로 아는데 이에 대하여는 나중에 논하기로 하겠다.

이와 같이 잘못 비정하는 지금의 진황도시상의 창려는 원래의 창려가 아닌 것으로 이 진황도시 창려는 청나라시대 사서기록인

> 【사료465】『독사방여기요』「직예8 영평부」
>
> 창려현은 영평부 동쪽 80리에 있다. 전한의 요서군 교려현이며, 후한이 창려로 고쳤다. 그 땅은 지금의 폐영주 경에 있다. 오대(五代)시대인 양나라 말에 거란이 정주(定州)의 포로들로 옛날 유성현 경에 광녕현을 설치하고, 아울러 영주인해군을 설치하였다. 후에 광녕현의 치소를 이곳(난하 방면)으로 옮겨 평주에 속했다. 금나라 대정 29년에 창려현으로 고치고 원나라 지원 7년(1271년)에 없앴다가 12년에 다시 설치하여 난주 영평로에 속했다

에 의한 대로 금나라 대정 29년 즉 1189년에 생겨났다. 이것이 결론이다. 원래 위치에 있었던 창려는 같은 위치에서 명칭이 바뀌어 창려가 되었다가 이때 원래 위치가 아닌 이곳 진황도시에 창려를 만들었다. 원래 위치인 하북성에 창려가 생긴 것은 【사료60】『위서』「지형지, 남영주/영주」기록대로 이곳 하북성 요동군을 나누어 진(晉)이 설치한 것으로 이 사서기록상에 처음 나타난다.

> 원래 위치의 창려현과 노룡현은 원래 위치에서 변한 사실이 없다. 진황도시의 것은 갈석산과 더불어 우리 역사를 조작하기 위하여 새로이 만든 것이다. 모든 역사적 기록이 진황도시 갈석산과 창려현, 노룡현과는 맞지 않는다.

진나라 시기에 쌓은 장성은 북방 민족의 침입에 대비하기 위하여 쌓은 것으로 전국시대에 연나라 및 조나라가 북방 민족 즉 흉노족을 대비하여 쌓은 장성을 보수하고 또한 이어 붙여서 단기간에 쌓은 것이지 새로이 쌓은 것으로 그 길이가 만 리가 되는 만리장성도 아니고 해안지방부터 쌓은 것이 아니라 북쪽 내륙으로 쌓은 것이다. 그래서 연장성은 조양에서 양평, 진장성은 임조에서 요동으로 되어 있다. 현

재 진황도시에 있어 산해관 해변에서 시작되는 만리장성은 진장성이 아니라 명나라 시기의 장성이다. 장성이 시작되는 곳의 갈석산과 낙랑군 수성에서의 장성은 진장성이다.

이곳 진황도시는 나중에 평양을 고조선의 수도인 평양과 동일시하면서 【사료11】『사기』「조선열전」'고조선'상의 중국의 일부 사가가 **집해에서 서광이 말하기를 창려에는 험독현이 있다고 하였다.**라고 한 것을 잘못 해석하여 이곳을 위만조선의 험독현이라고 잘못 비정하거나 고의로 이곳으로 옮겨 기록하여서 생긴 오류이거나 이를 현재의 패수 난하설, 갈석산 진황도시 창려설, 낙랑군 창려설 들은 모두 현재의 난하 부근인 하북성 진황도시 창려(현)로 잘못 비정한 것이다. 한편, 비주류 강단 사학계의 윤내현 교수 및 이덕일 박사를 비롯한 많은 비주류 강단 사학계와 재야 민족 사학계에서 중국 측이 왜곡하여 이동시켜 놓은 하북성 난하 부근의 진황도시 노룡현 및 창려현 그리고 갈석산과 명나라 장성으로 인하여 이곳을 고조선의 위치인 갈석산과 진장성으로 착각하게 되는 거의 유일한 이유이자 근거로 삼은 것이 있다. 바로 비여현이다. 이 비여현은 원래 요서군 비여현이다. 이곳은 변함없이 하북성 석가장시 정정현의 호타하 인근이다.

그런데 ①『위서』「지형지」상에 낙랑군 조선현 사람들을 비여로 옮겨 조선현에 소속하게 하여 북평군으로 하였다는 기록과 ②『**수서**』「지리지」 북평군 노룡현이 이 비여현(조선현을 포함한)을 노룡현으로 하였고 여기에 장성과 갈석이 있다는 기록과, ③실제로 중국 측이 갈석과 노룡현과 창려현을 하북성 난하 옆의 진황도시에 설치한 이 세 가지 사항에 의하여 낙랑군 조선현이 하북성 진황도시 노룡현과 창려현에 있는 것으로 비정하게 되었다. 그럼으로써 결국 이곳이 고조선 왕험성 자리이자 낙랑군 조선현 자리가 되고 중국사서상 왜곡된 평주 고조선 왕험성 평양성에 도읍한 고구려의 장수왕이 이곳으로 천도하게 된 것으로 비정하기에 이르렀다.

그래서 윤내현 교수와 이덕일 박사는 이곳을 고조선의 평양성과 낙랑군 지역으로 비정하였다. 그러나 본 필자가 앞의 창려와 마찬가지로 이 비여현과 노룡현에 대하여는 나중에 "Ⅱ. "낙랑군은 한반도에 없었다?(기경량)"를 반박하여 비판한다." "1)기자조선의 실체" "[우리 민족 고대 국가 수도 평양에 대하여]"에서 자세히 입증하여 설명하겠지만 비여 그리고 비여가 나중에 소속된 노룡현은 변함없이 하북성 석가장시 정정현의 호타하 인근에서 이동하지 않았는데 이를 중국 측이 위의 세 가지 사항을 만들기 위하여 실제로 하북성 진황도시에 갈석산을 만들어놓고(다른 산을 갈석산으로 이름을 바꿈) 노룡현과 창려현을 만들어놓았다. 이를 만든 빌미는 이웃의 북쪽과 동쪽 산해관에 있는 명나라 시기의 장성이다. 그래서 장성과 갈석산 구색이 갖추어지게 되었다. 하지만 가짜를 만든 왜곡과 조작에는 반드시 나타나는 절대 취약점이 있다.

다른 여러 가지 사항도 있지만 결정적인 것은 ①명나라 장성을 진나라 장성으로 억지로 주장하지만 그 장성의 끝이 이 갈석산과 노룡현 및 창려현과 너무 멀리 있는 산해관에 있다. 이는 모든 사서기록상의 가까이 있는 것과 위배된다. ②분명 갈석 특히 우갈석은 바다로 표현되는 호타하와 관련이 있는데 이곳에는 호타하가 없다. 물론 난하를 이에 비견하지만 난하도 너무 멀리 떨어져 있고 압록수인 호타하와 관련된 북쪽의 백산이나 인근에서 같이 나란히 흐르는 소요수 대요수가 없다. ③분명 사서기록상에 갈석산은 노룡현에 있는 것으로 되어 있는데 이곳 진황도시에는 창려현에 있다. ④갈석산은 갈석산에서 바다를 바라본다고 하였는데 진황도시 갈석산은 이 갈석산에서 바다가 안 보인다. ⑤노룡과 갈석이 태행산(맥) 인근에 있다는 기록과 맞지 않게 이곳은 멀리 떨어져 있다.는 등의 다섯 가지 단순한 사항에 의하더라도 이곳 진황도시의 갈석산과 노룡현, 창려현은 원래의 하북성 요서군에 있었던 것이 아니라 후대에 이동시켜 조작한 것이 틀림없다.

　이렇게 중국 측이 실제로 위치를 이동시켜 조작한 것은 수도 없이 많다. 이 글에서 거론한 것만 해도 다 헤아리지 못할 정도이다. 가장 비슷한 경우만 거론해도 요수, 압록수, 태백산을 비롯하여 거용관, 탁록, 용성, 북진 의무려산 등이다. 앞에서 살펴본 대로 중국 계열 국가인 연나라, 진나라는 물론 여기서의 한나라 또한 우리나라와의 경계는 갈석산이었으며 한나라가 고조선 즉 위만조선과 전쟁 후 이곳에 한사군 즉 낙랑군을 설치하였으므로 당초의 고조선은 갈석산을 경계로 있었으며 후의 한사군의 낙랑군도 이곳 갈석산을 위치로 하여 그곳에 존재하였던 것이지 이곳 하북성 진황도시나 요령성 요양이나 머나먼 동쪽 한반도가 아니다.

> 윤내현, 이덕일 교수를 비롯한 비주류 강단 사학계나 재야 민족 사학계가 진황도시의 갈석산과 노룡현, 창려현에 의하여 이를 낙랑군으로 비정하는 근거인 비여현 역시 그 위치가 변한 사실이 없다.
> 진황도시의 갈석산과 진장성은 전혀 사서기록과 맞지 않는다. 이와 같이 우리 고대사 관련 지명을 중국 측이 아예 옮겨버린 사항이 무수히 많다.

　이와 같은 증거는 이 글의 초반부에서 살펴본 여러 사서 중 갈석산과 연나라 그리고 연 5군, 요수와 관련하여 【사료8】『사기』「권69 소진열전 제9」, 【사료10】『후한서(後漢書)』「군국지」1. 유주, 【사료18】『회남자』「추형훈」 고유의 주석, 【사료19】『염철론』「험고」, 【사료50】『회남자』「시칙훈」, 【사료66】『사기』「화식열전」에서부터, 갈석산과 진의 장성과 관련하여 【사료459】『수경주』「하수3」, 【사료58】『수서』「지리지」, 갈석산과 낙랑군(수성현), 진의 장성, 북평군, 갈석과 낙랑군의 위치와 관련하여 【사료17】『사기』 권2 「하본기」 제2, 【사료22】『한서』 「지리지」 1. 유주, 【사료48】『서경』 〈하서〉 「우공」 제11장, 갈석산과 한나라와의 경계, 낙랑군의 위치와 관련하여 【사료464】『한서』 〈엄주오구주부서엄종왕가전〉 「가연지열전」, 갈석산과 낙랑군 수성현, 진의 장성, 황하와 관련하여 【사료25】『통전(通典)』 「변방 '동이 하 고구려', (낙랑군)수성현과 진장성과 관련하여 【사료16】『진서』 「지리지」 '평주', '유주' 낙랑군 수성현, 【사료65】『통전(通典)』 「주군' '평주', 【사료461】『무경총요』 권16상 「변방 정주로」 등에 의하여 각각 확인할 수 있다.

따라서 한사군 낙랑군은 당초 연나라, 진나라 그리고 한나라와의 경계인 갈석산, 진의 장성인 곳에 위치해 있었던 곳으로, 이곳은 지금의 하북성 보정시 서쪽 지방과 보정시 서남부이자 석가장시 북부 지방이라는 사실을 많은 중국사서가 입증해 주고 있다. 따라서 여기서도 다시 확인할 수 있는 역사적 사실은 앞에서도 확인한 바와 같이 진나라와 고조선과의 경계 즉 진장성 역시 당초 연나라와 고조선과의 경계인 갈석산에 위치했던 것임을 알 수 있다. 그러므로 이미 확인한 바와 같이 연나라 진개의 침공 이후 및 진나라 이후 한나라 시기에는 다시 고조선이 이 땅을 회복한 후 원래의 위치로 돌아가 이후 고조선과의 경계도 같은 지역이 되는 것을 확인할 수 있다.

한편 주류 강단 사학계의 '한사군 평양설'을 유지하기 위하여 당초 고조선의 위치, 이와 관련된 연나라의 위치, 연 5군과 연장성의 위치, 진장성, 나중에 거론할 패수와 왕검성의 위치 등을 한반도로 설정하는 것은 학문으로써 도저히 성립할 수 없다는 것을 여러 사료 증거들에 의하여 살펴보았고 앞으로도 살펴보고자 한다. 원래 연나라 시기에는 고조선과 연나라와의 국경에 있었던 갈석산과 요수가 있었는데 연나라가 진개의 조선 정벌로 차지한 동쪽 끝에 연장성을 설치한 후 그 영역 안에 연 5군을 설치하였다. 이후 진나라 시기에는 연장성 위치인 또 다른 요수와 또 다른 갈석산이 위치한 이곳에 진장성을 설치하였으나 이후 고조선에 다시 빼앗긴 채 실질적으로는 '요동외요'로 두면서 명목상으로만 영역으로 두었다가 한나라 시기에는 실질적으로나 명목상으로도 원래 연나라 위치로 물러난 채 고조선과 경계를 하였다.

바로 이 '연 5군', '연장성', '진장성', '요동외요' 지역 이곳에 위만이 망명하여 정권을 잡아 위만조선의 영역으로 한 채 원래의 경계지역으로 물러나 있다가 한무제 시기에 전쟁을 통해 이곳에 한사군 즉 낙랑군을 설치하였다. 이러한 곳에 대하여 중국 학계와 이전의 북한 학계 그리고 우리나라 일부 비주류 강단 사학자들과 일부 재야 사학자들에 의한 '요하 이동 요동설'을 주장하는 근거는 원래 하북성 북경 지방에 있던 이곳이

(1) 수나라 및 당나라 이전의 위진 남북조시대 혼란 시기의 행정구역 및 주민 이동과
(2) 중국 당나라 시기 특히 당태종의 고구려 침략을 위한 역사왜곡과 고구려 침략 멸망 후 새로운 행정구역을 세우지 않고 모두 요동군으로 편입시킨 사실과
(3) 요나라 시기의 대대적인 지명 이동에 의하여 지금의 요하 지방을 중심으로 한 이 지역으로 옮겨서 기록한 중국의 사서를 제대로 파악하지 못하고 이곳이 연나라로부터 한나라 낙랑군 설치 시기까지의 역사적 활동이 일어난 곳으로 파악한 잘못으로 잘못 비정하고 있다.

이미 연장성의 동쪽 기점인 양평을 현재의 요하 지방의 요양으로 비정하는 것에 대하여는 비판을 한 바 있다. 그런데 여기에는 중국사서들의 기록들의 혼맥상과 더불어 앞에서 살펴본 요수(하)의 변동과 2개의 진장성 그리고 갈석산의 정체와 변동과 관련이 있다. 앞에서 살펴보았듯이 요수(하)가 원래 연나라의 위치에서의 '요동외요'와 진장성, 좌갈석과 함께하는 첫 번째 요수인 역수 그리고 '요동고새'와

진장성, 우갈석과 함께하는 두 번째 요수인 자하 등 2개가 있다. 그리고 진장성은 연장성에 축성한 장성으로 갈석산과 요수가 있는 진장성과 원래의 연나라 경계에 있던 곳으로부터 이 연장성에 연결한 진장성이 있어 이들 2개의 장성이 이른바 만리장성이 되는 것이다. 즉 진장성도 2개이다. 그리고 갈석산도 실존 여부가 어떻든지 간에 중국사서에 그렇다는 것이다.

그런데 현재에도 이 2개의 갈석산 중 1개의 갈석산인 좌갈석으로 비정되는 백석산이 있으며, 이러한 갈석산으로 왜곡된 진황도시의 현재 갈석산이 존재하고 있다. 한편 우갈석으로 기록된 갈석산은 당시 사서상에 바다로 불리던 압록수였던 호타하 물속에 있다가 현재는 없어져 버렸다. 이러한 사실이 역사적 진실인데도 그동안 우리 사학계 그중에서 갈석산의 존재와 진장성 위치를 무시한 채 낙랑군 평양설을 고집하는 주류 강단 사학계를 제외한 재야 사학계에서는 하북성 북경 서쪽 보정시 서쪽 지방의 좌갈석인 백석산의 갈석산과 진황도시 창려현 지방의 현재의 갈석산을 놓고 뜨거운 논쟁을 벌여왔고 현재도 진행 중이다. 이것은 어쩌면 당연한 것이다. 이러한 논란의 증거가 되는 중국사서에 혼돈되게 쓰여 있기 때문이다. 그리고 실질적으로 시간의 흐름에 따라 앞에서 살펴본 요수, 갈석산이 변화된 것을 모르고 먼젓번의 것에 나중의 것을 갖다 붙이는 경우가 많았기 때문이다.

여기에 더 혼란을 부채질한 것이 2개의 진장성이다. 지금까지 본 필자 등을 제외한 대부분의 연구자들이 두 군데 모두 옮기기 전과 후의 요수, 장성을 혼돈되게 생각한 나머지 여기에 원래의 갈석산도 옮긴 후의 것에 기록하는 등의 것을 파악하지 못하고 이곳이 옳다 저곳이 옳다고 갑론을박하였다. 왜냐하면 중국사서상 두 군데 모두 요수, 갈석산, 진장성이 있기 때문이다.

이 낙랑군 수성현의 진장성과 이 장성이 출발하여 온 지금의 백석산을 갈석산으로 하는 것에 대한 그 신빙성 의심과 논란에 대하여 확인해 보기로 한다.

이에 대한 논란의 대표적인 것은 다음과 같이 정리할 수 있다.
1) 낙랑군 수성현의 갈석과 장성은 다른 사서 원본에 붙은 주석상 그리고 이에 의한 채 지금은 전해지지 않는 신빙성이 의심되는 『태강지리지』 기록에 의한다.
2) 갈석산은 황하 인근이나 요서군 임유현 등 소위 바다나 물 인근에 있는 것이다.
3) 낙랑군 수성현은 수나라 때 무수현에서 바뀐 것으로 이 수성현 위치로 비정하는 같은 지명이 지금도 남아 있는 하북성 서수구 수성진은 원래는 없었거나 다른 지명이었다. 따라서 이곳에 진 장성이 있다는 기록은 신빙성이 없다. 그러므로 이곳까지 쌓았다는 갈석산인 지금의 백석산도 지금 이름 그대로 백석산이지 갈석산이 아니다. 그러므로 여기에 현재도 장성이 있다면 이곳은 수나라 이후 수성진으로 고친 것으로 여기에 있는 장성은 진 장성이 아니라 당나라 이후 있게 된 장성이다.

1), 2)에 대하여는 이미 설명하여 입증하였으며, 특히 2)에 대하여는 이러한 기록은 단지 주석상에 『태강지리지』 기록에 의하여 확인되는 것이 아니라, 【사료17】『사기』 권2 「하본기」 제2, 【사료16】『진서』 「지리지」 '평주', '유주' 낙랑군 수성현, 【사료25】『통전(通典)』 「변방」 '동이 하 고구려', 【사료65】『통전(通典)』 「주군」 '평주' 등 사서에 의하여 확인되고, 더군다나 주석이 아니라 원본에 의하여도 【사료16】『진서』 「지리지」 '평주', '유주' 낙랑군 수성현, 【사료25】『통전(通典)』 「변방」 '동이 하 고구려' 등에 의하여 확인되고, 더군다나 『태강지리지』 자체도 【사료17】『사기』 권2 「하본기」 제2뿐만 아니라 【사료65】『통전(通典)』

「주군」 '평주'에서도 확인되는 등 그 신빙성을 의심하는 자체가 근거가 없다고 할 수 있다.

3)에 대하여는 그 신빙성 의심 근거를

【사료58】『수서』「지리지」

1. 기주(冀州)

② 상곡군(上谷郡)
上谷郡. 開皇元年置易州. 統縣六, 戶三萬八千七百.
遂城. 舊曰武遂. 後魏置南營州, 准營州置, 五郡十【一縣. 龍城 廣興 定荒 屬 昌黎郡, 石城 陽武 廣】都 屬建德郡, 襄平 新昌 屬遼東郡, 永樂屬樂浪郡, 富平 帶方 永安 屬營丘郡. 後齊唯留黎一郡, 領 永樂 新昌 二縣, 餘並省. 開皇元年州移, 三年郡廢, 十八年改為遂城. 有龍山.

4) 수성현(遂城縣). 옛날에는 무수현(武遂縣)이라고 하였는데 북위(北魏)가 남영주(南營州)를 설치하였는데 이에 준하여 영주(營州)를 설치하였었다. 군은 5개이고【현은 11개였다. 용성현(龍城縣)과 광흥현(廣興縣)과 정황현(定荒縣)은 창려군(昌黎郡)에 속하였고, 석성현(石城縣)과 양무현(陽武縣)과】광도현(廣都縣)은 건덕군(建德郡)에 속하였고, 양평현(襄平縣)과 신창현(新昌縣)은 요동군(遼東郡)에 속하였으며, 영락현(永樂縣)은 낙랑군(樂浪郡)에 속하였고, 부평현(富平縣)과 대방현(帶方縣)과 영안현(永安縣)은 영구군(營丘郡)에 속하였다. 북제(北齊)에서는 오직 창려군(黎) 한 개만을 남겨 놓았었는데 영락현(永樂縣)과 신창현(新昌縣) 등 2개의 현을 다스렸었는데, 나머지는 모두 없앴다(餘並省). 개황(開皇) 원년에 주(州)를 옮겼고 3년에는 군(郡)을 폐하였고, 18년에는 수성현(遂城)으로 고쳤다. 용산(龍山)이 있다.

이 사서기록에 의하고 있다. 즉 예전의 무수현이었던 것을 수성현으로 바꾸었다는 이 기록에 의한다. 그러나 고쳤다는 수성진 그리고 이전의 지역이 속한 곳은 상곡군이다. 원래 상곡군은 진장성과 갈석

산이 있다는 하북성 보정시 일대(하북성 서수구 수성진)가 아니다. 그리고 이 상곡군의 소속현을 보면 상곡군만이 아니라 창려군, 요동군, 낙랑군, 영구군 등 모든 것을 망라하고 있다. 이 이전 무수현이자 수성현이 소속된 이 상곡군은 일정한 지역이 아니라 모든 것을 명목상으로 편성한 것이라는 점이다. 즉 당시 수나라는 이전의 낙랑군 수성현 지역인 하북성 보정시 일대인 지금의 하북성 보정시 서수구 수성진 지역을 고구려가 차지한 관계로 자기들의 영역이 아닌 관계로 이들 지역을 명목상 등재해 놓은 가공의 행정구역이라는 사실이다. 그러므로 정확한 이 지역의 명칭을 바꿀 수 없는 사실이다. 더군다나 위의 기록상에 나와 있듯이 이 수성현으로 바뀐 무수현이 원래 소속된 낙랑군은 위의 【사료58】『수서』「지리지」 기록상에 나와 있듯이 이것이 소속되어 있는 영주와 남영주는 바로 앞의 지리지인

【사료60】『위서』「지형지, 남영주/영주」

3. 남영주(南營州)

남영주(南營州), 효창(孝昌) 년간에 영주(營州)가 함몰되었고, 영희(永熙) 2년 설치하였다. 영웅성(英雄城)에 맡기어 통치하였다.
5개의 군을 다스린다. 현은 11개이고 가구수는 1813이며 인구수는 9036이다.

⑤ 낙랑군

낙랑군(樂浪郡), 천평(天平) 4년에 설치하였다.
다스리는 현은 1개이고 가구수는 49이며 인구수는 203이다.

1) 영락현(永樂縣), 홍화(興和) 2년에 설치하였다.
2) 대방현(帶方縣), 두 한(漢)에 속했고 진(晉)에서는 대방군(帶方郡)에 속했으며 후에 폐하였다가 정광(正光) 말년에 다시 속하였다.

> 5. 영주(營州)
>
> 영주(營州), 화룡성(和龍城)에서 다스린다. 태연(太延) 2년에 진(鎭)이 되었고 진군(眞君) 5년에 고쳐서 설치하였다. 영안(永安) 말에 함락되어 천평(天平) 초에 다시 회복했다.
> 다스리는 군은 6개이고 현은 14개이다.
> 가구수는 1021이며 인구수는 1664명이다.
>
> ④ 낙랑군(樂浪郡)
>
> 낙랑군(樂浪郡), 전한(前漢) 무제(武帝)가 설치하였고 두 한(漢)과 진(晉)에서 낙랑(樂浪)이라 했으며 후에 고쳤다가 폐하였다. 정광(正光) 말년에 다시 설치하였다. 연성(連城)에서 다스린다.
> 다스리는 현은 2개이고 가구수는 219이고 인구수는 1008명이다.
>
> 1) 영락현(永洛縣), 정광(正光) 말년에 설치하였다. 조산(鳥山)이 있다.
> 2) 대방현(帶方縣), 두 한(漢)에 속했고 진(晉)에서는 대방군(帶方郡)에 속했으며 후에 폐하였다가 정광(正光) 말년에 다시 속하였다.

 이 기록에 의하면 그 소속현인 낙랑군은 2개이다. 하나인 영주 소속의 것은 원래 한무제 때 설치된 것이고, 다른 하나는 동위 효정제 때인 천평 4년 즉 537년에 설치되었다. 이것이 소속된 남영주 역시 북위 효무제 때인 영희 2년인 533년에 설치되었다. 이것이 과연 사실일까. 당시 북위와 이 북위에서 갈라져 나온 동위는 고구려의 속국이나 다름없었고 그 영역은 이곳 하북성 보정시 일대를 고구려가 점령하고 이곳에 도읍을 하고 있었기에 관리도 편성도 할 수 없었고 단지 명목상으로 장부상에만 기록되어 있었다. 이는 이후의 수나라 시기에도 마찬가지이다. 이러한 사항 즉 무수현이 바뀌었다는 수성현은 그 존재와 그 위치가 의심스럽다. 더군다나 무수현이라는 명칭은 어떤 사서기록에도 나오지 않는다. 그러므로 없는 무수현이 수성현으로 바뀌었다는 것은 있을 수 없다. 반면에 수성현은 위의 수나라 시기 및 이전의 위나라 시기 이전의 지리지인 【사료10】『후한서』「군국지」 1. 유주, 【사료22】『한서』「지리지」 1. 유주, 【사료16】『진서』「지리지」 '평주', '유주'에 각각 나오고 있는 한편,

【사료16】『진서』「지리지」 '평주', '유주'

③ 낙랑군

낙랑군(樂浪郡), 한(漢)에서 설치하였다. 6개의 현을 다스린다. 가구수는 3700이다.

4) 수성현(遂城縣), 진(秦)이 쌓은 장성이 일어난 곳이다.

정확히 낙랑군 수성현에 진장성이 일어난 곳으로 기록하고 있다. 그러므로 이 무수현에서 수성현이라고 바뀌었다는 【사료58】『수서』「지리지」 기록은 사실이 아니거나 바뀐 곳은 신빙성이 전혀 없거나 오히려 다른 지역임이 명백하다. 더군다나 이 장성이 수나라나 당나라 이후에 쌓은 장성이라는 것은 명백히 입증 가능하거나 신빙성이 없다는 것으로 입증되지 않는 사서기록을 무시한 것으로 진장성이 있기에 기록한 것을 부정함이다. 더군다나 이곳은 앞에서 입증하여 설명하였듯이 연나라 시기, 진나라 시기, 한나라 시기의 '요동외요'에 해당하는 곳으로써, 갈석산과 진장성이 있는 곳으로 확인되고 이후 위만조선의 왕험성이 있었고, 이곳에 낙랑군이 설치된 지역이자 나중에 고구려 평양성이 자리한 위치임이 확인된 지역이다. 더군다나 이곳 갈석산과 낙랑군 수정현으로 비정되는 지금의 하북성 보정시 래원현 백석산과 하북성 보

정시 서수구 수성진 사이에는 오래된 장성 유적이 존재하고 있다. 따라서 앞으로 사실 여부를 떠나서 중국사서 기록상 갈석산은 여러 중국사서가 기록하고 있는 바와 같이 좌갈석과 우갈석이 있고 여기에 2개의 장성이 있다는 것으로 고대사를 확립하여야 한다.

> 한사군의 낙랑군 수성현에는 갈석산이 있고, 진장성이 있다.
> 갈석산과 진장성이 있는 곳은 중국 하북성이다.
> 모든 중국사서가 그것을 증거하고 있다.

한사군의 낙랑군 수성현에는 갈석산이 있고, 진장성이 있다. 갈석산과 진장성이 있는 곳은 중국 하북성이다. 모든 중국사서가 그것을 증거하고 있다. 단지 중국 당나라 이후 고조선의 평양을 고구려의 평양과 연계시킨 이후 실질적으로 고구려 평양성이 수당전쟁 이후 나당전쟁 중 내지는 후의 멸망 시 이의 위치를 지금의 요하 지방으로 옮긴 것을 기화로 이에 비정하여 기록함으로써 하북성의 고구려 평양성이 요령성의 요양으로 위치를 변경하였다. 수많은 중국사서가 이를 밝히고 있으므로 이에 대하여 즉 갈석산, 진장성만이라도 중국사서에 따라 그 위치를 파악하면 원래 고조선의 위치 그리고 그 뒤의 한사군 낙랑군의 위치를 파악할 수 있는데도 현재 주류 강단 사학계에서는 하지 않고 있다. 앞에서 살펴본 대로 본 필자가 이 글에서 비판하는 논문의 경우 『전국책』「연책」을 자기 논리인 동쪽 끝 한반도에 고조선이 있었다는 것에 이용하기 위하여 그것도 왜곡하여 자의적으로 해석하면서도 그 구절에 주석으로 달려 있는

> (표포는 주석 달기를 사기 정의를 인용하여) **갈석산은 평주에 있으며, 연나라의 동남쪽이다.** ~

갈석산에 대해서는 아무런 언급이 없다. 또한 본인이 언급하였듯이 같은 내용이 나와 있다고 하면서 소개한 【사료8】『사기』「권69 소진열전 제9」상의 주석에도 "색은 주석 : (전국책) 갈석산은 상산(常山) 구문현(九門縣)에 있다. (한서)지리지에 대갈석산(大碣石山)은 우북평(右北平) 여성현(驪城縣) 서남쪽에 있다."로 나와 있다. 또한 다른 많은 사료상의 기록은 그만두고서라도 논쟁이 되어 유명한 【사료17】『사기』 권2 「하본기」 제2상의 「사기집해」 주석상에 나와 있는 "『태강지리지』는 말하기를 '낙랑군 수성현에 갈석산이 있다. 장성이 일어났다.'" 구절과 관련하여서라도 갈석산에 대하여는 언급이 있어야 한다. 물론 본 필자가 이 글에서 비판하는 논문은 논리상 조선의 위치와 관련한 논문이라고 할 수 있지만 조선의 위치는 결국 낙랑군과 연결되므로 낙랑군의 위치와 필수적인 갈석산과 관련된 중국사서의 기록에 대하여는 반드시 연구가 필수적이다.

주류 강단 사학계는 자기들 논리에 맞추어 취사선택, 편집, 왜곡에 의하여 고대사를 연구한다.

그러나 주류 강단사학계는 이에 대하여 연구하지 않고 단지 '춘추필법'으로 왜곡되어 쓰인 당나라 이후의 사서 중 자기들 논리에 맞는 사서만 그것도 그 사서 중 맞는 구절만 이용하여 연구하고 있다. 이것은 학문이 아니다. 이러한 예는 중국의 '춘추필법'과 일본의 역사왜곡 그리고 고려와 조선시대의 유학자들 그리고 일제 식민 사학자들 이외에는 세계 역사상 있을 수 없는 아이러니한 일이다. 여기에 대하여는 다음의 낙랑군 비판에서 다시 거론하고자 한다.

[패수에 대하여]

그럼 지금부터 패수에 대하여 살펴보기로 한다. [『삼국사기』상의 평양성 기록상 패수 오류 비정]에 대하여는 이미 살펴봄으로써 한반도 평양의 패수 왜곡 비정에 대하여는 확인함과 동시에 원래 사서기록상의 고구려 평양성 패수에 대한 올바른 비정을 하였다. 여기서는 그동안 논란이 되어왔던 우리 고대사 위치와 관련된 본질적인 사안인 패수에 대하여 살펴보고자 한다.

패수를 살펴보는 이유는 패수의 위치를 두고 논쟁이 되어 왔기 때문이다. 그 패수의 위치가 낙랑군의 위치와 관계있기 때문이다. 더군다나 패수가 중국 민족국가와 우리 한민족 국가 간의 경계가 되는 개념으로 확립되어 그 중요성이 부각되었다. 하지만 패수도 지엽적으로 생각하지 않고 여러 가지를 감안하면 결코 다른 모든 것들이 오히려 많고 바른 것을 증거해 주기 때문에 그 하나만 중요하지 않거니와 문제가 되는 그 기록에 왈가왈부하는 것은 상당히 쓸데없는 논쟁이나 작업이다. 따라서 본 필자는 과감하게 이야기한다고 하지만 오히려 이것이 합리적인 생각이라고 생각한다. 즉 패수 이외에 지금까지 살펴본 각종 중국 사료에 나타난 요동, 요수, 연진장성, 갈석산 등만 분석하여도 저절로 기본적인 고조선의 위치 및 낙랑군의 위치 규명은 충분히 되는 것이고, 패수의 경우에도 논란의 구절도 간단히 정리하면 되거니와 그 구절만을 따져 시시비비를 가리는 것은 옳지 않으므로 과감히 탈피하여야 한다고 사료된다.

이러한 사례는 나중에 살펴볼 광개토대왕 비문을 비롯한 모든 사안에서도 그대로 적용된다. 주류 강단 사학계는 그동안 일본인들의 전통적인 기법으로써 여러 가지를 종합적으로 분석하면 당연히 자기들이 원하는 논리가 깨지므로 이러한 전체를 무시하고 대신 문제가 될 만한 어느 한 소재만을 따져 그것의 문제성을 문제 삼아 전체를 무시하고 자기들의 논리에 합리화를 부여하는 방식에 따랐다. 그것이 광개토대왕 비문 해석이다.

> 패수 논쟁은 일본 식민사관의 상습적 소모적, 지엽적 논리 전개 방식에 의한다. 임나일본부, 광개토대왕 비문 논쟁과 동일하게 자구적으로 해석하는 방식에만 따르지 말고 전체를 파악해야 한다.

즉 광개토대왕 비문의 전체적인 맥락을 따지면 당연히 고구려의 위상을 나타내는 비문이거니와 비문상의 왜라는 존재의 전체적인 의미는 백제의 종속적인 개체이므로 신묘년조 하나 가지고 따져 전체의 맥락과 진실을 무시하는 얕은 수를 부리는 것이 광개토대왕 비문 해석이다.

또한 '임나일본부'설은

(1) 당시 왜의 공략 대상이라는 백제와 신라 그리고 가야는 당시 막강한 국력과 전투력을 가진 집단인데 반하여
(2) 당시 왜는 단일 체제 통일국가도 못 이룬 상태로 바다 건너 한반도로 진입할 세력 자체가 없었으며,
(3) 철 생산도 못하고
(4) 전투 필수인 말도 없으며,
(5) 선박 제조 기술도 빈약하였고,
(6) 한반도에서 건너간 집단에 의하여 좌지우지되는 지경이었다.

그러한 형편에서 철갑기마 무장 상태인 막강한 상대인 백제, 신라, 가야를 억누르고 식민 통치기구를 한반도 가야 지방에 세웠다는 것은 있을 수 없다는 것으로 분석하여 이를 감안한다면 '임나일본부'가

존재한다고 내세우는 유일한 허위 기록인 『일본서기』의 몇 기록은 무시될 것이므로 '임나일본부설'은 논쟁을 벌일 필요도 없게 된다. 그런데도 이에 매달리는 것은 우리 주류 강단 사학계가 일본의 전통적인 역사 정리 기법을 그대로 따르면서 형성된 일본인 학자들의 연구 결과 및 논리를 신앙적인 교리로 삼아 비판 없이 무조건 따르고 있기 때문이다. 나중에 주류 강단 사학계 및 '젊은 역사학자 모임' 일원들의 광개토대왕 비문도 같은 방식으로 비판하겠지만 여기서의 패수도 이러한 맥락으로 바라보아야 한다고 본 필자는 단연코 주장한다.

> 패수 논쟁은 광개토대왕 비문 신묘년조와 임나일본부 해석 논쟁과 더불어 지엽적인 사항을 논란거리로 만들어 당연한 전체적인 해석을 방해하는 전통적인 일본 역사 기법을 따른 것으로 지양하여야 한다. 지엽적인 논란을 전반적인 맥락 해석으로 무시하면 원래의 의미대로 제대로 해석된다.

패수가 그동안 소모적인 논쟁거리로 문제가 되는 것은 앞에서 설명한 대로 이것이 한사군 낙랑군의 위치와 중국 계열 국가와 우리 한민족 계열 국가 간의 경계선이라는 의미에서이다. 패수에 대하여는 살펴보았듯이 패수에 대한 논란은 크게 두 가지로 나눌 수 있다.

첫 번째는 ①일제 식민사학 이전으로 이는 중국 대륙 산동성 및 하북성에 있었던 것으로 기록된 패수를 다른 모든 우리 민족 역사 활동 지역을 한반도로 옮기게 되면서 한반도에 설정됨으로써 원래 위치가 논란이 되었다.

두 번째는 ②일제 식민사학 이후로 이에 의하여 설정한 '낙랑군 평양설'이 잘못되었음을 비판하면서 새로이 낙랑군과 고조선을 찾는 지표로 패수의 위치를 확인하기 위해 논란이 있었다.

그동안 우리가 논란을 벌여왔고 각종 중국사서에 기록된 문제의 패수는 한 가지가 아니라는 사실이다. 두 가지이다. 그런데도 이를 한 가지로 같이 취급하여 해석하고 비정하다 보니 두 가지에 의하여 기록된 것을 한 가지로 비정할 수 없어 혼란스러웠다. 그런데 이러한 혼란을 더욱 가중시킨 것이 위치 변동이다.

두 가지 패수가 중국사서 등 각족 기록상에서 원래의 위치에서 왜곡되어 다른 관련 사항 즉 모든 활동 내역 등을 요령성 요하 인근으로 옮겼다가 다시 한반도로 옮기게 됨으로써 혼란이 가중되었다. 이 사항은 지금도 마찬가지이다. 그러면 패수의 두 가지는 무엇인가.

하나는① 바로 『사기』「조선열전」상의 한나라가 들어서면서 조선과 경계로 삼은 패수이자 위만이 연나라에서 조선으로 오면서 건넜던 패수 즉 나중에 위만조선과의 싸움 장소인 패수이다. 이 패수는 『한서』「지리지」 그리고 많은 사서상과 『수경』상의 이전의 패수와 나중의 하북성 낙랑군 패수이다.

그리고 또 하나의② 패수가 『신당서』「고구려전」, 『통전』, 『주서』, 『수서』, 『북사』 등 많은 중국사서상 기록된 고구려 도읍 평양성 남쪽에 접해 있다는 패수이고 당나라가 고구려를 침략하면서 이용한 산동성 패강이다. 이 두 패수를 같이 보고 해석하고 비정한 것 그리고 그 위치를 변동시킨 것이 그동안 논란의 전부이다.

■ [도표] 2개의 패수

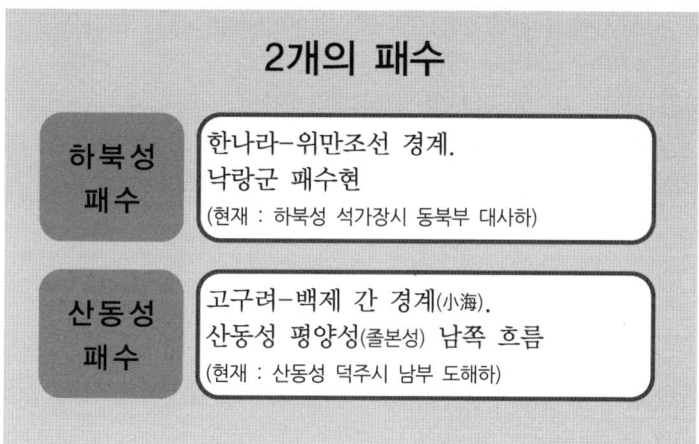

■ [그림] 2개의 패수

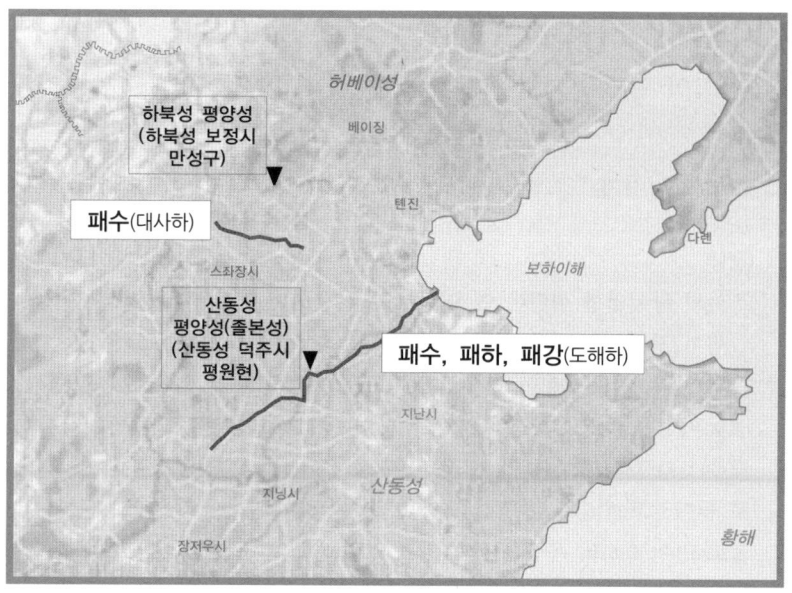

> 우리 고대 역사 모든 기록상 패수는 단 두 가지이다.
> 모든 사서기록상 패수는 ①한나라와 위만조선 간의 경계인 패수로 낙랑군 지역에 있는 패수, ②고구려 평양성 남단에 있다는 패수, 이 두 가지를 벗어나지 않는다.
> 본 필자의 패수에 대한 이 정리가 역사상 최초의 정리이다.
> 이로써 패수에 대한 논쟁은 끝내야 한다.

더군다나 이 두 패수를 같이 보는 것도 문제이고 혼란스러운데 이 두 패수가 왜곡되어 원래의 위치에서 옮겨져 요령성 요하 인근으로 다시 한반도로 옮기게 됨으로써 혼란이 가중되었다. 이 논란에 불을 붙인 것이 바로『수경주』이다.『수경주』는 이 두 패수가 다른 것을 모르고『구당서』「고구려전」에서의 고구려 도읍 평양성이 한나라 낙랑군에 도읍한 기록에 의하여 평양성 남쪽에 패수가 있다는 이 패수를 한나라 낙랑군 패수와 동일시하여 같이 비정하기 시작한 이후 이를 모두 같이 따르다 보니 오류가 생겼다. 분명히

【사료11】『사기』「조선열전」'고조선'

(생략)

조선의 왕이었던 위만은 옛 연국(燕國) 사람이다. 연국의 전성기 때부터 일찍이 진번과 조선을 침략하여 속하게 하고 아전[吏]을 두고 장새(鄣塞)를 쌓았다. 진국(秦國)이 연국을 멸하고 요동외요(徼)에 소속시켰다. 한국(漢國)이 일어나고 그곳이 지키기 어려우므로 요동고새(塞)를 수리하고 패수(浿水)를 경계로 하여 연국에 소속시켰다. 연국 노관이 반하여 흉노로 들어갔고 위만은 망명하였다. 1000여 명을 모아 무리를 지어 상투를 틀고 만이(蠻夷)의 복장을 하여 동쪽으로 달아나 새(塞)를 나와 패수를 건넌 후에 옛 진국(秦國)의 공터인 상하장(上下鄣)에 살았다. 점차 진번과 조선과 만이(蠻夷)들을 복속하여 거느리고 연국과 제국(齊國)의 망명자들의 왕이 되어 왕험(王險)에 도읍하였다.

(생략)

집해에서 안을 내었는데 한서음의를 인용하여 기록하기를 浿의 음은 배(傍沛反)라고 하였다. 정의에서 기록하기를 한서지리지에서는 패수가 요동의 새(塞) 밖을 나와서 서남으로 낙랑현(樂浪縣) 서쪽에 이르러 해(海)로 들어간다고 했고 浿(패)의 음은 배(普大反)라고 했다.

(생략)

집해에서 서광이 말하기를 창려에는 험독현이 있다고 하였다. 색은에서 위소가 말하기를 옛 마을의 이름이라고 하였다. 응소가 주석하기를 지리지에서는 요동군에 험독현이 있다고 했는데 조선 왕의 옛 도읍이라고 하였다고 했다. 신찬은 말하기를 왕험성은 낙랑군의 패수의 동쪽에 있다고 하였다.

앞에서 인용한 【사료71】『한서』「조선전」'고조선', 【사료70】『삼국유사』권 제1 기이(紀異第一) 위만(魏滿:衛滿)조선(朝鮮)에도 나오는 이 기록들이 말하는

【사료11】『사기』「조선열전」'고조선'

(위 생략)

좌장군은 패수 서쪽 군대를 깨뜨리고 나아가 왕험성 아래에 이르러 그 서북을 포위하였다. 누선 또한 왕험성 남쪽에 주둔하였다. 우거가 성을 굳게 지키므로 수개월 동안 함락시키지 못하였다.

"한나라가 요동고새를 수리하고 패수를 경계로 하였다"는 것과 나중에 한나라에 멸망한 후 이곳에 낙랑군이 세워진 위만조선의 위만이 "요동고새를 나와 패수를 건너 자리를 잡았다" 그러므로 패수 근처에 위만조선이 있었으므로 이곳에 세운 낙랑군도 이곳이라는 기록은

203

【사료466】『수경』「패수」

패수(浿水)는 낙랑군(樂浪郡) 루방현(鏤方縣)을 나와서 동남쪽으로 임패현(臨浿縣)을 지나서 해(海)로 들어간다. (案: 過 자 아래에 衍于 자가 있다. 案을 염두에 두고 번역하면 패수는 낙랑군 루방현을 나와서 동남쪽으로 지나가다가 임패현으로 흘러 海로 들어간다.)

이 기록과 같이 한나라와의 경계로써 나중에 낙랑군 위치에 있는 패수를 일컫는다. 그런데

【사료467】『수경주』「패수」

허신(『설문해자』의 저자)이 "패수는 누방(현)에서 나와서 동쪽의 바다로 들어간다. 패수현에서 나온다고도 한다."고 하였다. 『십삼주지』에서는 "패수현은 낙랑(군)의 동북쪽에 있으며, 누방현은 (낙랑)군의 동쪽에 있다."고 하였다. 아마도 그 현의 (남쪽)에서 나와 누방(현)을 지나는 것이다. 옛날에 연나라 사람 위만이 패수 서쪽으로부터 조선에 도착하였다. 조선은 옛 기자국이다. 기자는 의로써 백성들을 가르치니, 밭을 갈고 베를 짜며 신의가 두터웠으며, 팔조법을 시행했으나 금하는 것은 알지 못하고, 비로소 예의 풍속을 이루었다.
전국시대에 위만이 왕이 되어서 왕험성에 도읍하니, 지방이 수천 리에 달하였다. 그의 손자 우거에 이르러 한나라의 무제 원봉 2년에 누선장군 양복과 좌장군 순체를 파견하여 우거를 토벌하니, 패수에서 우거는 격파되어 마침내 멸망하였다.
만약에 패수가 동쪽으로 흐른다면 (위만이) 패수를 건너는 것은 이치에 맞지 않는다. 그 땅은 지금의 고구려 국이 다스리는데, 내가 번국의 사신에게 물어보니 성은 패수의 북쪽에 있다고 하였다. 그 물은 서쪽으로 흘러서 옛 낙랑군 조선현으로 지나간다고 하니, 즉 낙랑군이 다스리던 것으로, 한나라의 무제가 설치하였으며, (패수는) 서북으로 흐른다.
그러므로『(한서)지리지』에서 "패수는 서쪽에서 증지현에 이르러 바다로 들어간다."고 한 것이다. 또한 한나라가 흥기하자 조선은 멀다고 하여서 요동(군)의 옛 요새를 수리하고, 패수에 이르러서 경계로 삼았다. 현

> 재와 옛날을 (역사를) 고찰해 보면 사실에 차이가 있고 그릇된 것은, 아마도 『(수)경』의 잘못된 증명 (때문)이다.

이 『수경주』 기록은 이 패수 즉 한나라와 고조선의 경계인 하북성 패수의 기록을 인용하여 살펴보면서도 정작 엉뚱한 산동성 고구려 평양성 가까이에 흐르는 패수에 비정하여 살펴보았다. 번지수가 틀렸다. 이 고구려 평양성 남쪽에 접해 흐른다는 패수는 위 사서들의 경계이자 낙랑군 위치에 있다고 기록한 패수가 아니다. 그래서 혼란이 왔었다. 그런데 이를 모르고 이 엉뚱한 논쟁에서 벗어나지 못한 후세 사람들에게 문제가 있다. 『수경주』가 해석을 붙인 대상인 『수경』은 3세기경 비교적 위만조선과 낙랑군과 관련된 패수가 존재하던 시기인 후한시대 사람 상흠이 저술한 『산해경』과 마찬가지로 전부 중국 내 지방에 하천에 대하여 기술한 것이다. 이에 대하여 수당 시기 전인 515년경 북위의 역도원이 주를 단 것이 『수경주』이다.

이 두 사서에 대한 관심은 패수가 동쪽으로 흐르는 하천인지, 서쪽으로 흐르는 하천인지 서로 상반되기 때문에 논란이 있다. 원본인 『수경』은 동쪽으로 흐른다고 했으나 이를 주석한 『수경주』에서는 자기가 알아본 결과 이것이 잘못되고 서쪽(서북쪽)으로 흐른다고 수정하여 결론을 내렸다. 이것이 논란이 되는 것은 동쪽으로 흐르는 것은 대동강을 비롯한 우리나라 하천과 맞지 않고 서쪽으로 흐르는 것이 한반도와 맞기 때문이다. 반대로 동쪽으로 흐르는 강은 대부분 중국 하북성에 있기 때문이다. 그러나 두 사서가 반대되는 내용의 글을 썼지만 별문제가 되지 않는다. 많은 사서들이 있기 때문이다.

하지만 이것이 논란이 되는 것은 앞에서 설명하였듯이 문제가 되지 않을 것을 자기들의 논리에 맞추느라고 애써 사소한 것을 문제 삼아 전체를 호도하여 자기들의 논리를 세우려고 이 글을 문제 삼아 거론하였기 때문이다. 이것이 문제이다. 본 필자가 앞에서 지적하였고 계속 반복하여 거론하지만 별달리 관심을 끌 만한 것도 문제가 될 만한 것도 없고 그것을 거론하지 않아도 될 것을 굳이 거론하여 문제를 삼아 자기 논리에 이용하는 것이 문제이다.

우선 (1) 이외의 패수를 설명하는 자료가 많다. 이것을 거론할 필요도 없고 이것은 그냥 지나쳐도 다른 것에 의하여 파악할 수 있다. 『수경주』에서도 거론하였지만 다른 기록인 위의 『수경』의 상흠과 같은 시기인 후한시대의 허신(58~147)이 쓴 『설문해자』에도 나온다.

【사료468】『설문해자』

패수(浿水)는 낙랑군 루방(鏤方)을 나와서 동쪽으로 바다에 들어간다. 수부(水部)이고 '패(貝)'의 소리를 따른다. 어떤 사람은 패수현을 나온다고 하였다. '浿'는 배(普拜切)로 읽는다.

그리고 또한 『수경주』에서도 거론하였듯이 역도원보다 조금 앞선 시기의 같은 북위의 지리학자인 감인이 쓴 『십삼주지』는 현재 유실되어 전하지 않은 채 청나라 시기에 여러 문헌에 담겨 있는 기록으로 서책을 만든 것이다. 여기에는 패수가 낙랑군의 동쪽에 있다고 기록하였다. 또한 물론 『수경주』에서도 거론한 바와 같이 반대의 내용으로 이미 본 글에서 인용한

【사료22】『한서』「지리지」1. 유주

낙랑군
3) 浿水縣(패수현), 浿水, 水西至增地, 入海, (패수(水)가 서쪽으로 증지현(增地縣)에 이르러 바다에 들어간다.) 왕망은 낙선정(樂鮮亭)이라고 했다.[4] [4] 師古曰 浿音普大反. 사고(師古)가 말하기를 浿의 음은 배(普大反)라고 했다.

와 같이 나온다.『수경주』에서도 거론한 것은 낙랑군 편의 패수현 관련 기록이다. 또한 패수는 이미 인용한 기록인【사료72】『염철론』「주진 편」에 진나라가 조선을 병탄했다는 기사에서 "패수를 끊어 조선을 병탄했다"는 기록으로 나온다. 또한 이외에도【사료91】『북사(北史)』列傳 高句麗,【사료92】『수서(隋書)』東夷列傳 高句麗,【사료26】『신당서(新唐書)』「동이열전 고구려」에 고구려 평양성이 남쪽으로 패수에 닿아 있다는 기사로 나온다. 이외에 우리나라【사료70】『삼국유사』권 제1 기이(紀異第一) 위만(魏滿:衛滿)조선(朝鮮)을 비롯한 기록들도 있다.

이와 같이 여러 기록들이 동쪽으로 흐른다고 하였으나 유독【사료22】『한서』「지리지」1. 유주만이 서쪽으로 흐른다고 하고 더군다나 자신이 주석하는 원본인『수경』이 동쪽으로 흐른다고 하였으니, 원본을 무시하거나 해석을 달리한『수경주』의 기록은 오히려 무시해도 될 것이며, 더군다나 주석을 단 주석본이 옳다고 하는 것은 거론할 가치가 없는데도 이를 부각시키는 것이 문제이다.

더군다나 역도원이 인용한【사료22】『한서』「지리지」1. 유주상의 기록은 중지현에 들 때만 서쪽으로 들었을 뿐이고 이내 동쪽으로 돌아 바다로 들어가는 것이라고 해석해도 되는 구절이다.

(2)『수경주』의 역도원이 주석을 달거나 인용한『수경』과『설문해자』그리고『한서』「지리지」는 모두 당시의 기록상 중국 근처 즉 지금의 요서이자 당시의 요동까지 즉 연 5군의 동쪽 끝인 요동군이자 한나라 시기의 위만조선 그리고 낙랑군의 위치에 있었던 하천들을 기록한 것이지 요령성 내지는 한반도는 관심 내지는 서술 대상이 아니었음이 명백한데도 머나먼 이들이 보면 구석진 곳의 오랑캐 땅인 한반도로 끌어들인 것은 당연히 배척되는 것이어서 논란의 여지가 없음에도 논란이 되는 것이 문제이다.

> 수경주의 역도원 저술 태도와 서술은 일고의 가치도 없다.
> 그런데도 주류 강단 사학계는 유난히 이 서술을 상당히
> 존중하여 애용한다.

　(3)『수경주』의 이 기록 및 저자인 역도원에 대한 비상식적인 저술 태도를 보더라도 이것은 논란의 여지가 없는데도 논란으로 삼는 것 또한 가치가 없다.

　(3-1) 역도원은 그의 저서인『수경주』기록 말고도 다른 여러 기록들로 말미암아 그 판단이 황당하고 근거 없이 서술하여 신빙성이 없다고 9세기 초의 기록인『통전』에서도 신랄한 비판을 하였으며, 이후 청나라 시기의 학자들을 비롯한 많은 학자들로부터 비판을 받아왔으며『수경주』에서의 많은 하천에 대한 기록이 부실하고 신빙성이 없는 것으로 혹평하고 있는 실정이다. 더군다나『수경주』의 경우 역도원 생전인 515년에 편찬된 것으로 추정하고 있는데,『수경』의 기록에 나름의 설명을 달은 주석을 붙인 것이다. 그럼으로써 원래의 분량에서 40배 크기로 방대해졌다.

　그러나 이후 10세기 무렵, 내용이 일부 유실되는 한편 본문과 주석이 서로 뒤바뀐 채 섞여버렸다. 이에 따라 명나라 및 청나라 학자들이 이를 복원하려고 노력한 결과 여러 종류의 복원이 이루어지는 한편 당시의 역사 인식과 지식이 가미되기에 이르러 원래의 복원이 어느 정도 이루어지는 한편 원래의 기록과 위치 개념이 바뀌기도 하였다. 특히 이에 대한 상세한 고증본은 명나라 주모위가 1615년에 복원한『수경주소』이다. 이를 토대로 전조망(1754년) 등이 문장을 추가한『수경주』가 나왔다. 따라서 현재의『수경주』는 원래의『수경주』와도 다르다. 물론 원래의『수경주』도 주석 대상인 원본『수경』을 나름대로 당시의 시대 인식과 지식에 의한 것이지만 현재의『수경주』역시 원

래의 『수경주』와도 다르게 당시의 시대 인식과 지식을 중국의 전통적인 역사 서술 방식인 '춘추필법'에 의하여 왜곡되었다.

앞에서 용성의 위치와 관련하여 하천의 위치를 왜곡한 『수경주소』를 확인한 바와 같이 후대에 복원된 현재 참고하는 『수경주』는 후대에 왜곡한 것이 확실하다. 그럼에도 불구하고 오히려 원본인 『수경』을 무시하고 이러한 『수경주』에 의하여 해석을 채택하는 주류 강단 사학계의 학문 방법은 유감을 넘어 도저히 묵과할 수 없는 학문적 태도이자 비학문적인 처사이다. 원본이나 다른 사서들을 무시하고 굳이 문제가 있음이 분명한 나중에 복원된 기록을 채택, 거론하여 논란으로 삼는 것은 어떠한 잘못된 의도가 있는 것으로 밖에는 판단할 수 없다.

(3-2) 역도원의 이 구절만으로도 비판을 받아 취급조차 할 필요가 없는 것이었다. 그가 달은 주석 대상 즉 원본에 기술이 되었음에도 이를 무시하고 잘못되었다고 판단하는 것은 상식 밖이다. 잘못되었다고 판단된다면 당연히 여러 가지를 살펴서 분석한 다음 판단을 내려야 하는 것은 너무나 당연하다. 그러나 그는 원본 『수경』 및 스스로 인용한 다른 사서 『설문해자』도 달리 기록하고 있음에도 불구하고 또 다른 사서인 『한서』 「지리지」를 따르는 데는 타당한 이유가 있어야 했다.

하지만 그는 『한서』 「지리지」상의 기록을 염두에 두고, 고구려 사신에게 패수의 위치를 물어보았다. 하지만 고구려와 고조선은 엄연히 다른 존재인데도 단지 본 필자가 앞에서 지적하였듯이 고구려와 고조선을 같은 나라라고 생각하거나 도읍이 평양으로써 같다는 당시 당나라 이후의 역사 인식으로 인하여 같이 취급하였다. 참고로 고구려 수도가 평양이라는 것은 중국사서 중 『위서』 「고구려전」에 처음 연결시켜 등장하게 한 이후 『주서』, 『수서』, 『구당서』, 『신당서』가 이어받았다. 한편 『구당서』는 여기에 고구려를 한나라의 낙랑군과 연결시켜 동일시하는 역사 인식을 가지게 되었다. 이 인식이 사실인지 아닌지 우선 이를 살펴보아야 하는 것인데도 무조건 같은 것으로 취급하여 이를 전제로 논리를 전개한 역도원은 학자로서 문제가 된다. 따라서 이러한 학자가 원문을 무시하고 행한 논리는 당연히 배척되어야 한다.

설사 배척하지 않더라도 비판적으로 취급되어야 마땅한 것임에도 이를 적극적으로 취급하거나 이를 전제로 논리를 펴는 주류 강단 사학계의 처사는 문제가 심각하다. 즉 고조선의 평양과 고구려의 평양을 무조건 같은 것으로 전제하는 자기들의 논리와 맞는 것이기에 적극적으로 취급하는 학문에 있어서는 배제하여야 할 편파적인 논리 취급 행태이다.

(3-3) 역도원의 이러한 무지와 양식을 저버린 행위는 여기에서 그치지 않고 섣부르고 억지스런 판단을 하기에 이른다. 물론 기록상의 내용은 역도원의 것이 아니라 후대 학자들의 복원분에 의한 것일 것이나 여기서는 역도원의 것으로 진행하고자 한다. 그럼에도 우리나라 조선시대 유교학자들은 물론 일제 식민주의 학자들과 현재 주류 강단 사학계 학자들은 자기들의 논리에 맞는 근거 사료를 찾는 절박감에 들어맞는 이 어설프고 어리석은 구절을 배척해야 마땅함에도 불구하고 이를 타당한 것으로 받아들임에 따라 이후 양식 있는 비판자들과 논란을 벌이는 작태를 벌이고 있는데 그럴 필요도 없고 그래서도 안 된다.

왜냐하면 위에서 지적한 대로 너무나 양식 없고 무리한 어설픈 구절이고 판단이기 때문이다. 이 구절을 맞는다고 여기는 측과 이를 비판하는 측들의 설왕설래가 많았다. 하지만 본 필자가 판단하기에 너무나 어처구니없는 것을 열심히 분석하면서 설왕설래할 필요가 없다는 것이다. 그는 주류 강단 사학계가 적극적으로 채택하려는 의도와 다르게 대동강을 당시 고구려의 수도 평양이요, 고조선의 도읍인 평양이라고 생각하지도 아니하였고 비정하려고도 하지 않았다. 반면 지금 재야 사학자들 사이에 주장되고 있는 당시 장수왕 시절의 천도지인 수도 평양인 하북성 평주로도 생각하거나 비정하려고도 하지 않았다.

(3-4) 역도원은 위와 같은 비상식적인 인식 외에 아래와 같이 생각하고 판단한 것이다. 그는 자기의 판단 근거를 장황하게 밝혔다.

즉 첫 번째① 사료 네 가지이다. 즉 자기가 해설한 원본인『수경』과 다른 사서 세 가지『설문해자』,『십삼주지』,『한서』「지리지」등 총 네 가지이다.

그리고 두 번째② 고구려 사신에 대한 질문과 답변(성은 패수의 북쪽에 있다.)이다.

그동안『수경주』의 그릇된 판단의 근거로 이것만 제시한 채,『수경주』의 판단 오류에 대한 결론을 위에서 본 필자가 제시한 (1)~(3-3)만을 제시하였다.

그러나 본 필자가 판단하기에『수경주』의 저자 역도원은 위의 (3-1)~(3-3) 이유와 같이 아주 단순하고도 한심하게 엉뚱한 결론을 내린 것으로 본다.

그는 위의 네 가지 사서①과 고구려 사신에 대한 질문과 답변② 이외에 다른 기록을 염두에 두고 있었다.

그것은 또한 본 필자의 판단으로『십삼주지』와『사기』「조선열전」이나『한서』「지리지」상의 또 다른 기록을 자기 나름대로 잘못 해석하였다. 그 잘못된 판단은 첫 번째〈1〉"**아마도 그 현의 (남쪽)에서 나와 루방(현)을 지나는 것이다.**"라고『십삼주지』의 기록을 멋대로 해석한 것이고, 두 번째〈2〉"**그 물은 서쪽으로 흘러서 옛 낙랑군 조선현으로 지나간다고 하니**"라고 하여 고구려 사신의 답변을 나름대로 잘못 해석하였거나 이러한 사실을 기록한『사기』「조선열전」이나『한서』「지리지」상의 또 다른 기록을 자기 나름대로 잘못 해석하였다.

즉 고구려 사신에게서 들은 답변은 "(고구려 수도)**성은 패수의 북쪽에 있다**"는 말뿐이었다. 그 후의 기록인 "**그 물은 서쪽으로 흘러서 옛**

낙랑군 조선현으로 지나간다고 하니"는 그의 기록상의 문맥으로 보나 내용으로 보나 고구려 사신이 답을 한 사실이나 내용이 절대 아니다. 그런데도 그동안 많은 학자들이나 분석가들 특히 주류 강단 사학계의 학자들은 자기들의 논리를 정당화할 목적으로 이것을 고구려 사신이 답한 것이라고 단정 지어 분석하였다.

이것은 분명히 『수경주』의 저자 역도원이 『사기』「조선열전」이나 『한서』「지리지」상의 또 다른 기록을 그의 어설픈 특징대로 멋대로 임의로 해석한 것이다. 관련 기록이 나오는 것은 『사기』「조선열전」이다. 그러나 여기서 인용한 원본인 『한서』「지리지」상에는 이러한 사실을 그대로 나타내는 구절이 없다.

즉 『사기』「조선열전」상에 "朝鮮, 爲置吏, 築鄣塞. 秦滅燕, 屬遼東外徼. 漢興爲其遠難守, 復修遼東故塞, 至浿水爲界[四]"에 대한 주석으로 "[四] 集解駰案, 漢書音義曰, 浿音傍沛反. 正義, 地理志云, 浿水出遼東塞外, 西南至樂浪縣西入海. 浿普大反. 집해에서 안을 내었는데 한서음의를 인용하여 기록하기를 浿의 음은 배(傍沛反)라고 하였다. 정의에서 기록하기를 한서지리지에서는 패수가 요동의 새(塞) 밖을 나와서 서남으로 낙랑현(樂浪縣) 서쪽에 이르러 해(海)로 들어간다고 했고 浿(패)의 음은 배(普大反)라고 했다."라고 기록하다.

그러나 정작 『한서』「지리지」상에는 낙랑군(樂浪郡) 3) 패수현(浿水縣)조에 "패수(水)가 서쪽으로 증지현(增地縣)에 이르러 바다로 들어간다. 왕망은 락선정(樂鮮亭)이라고 했다.[4]"에 대한 주석으로 "[4] 師古曰浿音普大反. 사고(師古)가 말하기를 浿의 음은 배(普大反)라고 했다."라고 되어 있을 뿐이다.

결국 『사기』「조선열전」의 기록인 "패수가 요동의 새(塞) 밖을 나와서 서남으로 낙랑현(樂浪縣) 서쪽에 이르러 해(海)로 들어간다."라는 구절과 그의 원본인 『한서』「지리지」상의 기록인 "패수(水)가 서쪽으로 증지현(增地縣)에 이르러 바다로 들어간다."와 같은 의미로 해석되거나 될 수 있지 않느냐고 반문할 수도 있고 같은 의미라고 단정 지을 수도 있다. 하지만 본 필자의 해석으로는 엄연히 다르다.

그런데도『수경주』의 저자 역도원은 또 이 두 구절과는 달리 "그 물은 **서쪽으로 흘러서 옛 낙랑군 조선현으로 지나간다고 하니**"로 전혀 다르게 자기 임의대로 해석하였다. 이 세 가지는 본인의 판단으로는 전혀 다르다. 설사 같더라도 함부로 단정하여 판단을 달리하면 안 된다.

『사기』「조선열전」상에서 정의가 주석을 달면서『한서』「지리지」상의 기록을 자기 임의대로 해석하여 원래의 의미를 달리하여 인용하였다. 즉 원본인『한서』「지리지」상의 기록인 "**패수(水)가 서쪽으로 증지현(增地縣)에 이르러 바다로 들어간다.**" 즉 단순히 패수가 서쪽으로 증지현에 이르러 바다로 들어간다고 하면서 일단 증지현에는 서쪽에서 왔다가 증지현이나 증지현 바깥에서 동쪽으로 흘러 바다로 들어가는지 모르는 것이다.

이런 것을 전체 패수가 서쪽으로 흘러 그대로 서쪽으로 바다로 들어가는 것으로 "**패수가 요동의 새(塞) 밖을 나와서 서남으로 낙랑현(樂浪縣) 서쪽에 이르러 해(海)로 들어간다.**"와 같이 '증지현'을 '낙랑현'으로 바꾸고, 또한 완전히 서쪽으로 바다로 들어가는 것으로 달리하여 인용하면 안 된다. 왜냐하면 이와 달리 기록한 기록이 있기 때문이다.

대표적인 예로『수경』과『설문해자』이다. 더군다나『수경주』의 저자 역도원은 2개의 기록 중 본인이 선호하여 인용하는『한서』「지리지」상의 기록을 놔두고 이러한 기록을 멋대로 인용한『사기』「조선열전」상의 기록을 따르면서도 "**그 물은 서쪽으로 흘러서 옛 낙랑군 조선현으로 지나간다고 하니**"라고 하여 '낙랑현'을 '낙랑군 조선현'으로 바꾸는가 하면 물 흐름을 원전인『사기』「조선열전」상의 기록은 서남으로 흘러 낙랑현 서쪽으로 이르러 바다로 들어가므로 낙랑현 서쪽으

213

로 이르렀다가 동쪽으로 해서 바다로 들어갈지도 모르는 것으로 해석할 수 있는 여지가 있는 것을 임으로 패수의 흐름을 아예 서쪽으로 흘러 낙랑군 조선현으로 지나가는 것으로 해석해 버렸다.

여기에 그가 패수가 서쪽으로 흐른다는 판단을 내리게 된 것에 기여한 것이『십삼주지』의 기록이다. 즉 패수가 발원한 낙랑군의 현인 패수현과 누방현이 낙랑군의 동북쪽과 동쪽이므로 패수가 지나야만 한다고 생각하는 조선현은 당연히 그보다 서쪽에 있을 수밖에 없으므로 패수는 서쪽으로 흐른다는 판단을 내렸다.

더군다나 이러한 임의의 잘못된 판단의 기반 위에 고구려 사신의 답변에서처럼 패수가 도성의 남쪽에 있다는 정보에 따라 그의 사고방식에는 고구려 도성 즉 평양성은 원래 낙랑군이므로 패수는 낙랑군의 남쪽에서 서쪽으로 흐르는 것으로 판단을 내렸다. 그는 이러한 판단을 내리다 보니 자신이 고백하였다시피 원래 자기가 해설한 원본인『수경』과 다른 사서『설문해자』에서의 패수가 동쪽으로 흐르면 "(위만이) **패수를 건너는 것은 이치에 맞지 않는다.**"와 같은 논리로 자기의 판단인 서쪽으로 흐르면 건널 수 없어 안 되므로 결국 건널 수 있게 북쪽으로 즉 서북쪽으로 흐른다는 최종 결론을 내리면서 자신이 해설한 원본인『수경』이 잘못되었다고 비판하였다.

> 『수경주』의 역도원은 서로 다른 패수인 ①한나라와 위만조선 간 경계인 패수로써 낙랑군 지역에 있는 패수, ②고구려 평양성 남단에 있다는 패수, 이 두 가지를 같이 보는 치명적인 오류를 범하였고 이후 이로 말미암아 고대사에 혼미를 가져왔다.
> 『수경주』의 역도원은 비상식적인 결론을 내렸다.
> 서북쪽으로 흐르는 강은 어디에서도 존재하지 않는다.

최종 결론처럼 당시나 현재까지도 한반도나 만주나 중국의 하북성, 산서성 어디에서도 서쪽으로 흐르다 북쪽으로 흐르는 강 더군다나 그렇게 해서 바다로 흘러 들어가는 강은 단 1개도 없다.

이렇게 본 필자가 잘못되었다고 다른 분석가들과 같이 분석한 몇 가지 이유와 ((1)~(3-3)) 본 필자의 분석 이유(3-4)에 의하여 그리고 다른 사서의 기록이 있는 만큼 당연히 역도원의『수경주』는 가치 없는 잘못된 기록으로 치부해 논의 대상에서조차 제외시켜야 마땅하다. 그런데도 주류 강단 사학계는 다른 중요한 고조선 기록의 수많은 사서를 배척함에도 불구하고 이 기록을 소중히 그리고 끈질기게 내세워 분석하여 논리를 세우는가 하면 역도원이 했던 방식대로 근거 없이 임의로 달리 해석하는 오류를 범하고 있다.

(4)『사기』「조선열전」과『한서』「조선전」에 나오는 한나라가 경계로 삼고 위만이 건너고 나중에 위만조선을 공격할 때의 패수와 나중의『수서』등 중국사서에 기록된 고구려 도읍인 평양성의 남쪽을 흐르는 패수가 동일한 것인지가 문제이다. 그런데 역도원은 이 둘을 같은 것으로 보았고 후대 사람들은 이 두 가지가 다를 수 있다는 것을 의심하지 않고 같이 보고 이에 대하여 쓴 글에 대하여만 분석하였다.

만약 다르다면 이는 중요한 원천적인 패수의 성격 즉 낙랑군의 위치 및 고조선 왕검성의 위치 규명에 걸림돌이 된다. 물론 고구려 평양성과 위만의 왕험성이 같은 것이거나 같은 위치에 있다면 당연히 여기에 낙랑군이 세워졌으므로 문제가 없다. 그러나 다른 것이라면 즉 고구려 평양성 남단의 패수가 사실, 역으로 이렇게 같은 것으로 취급되어 왔다면 문제이다.

즉 본 필자의 판단으로는 역도원의 시대에 당시 현재의 하북성 보정시에 고구려 평양성이 있었고 이곳은 위만조선의 왕험성이 있었던 것은 틀림없으나 그 남쪽에 접해 있던 패수는 없었다. 없는 패수를 왕험성과 함께 기록되어 있는 패수를 왕험성과 고구려 평양성을 같고, 같 았기에 동일시하는 인식에 의하여 중국사서 사가들은 원래의 왕험성 경계였던 패수를 고구려 평양 남단의 패수로 인식하고 기록한 것이라 는 판단이다. 특히 고조선 및 고구려의 한반도 이외의 위치에 대하여 극구 부인하는 주류 강단 사학계는 오히려 고조선 평양성 및 고구려 평양성이 같다는 논리에는 적극 동조한다. 그 이유는 그들이 가장 애 지중지하는 교리인 '낙랑군 평양설' 논리에 절대적인 전제조건이기 때 문이다. 그래서 같이 취급한 채 더군다나 한반도의 평양성 남쪽을 흐 르는 물인 패수의 흐름을 동에서 서로 흐르는 흐름 등 모든 것이 수경 주의 논리와 맞기에 적극적으로 수경주를 선택하여 이용하고 있다.

이러한 판단의 기준은 【사료52】『삼국사기(三國史記)』「잡지 지리」'고 구려' '평양성과 장안성'에서『신당서』및『신당서』「지리지」「가탐도리 기」상의 패강의 기록을 패수로 연결시키고 다시 이를 고구려 평양성 남단을 흐르는 패수로 연결시키고 이를 다시 한나라 낙랑군으로 연 결시켰다는 것이다. 이 패강은 역사적으로『신당서』및『신당서』「지 리지」「가탐도리기」상에도 기록되어 있듯이 이는 하북성 고구려 평양 성이나 왕험성과는 관련이 없이 산동성 신라와 관계가 있는 것을 고 구려와 연계시켰다.

당연히『삼국사기』에 이 패강은 신라와 관계가 깊은 것으로 기록되 어 있고 더군다나 왜곡되어 해석하고 있지만『삼국사기』의 **"당 현종이 패강 이남의 땅을 주다."** 의 기록상의 패강을 대동강으로 보아 소위 통일신라의 영역을 임진강에서 겨우 이곳 대동강으로 북상하여 확정 한 것으로 비정하는 기록을 비롯하여 신라와 관계된 수많은 기록이 있다. 사실 이 패강은 고구려가 하북성으로 북상하기 전에 건국지인 산동성 졸본 지역에 처음 도성인 졸본성을 두었을 때 남쪽에 있었던 강으로 신라와도 연결되어 흘렀다.

나중에 나당연합군이 고구려를 멸망시키고 신라가 이곳을 차지하고 있다가 고려에 물려준다. 따라서 나중의 하북성 평양성에는 패강이나 패수가 흐르지 않았는데도 고구려 도읍 즉 첫 도읍지에는 패강이 졸본성 남단에 흐르고 있었던 인식이 고구려 도읍지에는 패강이든 패수든 하천이 흐른다는 인식과 원래의 왕험성의 패수라는 인식이 합쳐져서 고구려의 도읍인 평양성 남단에 패수가 흐르는 것으로 기록하였다. 그러므로 이러한 경우에 해당된다면 당연히 이를 같이 취급한 역도원의 해석은 도저히 성립할 수 없는 잘못이다.

(5) 역도원이 고구려 사신에게 낙랑군과 동일시하는 고구려 성이 당시 고구려 도성인 하북성의 평양성인지 아니면 한반도 평양성인지의 문제이다. 여기서 역도원은 성이 고구려 도성인지 그리고 이것이 평양성인지 기술하지 아니하였다. 하지만 그가 판단을 내리면서 그 성을 낙랑군 조선현과 연결시킨 것을 보면 고조선 위만 왕검성, 한나라 낙랑군 조선현, 고구려 도성을 같은 것으로 인식하였다는 것은 확실하다. 물론 뒤의 시기에 중국사서들의 왜곡으로 이들이 한반도 평양으로 왜곡 비정되었지만 당시에는 적어도 요령성 요양으로 왜곡 비정되는 정도였다. 물론 고려 서경이 있었던 요령성 요양의 남쪽에 하천이 흘러서 이것이 패수로 인식되었는지의 여부는 『고려사』「지리지」상에서 이미 확인한 대로 요령성 요양의 고구려 평양성 즉 나당연합군에 의한 하북성 고구려 공격 시 잠시 옮기었던 고구려 평양성인 고려 서경 남쪽에는 대동강이 있었다. 물론 이의 명칭은 패수가 아니고 단지 대동강이었다. 이를 나중에 패수 내지는 패강으로 한 채 한반도 평양의 대동강으로 왜곡 비정하였다.

하지만 한나라와 위만조선과의 경계인 하천과 고구려 도읍의 남쪽에 흐르는 하천이 같을 수는 없으며 더군다나 경계인 하천은 그대로이지만 고구려 도읍이 위치를 옮겼다면 이는 절대로 같을 수 없다.

따라서 역도원의 수경주 패수의 위치에 대하여 논하는 것은 고조선 및 낙랑군의 위치를 규명하는 것과는 전혀 관련이 없다. 더군다나 후대의 조작이 없는 한 당시에 역도원이 취급할 수 있거나 취급한 대상은 한반도는 포함되지 않는다. 이를 한반도로 비정하는 것은 역사 조작이다. 더군다나 앞에서 설명하였듯이 당시 즉 역도원의 당나라 시기의 모든 중국사서는 후대의 조작 의심이 있는 것을 제외하고는 고구려는 물론 수도 평양성과 위만조선의 왕험성의 위치는 하북성 그대로 기록하였다.

물론 당시에도 우리 고대사 영역을 하북성에서 요령성으로 왜곡하는 인식과 시도가 있었다. 그래서 이를 이어받아『삼국사기』의 경우 이를 요령성으로 인식하고 기록하였다. 그런데 현재 주류 강단 사학계는 그 후 고려 및 조선시대의 유학자들과 일제 식민 사학자들의 왜곡을 받아들여 이를 한반도로 비정하는 조작을 저지르고 있다.

『수경주』를 집필할 때의 역도원 생전은 466~527년으로 당시 고구려는 장수왕(413~491), 문자왕(491~519), 안장왕(519~531) 시절이므로 수도는 평양성으로 위치는 현재 하북성 보정시 서쪽 지방으로써 당시는 평주에 위치한 평양성이다. 하지만 주류 강단 사학계는 물론이고 이를 비판하는 비주류 강단 사학계나 재야 민족 사학계조차 본 필자가 앞에서 비판하였듯이【사료31】『구당서(舊唐書)』「동이열전 고구려」, 【사료26】『신당서(新唐書)』「동이열전 고구려」의 기록을 제대로 파악하지 못하여 조작된 거리 수치와 고구려 평양성을 한나라 낙랑군과 동일시하였다는 이유로 이곳을 한반도 평양으로 비정하였다고 하면서 이를 같은 시기의 기록이자 이 기록을 인용하여 고구려 수도 평양성 남쪽에 패수가 흐른다는 기록을 인용한『수경주』에도 적용한 채『수경주』사서와 같은 인식에 의하여 패수의 위치로 거론한 고구려 성이 한반도 평양의 고구려 수도로 확증하는 오류를 범하고 있다.

이는 『수경주』의 역도원을 비판하면서도 역도원과 같은 잘못된 판단을 내리는 것이다. 본 필자의 판단에 의하면 【사료31】『구당서(舊唐書)』「동이열전 고구려」상에 기록된 고구려 평양성은 비록 거리 수치는 조작되어 한반도 평양으로 나타내고 있지만 다른 기록인 "동으로는 바다를 건너 新羅에 이르고, 서북으로는 遼水를 건너 營州에 이른다. 남으로는 바다를 건너 百濟에 이르고, 북으로는 靺鞨에 이른다."라고 하여 한반도의 신라와 백제를 각각 동이나 남으로 바다를 건넌다면 이는 한반도가 아니라는 사실이며, 요수와 영주가 지금의 요수와 영주가 아니라면 그 위치가 달라진다. 분명히 이는 하북성 평주 즉 지금의 하북성 보정시 인근의 장수왕 천도지 평양과 고구려를 기록하고 있다. 그리고 【사료26】『신당서(新唐書)』「동이열전 고구려」의 기록상에 평양성의 남쪽에 패수가 연해 있다는 기록은 이 사서가 비정하고 있는 하북성의 평양성에는 남쪽에 패수가 없고 그래서 그 남쪽에 대동강인 패수가 있는 한반도 평양성은 더욱 아니고 원래 고구려 첫 도읍지인 졸본성이 고구려 평양성으로 기록되어 왔는데 이 졸본성인 평양성 남단에 패수가 있었던 것으로 기록한 먼저 사서의 기록을 그대로 인용하여 하북성 평양성에도 남쪽에 패수가 있는 것으로 기록하였다.

　이 기록이 고구려 평양성에 대한 인식을 졸본성으로 인식하였다고 판단하는 까닭은 "平壤은 鴨淥江의 동남쪽에 있는데"라고 하였기 때문이다. 이 압록강은 지금의 하북성 호타하인데 이 호타하의 동남쪽은 산동성이기 때문이다. 이 같은 오류는 같은 사서인 【사료30】『신당서(新唐書)』「가탐도리기」에도 똑같이 나타나고 있다. "(안동도호부에서) 동남쪽으로 평양성(平壤城)까지 800리이고," 이것은 당시의 역사 인식을 입증하여 준다. 이 기록에서 안동도호부는 첫 번째 안동도호부인 장수왕의 평양성이자 고조선의 왕검성, 평양성에서 옮긴 두 번째 안동도호부인 사료상의 '요동군의 옛 성'으로 당시의 압록수인 호타하의 북쪽인 지금

219

의 하북성 석가장시 행당현이다. 따라서 이들은 같은 평양성을 가리키고 있다. 이곳에서 동남쪽은 고구려의 첫 도읍지로 비정되는 졸본성이 있는 산동성 덕주시이다. 그리고 고구려의 또 다른 수도였던 환도성은 이 호타하인 압록강 동쪽에 있는 안평현의 북쪽에, 장수왕의 평양성은 이곳 안평현의 호타하인 압록강 서북쪽에 있기 때문이다.

따라서 『수경주』의 역도원은 당시 실제의 평양성은 당연히 호타하인 압록수 서북쪽에 있는 장수왕의 평양성일 텐데 이를 살피지도 아니하고 기록상의 그리고 당시 인식상의 평양성인 하북성 호타하 압록수 동남쪽에 있었던 고구려 첫 도읍지인 졸본성을 고구려 평양성으로 인식하여 이를 비정한 채 성 즉 도읍인 평양성 남쪽에 패수가 있는 것으로 기록하는 또 다른 오류를 범하였다.

> 두 번째 패수인 ②고구려 평양성 남단에 있다는 패수는 하북성 호타하인 압록수 동남쪽에 있었던 고구려 첫 도읍지인 졸본성을 고구려 평양성으로 인식하여 이를 비정한 채 고구려 도성 즉 평양성 남쪽에 패수가 있는 것으로 기록하는 또 다른 오류를 범함으로써 혼란을 가져왔다.
> 하북성 고구려 평양성에는 패수가 없었고, 산동성 고구려 평양성으로 오류 기록된 졸본성에는 패수가 있었다.

하지만 이러한 오류는 또 다른 오류를 낳게 되는데 그것은 이렇게 기록함으로써 남쪽의 대동강을 패수로 비정하여 한반도 평양의 평양성을 고구려의 수도로 잘못 비정하게 되는 단서를 제공하게 된 것이 그 왜곡의 경과이다. 이에 대해서는 앞에서 여러 사료를 들어 살펴보기도 하였다.

즉, 이렇게 중국사서 기록상 고구려 평양성 남단에 있다는 패수는 분명히 한나라와 위만조선 간의 국경선이 패수와도 다르고 이 패수는 당시 하북성 고구려 평양성에는 없던 것으로 이는 고구려의 처음 도읍인 산동성 평양성인 졸본성 남단에 있던 패강을 위만조선의 왕험성과 고구려 평양성을 동일시하는 인식에 따라 한나라와 위만조선 간의 국경선인 패수로 착오 인식하여 기록하였다. 그런데『삼국사기』는 이러한『신당서』「고구려전」에 있는 하북성 평양성을 인용하여 기록하면서도 이를 요령성 요양의 평양성으로 옮겨 비정하면서 그 남단에 패수가 있음을 들면서 패강을 더불어 들고 이를 전부 당시 요령성 요양에 있던 평양성의 대동강을 이것으로 비유하였다. 주류 강단 사학계는 한반도 평양에 대동강이 있는 것으로 왜곡 해석하여 이를 패수로 비정하는 오류를 범하고 있다. 한편 비주류 강단 사학계와 재야 민족 사학계는『삼국사기』의 기록을 있는 그대로 받아들여 장수왕 시기 및 수당전쟁 시 고구려 평양성을 이 요령성 요양의 평양으로 비정하는 또 다른 오류와 왜곡을 하고 있다.

지금부터는 패수와 관련한 사항을 살펴봄으로써 패수에 대하여 확신을 가지도록 하겠다. 이와 관련해서는 앞에서 언급하였듯이 본 필자가 제시하는 패수에 대하여 현재의 자하(1), 조백신하(2), 지금의 난하(3), 지금의 요령성 헌우락(4) 그리고 산서성(5)으로 비정하는 주장설이 있다. 물론 이외에도 주류 강단 사학계가 고려 및 조선 시대 유학자와 일제 식민 사학자들을 이어받아 주장하는 한반도 대동강설이 있다. 하지만 이것은 여러 중국사서가 입증하는 바와 같이 일고의 가치도 없는 것이므로 제외하여 취급하지 않는다.

여기서 나타내는 여러 사실과 증거 자료를 보면 저절로 비판이 되기 때문이다. 앞에서 살펴본 대로 직접적인 자료로는【사료28】『원사』「지리지」요양등처행중서성 동녕로,【사료29】『요사』「지리지」 2.동경도 1)동경요양부(東京遼陽府) 등이 그것이다. 이 자료만 보더라도 광개토대왕과 장수왕 시절에 고조선의 발상지인 고조선 중심지 하북성 지역 즉 평주 지역까지 완전히 차지하였고 장수왕 시기에 이곳에 천도하여 평양성을 두었다. 이와 관련된 자료는 무수히 많다. 하지만 여기서는 생략하고 패수와 관련된 사항만 언급하고 넘어가기로 한다. 역도원은 『수경주』에서 고구려 성 즉 평양성이 패수 북쪽에 있다고 하였다고 기록하였다. 이러한 기록은 다른 중국사서에서도 보인다. 즉 【사료91】『북사(北史)』 列傳 高句麗, 【사료92】『수서(隋書)』 東夷列傳 高句麗, 【사료26】『신당서(新唐書)』 「동이열전 고구려」 등에서도 앞에서 인용한 【사료26】『신당서(新唐書)』 「동이열전 고구려」와 같이 모두 고구려 도성은 평양성 내지는 장안성이라고도 하는데 남쪽은 패수와 연해 있다고 하여 『수경주』의 기록과 같이 되어 있다. 더군다나 별도로 국내성과 한성을 두어 3경 체제로 하고 있는 것으로 되어 있다. 따라서 패수 근처의 평양성과 주류 강단 사학계가 거론하고 있는 압록강 이북 집안의 국내성과 그들이 평양성이라고 비정하는 한반도 평양에는 평양성이 있었던 것이 아니다. 원래 하북성에 있었던 고구려의 평양성 수도가 그나마 한반도가 아닌 요령성 요양 즉 나중의 고려 서경으로 옮긴 것은 【사료28】『원사』 「지리지」 요양등처행중서성 동녕로상에 기록되어 있는 대로 나당연합군에 의하여 하북성 수도 평양성이 점령당해 패한 후 이곳으로 옮겨온 것임을 알 수 있다. 그러므로 주류 강단 사학계의 평양과 관련된 모든 주장은 수정되거나 폐기되어야 함을 그들이 그토록 신봉하는 중국사서가 증명하고 있다.

그리고 앞서 인용하여 거론한 【사료26】『신당서(新唐書)』 「동이열전 고구려」상에 평양성 남쪽에 패수가 있는 것으로 거론하면서,

> 高[句]麗는 본래 扶餘의 別種이다. 국토는 동으로는 바다를 건너 新羅에 이르고, 남으로는 역시 바다를 건너 百濟에 이른다. 서북으로는 遼水를 건너 營州와 접하고, 북은 靺鞨과 접한다.

> 그 나라의 임금이 살고 있는 곳은 平壤城으로 長安城이라고도 부르는데, 漢代의 樂浪郡으로 長安에서 5천 리 밖에 있다. 山의 굴곡을 따라 外城을 쌓았으며, 남쪽은 浿水와 연해 있다. 王은 그 좌측에 宮闕을 지어 놓았다. 또 國內城과 漢城이 있는데 別都라 부른다.
> 물은 大遼와 少遼가 있다. 大遼는 靺鞨의 서남쪽 산에서 흘러나와 남으로 安市城을 거쳐 흐른다. 少遼는 遼山의 서쪽에서 흘러나와 역시 남으로 흐르는데, 梁水가 塞外에서 나와 서쪽으로 흘러 이와 합류한다. 馬訾水가 있어 靺鞨의 白山에서 흘러나오는데, 물빛이 鴨頭와 같아서 鴨淥水로 불린다. 國內城의 서쪽을 거쳐 鹽難水와 합류한 다음, 다시 서남으로 [흘러] 安市[城]에 이르러서 바다로 들어간다. 平壤은 鴨淥江의 동남쪽에 있는데, 큰 배로 사람이 건너다니므로, 이를 해자(天塹)로 여긴다.

라고 하여 요수, 대요, 소요 등과 안시성을 거론한다. 안시성은 당나라 태종이 고구려를 침입했을 때 막아낸 유명한 성이다. 기존에는 지금의 요하를 중심으로 한 고구려의 천리장성상에 위치한 것으로 비정하였다. 안시성에 대하여는 앞에서 자세히 살펴보았다. 안시성과 함께 기록된 소요, 대요, 마자수인 압록강은 당연히 하북성에 있는 것을 기록한 것이다. 단지 평양(성)은 앞에서 살펴본 대로 졸본성을 착오로 하북성 평양성으로 기록하였다. 이【사료26】『신당서(新唐書)』「동이열전 고구려」가 쓰인 시기는 『수경주』를 집필한 역도원의 생전인 466~527년이 한참 지나고 당나라가 멸망하고 송나라(宋朝, 960~1279) 시기인 1060년으로 당나라 시기에 극성을 부린 '춘추필법'이 완성되어 가는 시기였다. 앞에서 인용하여 살펴본 이보다 앞선 시기의 다음 기록을 보자.

【사료22】『한서』「지리지」 1. 유주

⑧ 요동군(遼東郡)
4) 망평현(望平縣), 대요수(大遼水)가 새(塞) 밖을 나와서 남쪽으로 안시현

(安市縣)에 이르러 바다로 들어가는데 1250리를 흐른다. 왕망은 장설(長說)이라고 했다.[2]

8) 요양현(遼陽縣), 대량수(大梁水)가 서남쪽으로 요양현(遼陽縣)에 이르러 요수(遼水)로 들어간다. 왕망은 요음(遼陰)이라 했다.

15) 서안평현(西安平縣), 망(莽)은 북안평(北安平)이라고 했다.

⑨ 현토군(玄菟郡)
1) 고구려현(高句驪玄), 요산(遼山)에서 요수(遼水)가 나오는데 서남쪽으로 요동군 요대현(遼隊縣)에 이르러 대요수(大遼水)로 들어간다. 또한 남소수(南蘇水)가 있는데 서북쪽으로 새(塞) 밖을 지난다.[2]

[2] 應劭曰故句驪胡. 응초(應劭)가 말하기를 옛 구려(句驪) 호(胡)이다.

3) 서개마현(西蓋馬縣), 마자수(馬訾水)가 서북쪽으로 염난수(鹽難水)로 들어가는데, 서남쪽으로 요동군 서안평현(西安平縣)에 이르러 바다로 들어간다. (이 강은) 2개의 군(郡)을 지나고 1100리를 흐른다. 왕망은 현도정(玄菟亭)이라고 했다.

【사료23】『삼국지(三國志)』〈위서〉「동이전」'고구려전'

또 小水貊이 있다. [고]구려는 大水 유역에 나라를 세워 거주하였는데, 西安平縣의 북쪽에 남쪽으로 흘러 바다로 흘드는 작은 강이 있어서, 고구려의 別種이 이 小水 유역에 나라를 세웠으므로, 그 이름을 따서 小水貊이라 하였다. 그곳에서는 좋은 활이 생산되니, 이른바 貊궁이 그것이다.

【사료10】『후한서(後漢書)』「군국지」1. 유주

⑧ 요동군(遼東郡)
낙양(雒陽)에서 동북쪽으로 3600리 떨어져 있다.

8) 서안평현(西安平縣). [2]

[2] **魏氏春秋曰…縣北有小水, 南流入海. 句驪別種, 因名之小水貊.** 위씨춘추(魏氏春秋)에서 말하기를 서안평현 북쪽에 소수(小水)가 있는데 남쪽으로 흘러 바다로 들어간다. 구려(句驪) 별종(別種)이 (있는데), 그것의 이름(즉 소수小水)으로 인하여 소수맥(小水貊)이라 한다.

15) 서안평현(西安平縣), 망(莽)은 북안평(北安平)이라고 했다.

⑨ 현토군(玄菟郡)

낙양(雒陽)에서 동북쪽으로 4000리 떨어져 있다.

1) 고구려현(高句驪縣), 요산(遼山)에서 요수(遼水)가 나온다.[1]

[1] **山海經曰…遼水出白平東. 郭璞曰…出塞外御白平山, 遼山小遼水所出.** 산해경(山海經)에서 말하기를 요수(遼水)가 백평(白平)의 동쪽에서 나온다고 했다. 곽박(郭璞)은 말하기를 (요수는) 새(塞) 밖의 어백평산(御白平山)에서 나오며 요산(遼山)은 소요수(小遼水)가 나오는 곳이라고 했다.

【사료21】『수경주』「대요수」, 「소요수」

[수경]

(대요수는) 또한 동쪽으로 흘러 안시현 서남쪽을 지나고 바다로 들어간다.

[주]

십삼주지에서 말하기를 대요수는 새(塞) 밖으로부터 서남쪽으로 흘러 안시에 도달하여 바다로 들어간다고 하였다.

【사료25】『통전(通典)』「변방」'동이 하 고구려'

또 소수맥이 있다. (고)구려는 大水 유역에 나라를 세워 거주하였는데 한나라 요동군 서안평현 북쪽에 소수가 있는데 남쪽으로 흘러 바다로 들어가며, 구려의 별종으로 소수에 의지하여 살기 때문에 소수맥이라 한다.

대요수는 말갈국 서남산에서 나와 남으로 흘러 안시현에 이른다. 소요수는 요산에서 나와 서남으로 흘러 대양수와 만난다. 대양수는 나라의 서쪽에 있다. 새 밖에서 나와 서남으로 흘러 소요수로 흘러간다. 마자수는 일명 압록수이다. 물이 동북 말갈의 백산에서 나온다. 물의 색이 기러기 머리색을 닮았기 때문에 속되게 부르는 이름이다. 요동에서 5백 리 떨어져 있다. 국내성 남쪽을 지나 서쪽으로 흘러 염난수와 만나 두 물이 합하여 서남으로 흘러 안평성에 이르러 바다에 들어간다.

【사료77】『삼국사기(三國史記)』권 제15 고구려본기 제3 태조대왕(太祖大王) 94년 8월

후한의 요동군 서안평현을 습격하다 (146년 08월(음))

가을 8월에 왕은 장수를 보내 한의 요동 서안평현(西安平縣)(註 054)을 습격하여 대방령(帶方令)(註 055)을 죽이고 낙랑태수의 처자를 사로잡았다.

註 054
현재의 중국 요녕성 단동시 북쪽이다. 후한대에 요동군에 속해 있었다 《후한서》志 23 郡國志 5 遼東郡條).

註 055
중국 대방현의 장관. 영은 현의 장관직이다. 이 당시 대방현은 낙랑군의 領縣으로 그 치소는 현재의 황해북도 鳳山이었다. 이 부분 내용은 《후한서》권85 동이전 고구려전의 "質・桓之間 復犯遼東西安平 殺帶方令 掠得樂浪太守妻子"에서 끌어온 것이다. 고구려가 요동군의 屬縣인 서안평을 공격하여 帶方令을 죽이고 낙랑태수의 처자를 포로로 잡았다는 것은 帶方令과 낙랑태수의 처자가 서안평 지역을 통과하던 중에 일어난 일로 생각된다(이병도,《국역 삼국사기》, 245쪽).《삼국지》는 고구려가

이들을 죽이고 사로잡은 것이 "길 위에서"라고 하여 보다 합리적으로 서술하고 있다. "順·桓之間…又攻西安平 于道上殺帶方令 略得樂浪太守妻子"(《삼국지》 권30 위서 고구려전).

【사료24】『후한서(後漢書)』「동이열전」'고구려전'

'수성'(1)이 죽자 아들 '백고'(2)가 올랐다. 그 후에 '예맥' 복속하여 따랐다. 동쪽으로 작은 일들만이 있었다. '순제' '양가' 원년 '현토군'에 둔전 육부를 두었다. '질'과 '항' 사이에 요동 서안평을 다시 침범하니 '대방'의 령을 죽이고, [군국지에 '서안평' '대방'은 현으로 '요동군'에 속한다.] 낙랑태수의 처자를 잡았다. '건녕' 이년 현토태수 '경임'이 이를 쳤다. 수백의 머리를 베니 '백고'가 다시 항복하여 '현도'에 속하길 구걸했다.

본 필자 주(1)(태조왕의 동생으로 후한서에는 아들로 기록된 차대왕 : 146~165년)
(2)(태조왕 내지는 차대왕의 동생 또는 아들로 기록된 신대왕 : 165~179년)

'구려'는 일명 '맥'이다. 그 갈라짐이 있으니, [심흠한이 말하길 구려에는 종류가 있으니 일명 '맥이'이다. 통지에 '맥'이라 하고 '이' 자가 없다. 이 '이' 자는 첨언한 것이다.] 작은 물에 의지하여 거하면, 이를 명하여 '소수맥'이라 한다. 좋은 활이 나온다. 이를 소위 '맥궁'이라 한다.[위씨춘추에 말하길 '요동군' '서안평현' 북쪽이다. 작은 물이 있어 남쪽으로 흘러 바다로 들어간다. '구려'의 다른 종류를 명하여 '소수맥'이라 한다.]

【사료202】『삼국사기(三國史記)』 권 제14 고구려본기 제2 모본왕(慕本王) 2년

후한과 화해하다

2년(49) 봄에 장수를 보내 한(漢)의 북평(北平)·어양(漁陽)·상곡(上谷)·태원(太原)을 습격하였으나 요동태수 채동(蔡彤)이 은혜와 신의로 대우하였으므로 다시 화해하고 친하게 지냈다.

【사료24】『후한서(後漢書)』「동이열전」'고구려전'

서기 49년 : [건무] 25년(고구려 모본왕 2년) 봄에 구려가 우북평·어양·상곡·태원을 침입하여 노략질하는 것을 요동태수 제융이 은의와 신의로 초유하니 모두 다시 항복하였다.
그 뒤 구려왕 궁(宮)(1)이 태어나면서부터 곧 눈을 뜨고 사람을 쳐다보니, 국인들이 미워하였다.
장성함에 용맹스럽고 건장하여 자주 변경을 침범하였다.

본 필자 주(1)고구려 제6대 태조대왕(太祖大王)(47~165년) : 『삼국사기』「고구려본기」에서는 '大祖大王或云國祖王 諱宮 小名於漱 琉璃王子古鄒加 再思之子也 母大后夫餘人也' '태조대왕(혹 국조왕(國祖王)이라고도 한다.)의 이름은 궁(宮)이다. 어렸을 때의 이름은 어수(於漱)이다. 유리왕의 아들 고추가(古鄒加) 재사(再思)의 아들이고, 어머니 태후(太后)는 부여 사람이다'라고 하였다.

【사료26】『신당서(新唐書)』「동이열전 고구려」상에 기록된 고구려 관련 기사는 【사료22】『한서』「지리지」1. 유주상의 ⑧ 요동군(遼東郡)과 ⑨ 현토군(玄菟郡) 관련 기사를 인용하였거나 그대로 나타낸다. 이는 또 【사료10】『후한서(後漢書)』「군국지」1. 유주상의 ⑧ 요동군(遼東郡) 8) 서안평현(西安平縣)과 ⑨ 현토군(玄菟郡)을 그대로 나타낸다. 그러므로 당연히 【사료26】『신당서(新唐書)』「동이열전 고구려」상에서 말하는 고구려는 요동군과 현토군 인근에 있었다는 사실이다.

이 요동군과 현토군은 【사료10】『후한서(後漢書)』「군국지」1. 유주상에 나와 있듯이 요동군은 낙양에서 3,600리, 현토군은 4,000리에 위치해 있었다. 이 수치는 앞에서 살펴보았듯이 조작된 수치이다. 하지만 이 수치 기록 이외에는 모두 하북성 위치 기록이다. 이곳은 서안평현, 안시현이 있는 지금의 하북성 형수시 안평현 인근 및 그 서쪽에 대한 기록이다. 이곳 위쪽에 환도성이었던 안시성이 있었고 그 위에 장수왕의 평양성이 있었다.

　이러한 것을 요나라 이후 지금의 요하로 옮겨 비정하여 또 다른 요수라 하고, 이미 설명하였듯이 낙랑군을 고구려 수도인 평양성으로 비정하여 여기로 옮겨놓고 왜곡하였다. 원래 고구려는 낙랑군이 아니고 낙랑군의 서남쪽에 있었던 현토군과 동남쪽에 있었던 요동군의 동북쪽에 위치해 있었다. 낙랑군 관련 중국사서의 기록을 살펴보면 두 가지를 파악할 수 있다.

　첫 번째(1), 적어도 이때까지 중국사서에서도 고조선 낙랑군을 한반도의 평양으로 보지 않고 요하 지방으로 보았다. 한반도의 평양으로 잘못 끌어들인 것은 우리나라 유학자들과 식민 사학자 그리고 이를 이어받은 주류 강단 사학계이다.

　두 번째(2), 압록강과 안시성 그리고 서안평현에 대한 새로운 고찰이다. 압록강은 이미 언급하였지만 【사료26】『신당서(新唐書)』「동이열전 고구려」의 압록수는 현재의 압록강이 아니다. 사서들에서 말하는 압록강은 패수가 고조선과 중국 민족국가와의 경계 하천으로 인식된 것에 반하여 고구려와 중국계 국가와의 경계 하천으로 인식되었다. 이와 같은 증거는 앞서 살펴본 【사료56】『삼국유사』「흥법」'순도조려' 상에 나와 있고 이러한 위치 비정은 『요사』, 『금사』 그리고 왜곡되었지만 『고려사』 등에 무수히 그리고 상세하게 나온다.

중국사서상의 압록강은 현재의 압록강이 아니다.
안시성, 서안평 위치 비정도 왜곡되었다.
사서기록상 안시성은 요수와 관련이 있다.
그래서 요수-요령성 요하, 안시성-요령성 해성시로 비정한다.
하지만 이곳에는 압록수가 없다.
원래 위치는 요수-자하, 안시성-하북성 안평현 북부이다.

또한 안시성은 요수와 관련이 있다. 주류 강단 사학계는 수당전쟁에 있어서 특히 당나라와의 전쟁에 있어서 안시성의 위치를 요령성 요하 지방으로 비정하고 있지만 이는 역사왜곡이자 조작으로 안시성은 당시 마자수이자 압록수로 불리던 지금의 호타하 동쪽의 현재 지명이 남아 있는 안평현 북쪽에 있었다. 여기가 한나라 시기의 안시현으로 여기에 대요수인 요수 자하가 흘러서 바다로 불렸던 호타하로 들어간다. 이 안시현에 안시성이 있었다. 이 안시성이 바로 고구려의 수도였던 환도성이었다. 결국 고구려의 위치는 요동군과 현토군의 인근이며 안시성 또한 여기에 위치해 있었다.

그러나 주류 강단 사학계가 안시성의 위치로 비정하는 요령성 해성시는 요수로 비정하는 요하는 있으나 요수가 들어가는 압록수가 없다. 그리고 이곳은 『요사』「지리지」상에 안시성이 있다는 요나라 동경도 철주 건무군이 아니다. 그런데도 안시성을 지금의 요령성 요하 인근으로 비정하는 것은 식민사학과 이를 이어받은 주류 강단 사학의 전형적인 역사왜곡 의식과 기법이다.

[서안평에 대하여]

　고구려는 산동성 졸본 지방에서 건국한 후 북상하여 이와 같이 연5군의 요동군 그리고 낙랑군과 현토군 옆인 동북쪽에 위치한 채 끊임없이 고조선의 옛 영역을 수복하고자 먼저 낙랑군을 점령하고 요동군, 현토군을 공격하면서 모용선비족의 전연과 이곳을 두고 치열한 공방전을 벌이다 마침내 광개토대왕 시기에 모두 점령함으로써 각 중국사서에 이 시기에 평주에 도읍하였다고 기록하였다. 이곳은 중국사서가 구려와 착각하여 이곳에서 고구려가 탄생하였다고 하는 현토군 고구려현이 있고 이곳에 구려 및 구려의 별종인 소수맥인 선비족이 탄생한 그들의 요람이자 나중의 활동 지역인 소요수, 대요수가 흐르고 이것이 마자수이자 청하인 압록수와 합쳐져 바다로 들어가는 이곳에 서안평이 있다. 이 서안평과 관련된 소요수, 대요수, 마자수인 압록수와 연계된 위의 기록을 보면 이에 대하여는 '[요수(하)에 대하여]'에서 상세히 살펴보았듯이 이 하천들이 흘러 합쳐져 바다로 들어가는 곳인 안시현(성), 서안평현, 안평현(성)은 모두 같은 곳으로 확인된다.
　또한 대량수 및 요수와 관련된 요양현도 있다. 현재 이 안평현과 요양현은 이웃에 있는 채 하북성 형수시 안평현 및 요양현으로 남아 있다. 이곳은 압록수인 호타하 동쪽이다. 이곳이 바로 위의 기록상 안시현(성), 서안평현, 안평현(성) 지역이다. 또한 위의 기록 중 "15) 서**안평현(西安平縣), 망(莾)**은 **북안평(北安平)**이라고 했다."라고 하였듯이 지금의 안평현 북쪽이 서안평이다. 이곳 위에 안시현이 있고 그 안시현에 안시성이 있고 인근에 압록수이자 마자수이자 청하인 호타하의 지류인 청천강인 살수가 있고 이 하천 동쪽에 수나라가 공격할 때 동으로 살수를 건너 30리 떨어진 평양성이 있다. 이곳이 바로 고구려 하북성 평양성인 지금의 하북성 보정시 만성구 지역이다. 이 서안평, 안시현(성), 안평현(성)은

> 【사료193】『삼국사기(三國史記)』 卷第七 新羅本紀 第七 문무왕(文武王) 十五年秋九月
>
> 안북하를 따라 관과 성을 설치하다 (675년 09월(음))
>
> 안북하(安北河)를 따라 관(關)과 성(城)을 설치하였고, 또한 철관성(鐵關城)을 쌓았다.

신라시대 나당연합군에 의하여 이곳 하북성 호타하 인근 및 북부 지역을 영역으로 하고 있었던 고구려를 멸망시키고 이곳을 소위 통일신라가 차지한 후 여기에 성을 구축하는 것이고, 이곳이 기록상의

> 【사료30】『신당서(新唐書)』「가탐도리기」
>
> 영주에서 출발하여 안동도호부로 가는 길
>
> (안동도호부에서) 남쪽으로 압록강(鴨淥江) 북쪽에 있는 옛 안평현(安平縣)이었던 박작성(泊汋城)까지 700리이다.

발해 및 당나라 시기의 박작성이다. 이 박작성은 다시 고려시대에

> 【사료54】『고려사』지 권제12 지리3 「북계」
>
> 안북대도호부 영주
> 연혁

> 안북대도호부(安北大都護府) 영주(寧州)는 ~
> 청천강(淸川江)이 있다 【옛날에 살수(薩水)라고 불렀는데, 곧 고구려 을지문덕(乙支文德)이 수(隋)나라 병사 1,000,000명을 격퇴한 곳이다.】.
>
> 의주
> 의주(義州)는 본래 고려의 용만현(龍灣縣)으로, ~
> 압록강(鴨綠江)이 있다 【마자수(馬訾水) 혹은 청하(靑河)라고도 한다.】.
> ■고려사절요 권3 현종원문대왕(顯宗元文大王) 현종(顯宗) 9년 12월 강감찬 등이 거란의 소손녕에게 맞서 대승을 거두다 1018년 12월 10일(음) 무술(戊戌), 1019년 1월 18일(양)
>
> 강감찬 등이 거란의 소손녕에게 맞서 대승을 거두다
>
> ~ 영주(寧州)에 주둔하게 하였다. 흥화진(興化鎭)에 이르자 ~

흥화진이다. 이곳에 고려는 소위 통일신라로부터 하북성 압록수인 호타하 인근의 땅을 그대로 이어받아 이곳 서안평, 안시현(성), 안평현(성)이자 안북하(부)이자 박작성이자 흥화진으로부터 소위 서희의 강동 6주(8성) 성을 쌓는가 하면 이곳으로부터 천리관성을 설치하게 된다. 이와 같이 서안평은 하북성에 있어 고구려와 중국 민족국가 간의 주요 국경지대가 되는 곳으로 이 위치는 고구려의 위치를 알려줌과 동시에 낙랑군과 대방군의 위치를 알려주는 중요한 지역이다. 또한 이곳은 나중에 소위 통일신라의 영역이 되고 이후에는 고려의 영역이 되어 소위 천리관성이 설치되고 거란과의 주요 전쟁 지역이 되는 곳으로 소위 통일신라 및 고려의 영역 위치를 알려주는 곳이기도 하다.

> 서안평은 하북성 압록강인 호타하 동부에 있는 것으로 이는 안시현(성), 안평현(성)이자 안북하(부)이자 당나라 시기의 박작성이자 고려시대의 이곳 흥화진으로부터 소위 서희의 강동 6주(8성) 성을 쌓는가 하면 이곳으로부터 천리관성을 설치한다. 이 서안평은 하북성에 있어 고구려와 중국 민족국가 간의 주요 국경지대가 되는 곳으로 이 위치는 고구려의 위치를 알려줌과 동시에 낙랑군과 대방군의 위치를 알려주는 중요한 지역이다. 또한 이곳은 나중에 소위 통일신라의 영역이 되고 이후에는 고려의 영역이 되어 소위 천리관성이 설치되고 거란과의 주요 전쟁 지역이 되는 곳으로 소위 통일신라 및 고려의 영역 위치를 알려준다. 이러한 서안평을 주류 강단 사학계는 한반도 북부 압록강 북쪽 단동시 인근으로 비정하고 있다.

이러한 서안평에 대하여 주류 강단 사학계는 대요수와 소요수 그리고 압록수를 지금의 한반도 북부 압록강 내지는 혼강, 장전하 등 중국 청나라 이후의 학자 내지는 일제 식민 사학자들이 제대로 정하지 못한 것을 그대로 따른 채 이와 관련된 서안평 역시 위의 비정과 함께 한반도 북부 현재 압록강 인근의 요령성 단동시 북쪽으로 비정하고 있다. 고구려 태조대왕 시기인 146년에 【사료77】『삼국사기(三國史記)』권 제15 고구려본기 제3 태조대왕(太祖大王) 94년 8월상과 같이 요동 서안평현을 습격하여 대방현령을 죽이고 낙랑태수 처자를 잡았다. 이러한 사실은 중국사서에서도 교차 검증된다. 위에서 인용하여 제시한 【사료24】『후한서(後漢書)』「동이열전」'고구려전'에도 똑같은 기사가 있다. 그런데『삼국사기』원본과 번역본을 올린 우리나라 국사편찬위원회 (한국사 데이터베이스)의 이 기사에 대한 해설을 보자.

> 註 054
> 현재의 중국 요녕성 단동시 북쪽이다. 후한대에 요동군에 속해 있었다
> (《후한서》 志 23 郡國志 5 遼東郡條).

　서안평에 대하여 현재의 중국 요녕성 단동시 북쪽이라고 하였다. 그리고 후한대에 요동군에 속해 있었다라고 하면서 『후한서』「군국지」요동군조를 근거로 들었다. 도대체 이것이 무슨 말인가? 이 기사는 당연히 후한(後漢, 25~220년)대의 일을 기록한 것이다. 그러면 해석대로 요동군에 속한 서안평을 이야기하는 것이다. 그런데 왜 중국 요령성 단동시 북쪽 즉 현재 압록강 바로 북쪽 지방을 제시하는 것일까? 『후한서』「군국지」에서 요동군은 낙양에서 3,600리 떨어져 있다고 하였다. 물론 이 거리 수치는 조작되어 신빙성이 없지만 이 거리 수치를 도보 거리로 환산하면 요동군은 지금의 북경시를 넘지 않는다. 물론 조작된 거리 수치를 직선거리로 하면 조작한 의도대로 요령성 요양까지 비정된다.

　서안평은 위의 【사료10】『후한서(後漢書)』「군국지」1. 유주에서 요동군 소속 서안평현으로 되어 있고, 【사료16】『진서』「지리지」'평주', '유주'상에도 요동군 소속 서안평현으로 되어 있으며 이보다 앞선 시기의 【사료22】『한서』「지리지」1. 유주상에도 요동군 소속 서안평현으로 되어 있다. 그런데 중국 요령성 단동시는 요동군의 원래 위치인 하북성 석가장시에서는 직선거리로도 약 2,500리 떨어진 곳으로 낙양에서는 3,600리 이상 떨어진 곳이다. 그리고 도보 거리로는 석가장시에서는 7,500리, 낙양에서는 10,000리 이상 떨어진 곳이다.

　그래서 주류 강단 사학계는 요동군을 최대한 동쪽으로 그려 현재 우리나라 압록강까지 그려 넣고 있다. 그래야만 자기들의 논리가 성립할 수 있기 때문이다. 이들에게는 선조국가들의 영역보다도 자기

들의 식민사학 논리 수호가 더 중요하다. 그래서 그 위치 즉 그 위치와 관련된 우리 선조국가들의 영역이 잘못되었다고 비판함에 대하여 오히려 영토 확장의 환상에 빠져 역사를 논하는 것은 비학문적인 것으로 이는 사이비, 유사 학자들이나 하는 짓이라고 반대 비판 아닌 비학문적 비난을 하고 있는 것이다.

이 서안평 동쪽에 있는 것이 당연하고 지금도 그 지명이 남아 있는 당시의 압록수인 호타하 동쪽의 안평(현)을 압록수에 있다는 기록 그대로 인용하여 지금의 한반도 압록강의 단동으로 비정한 주류 강단 사학계이다. 압록수가 여러 곳에 시대에 따라 변하여 왔음은 역사의 상식에 속한다. 그런데도 한곳을 고집하는 것은 중국의 역사왜곡을 그대로 받아들인다는 것을 의미한다.

> 중국사서 기록상 왜곡된 거리 수치에 의하여도 한반도 압록강 북부의 요령성 단동시는 요동군 서안평현이 될 수 없다.

평양, 요수(하)를 비롯하여 모든 것이 한반도에 있는 것이 중국사서에서 공통적으로 가리키는 것이라고 하는 우리 주류 강단 사학계가 역사계를 좌지우지하고 우리 역사 교과서를 만들고 중국의 또 다른 역사왜곡인 동북공정에 대처한다고 하면 그 결과는 당연한 것이 되는 것은 자명하다. 그래서 그들은 동북공정에 대처하라고 국비로 설립한 곳에서 국록을 먹으면서도 지도상에 낙랑군 대방군을 한반도에 그려 넣고 독도는 그려 넣지 않고 있다.

이 안평(현)의 역사왜곡 조작에 대하여는 앞에서 설명하였다. 어떻게 이렇게 할 수 있는가. 이는 낙랑군을 억지로 한반도의 평양으로 비정하다 보니 모든 것이 엉켜버린 것에 의한다. 그런데도 이를 풀려고 하지 않는다. 이는 그들의 학술적인 학설이나 주장이 아니라 종교적인 집단의 교리이다. 이것을 지키지 않으면 죽을 수밖에 없는 교리이다. 이러한 수많은 사서기록에 의하여도 그 위치가 한반도 인근이 아니라 하북성 석가장시 호타하 인근이라는 사실은 명확한 사실로 입증된다. 그런데 이를 한반도 북부로 비정하는 이유는 그들의 교리인 '낙랑군 평양설'로 인하여 우리 고대사를 모두 한반도 북부로 비정하기 때문인 것으로, 이로 말미암아 수많은 아니 모든 것이 뒤틀려 버린다는 것이 각 사서기록상의 사건과 그 위치가 맞지 않는 것에 의하여 증명된다.

이에 대하여는 이미 앞에서 확인한 독산성, 아차(단)성, 죽령 및 남옥저, 니하 및 우산성, 하슬라, 임유관, 마수산을 비롯한 많은 사실들에 대한 주류 강단 사학계의 혼란된 비정 등에 의하여 입증되었고 앞으로도 이 글 전체가 입증하고 있지만 사서기록상의 사건에 대한 위치 비정의 한반도 비정으로 인한 도저히 맞지 않는 설명이 이를 또한 입증해 준다. 이와 관련된 사항도 수많은 사항을 이 글에서 입증하여 설명하였고 앞으로도 그럴 것이지만 이 서안평과 관련된 사항도 마찬가지이다.

주류 강단 사학계가 이 서안평을 한반도 북부에 비정함으로써 얼마나 무리가 따르는지 위의 서안평과 관련된 사서기록을 참고로 하여 살펴보기로 한다. 고구려 태조왕 시기에 서안평을 한반도 북부로 비정한 사건인 이 서안평에서 대방령을 죽이고 낙랑태수의 처자를 포로로 잡은 사건에 대한 주류 강단 사학계의 국사편찬위원회 해설을 보면 가관이다. "고구려가 요동군의 屬縣인 서안평을 공격하여 帶方令을 죽이고 낙랑태수의 처자를 포로로 잡았다는 것은 帶方令과 낙랑태수의 처자가 서안평 지역을 통과하던 중에 일어난 일로 생각된다(이병도, 《국역 삼국사기》, 245쪽)." 많고 많은 다른 주장도 있을 것인데 이병도의 해석을 넣었다.

바로 이것이 지금 주류 강단 사학계 그리고 이들이 장악한 국사편찬 위원회의 현실이다. 식민사학의 태두라고 하는 사람의 해설을 넣었다. 학자로서는 할 수 없는 억지 논리, 그것도 말도 안 되는 것을 해방 후 77년이 지난 현재도 대한민국 역사의 간판인 국사편찬위원회에서 올려주고 있다. 반면 비주류이면서 민족사학 논리를 주장하는 윤내현 교수의 경우 중국 정사 등에 54여 개를 올렸으며 식민사학 계승자라고 비판받는 이병도의 경우 『삼국사기』 등에 980여 개나 올렸다.

그러면 그 해설을 보자. 이병도가 이렇게 한심한 해석을 한 이유가 있다. 그것은 이미 언급하였듯이 일제 식민 사학자들을 추종하여 낙랑군을 한반도의 평양으로 억지로 비정하다 보니 무리한 것이다. 평양에 있던 낙랑태수의 처자를 포로로 잡고, 낙랑군의 남쪽에 있다고 비정한 대방현령을 죽일 위치가 평양보다 위에 비정한 압록강 북쪽에서 일어났으니 설명할 방법이 없다. 그래서 아래 지방에서 위의 지방으로 해서 중국으로 가는 도중에 서안평(단동으로 비정한 결과)을 통과하다가 일어난 일로 치부하였다. 학자로서 아무런 근거나 단서가 없다. 그렇게 생각되면 된다. 그런 생각을 국사편찬위원회에서는 공식적인 해설로 올렸다. 가히 가관이다.

> 압록강 북부 단동(서안평)에서 평안도의 낙랑군 태수 처자를 사로잡고 황해도의 대방현령을 죽이는 것은 가능한 것이 아니다.

학자로서는 있을 수 없는 이병도의 이러한 행위는 만리장성을 황해도까지 끌어들이면서도 마찬가지이다. 앞에서 논증하였듯이 중국 사서에 낙랑군 수성현에 장성이 시작되고 갈석산이 있다고 한 것을 한반도로 끌어들이면서 황해도 수안(지방)으로 비정했다. 수성현하고 수안의 '수' 자가 같기 때문에 비정하고 싶어서 했다고 그의 논문인 『한국고대사연구』의 「낙랑군고」에 기록하였다. 이러한 주장은 자신의 독창적인 주장이 아니라 일제 식민 사학자인 이나바 이와키치[稻葉岩吉]의 「진장성동단급왕험성고(秦長成東端及王險城考, 1910년, 41쪽)의 주장을 그대로 추종한 것이다.

> 식민사학을 이어받은 주류 강단 사학계의 역사 논리는 유치한 대국민 사기극이다. 아직도 국사편찬위원회는 식민사학을 계승하여 역사 서술하고 있다.

그의 주장대로 그가 비정하고 싶어 하면 그것이 우리나라 통설이 되는 것이고, 이렇게 형성된 통설은 해방 후 77년이 지난 현재까지도 대한민국의 움직일 수 없는, 흔들려서는 안 되는 종교상의 교리인 학설이 되었다. 이렇게 해서 중국 본토에 있어야 할 만리장성이 한반도로 들어왔다. 이후 학자들은 그의 것을 그대로 따른다. 위와 같이 생각되어 정의를 내리면 그대로 그렇게 된다. 그래서 서안평은 단동으로 비정되었다.

주류 강단 사학계는 현재도 이것을 그대로 따른다. 이와 같은 서안평의 단동으로의 비정은 중국의 '춘추필법'이 완성된 후에 편찬된 『삼국지』〈위서〉「동이전」'고구려'상의 기록에 의해서이다. 여기에의 주석을 근거로 삼는다. 이전의 기록인 『한서』「지리지」나 『후한서』「동이열전」'고구려', 『후한서』「군국지」 등은 모두 무시하거나 참조하지 않는다. 여기에서 기록된 모든 지명을 중국의 춘추필법에 의하여 요하 이동 지방과 한반도로 옮겨 비정한 이후의 것만 소중히 받아들인다. 고려시대 및 조선시대의 유학자들과 똑같다. 없어진 명나라의 마지막 왕의 사당을 지어 제사를 지낸 자랑스러운 소중화 사상의 신봉자들인 유학자들과 동급이다.

같은 기사가 실려 교차 검증된 【사료24】『후한서(後漢書)』「동이열전」 '고구려전'상의 기록을 보면 "[위씨춘추에 말하길 '요동군' '서안평현' 북쪽이다. 작은 물이 있어 남쪽으로 흘러 바다로 들어간다. '구려'의 다른 종류를 명하여 '소수맥'이라 한다.]"라고 하였다. 이곳은 【사료10】『후한서(後漢書)』「군국지」1. 유주 ⑧ 요동군(遼東郡) 8) 서안평현(西安平縣).이다. "낙양(雒陽)에서 동북쪽으로 3600리 떨어져 있다." 이곳은 사서의 기록대로 서안평의 북쪽으로 도저히 한반도 북부의 압록강 바로 북쪽 단동이 절대 아니다. 지금도 그 지명이 남아 있는 하북성 형수시 안평현의 서쪽이다. 이는 앞에서 살펴본 대로 요동 지역에서 활동하였던 공손씨 세력을 제거하고자 조조의 위나라가 위나라는 사신을 보내어(237년) 고구려의 협조를 얻어 공손씨 세력을 제거하였다.(238년) 이후 당초 약속과는 달리 위나라가 공손씨 세력 근거지인 요동군을 계속 점거하자 고구려가 위나라의 서안평을 선제공격함으로써(242년)

【사료121】『삼국사기(三國史記)』 권 제17 고구려본기 제5 동천왕(東川王)

서안평을 공격하다 (242년 (음))

16년(242)에 왕이 장수를 보내 요동 서안평(西安平)을 습격하여 격파하였다.

이곳을 차지하자 이에 다시 이전의 공손씨 세력과 같이 위협을 느낀 위나라는 관구검을 보내어 고구려의 현토군을 공격하게 하였으나 (246년 08월) 처음에는 패배하다가 나중에 승리하여 이에 패배한 고구려 동천왕은 압록원을 통하여 남옥저 죽령으로 달아남에 따라 관구검은 당시 고구려 도읍이었던 환도성을 불태우고 철수하였다. 이에 동천왕은 돌아온 후 도읍을 평양성으로 옮기는데 이 평양성은 하북성 위만조선의 왕험성(평양성)이었던 하북성 평양성이다.

이 사건에서 공손씨의 활동 지역도 그렇고 당시 중국의 중심인 장안(시안)과 낙양 동남쪽에 위치한 허현(許縣 : 지금의 하남성 허창시(許昌市) 동쪽)과 낙양을 중심으로 있으면서 동북쪽으로는 지금의 산서성과 하북성에 겨우 미치는 영역을 가지고 있던 위나라가 한반도 북부 압록강과 무슨 관계가 있다고 머나먼 하북성을 지나고 요령성을 지나 고구려가 버티고 있는 고구려의 바로 서남쪽에 있는 한반도 북부 압록강 인근을 공격한다는 것인지 상식적으로 가능할 수 없다.

일제 식민 사학자들과 이병도 그리고 주류 강단 사학계의 수많은 학자들에게 묻고 싶다. 이런 방식과 논리에 의하여 유지하는 것이 그들의 학문이냐고. 이에 대하여 토론을 하자고 요청하고자 한다. 특히 본 필자가 이 글에서 비판하는 논문과 '젊은 역사학자 모임' 일원들에게 요청하고자 한다. 물론 그들은 압록강이나 모든 사항을 한반도 북부로 옮겨놓은 채 이에 맞추고 있다. 하지만 많은 사서기록상 역사적 활동이 이러한 위치 비정에 의문을 제기하게 된다. 하지만 왜곡하여 옮기기 전 원래의 자리인 하북성 압록수인 호타하 인근의 서안평과 이곳 위의 고구려를 위치시키고 그 서쪽에 현토군과 요동군을 위치시킨 채 이 요동군에서 이곳이 그 터전인 모용선비족이 전연(337~370년)이라는 나라를 세우기 전에 공손씨가 활동(189~242년)하였다.

중국 측에서는 역사학 통설이자 상식적으로 공손씨 세력은 유주 요동군 양평현 사람이라고 하고 있다. 이는 변함없는 사항이다. 유주는 하북성 석가장시 동북부 지방이다. 물론 주류 강단 사학계는 이를 의식하여 유주를 멀리 산동반도는 물론 요령성 및 한반도 북부를 포함하는 것으로 비정하고 있다. 이는 학문이 아니라 공상과학 소설이나 가능하다.

그렇다면 중국 고대 기록상 유주와 관련된 모든 사항이 그야말로 엉망이 되어버린다. 자기들이 잘못 비정한 것으로 인하여 잘못되게 되는 사건에 맞추기 위하여 절대적인 원칙을 바꾸는 것은 학문이 아니다. 이 공손씨가 활동한 유주 요동군 양평현 중 양평현은 주류 강단 사학계가 요령성 요양으로 비정하는 곳이기도 하다. 이 비정 사항하고 또한 공손씨가 이 위나라 사마의에게 죽임을 당한 소요수인 지금의 혼강(동가강) 내지는 장전하(이병도 비정)하고는 그 위치가 다르다. 그러면 이렇게 변명할 것이다. 요령성 요양에서 활동하다가 위나라 사마의에게 쫓기어 이웃의 한반도 압록강 북부인 혼강 내지는 장전하에서 죽임을 당하였다고. 하지만 공손씨의 활동 지역인 유주 요동군은 지금의 하북성 석가장시 행당현이다. 이곳은 그들의 고향이자 근거지이고 활동지였다. 중국사서는 물론 중국 측이 비정하고 있는 곳이다.

> 한반도 북부 압록강 인근인 서안평과 관련 있는 소요수 지방에서 구려의 별종인 소수맥 선비족이 탄생하고, 여기에서 공손씨가 활동하고 조조의 위나라가 이를 정벌하러 온다는 것은 불가능하다. 이것은 하북성 압록수 호타하 북부를 같이 흐르는 대요수, 소요수이라야만 가능하다.

물론 청나라 이후의 중국 학자와 동북공정에 의한 대외적인 중국 측의 입장에서는 우리나라 주류 강단 사학계와 같이 요령성 요양과 우리나라 압록강으로 비정한다. 하지만 이는 고구려와 발해를 그들의 지방정권으로 삼는 것과 마찬가지로 역사적 왜곡 조작에 우리가 동조하는 바와 다름없는 역사왜곡이자 조작이다.

우리나라 주류 강단 사학계가 중국의 동북공정에 겉으로는 대처한다고 하면서도 사실상 제대로 대처 아니 적극 동조하는 이유가 바로 이것이다. 이는 그들이 일제 식민사학을 배격하거나 극복하였다고 하면서 실질적으로는 '임나일본부설'을 인정하거나 '낙랑군 평양설' 등을 유지하고 있는 것과 같은 맥락이다.

　이곳 공손씨 세력을 토벌한(242년) 조조의 위나라가 이곳을 차지하자 이곳의 동쪽인 서안평을 그 바로 옆인 동북쪽에 있었던 고구려가 공격한 것이라야 제대로 맞는 위치로써의 사건이다. 이와 같은 사실은 다른 기록에서도 입증된다. 즉 앞에서 인용하여 거론한 바와 같이

【사료202】『삼국사기(三國史記)』 권 제14 고구려본기 제2 모본왕(慕本王) 2년

후한과 화해하다 (49년 (음))

"2년(49) 봄에 장수를 보내 한(漢)의 북평(北平)·어양(漁陽)·상곡(上谷)·태원(太原)을 습격하였으나 요동태수 채동(蔡彤)이 은혜와 신의로 대우하였으므로 다시 화해하고 친하게 지냈다."

　연 5군인 하북성의 (우)북평, 어양, 상곡과 산서성의 태원을 공격하였다고 하였다. 만약 이 시기(49년) 이후에도 조조의 위나라가 서안평으로 비정한 한반도 압록강 변을 공격(242년)할 정도로 고구려가 이 위치에 있었다면 어떻게 이 시기 이전에 그 머나먼 하북성 및 산서성 지역까지 공격할 수 있을까.

　더군다나 결정적인 사항은 산서성 및 하북성을 공격한 고구려를 중재한 것이 요동태수라는 기록이다. 주류 강단 사학계의 비정에 의하면 요동군은 요령성 요하 동쪽이다. 여기에 있는 요동태수가 산서성까지 와서 중재를 한다는 것은 이치에 전혀 맞지 않는다. 이는 요동태수가 이 요령성 요하 동쪽이 아니라 산서성 인근 하북성에 있었고 고구려 역시 이곳에 있어야만 가능하다는 것을 증거하고 있는 것이다. 여기서의 요동군 등 연 5군에 대하여는 그 위치 등을 증거 사

료와 함께 본 필자가 이미 설명하였다. 그러므로 위의 서안평은 지금의 하북성 지역이지 지금의 요령성 압록강 북쪽이 아니다. 이곳은 산동성 졸본 지방에서 건국한 고구려가 세력을 넓혀 북으로 진출하여 하북성 고조선의 옛 영토를 회복하려고 하였던 지역이다. 이러한 사실은 중국사서에서도 교차 검증된다.

> 【사료24】『후한서(後漢書)』「동이열전」'고구려전'
>
> [건무] 25년(49년, 고구려 모본왕 2년) 봄에 구려가 우북평·어양·상곡·태원을 침입하여 노략질하는 것을 요동태수 제융이 은의와 신의로 초유하니 모두 다시 항복하였다."

라고 기록되어 있다.

두 가지 사서를 비교해 보면『삼국사기』의 김부식을 비롯한 편찬자들은 이『후한서』「동이열전 고구려」를 절대 참고하여 그대로 옮긴 것으로 보인다.

왜냐하면 "습격하였으나 요동태수 채동(蔡彤)이 은혜와 신의로 대우하였으므로 다시 화해하고 친하게 지냈다."와 "침입하여 노략질하는 것을 요동태수 제융이 은의와 신의로 초유하니 모두 다시 항복하였다."가 서로 유사하다.

침략자가 무력으로 머나먼 곳을 습격하여 침입하였는데 침입을 당한 자는 힘으로 제압하여 이기지 않고 은혜와 신의로 대해서 화해하고 친하게 지내거나 오히려 침입한 당사자가 항복하였다는데 어떻게 그럴 수 있다는 것인가. 이것이 중국의 전통적인 '춘추필법'이다. 이렇게 상호 간의 역사적 사건에 있어서 당사자는 자기 입장에서 기록하는 것이 당연한데 우리나라는 대대로 우리나라와 중국과의 사건에서 중국 측 기록만을 가지거나 존중하여 역사를 해석하였다. 이것은 커다란 잘못이다. 이것이 일제 식민주의 사학이 만들어준 실증사학의 맹점이요 폐해이다.

일본 식민지 사학자들은 이러한 점을 간파하여 우리의 역사를 축소 왜곡하기 위하여 중국사서와 일본사서의 기록을 그대로 해석하도록 '실증사학'이라는 명분을 만들었다. 그들이 내세우는 실증사학에 의하여 이 기록을 해석한다면 당연히 사건의 당사자인 중국 측의 입장에서 일방적인 것으로 기록한 것이며 실질적으로는 중국 민족이 강한 이민족에 대하여 쓴 회유책 즉 한나라가 흉노 국가에 대하여 쓴 방법과 같이 많은 공물을 바쳐 위기를 모면한 것을 '은혜와 신의로 대우했다'고 기록한 것이라고 하여야 한다. 그러나 이와는 반대로,

> 사서기록상 여러 가지 사항이 고구려, 요동군, 서안평 등 모두가 한반도 북부가 아니라 산서성 가까이 하북성 압록강인 지금의 호타하 동부에 있었음을 증거하고 있다.

현재 주류 강단 사학계는 이러한 전통을 고수하고 있음으로 말미암아 우리 역사 특히 고대사는 그야말로 천덕꾸러기가 되었다. 그나마 이러한 사건에 대한 기록을 『삼국사기』는 당연히 "항복하였다"고 하여야 할 것을 중국 기록상의 "화해하고 친하게 지냈다"라는 것을 그대로 따라 기록하였다. 이도 아쉬운 사항이지만 문제는 현재의 국사편찬위원회의 행동거지이다. 이 역사적 사건에 대한 기사 제목을 **"후한과 화해하다"**라고 달았다. **"후한을 습격(침입)하다"**라고 해야 우리 입장에서 아니 제대로 된 해석에 의한 제목이 아닌가 한다. 그런데 이 글을 쓰는 동안 그 제목을 **"후한과 화해하다"**에서 **"후한의 우북평 등을 습격하였다가 다시 화친하다** (49년(음))"로 바꾸었다. 물론 이전에 잘못된 것을 파악하고 기록 그대로 바꾸었다. 하지만 우리 입

장에서는 **"후한을 습격(침입)하다"**라고 하여야 하지 않을까 한다. 이것이 우리 역사계의 현실이다.

이러한 까닭에 앞의 서안평 기사에서와 마찬가지로 이병도를 필두로 하여 우리 주류 강단 사학계는 명확히 명기한 지방 이름 즉 지금도 중국 산서성에 있는 태원(시) 이름 때문이 아니면 서안평 기사에 대한 중국사서들의 '춘추필법'에 의하여 왜곡한 근거로 삼을 『삼국지』〈위서〉「동이전」'고구려' 같은 기록이 없어서인지 이 기록에 대해서는 그럴 리가 없다면서 이 기사 자체를 부정하여 왔다. 물론 현재 주류 강단 사학계도 마찬가지이다.

> 일제 식민사학의 실증사학은 우리나라 고대사를 왜곡하기 위한 방편이다. 주류 강단 사학계는 이를 이어받아 그대로 우리 고대사에 적용한다.

그러나 이러한 고구려 당시의 요동 즉 그 후의 요서 지방에 대한 공격과 점령은 이전부터 있어 왔고 이후에도 계속된다. 그래서 앞에서 살펴보았듯이 결국 광개토대왕 시절에 고조선 지역인 평주를 다 점령하고 드디어 장수왕 시절 및 그 이전 즈음에 여기에 평양성을 두어 도읍한다. 이와 관련된 『삼국사기』와 중국사서의 기록은 무수히 많다. 물론 이를 '춘추필법'에 의하여 그 위치를 달리 비정하거나 진위 여부를 달리하여 왜곡시킨 당나라 이후의 사서기록과 원본에 대한 왜곡 주석본도 많다.

이와 관련된 『삼국사기』의 기록을 한 가지만 더 살펴보고 넘어가기로 한다. 나머지는 다음 기회인 "낙랑군" 편에서 살펴보기로 한다.

【사료331】『삼국사기(三國史記)』권 제15 고구려본기 제3 태조대왕(太祖大王) 3년

요서에 10개 성을 쌓다 (55년 02월(음))

3년(55) 봄 2월에 요서(遼西)(註 005)에 10성을 쌓아 한의 침략에 대비하였다.

註 005
요하의 서쪽 지역을 요서라 칭하는데, 중국 후한대에는 이곳에 요서군이 두어져 있었다. 이 시기에 고구려가 중간에 있는 요동군을 넘어 요서 지역까지 진출하여 이곳에 10개의 성을 쌓았다는 것은 어떤 착오에 의한 것으로 생각된다.

이 기록에서 알 수 있듯이 명백히 요동이라든지 요동군의 어디, 즉 요하 지방이라든지, 압록강의 단동을 서안평이라고 하든지 간에 상관없이 분명히 이 기록에서는 요서까지 진출한 것으로 명백히 기록하고 있다. 그러자 주류 강단 사학계에서는 국사편찬위원회 한국사 데이터베이스『삼국사기』국역난의 주석 "註 005"과 같이 이 기록에 대하여는 교차 검증할 근거 기록이 없음을 알고 그랬는지 아예 '**착오에 의한 것**'이라고 무시해 버린다. 왜냐하면 자기들이 만든 논리인 고구려는 요하 지방을 넘지 못하고 압록강 이남 및 북부 만주에서만 활동하던 세력이므로 머나먼 요서까지 진출한데다가 위의 다른 기록처럼 일시적으로 습격하거나 공격한 것이 아니라 아예 성을 그것도 10여 개 성을 쌓았다는 것은 이곳을 아예 점령한 것이 확실하다. 그런데 이미 다른 모든 것을 부정한 채 서안평까지 한반도 압록강 인근 단동으로 비정하였기에 안 되겠다 싶어서 그랬는지 착오에 의한 것이라고 아예 부정해 버렸다. 이런 식이다. 우리 주류 강단 사학계는 편리하게 역사를 규정한다. 자기 논리에 맞는 것만 골라 편하게 해석

하고 그렇지 않은 것은 기록이 잘못되었다고 한다. 그러나 그들이 주요한 기록으로 인용하고 있는

> 【사료31】『구당서(舊唐書)』「동이열전 고구려」
>
> 高[句]麗는 본래 扶餘의 別種이다. 그 나라는 平壤城에 都邑하였으니, 곧 漢 樂浪郡의 옛 땅이다. 長安에서 동쪽으로 5천1백 리 밖에 있다. 동으로는 바다를 건너 新羅에 이르고, 서북으로는 遼水를 건너 營州에 이른다. 남으로는 바다를 건너 百濟에 이르고, 북으로는 靺鞨에 이른다. 동서로는 3천1백 리이고, 남북으로는 2천 리이다.

에서도 분명히 요수를 넘어 영주에 이르고 있다고 하여 요수를 넘은 것으로 기록하고 있다. 물론 이 요수와 영주도 주류 강단 사학계는 지금의 요하와 조양으로 왜곡 비정하고 있다. 하지만 좌우지간 요수(요하)를 넘어 고구려의 영역이 있다.

하지만 현재 주류 강단 사학계는 고구려의 최대 영토를 요하(요수)까지로 하고 있다. 하지만 원래 이 요수와 영주는 하북성 석가장시 북부에 흐르는 자하와 자하 건너 석가장시 북부이다. 그리고

> 【사료25】『통전(通典)』「변방」 '동이 하 고구려'
>
> 동진 이후로 그 왕이 평양성에 살았다. (즉 한 낙랑군 왕험성이다. 모용황이 와서 침공하자 후에 국내성으로 옮겼는데, 다시 이 성으로 옮겼다.) 장안성이라 한다. 그 성은 산의 굴곡을 따라 있으며 남으로 패수에 임해 있고, 요동의 남쪽 천여 리에 있다. 성내에는 오로지 곡식창고가 있고, 각종 기계 및 병장기를 저장해 두는데 적이 침범해 오면, 그 성안에 들어가서 방어한다. 왕은 따로 그 성의 측면에 집(왕궁)이 있다. 그 나라의 또 다른 성으로는 국내성과 한성이 있는데 또 다른 수도이다. 다시 요동, 현토 등 수십 성을 차지했다. 관리를 두어 서로 연락이 되도록 하여 관리하였다. (그 땅은 후한 때에

> 사방 2천 리(약 785km)였다. 위나라 때 남북이 점점 좁아져서 겨우 1천여 리(약 400km)였으며, 수나라 때 점점 커져서 동서가 6천 리(약 2400km)가 되었다.)(생략)

수나라 때는 최대 영역이 동서 6천 리라고 하였다. 6천 리는 지금의 환산 단위(1리=0.39km, 1km=2.54리)로 하면 2,356km이다. 이는 고구려의 동쪽 끝인 두만강 하류 동해 바닷가에서 직선거리로 북경까지도 1,224km이고, 석가장시까지는 1,450km이다. 물론 이 6천 리 숫자는 정확한 수치도 아니고 당시 환산 단위도 지금과 다르고 당시의 수치는 도보 가능 거리로써 현재의 실제 거리보다 수치가 크게 되는 거리 수치이다. 즉 직선거리가 당시 6천 리라고 하면 이는 도보 가능 거리로써 직선거리로 하면 약 3천 리 안팎이다. 그러므로 이 3천 리를 현재 직선거리로 하면 1,178km이다. 이는 고구려의 동쪽 끝인 두만강 하류 동해 바닷가에서 직선거리로 북경이나 석가장시 인근까지이다. 이러한 경우가 당시 사서기록상 하북성의 석가장시 동북부의 낙랑군과 북부의 현토군 그리고 동부의 요동군 영역을 확보한 고구려의 영역으로 맞는 것이 된다. 이는

> 【사료225】『신당서(新唐書)』 北狄列傳 渤海
>
> ○ 渤海
>
> 그곳은 營州에서 동으로 2천 리 밖에 위치하며, 남쪽은 新羅와 맞닿아, 泥河로 경계를 삼았다. 동쪽은 바다에 닿고, 서쪽은 契丹과 [접하고 있다.]
>
> 땅은 사방 5천 리이며, 戶口는 십여만이고, 勝兵은 수만이다. 書契를 제법 안다. 扶餘·沃沮·弁韓·朝鮮 등 바다 북쪽에 있던 여러 나라의 땅을 거의 다 차지하였다.

발해의 5천 리에 비하여 넓다. 그러나 주류 강단 사학계는 발해가

고구려보다 넓은 영역을 차지하였다고 하면서 발해의 영역을 요령성 요하 동쪽으로부터 저 멀리 북만주 흑룡강성까지 비정하고 있다. 이에 반하여 고구려는 같이 요령성 요하 동쪽으로부터 길림성까지로 한정하고 있다.

본 필자는 그 근거가 무엇인지 잘 알지만 묻고 싶다. 이는 모든 사서기록은 물론 모든 증거에 의하면 고구려가 요령성 요하를 넘어 하북성(낙랑, 현토, 요서, 요동)까지 그 영역이 있음에 이를 은익하기 위하여 고의로 축소하다 보니 발해의 흑룡강성을 앞세워 축소시켰다. 이는 그들의 왜곡 조작된 논리 수호를 위하여 고구려 영역을 축소시킨 치졸한 행위이다. 만약 주류 강단 사학계의 비정대로 고구려가 지금의 요하 동쪽에 치우쳐 있었다면 수나라와 당나라가 고구려를 그들의 온 국력을 다하여 공격할 필요가 없었다.

이에 대하여 통상적으로 아무런 이의를 제기하지 않는다. 왜냐하면 주류 강단 사학계는 수나라나 당나라의 당시 영역이 고구려의 서쪽 경계로 설정한 요령성 요하에까지 이른 것으로 설정해 놓았기 때문이다. 자신들의 논리를 위하여 남의 나라 영역은 넓혀 놓고 우리 국가의 영역은 좁혀 놓았다. 이는 연 5군의 연나라 경우에도 마찬가지이다. 물론 고대 시기에 이미 우리 한반도에 한나라의 식민지인 한4군이 있었다고 한 그들이니 이쯤은 아무것도 아니고 당연히 이를 위하여 그렇게 설정하여야 한다.

또한 주류 강단 사학계의 주장으로는 ①천하관이 충돌하여 2개의 강국이 동아시아에 있을 수 없고 ②만주 지방은 언제나 중원 국가에 위협이 되기 때문에 수나라와 당나라가 온 국력을 다하여 고구려를 공략하였다고 한다. 그러나 이 또한 역사왜곡이다. 수나라와 당나라가 온 국력을 다하여 고구려를 공략한 이유는 주류 강단 사학계가 이유를 댄 가짓수인 숫자 2개만 똑같다. 천하관이 충돌한다는 것은 그

야말로 자기들이 고구려 영역을 축소시킨 변명을 하는 허울 좋은 그 야말로 소설 같은 변명이다.

실질적인 침략 이유 중 하나는 ①사서에 기록된 대로 고구려는 수나라가 통일한 시기에는 최대 강역을 가지고 있어 요령성은 물론 하북성, 산서성까지 점령하고 있었기 때문에 이웃에 그 중심 지역(장안)으로 하고 있었던 수나라와 당나라에는 커다란 위협이 되기 때문이다. 또 다른 하나는 ②수나라와 당나라가 전쟁 선포 시 고구려에 언급한 것이 사서기록에 있듯이 선비족 출신 국가인 수나라와 당나라와 이곳 지역 즉 그들의 연고지인 '발갈지간(勃·碣之間)', '요예지경(遼·濊之境)' 즉 발해와 갈석 사이와 요하와 예족 즉 예맥족인 자기들의 땅인 이 하북성 호타하 지역을 고구려가 점령하고 있기 때문에 사력을 다하여 공략하였다.

> 수나라와 당나라가 자국의 운명을 걸고 고구려를 공격한 이유는 자기들의 발상지이자 위협이 될 수 있는 위치인 하북성에 있었기 때문이다. 다른 이유는 만주에 고구려를 위치시킨 논리를 위한 허위 변명이다.

그런데도 우리 교과서에는 고구려의 서쪽 최대 영역을 요하까지로 그려 넣고 있다. 넓히지는 못할망정 온갖 구차한 있지도 않았던 이유를 근거로 최대한 좁히고 있다. 최소한 적어도 그들의 비정대로 영주를 지금의 조양이라고 하여 서쪽 영역을 지금의 요하 건너 조양까지라도 고구려의 최대 영역이 되는 것이 그들의 논리상으로 맞다. 그들은 그들의 논리도 스스로 깨고 있다. 커다란 교리를 위해서라면 작은 것은 서슴지 않고 버린다. 큰 '낙랑군 평양설'을 위하여. 식민사학의 최대 목표인 이 논리를 위하여. 같은 맥락으로 앞의 고구려의 요서 지방 즉 다시의 요서 지방 공략 사실에 대한 주류 강단 사학계가 장악한 국사편찬위원회의 입장은 가히 세계적인 토픽 뉴스감이다.

이것이 과연 정상적인 역사 연구자의 태도이고 역사 정론을 펼치는 국가 기관이라는 국사편찬위원회에서의 태도인지 정말 우려스럽고 한심하다. 이와 같은 것은 수많은 너무도 많은 여러 역사현장에서 발견되고 있다. 그 대표적인 것이 앞에서 살펴본 『수경』과 『수경주』에 대한 태도이다. 당연히 원본이 틀렸다고 하는 주석본의 타당성 여부를 먼저 검토한 후 이를 판단하여야 하는데도 불구하고 상당히 불합리적이고 모순적인 해석에 의한 주석본임에도 자기들의 논리에 맞는다고 이를 중시하고 이 주석본에 의하여 틀린 것으로 치부한 대로 원본이 틀렸다고 해석하는 것이 우리 주류 강단 사학계의 현실이다. 무엇보다 가장 모순적인 해석인 서북쪽으로 흐르는 강이 없음에도 패수가 서북쪽으로 흐른다는 주석본을 따르면서 원본이 틀렸다는 주석본을 따르는 것이 우리 주류 강단 사학계이다.

또한 여러 가지 사료를 연계하여 연구하면 본 필자가 내린 결과처럼 당시 주석본을 쓴 역도원 당시의 고구려 수도 평양은 한반도 평양은 더욱 아니고 중국의 '춘추필법'에 의한 요하 인근 요양도 아닌 당시 평주인 현재 하북성 북경 지방이라는 것을 파악할 수 있는데도 그들의 교리만을 따르고 있다. 이러한 태도가 【사료331】『삼국사기(三國史記)』 **권 제15 고구려본기 제3 태조대왕(太祖大王) 3년**의 국사편찬위원회의 한국사 데이터베이스『삼국사기』국역난의 주석 "註 005" 해석이다.

본 필자처럼 모든 사서의 기록을 연계하여 살펴보면 아마추어라도 고구려가 당시의 요동 그 후의 요서 지방인 평주 지역으로써 지금의 보정시 및 석가장시 지방을 영역으로 확보한 채 활동한 것이 명백한데도 이를 '고조선 평양설' 그리고 연이은 '고구려 요하 이동 한정 이론'을 유지하고자 하니 여러 가지로 무리하게 부정하고 무시해야 할 것이 많다. 제대로 연구한 것을 그대로 인정하면 모든 것이 잘 풀릴 텐데 말이다.

마지막으로 서안평을 확인하면서 필히 살펴볼 사서기록이 있다. 이는 앞에서도 여러 차례에 걸쳐 설명하였지만 왜곡된 인식에 의하여 해석을 해서 그렇지, 그렇지 않으면 우리 고대사의 왜곡되어 잘못 알려진 사실에 대한 올바른 위치를 그대로 알려주는 소중한 자료이다. 이로 말미암아 고구려 졸본성과 신라가 산동성에 있었음을 확실히 입증해 주고 있다. 아울러 서안평 즉 안평현이자 안시현이자 북안평이자 당나라 사기의 박작성이자 고려시대의 흥화진인 이 서안평의 위치를 입증해 주는 기록이다.

> 【사료30】『신당서(新唐書)』「가탐도리기」
>
> 1 영주에서 출발하여 안동도호부로 가는 길
>
> 영주(營州) 서북쪽 100리는 송형령(松陘嶺)이라고 하고 그 서쪽은 해(奚)이며 그 동쪽은 거란(契丹)이 떨어져 있다. 영주(營州)에서 북쪽으로 400리를 가면 황수(湟水)에 이르고 영주(營州)에서 동쪽으로 180리를 가면 연군성(燕郡城)에 이른다.
>
> 또한 (연군성으로부터 동쪽으로) 여라수착(汝羅守捉)을 지나서 요수(遼水)를 건너면 옛날 한국(漢)의 양평성(襄平城)이었던 안동도호부(安東都護府)에 이르기까지 500리이다. (안동도호부에서) 동남쪽으로 평양성(平壤城)까지 800리이고, (안동도호부에서) 서남쪽으로 도리해구(都里海口)까지 600리이며, (안동도호부에서) 서쪽으로 옛 중곽현(中郭縣)이었던 건안성(建安城)까지 300리이며, (안동도호부에서) 남쪽으로 압록강(鴨淥江) 북쪽에 있는 옛 안평현(安平縣)이었던 박작성(泊汋城)까지 700리이다.
>
> 안동도호부(都護府)로부터 동북쪽으로 옛 개모성(蓋牟城)과 신성(新城)을 지나고 또한 발해(渤海)의 장령부(長嶺府)를 지나는 등 1500리를 가면 발해(渤海)의 왕성(王城)에 이르는데 발해왕성은 홀한해(忽汗海)를 내려다보고 있다. 발해왕성의 서남쪽 30리는 옛 숙신성(肅慎城)이고 발해왕성(其)의 북쪽으로 덕리진(德理鎭)을 지나서 남흑수말갈(南黑水靺鞨)까지 1000리이다.

이 기록에 대해서는 『『신당서』「가탐도리기」에 대한 바른 재해석에 대하여』를 통하여 입증하여 설명하였지만, 이 기록은 하북성 호타하 인근을 기록한 것이다. 즉 영주는 하북성 석가장시 북부를 일컫는 것이고, 안동도호부는 당나라가 처음 하북성 고구려 평양성에 설치하였다가 요동의 옛 성으로 옮긴 요동군 치소인 양평현이다. 이곳은 고구려 요동성이기도 하였고 이전에는 공손씨 세력의 출신지이자 활동의 중심지였던 지금의 하북성 석가장시 행당현이다. 이 영주에서 북쪽은 바로 거란의 근거지인 산서성 삭주시 인근이다.

여기에 사서기록상 거란 즉 요나라의 근거지인 북쪽에 있다는 황수가 지금도 산서성 삭주시 산음현에 황수하(Huangshui River, 黃水河)가 그대로 존재하고 있다. 영주 등 모든 이 기록상의 내용의 것은 산서성 삭주시 동남쪽인 하북성 석가장시 일원과 호타하 그리고 그 동남쪽의 산동성 위치를 기록한 것이다. 여기에서 살펴보고자 하는 이 기록에서 중요한 사항은 바로 옛 안평현이었던 박작성과 안동도호부에서 동남쪽에 위치한다는 평양성이다. 이 안평현, 박작성이 바로 서안평이다. 수많은 사서는 이 서안평에 대하여 북안평이라고도 하고 안시현이라고도 한 채 이들이 동일 지역이나 인근에 있는 것으로 기록하고 있다. 더군다나 사서기록상 압록수와 나란히 같이 흐르다가 압록수에 합류하는 소요수, 대요수가 합류하는 지점이나 같이 바다로 들어가는 지점을 모두 안평현, 서안평현, 안시현, 북안평 등으로 각각 기록한 것에 의하면 같은 지역이 확실하다. 실제로 이곳은 현재 위의 황수하와 같이 지명이 그대로 그 위치에 남아 있다. 바로 하북성 형수시 안평현 (Ānpíng Xiàn, 安平县)이다. 이곳이 나중에 당나라의 박작성이고 고려의 흥화진이다. 이곳에 소위 강동 6주(8성)가 설치되고, 이곳으로부터 고려의 천리관성이 설치되었다. 그리고 이곳이 요나라 내원성 지역으로 나중에 여진족의 금나라를 건국하는 주체인 생여진과 숙여진의 근거지가 된다. 이곳은 산동성 신라가 나당연합군에 의하여 고구려를 멸하고 북상하여 하북성 고구려 지역을 차지하였다가 발해에 물려주고 물러나 이곳을 경계로 그 영역으로 삼고 있다가 고려에 그대로 물려주었다. 그래서 고려는 여기에 성을 쌓고 있다가 거란족의 요나라가 성장한 채 이곳을 경계로 삼아 축성하자고 하여 소위 강동 6주(8성)를 쌓았다가 나중에 천리관성을 설치한 채 요나라와 대치하고 있었다.

이러한 서안평, 박작성, 흥화진이 어떻게 한반도 북부 압록강의 단동시가 될 수 있는가. 이는 마자수이자 청하인 하북성의 압록강을 한반도 북부로 왜곡하여 옮긴 후에 비정한 것으로 일고의 가치도 없다. 더군다나 이 기록에서의 평양성은 하북성 동남쪽 즉 산동성의 고구려 첫 도읍지인 졸본성을 가리키는 것으로 중국사서는 많은 경우 이 기록과 같이 이 졸본성을 고구려 하북성 평양성으로 착오 기록하여 평양성으로 기록하고 있다. 그러나 『삼국사기』와 『삼국유사』는 분명히 구분하여 하북성 고구려 평양성에 대비한 남평양성이라고 기록하고 있으며, 광개토대왕 비문에서는 하평양으로 기록함으로써 구분하고 있다.

> 서안평이 당나라 시기의 박작성, 고려시대의 흥화진임이 『신당서』「가탐도리기」에 의하여 그 위치가 지금의 하북성 석가장시 안평현임이 확인된다.
> 서안평의 한반도 북부 요령성 단동시 비정은 역사 조작이다.

[중국 '만성한묘'에 대하여]

더군다나 이러한 사실은 역사학의 기본인 (1)사료에 의한 문헌학적 자료와 (2)유적·유물에 의한 고고학적 자료 중에서 지금까지 살펴보고 앞으로도 살펴볼 (1)문헌학적 자료는 그 증거가 차고 넘칠 뿐만 아니라 제대로만 해석한다면 모든 자료가 고조선, 위만조선 그리고 낙랑군, 고구려의 활동 지역이 모두 평주 지역임이 확인된다. 이곳은 바로 중국사서상의 패수가 있는 하북성 지역 특히 위만조선의 왕험성이자 고구려의 도읍인 평양성이 있었던 지금의 하북성 보정시 만성구 지역이다. 이러한 (1)문헌학적 자료를 (2)유적·유물에 의한 고고학적 자료가 뒷받침해 주어야 완벽한 역사학 논리가 성립되는데 이러한 고고학적 자료가 확실히 있다.

그것은 바로 그 하북성 보정시 만성구 지역에서 발견되어 발굴된 '만성한묘'이다. 만성한묘는 1968년에 현재의 하북성 보정시 만성구 지역으로써 당시는 만성현(滿城縣) 릉산(陵山) 즉 이전의 평주 지역에서 고구려왕의 고분으로 추정되는 만성한묘가 발굴되었으나 중국 측의 일방적인 발굴 결과 발표에 의하여 왜곡되었다. 중국 학계에서는 한동안 발굴 결과를 발표를 안 하고 있다가 후에 이곳을 B.C. 154년 서한시대 한경제의 아들로써 중국 전한시대 봉국 중산정왕(中山靖王) 유승(劉勝)(B.C.154~113년) 부부의 합장묘라고 발표하였다.

이 묘는 두 시신이 모두 소위 당시 한나라에서 왕이나 제후에게만 사후에 하사한다는 '금루옥의' 즉 금실로 옥편을 엮어 만든 옷을 입고 있어서 화제였다. 중국 당국은 이 무덤의 주인공에 대한 증거로 같이 출토된 동기(銅器) 즉 구리 그릇의 각명(刻銘)과 인장(印章)을 제시하였다.

한 청동 항아리 윗부분에 "중산내부삼십사년(中山內府卅四年)"이라는 글이 새겨져 있다는 것이다. 이에 의하여 유승 부부 묘라고 하였다. 하지만 이는 절대 믿을 수 없다.

하지만 중국 당국 역사학계 즉 동북공정을 수행한 현재의 중국사회과학연구소 등은 전통적인 '춘추필법'에 의하여 당나라 시기 이후 사서기록은 물론 우리 고대 역사 및 선비족, 거란족 등 소위 동이족 즉 동쪽 오랑캐들의 고대 역사 활동 무대의 모든 지명을 동쪽으로 아예 옮기는 역사조작을 해왔던 터이다. 대표적인 예로 요수, 압록수, 태백산, 갈석산, 노룡현, 창려현, 탁록, 탁군, 상곡, 계, 계현, 거용관, 용성, 중산국, 박작성, 영주, 등주, 의무려산, 북진, 금주, 개주, 광녕 등 수없이 많다. 이에 의하여 이미 동쪽으로 옮긴 자신들의 왜곡에 맞추고자 또다시 왜곡하였다.

이러한 의혹에 더하는 것은 먼저 발굴 후 비밀에 부친 채 발표를 하지 않다가 후에 발표하였다는 사실이다. 그리고 중요한 사실은 이곳은 중산국 지역이 아니라는 것이다. 이는 후에 중국 측의 조작에 의하여 옮겨진 바에 의하여 비정된 중산국 지역이다. 원래의 중산국 지역은 이보다 서남쪽인 석가장시 평산현 지방이다. 따라서 묘가 발견된 하북성 보정시 지역은 역사적으로 중국 한민족 세력의 지역이 아니었다. 이곳은 전통적으로 중국사서에 기록된 대로 진장성의 갈래가 시작된 갈석산 즉 현재의 보정시 내원현에 있는 백석산으로 본 필자가 비정한 '좌갈석'으로부터 동쪽으로 현재 보정시 서수구 수성진으로 상의 낙랑군 수성현 즉 이전의 위만조선이자 나중의 고구려 수도 평양성 인근 지역에 있는 진장성의 동쪽 끝인 '요동외요' 자리이다. 이곳은 연나라와 고조선의 경계지역이었다. 이후 고구려가 산동성에서 진출하여 장수왕 시기에 여기에 도읍을 정한 평양성 지역이다.

전통적으로 중국 한민족의 중요 무덤은 평지에 조성한다. 하지만 이 무덤은 산 동굴에 조성하였다. 여기서 발굴된 유물 중 어린 동자 구리등 잔 복식은 전통적인 우리 민족과 고구려의 복장인 두루마리와 복건에 의한다. 따라서 이 무덤은 고구려 당시 선비족과의 다툼과 선비족의 미천왕 시신 탈취 등에 의하여 이를 피하고자 은밀하고 험한 장소에 조성한 것으로 판단된다. 그러므로 여러 가지 발굴 유물에 의하여 이 무덤은 중국 한민족의 중산국 무덤은 절대 아니고 우리 민족 계열 국가인 위만조선이나 고구려 무덤 중에서 고구려 무덤으로 확인된다. 이러한 비정에는 한두 가지가 아니고 확실한 여러 가지 근거에 의한다.

> 중국 북경 지방 하북성에 고구려 유적이 존재하고 있다. 그것은 '만성한묘'로 이는 분명 이 지역의 문헌학적 자료에 의하여 고구려의 유적·유물이다.

지금까지 서술한 것을 포함하여 그 근거를 나열하면 다음과 같다. 먼저 중국 측의 주장을 반박하는 근거를 들고 다음으로 고구려의 것이라는 근거를 들도록 하겠다.

■중국 측의 주장에 대한 반박
① 이곳은 전통적으로 중산국 지역이 아니다. 중산국 지역은 다른 주장도 있으나 지금의 석가장시 평산현이 확실하고 설사 아니더라도 더 남쪽이나 서남쪽이라는 다른 이론이 있다.
② 이 지역은 전통적으로 중국사서 기록상 갈석산과 진장성이 있었던 낙랑군 수성현 지방으로 연나라와 고조선의 경계지방이자 나중의 위만조선 왕험성 자리이고 고구려 평양성 자리이다.
③ 중산국을 포함한 중국 민족 계열은 전통적으로 평지에 무덤을 쓰지, 산 위 등에 절대 무덤을 쓰지 않는다.

④ 주장하는 서한시대에는 이 묘에서 주인공이 입은 '금루옥의'는 황제가 입는 옷이다. 그런데 그들의 주장대로라면 제후가 입은 셈이 된다. 당시 제후급은 은루옥의나 동루옥의를 입는다. 자기들의 종래의 논리와도 배치된다.

⑤ 다량으로 사용된 옥의 원산지가 이곳에서 멀리 떨어진 채 당시 확실한 동이족 즉 우리 한민족 계열의 영역이었던 요동반도 수암옥이라는 것이 밝혀졌다. 이 수암옥은 우리 고대 문명으로 밝혀진 채 옥문화가 풍부하게 형성된 '홍산문명'에서도 사용된 것으로 확인되었다. 이 수암옥은 한반도 고성 등지에서도 발견되는 소위 우리 동이족 계열이 사용한 옥이다. 그들이 사용한 옥은 수암옥이 전혀 없다.

⑥ 한편, 중국 한민족들이 사용한 옥은 전통적으로 현재 신장 위구르 자치구의 화전옥을 사용한 것이 확인된다. 주장하에는 동시대의 강소성 서주시대 출토된 양효왕의 옥의도 바로 화전 것으로 확인되었다.

⑦ 중국 측이 중국 한민족 계열의 유적이며 특히 중산국 유적이라고 주장하는 유일한 근거가 동항아리에 새겨진 중산국 관련 글귀인데, 이 동항아리는 발굴 당시 낙양과 산서성 하현에서 사왔다는 것이 밝혀졌는데 이는 당시 발굴 상황을 기록한 중국 측 출판 자료인 '중국 문물 출판사'가 출판한 「만성한묘」 서적상에 기록되어 있다. 따라서 유일한 근거자료가 허위임이 밝혀졌다. 더군다나 유물은 이와 같이 이동 가능한 것이기에 '낙랑군 평양' 관련 유물과 마찬가지로 그 증거성은 문헌학적 증빙이 뒷받침되어야 한다. 그런데 문헌학적으로 그들의 기존 논리와도 배치되는 일시적인 근거뿐이다.

■ 고구려 무덤이라는 근거

① 이곳은 전통적으로 중산국 지역이 아니다. 비록 중국 측이 이를 왜곡하고 우리 주류 강단 사학계는 이를 그대로 인정한 채 이곳에 대한 우리 민족 활동 지역을 부정하고 있지만 모든 중국사서들도 이곳이 평주 지역으로 과거에는 연나라와의 경계지역이자 고조선과 위만조선의 활동 지역이고 이곳에 낙랑군이 설치되었다가 고구려가 멸망시키고 고구려 도읍을 설치한 지역이다.

② 발굴된 유물 중 어린 동자 구리등잔 복식은 전통적인 우리 민족과 고구려의 복장인 두루마리와 복건에 의한 것이 확실하므로 이 무덤은 고구려 무덤으로 확인된다.

③ 고구려 무덤을 확신하는 이유는 이 무덤에서 발굴된 환두대도이다. 전통적으로 환두대도는 우리 민족 계열 국가인 소위 삼국시대 유물이다. 물론 중산 글귀의 동항아리와 마찬가지로 유물의 한계성이 있지만 전통적으로 환두대도는 같은 시기에 유물의 주인공 무덤 안에 부장되는 것이 확실한 관계로 이는 우리 민족 계열 그중에서도 위치상 고구려 무덤의 부장품으로 확인된다.

④ 사용 옥의 원산지인 수암옥은 중국 측 무덤이나 유물에는 사용하지 않은 것으로 같은 옥을 사용한 곳이 홍산문명 위치인 내몽골 자치구 적봉시 인근은 물론 한반도 고성시 문암면에서 발굴되어 고구려와의 그 친연성이 확인된다.

⑤ 중국 당국이 황제라는 칭호를 쓴 것으로 확인되는 발해 묘에 대하여 발굴 결과를 발표하지 않는 한편 그 유적·유물을 공개하지 않는 것과 마찬가지로 이 유적에 대한 발굴 후 발굴 결과 발표를 미루다가 단 한 가지 동항아리 문구 유물에 의하여 중산국 유적이라고 발표한 것과 마찬가지 맥락이 여기서도 확인된다. 이 단 하나의 유일한 증거에 대한 조작 가능성이 있는 한편 발굴 유물이

10,000여 가지가 넘는데 공개는 이 중 200여 개만 하였다는 것은 나머지 유물이 그들의 발표와는 전혀 다르게 환두대도와 어린 동자 구리등잔과 같은 고구려식 물품이 있을 가능성이 농후하다.

이와 같은 근거에 의하여 '만성한묘'는 고구려왕 즉 고구려 황제의 묘가 확실하다. 따라서 많은 문헌학적 근거와 함께 고고학적 근거가 증빙하여 주는 관계로 이 평주 지역은 사서에 기록되어 있는 바와 같이 연나라와 고조선의 경계지방이자 나중의 위만조선 왕험성 자리이고 고구려 평양성 자리임이 확실하다. 그런데 중국인들은 그렇다 치고 대부분의 우리나라 사람들은 역사학자를 막론하고 이를 중국의 것으로 인정한 채 찾고 관람을 하고 있다. 이는 조작하여 그 위치를 동쪽으로 옮긴 북위의 탁발선비족의 유래지인 알선동 동굴, 하북성 진황도시 산해관의 만리장성, 북경시 북부의 거용관 등과 마찬가지이다. 수많은 유적을 중국 측은 아예 옮겨놓았다. 하북성 진황도시의 갈석산도 마찬가지이다.

또한 2004년도판 〈중국중요고고발현〉에 실린 하북성 천진시 북부 계현 지방(현재의 하북성 천진시 관할 내 북부에 있는 천진시 계주구(薊州区) 소모장(小毛庄)에서 발굴된 후한시대 묘라고 중국 측이 발표한 유적이 있다. 묘의 석조 양식과 부장품 및 그림 등을 살펴보면 이는 분명 고구려의 묘가 틀림없는 것으로 판단된다. 이 유적에는 사신도와 쌍어문이 그려져 있고 고분 형식이 고구려식이고 더군다나 고구려의 유일한 특징인 삼족오 그림이 있다. 그리고 2014년 지금의 북경시 교외 삼합장촌에서 발견된 1,500년 전 무덤에서 "낙랑군 조선현인(朝鮮縣人) 한현도(韓顯度)"라 쓰인 벽돌 명문이 출토되었는데, 이 사람의 본적이 낙랑군 조선현이라고 한다. 이곳 발견 위치에서 서남쪽이 고구려 도읍이 있었던 하북성 보정시이므로 당시 고구려 영역이었던 이곳에 있었던 낙랑군 조선현 사람이 이곳으로 옮겨와 살다가 539년 묻힌 것으로 당연한 것으로 확인된다. 그런데도 중국 측에서는 한반도 낙랑군 조선현에서 이곳으로 옮겨와서 묻힌 것으로 해석하고 있다. 따라서 많은 유적과 유물이 중국 측에 의하여 감추어지고 왜곡되어서 그렇지 이것만 보더라도 이곳이 사료의 기록뿐만 아니라 고구려의 활동 무대였다는 것이 명백해진다.

더군다나 이 하북성 지역이 고구려의 영역이 평주 지방이라는 사실은 이전에 이곳이 산서성 연나라와 갈석산을 경계로 하북성에 있었던 고조선과 진장성과 패수를 경계로 한나라와 마주하였던 고조선 후신국인 위만조선의 땅이었다는 사실에 의하여 더욱 그 신빙성이 있다. 이에 대한 문헌학적 증거는 이 글 전체에서 밝힌 바이고, 고고학적 근거는 현재는 어느 때인가부터 중국 측에 의하여 철저히 은닉 부정되고 있지만 이전에는 이곳 하북성 지역에서 고조선의 지표 유물인 비파형 동검이 발굴되었다는 사실이다. 비파형 동검은 고조선 영역을 증명하는 지표 유물이다. 따라서 고조선 지역이었던 이 하북성 지역이 처음에는 일부가 연나라에 넘어가 여기에 소위 연 5군이 설치되었다가 나중에 다시 한나라에 넘어가 여기에 한 2군이 설치되었지만 산동성에서 건국된 고구려가 이곳 평주 지역에 진출하여 장악한 채 나중에 신라, 발해, 요나라에 넘겨주게 된다. 특히 이곳 남쪽 호타하 동부 지방 즉 서안평 지방은 신라로부터 고려에도 넘겨져 이곳을 고려가 소위 강동 6주(8성)와 천리관성에 의하여 관리하게 된다.

> 전통적으로 하북성 지방은 고조선 지역으로 비록 한나라 민족 국가에게 일시적으로 내주었지만 고구려가 다시 회복한 후 신라, 발해로 이어지게 된다.
> 그 하북성 남부인 호타하 지방은 신라, 고려에 이어져 여기에 소위 강동 6주(8성)와 천리관성이 설치되어 요나라와 대치하였다.

따라서 지금이라도 수세적이고 방어적인 '동북공정' 대처가 아니라 적극적 공격적으로 동북공정에 대처하여야 한다. 즉 이 지역에 대한 공동 발굴 조사 제의 등을 하면서 그들의 주장대로 한반도 내의 황해도 수안 등의 만리장성 유적지 대응 조사 등을 제의하여야 한다. 그렇게 하려면 우리나라 주류 강단 사학계의 식민사학을 벗어나야 한다.

이와 같이 패수로 인하여 살펴볼 것이 많다. 패수로 인하여 식민사학과 주류 강단 사학계의 민낯을 볼 수 있었다.

이와 같이 패수는 『사기』「조선열전」상에 한나라가 진나라의 '요동외요'를 지키기 어려워 '요동고새'를 수리하고 패수를 경계로 하였는데 위만이 '요동고새'를 나와 패수를 건너 왕험에 도읍하였다는 기사에 나오는 것을 기화로 중국 계통 나라와 고조선 그리고 나중의 고구려 관련 기록에도 나온다. 그리하여 패수가 고조선과 중국 계통 나라와의 경계선이라는 인식하에 그 중요성을 가지게 되어 이에 대한 위치 비정이 높은 관심을 가지게 되었다. 하지만 사실상 중국 계통 나라와 고조선과의 경계는 패수가 아니고 '요동고새'이다. 그리고 후에 고구려와 중국 계통 국가와의 경계는 압록강이었다. 그래서 패수는 이 시기 즉 한나라와의 관련 기록 즉 위만 조선의 건국 그리고 멸망시의 조한 전쟁까지만 나타나지 이후에는 중요성이 없어졌다. 그러고는 살펴본 바와 같이 고구려 위치와 관련한 중국사서 기록에 나타나고 있다. 이때는 압록강과 요수와 함께 나타나고 있다. 중국사서의 편찬자들과 기록자들은 고의로 왜곡하거나 여러 가지를 혼동하는 경우가 많았다. 앞에서 살펴본 바와 같이 3개의 요수와 2개의 갈석산과 2개의 장성을 혼돈하거나 왜곡하였던 것처럼 패수와 요수 그리고 압록강을 착각 내지는 혼돈하여 기록한 것으로 보인다. 왜냐하면 현재 우리나라 주류 강단 사학계에서는 이러한 혼돈되고도 '춘추필법'에 의하여 축소 왜곡한 중국사서의 기록을 금지옥엽처럼 받드는 한편 여기에 더하여 적극적으로 역사를 축소 왜곡시킨 채 이것저것 여러 가지 사서를 비교 검토하여 분석해 보지도 않고 역사를 해석하고 있다. 대표적인 것이 앞서 살펴본 바와 같이 국사편찬위원회의 『삼국사기』 등에 대한 해석이다.

그동안 패수에 관해서는 우리나라에서 조선시대부터 현재까지 유학자로부터 실학자, 식민 사학자, 민족 사학자, 재야 사학자, 주류 및 비주류 강단 사학자에 이르기까지 여러 주장을 내세워왔다. 중국사서상 중국 민족국가와 우리 한민족 국가 간의 경계 내지는 위만조선의 수도인 왕검성 즉 평양을 고구려의 평양성과 연계시키는 등의 혼란상으로 인하여 원래 위치에 있던 낙랑군과 낙랑군 소속 군현들이 행정구역의 위치를 옮기거나 '춘추필법'에 의하여 옮겨지게 되면서 그 옮겨지는 위치의 여러 하천을 패수로 기록함으로써 여러 패수가 중국사서상 기록되어 그 패수를 원래의 패수로 착각하여 비정하는 혼란이 생기게 된 것이 우리 고대사의 진상인 것이다. 다음 사서와 그 해석인 국사편찬위원회 한국사 데이터베이스상의 주석을 살펴보자.

【사료64】『삼국지(三國志)』〈위서〉「동이전」韓

~ 漢나라 때에 이르러 盧綰으로 燕王을 삼으니, 朝鮮과 燕은 浿水(註162)를 경계로 하게 되었다. ~

註 162
浿水 : 『史記』「朝鮮列傳」에는 衛滿의 建國 과정을 설명하는 가운데 浿水를 건넜다는 기록이 있고, 또한 그 전에 浿水를 경계로 삼았다는 내용이 들어 있다.
秦滅燕 屬遼東外徼 漢興 爲其遠難守 復修遼東故塞 至浿水爲界 … 滿亡命 聚黨千餘人 魋結蠻夷服而東走出塞 渡浿水 居秦故空地上下鄣
浿水의 位置比定 問題는 近代 韓國史에서 가장 많은 논의 가운데 하나이다. 浿水의 位置를 그와 같이 중시한 것은 소위 古朝鮮의 位置를 어디에 잡느냐 하는 問題와 領域의 設定 작업이 浿水와 아주 밀접하게 연결되어 있기 때문이다. 일찍이 『三國史記』「地理志」에서는 '平壤城似今西京 而浿水則大同江是也'라 하여 浿水가 大同江이라고 언급한 바 있다.
이것은 그 뒤 『高麗史』에 그대로 답습되었고 朝鮮初에는 그러한 견해들이 나타나고 있었다. 『東國史略』에서도 浿水를 大同江으로 보는 입장이 나타나고 있다. 『東史綱目』에서는 浿水를 鴨綠江으로 보는 說을 취하고 있다. 이후 日本人들도 浿水를 鴨綠江·大同江·淸川江 등으로 보는 여러 의견을 제시하였다. 李丙燾는 浿水=淸川江說을 주장하였다.
그런데 中國側의 地理書에는 다른 각도에서 이 문제를 검토할 수 있는 자료들이 있어 더욱 문제가 간단치 않음을 보여주고 있다. 漢의 桑欽의 『水經』『浿水』에는 '浿水出樂浪鏤方縣 東南過於臨浿縣 東入于海'라는 기록이 있다. 여기서 보면 浿水는 東으로 흐르는 江이다. 이러한 方向의 江은 韓半島의 西海岸 一帶에서는 찾을 수가 없다. 茶山도 句讀點을 달리 찍어 문제를 해결하려 시도한 바 있으나 특별한 案을 내놓지 못하였다. 『水經』의 浿水는 뒤에 民族主義 史家들이 遼東說 등을 주장하는 근거가 되었으며 『山海經』의 기사와 함께 논의의 와중에 있다.
『水經』의 기사는 酈道元의 『水經注』에서 잘못이라는 反論이 나와 浿水가 西쪽으로 흐른다고 말하면서 浿水의 大同江說을 주장하였다. 그러나 鄭寅普는 浿水=大同江說을 부인하고 奉天 海城縣 西南에 있는 淤泥阿가 이에 해당한다는 遼東說을 제창하고 있다. 또 一部에서는 大陵河·灤河·遼河 등을 거론하기도 한다.

〈참조〉

『史記』「朝鮮列傳」註 12)

浿水

浿水는 漢과 朝鮮의 國境으로 이해되고 있으며 衛滿의 亡命과 漢 武帝의 朝鮮 침공 및 漢四郡 설치 등과 관련하여 당시 古朝鮮의 位置와 領域을 알려주는 중요한 지역으로 파악된다.

浿水의 位置에 관해서는 종래 大同江說, 淸川江說, 鴨綠江說, 遼東方面說 등으로 구분되고 있다. 최근에는 난하, 혼하說 등이 제시되고 있다. 大同江說은 酈道元의 『水經注』이래 『隋書』·『新唐書』·『通典』 등 中國史

書에 유지되어 浿水를 大同江으로 인식케 하는 작용을 하였다. 한편, 丁若鏞은 浿水에 관한 說이 鴨綠江說, 大同江說, 遼東泥河說, 猪灘水說 등으로 나뉘어져 韓國傳統史學者들 사이에서 논의되었음을 언급하고, 자신은 鴨綠江說을 견지하여 浿水에 관한 이해가 다양하였음을 보여주었다.(『與猶堂全書』「疆域考」浿水辯)

淸川江說은 李丙燾 등에 의해 제기된 것으로 列水를 大同江으로 확정하고 平壤 지역을 古朝鮮의 中心地로 이해하는 입장에서 제시되었다.(「浿水考」) 한편 申采浩는 蓒芋濼說을,(『朝鮮史硏究草』pp.45~65) 鄭寅普는 淤泥河(大凌河)說을(『朝鮮史硏究』) 제기하여 浿水의 遼東 방면 위치설을 구체화시켰다. 이와 같은 遼東 방면설은 李趾麟 등에 의해 大凌河說로 연결된다. 즉, 浿水에 관한 최초언급으로써『水經』浿水條의 '浿水出樂浪鏤方縣 東南過臨浿縣 東入于海'라는 기사를 검토하여, 현재 遼東, 遼西 지역에서 東南으로 흐르다가 河流에 가서 다시 東으로 흘러 바다로 들어가는 江은 大凌河밖에 없다고 하고 또한 이것의 古名이 白狼水(『熱河志』大凌河)였음을 밝혀 그 음상似도 설명하였다. 특히, 漢代 鏤方縣이 大凌河 유역이었음을 설명하여 이 같은 견해를 제시하였다.(『古朝鮮硏究』pp.72~83)

한편,『漢書』「地理志」遼東郡 番汗縣條의 註내용을 인용하여 浿水라는 명칭이 보통명사로써 파악된 연유 등을 설명하면서 浿水를 灤河로 이해하는 견해가 제시되었다.(尹乃鉉,「古朝鮮의 位置와 疆域」pp.15~80) 그러나 고조선의 서쪽 국경인 浿水와 고조선의 중심인 列水가 모두 灤河라는 견해는 수긍되기 어려운 것으로 보인다.

즉,『史記』의 표현에 따르면 浿水의 위치는 遼東故塞의 位置와 고조선의 중심지인 列水의 위치 사이에서 찾게 된다. 따라서 遼東故塞를 秦長城의 東端에 위치한 것으로 보고, 列水를 遼河로 파악한 견해에 의하면 자연히 浿水는 大凌河로 이해된다.(리지린,『고조선연구』) 한편, 古朝鮮의 中心이 이동함에 따라 列水의 위치도 옮겨졌으리라는 견해를 따르면 자연 列水가 대동강에 비정되므로, 浿水는 대동강과 요하 사이의 강이 된다. 그리하여 여러 견해가 제기되었는데, 대표적인 것은 淸川江(이병도)·압록강(정약용·천관우) 등이다.

그러나『史記』의 내용을 세밀히 검토하면 浿水는 遼東故塞(燕의 部塞)와 秦故空地 사이의 江이다. 燕의 동방 진출 시 조선과의 국경선이었던 滿

番汗이 자연계선이라면 浿水는 이와 병행하는 江이 된다. 滿番汗이 千山山脈 주변의 지명에 비정되므로 고조선의 중심 이동과 관계없이 浿水는 요동 지역의 강임이 틀림없다. 다만, 浿水는 조선계 지명으로 흔히 고조선의 수도 근처를 흐르는 강으로 이해되니, 『漢書』「地理志」에 나오는 평양 남쪽의 후일의 浿水는 바로 고조선 말기의 중심지였던 大同江으로 『史記』의 浿水와는 다른 강으로 이해된다. (徐榮洙,「古朝鮮의 위치와 강역」) ---〉 고조선 이동설

≪參考文獻≫

『水經』 卷上 「浿水」

『水經註』 卷14 「浿水」

『漢書』 卷28下 「地理志」下 遼東郡 番汗縣條 班固의 註.

安鼎福, 『東史綱目』 附卷下 「地理考」 浿水考.

丁若鏞, 『與猶堂全書』 「疆域考」 其三 浿水辯; 「大東水經」 其三 浿水.

李丙燾, 「浿水考」 『靑丘學叢』 13, 1933.

鄭寅普, 『朝鮮史研究』(上), 1947.

申采浩, 『朝鮮史研究草』(『丹齋申采浩全集』 下卷, 1972)

尹乃鉉, 「古朝鮮의 위치와 疆域」 『韓國古代史新論』 1986.

徐榮洙, 「古朝鮮의 위치와 강역」 『韓國史市民講座』 2, 1988.

리지린, 『고조선연구』 1964.

최택선·리란우편, 『고조선문제연구론문집』 1976.

津田左右吉, 「浿水考」 『東洋學報』 2卷 2號, 1912.

유. 엠. 부찐, 『古朝鮮』 1986.

≪參考文獻≫

『三國史記』 卷37 「地理志」 4 高句麗條.

『史記』 卷115 「朝鮮列傳」

『水經』 「浿水」.

『水經注』 卷14 浿水條.

申景濬, 『疆界志』

韓百謙, 『東國地理志』

韓鎭書, 『海東繹史』

安鼎福, 『東史綱目』

丁若鏞,『我邦疆域考』
申采浩,「平壤浿水考」『朝鮮史研究草』1929.
李丙燾,「浿水考」『靑丘學叢』13, 1933.
鄭寅普,『朝鮮史硏究』(上), 1947.
那珂通世,「朝鮮樂浪玄菟帶方考」『史學雜誌』5編 4號, 1894.
稻葉岩吉,「秦長城東端及王險城考」『史學雜誌』21編 2號, 1910.
津田左右吉,「浿水考」『東洋學報』2卷 2號, 1912.
白鳥庫吉,「漢の朝鮮四郡疆域考」『東洋學報』2卷 2號, 1912.
今西龍,「眞番郡考」『朝鮮古史の硏究』1970.

■『漢書』卷28下「地理志」下 遼東郡 番汗縣條 班固의 註.

9) 험독현(險瀆縣), [4]
~
17) 번한현(番汗縣), 패수(沛水)가 새(塞) 밖에서 나와서 서남쪽으로 바다로 들어간다. [5]

[1] 應劭曰慮音閭師古曰即所謂醫巫閭. 응초(應劭)가 말하기를 慮의 음은 려(閭)라고 했다. 사고(師古)가 말하기를 즉 이른바 의무려(醫巫閭)라고 했다.

[2] 師古曰説讀曰悦. 사고(師古)가 말하기를 説은 열(悅)로 읽는다고 했다.
[3] 師古曰隊音遂. 사고(師古)가 말하기를 隊의 음은 수(遂)라고 했다.

[4] 應劭曰, 朝鮮王滿都也, 依水險, 故曰險瀆. 臣瓚曰, 王險城在樂浪郡浿水之東, 此自是險瀆也. 師古曰, 瓚説是也. 浿音普大反. 응초(應劭)가 말하기를 조선(朝鮮)의 왕(王) 위만이 도읍인데 강물의 험한 것을 의지하였기에 험독(險瀆)이라 한 것이라고 했다. 신찬(臣瓚)이 말하기를 왕험성(王險城)은 낙랑군 패수(浿水)의 동쪽에 있는데 요동군 험독현은 그냥 험독이라고 했다. 사고(師古)가 말하기를 신찬의 말이 옳다고 했다. 浿의 음은 배(普大反)이다.

[5] 應劭曰汗水出塞外西南入海番音盤師古曰沛音普盖反汗音寒. 응초(應劭)가 말하기를 한수(汗水)가 새(塞) 밖에서 나와서 서남쪽으로 바다로 들어간다고 하였다. 番의 음은 반(盤)이라고 하였다. 사고(師古)가 말하기를 沛의 음은 배(普盖反)이고 汗의 음은 한(寒)이라고 하였다.

⑩ 낙랑군(樂浪郡)

낙랑군(樂浪郡), 무제(武帝) 원봉(元封) 3년에 열었다. 왕망은 낙선(樂鮮)이라 했다. 유주(幽州)에 속한다.[1] 가구수는 6,2812이고 인구수는 40,6748명이다. 운장(雲鄣)이 있다. 현은 25개이다.

1) 조선현(朝鮮縣),[2]
2) 염감현(訕邯縣),[3]
3) 패수현(浿水縣), 패수(水)가 서쪽으로 증지현(增地縣)에 이르러 바다로 들어간다. 왕망은 락선정(樂鮮亭)이라고 했다.[4]

【사료11】『사기』「조선열전」'고조선'

집해에서 장안이 말하기를 조선에는 습수와 열수와 산수가 있는데 이 세 강이 합하여져서 열수가 된다고 하였다. 아마도 낙랑이 조선이란 이름을 얻은 것은 여기에서인 것 같다. 색은에서 안을 내었는데 朝의 음은 조(潮)인데 죠[直驕反]로 발음된다고 하였고, 鮮의 음은 선(仙)이다. 산수(汕水)가 있기 때문에 이름을 얻은 것이다. 汕의 음은 산(訕)이다.

조선의 왕이었던 위만은 옛 연국(燕國) 사람이다. 연국의 전성기 때부터 일찍이 진번과 조선을 침략하여 속하게 하고 아전[吏]을 두고 장새(鄣塞)를 쌓았다. 진국(秦國)이 연국을 멸하고 요동외요(徼)에 소속시켰다. 한국(漢國)이 일어나고 그곳이 지키기 어려우므로 요동고새(塞)를 수리하고 패수(浿水)를 경계로 하여 연국에 소속시켰다.[四]

[四] 集解駰案, 漢書音義曰, 浿音傍沛反. 正義, 地理志云, 浿水出遼東塞

> 外, 西南至樂浪縣西入海. 浿普大反. 집해에서 안을 내었는데 한서음의를 인용하여 기록하기를 浿의 음은 배(傍沛反)라고 하였다. 정의에서 기록하기를 한서지리지에서는 패수가 요동의 새(塞) 밖을 나와서 서남으로 낙랑현(樂浪縣) 서쪽에 이르러 해(海)로 들어간다고 했고 浿(패)의 음은 배(普大反)라고 했다.

위에서 첫 번째 인용한 【사료64】『삼국지(三國志)』〈위서〉「동이전」韓 기록의 浿水(註 162)에 대한 국사편찬위원회의 주석인 註 162를 살펴보자. 이것은 주류 강단 사학계의 공식적인 입장이 되는 것인데 이 중에서 주목할 만한 것은

(1) "大同江說은 酈道元의 『水經注』 이래 『隋書』·『新唐書』·『通典』 등 中國史書에 유지되어 浿水를 大同江으로 인식케 하는 작용을 하였다"와,

(2) 한편, 古朝鮮의 中心이 이동함에 따라 列水의 위치도 옮겨졌으리라는 견해를 따르면 자연 列水가 대동강에 비정되므로, 浿水는 대동강과 요하 사이의 강이 된다. 그리하여 여러 견해가 제기되었는데, 대표적인 것은 淸川江(이병도)·압록강(정약용·천관우) 등이다.

(3) 滿番汗이 千山山脈 주변의 지명에 비정되므로 고조선의 중심 이동과 관계없이 浿水는 요동 지역의 강임이 틀림없다. 다만, 浿水는 조선계 지명으로 흔히 고조선의 수도 근처를 흐르는 강으로 이해되니, 『漢書』「地理志」에 나오는 평양 남쪽의 후일의 浿水는 바로 고조선 말기의 중심지였던 大同江으로 『史記』의 浿水와는 다른 강으로 이해된다. (徐榮洙,「古朝鮮의 위치와 강역」) ---〉 고조선 이동설

이다.

(1)이라고 주를 단 해석은 아전인수격 내지는 잘못 내지는 왜곡하여 해석하고 이를 기재하였다. 수경주의 잘못된 기록은 이미 설명하여 비판하였다.『수서』의 패수라는 것은

> 【사료92】『수서(隋書)』 東夷列傳 高句麗
>
> 그 나라는 동서가 2천 리, 남북이 1천여 리이다. 國都는 平壤城으로 長安城이라고도 하는데, 동서가 6리이며 산을 따라 굴곡이 지고 남쪽은 浿水에 닿아 있다.

에서의 고구려 평양성의 남쪽에 닿아 있는 패수를 거론한 것이다. 그러나 이 패수의 위치를 대동강이라고 해석할 만한 근거는 어디에도 없다. 물론 이는 이 글 앞에서 확인한

> 【사료52】『삼국사기(三國史記)』「잡지 지리」'고구려' '평양성과 장안성'
>
> 평양성(平壤城)은 지금[고려]의 서경(西京)과 같으며, 그리고 패수(浿水)는 곧 대동강(大同江)이다.

이 기록에 의하여 고려 서경의 대동강을 한반도 평양 대동강으로 왜곡 비정한 것에 따른 것이다. 하지만『삼국사기』기록상에『삼국사기』가 그 근거로 내세운 ①『당서』상의 고구려 평양성 남단에 있다는 패수는 두 번째 근거로 내세운 ②『신당서』「가탐도리기」상의 패강으로 이는 세 번째 근거로 내세운 ③수양제 동방정벌 조서상에 나오는 패강은 수나라의 고구려 공격 시 살수대첩 전에 수나라 내호아 수군이 산동성 바다로 표현되는 황하 등 큰 하천과 수로와 호수를 통하여 고구려 산동성 평양성인 졸본성을 공격한 졸본성 남쪽에 있었던 패수이자 패하이자 패강이다.

271

이를 중국사서가 위의 『수서』, 『당서』, 『통전』 등이 하북성 고구려 평양성에 있는 것으로 착각하여 기록한 것을 다시 『삼국사기』가 고려 서경인 요양성 요양의 대동강으로 비정한 것을 다시 일제 식민사학과 주류 강단 사학계가 한반도 평양 대동강으로 비정하였다는 것은 앞에서 명확하게 입증하였다.

이렇게 입증되는 바와 같이 주류 강단 사학계가 위의 ①과 같이 해석하면서 한반도 평양으로 비정하는 것은 여기서의 평양성이 다른 곳으로 비정되면 패수도 그 위치를 같이하는 것일 뿐이다. 이는 고구려의 수도 평양성이 한반도의 평양이라는 전제로 설정되었다. 고구려의 수도 평양성이 한반도 평양이 아니라면 당연히 이 논리는 성립이 될 수 없다.

두 번째 패수 즉 고구려 도읍 평양성 남단에 있다는 패수와는 다른 원래의 패수인 한나라와 위만조선과의 경계인 패수는 여기서 패수에 대한 주류 강단 사학계의 주석은 지금 살펴보고 있는 【사료64】 『삼국지(三國志)』 〈위서〉 「동이전」 韓 浿水(註 162)와 동일하다. 그러나 이 패수는 당연히 【사료64】 『삼국지(三國志)』 〈위서〉 「동이전」 韓, 【사료11】 『사기』 「조선열전」 '고조선'상의 내용인 한나라가 연나라가 쌓은 장성에 진나라가 덧쌓은 지역인 후의 낙랑군 수성현 지역을 '요동외요'로 하여 이 지역을 포기하고 원래의 연나라가 쌓은 장성에 진나라가 덧쌓은 지역인 지금의 석가장시 정정현 지방을 '요동고새'라고 하여 경계로 하고 그 바깥의 하천인 지금의 대사하를 패수로 하여 위만조선과의 경계로 삼은 곳이다.

당연히 이곳은 연나라와의 위치와 관련이 있고 연장성과 진장성이 있었고 여기에 갈석산이 있었다. 그리고 요수가 있었다. 이곳은 전통적으로 유주이자 평주 위치이다. 이곳은 연나라의 위치인 호타하와 갈석 그리고 안문과 역수가 있었던 하북성 서쪽이자 산서성 동쪽이다. 이러한 모든 것을 충족시키는 곳은 절대로 한반도가 될 수 없다. 만약 한반도라고 한다면 이 모든 것이 한반도에 있어야 한다. 유주와 평주가 한반도 평안도에 있었어야 한다. 전통적으로 유주와 평주는 하북성이다. 비록 그 위치가 왜곡되어 동쪽으로 옮기어 북경 지방에 비정하거나 일부 사서기록을 자기들 논리에 맞추느라고 한반도까지 포함하는 것으로 하는 비상식적인 비정도 하지만 원래의 유주와 평주는 북경 서쪽인 보정시 서남부와 석가장시 북쪽 등 인근이다.

『수서』의 패수는 앞에서 설명하였지만 이 고구려 평양성 남쪽에 있어 현재 한반도 평양의 대동강으로 비정되는 패수 즉 "『수경주(水經注)』이래『수서(隋書)』·『신당서(新唐書)』·『통전(通典)』"상에 나오는 패수로써 이는 한나라와 위만조선의 경계인『삼국지』「위지 동이전」,『사기』「조선열전」,『한서』「조선전」에 나오는 패수와는 다른 패수이다. 그런데도 이를 같이 보아 같은 해석을 붙인 것은 역사 인식의 부족에서 오는 잘못이다.

【사료26】『신당서(新唐書)』「동이열전 고구려」

高[句]麗는 본래 扶餘의 別種이다. 국토는 동으로는 바다를 건너 新羅에 이르고, 남으로는 역시 바다를 건너 百濟에 이른다. 서북으로는 遼水를 건너 營州와 접하고, 북은 靺鞨과 접한다.
그 나라의 임금이 살고 있는 곳은 平壤城으로 長安城이라고도 부르는데, 漢代의 樂浪郡으로 長安에서 5천 리 밖에 있다. 山의 굴곡을 따라 外城을 쌓았으며, 남쪽은 浿水와 연해 있다. 王은 그 좌측에 宮闕을 지어 놓았다. 또 國內城과 漢城이 있는데 別都라 부른다.
물은 大遼와 少遼가 있다. 大遼는 靺鞨의 서남쪽 산에서 흘러나와 남으로 安市城을 거쳐 흐른다. 少遼는 遼山의 서쪽에서 흘러나와 역시 남으로 흐르는데, 梁水가 塞外에서 나와 서쪽으로 흘러 이와 합류한다. 馬訾水가 있어 靺鞨의 白山에서 흘러나오는데, 물빛이 鴨頭와 같아서 鴨淥水로

> 불린다. 國內城의 서쪽을 거쳐 鹽難水와 합류한 다음, 다시 서남으로 [흘러] 安市[城]에 이르러서 바다로 들어간다. 平壤은 鴨淥江의 동남쪽에 있는데, 큰 배로 사람이 건너다니므로, 이를 해자(天塹)로 여긴다.

『신당서』당시의 고구려 평양성만을 보더라도 이는 중국사서 기록상 장수왕이 도읍지로 옮긴 평주이자 고조선의 도읍지로 지금의 하북성 보정시 만성구였다. 물론 일제 식민사학과 이를 무조건 추종하는 주류 강단 사학계는 요동을 지금의 요하 동쪽으로 보고 압록강을 지금의 압록강으로 보고 이 압록강의 동남쪽인 지금의 한반도 평양을 고구려의 평양으로 비정하고 있다. 하지만 앞에서도 지적하였듯이 대요와 소요가 있고 안시성이 있고 압록수인 마자수가 있는 곳은 한반도 내지는 한반도 압록강 북부의 만주 지방이 아니라 하북성 호타하 인근이다.

> 중국사서 기록상 패수는 두 가지이다.
> 그런데 우리 사학계는 이 두 개의 패수를 혼동하고 있다.
> 하나는 한나라와 위만조선과의 경계인 하천이고,
> 다른 하나는 고구려 평양성 남쪽에 있는 하천이다.

(2)의 논리는

【사료11】『사기』「조선열전」'고조선'

○ 史記 卷一百一十五 朝鮮列傳 第五十五

(朝鮮)【集解】張晏曰:「朝鮮有濕水・洌水・汕水, 三水合爲洌水, 疑樂浪・朝鮮取名於此也.」【索隱】案, 朝音潮, 直驕反. 鮮音仙. 以有汕水, 故名也. 汕一音訕.

> 집해에서 장안이 말하기를 조선에는 습수와 열수와 산수가 있는데 이 세 강이 합하여져서 열수가 된다고 하였다. 아마도 낙랑이 조선이란 이름을 얻은 것은 여기에서인 것 같다. 색은에서 안을 내었는데 朝의 음은 조(潮)인데 쥬[直驕反]로 발음된다고 하였고, 鮮의 음은 선(仙)이다. 산수(汕水)가 있기 때문에 이름을 얻은 것이다. 汕의 음은 산(訕)이다.

결정적으로 이 기록에 의하여 형성되었다. 즉 이 기록을 해석하기를 고조선의 중심에는 열수가 있다는 것이고 패수는 그 바깥에 한나라와의 경계라는 것이다. 한나라와의 경계가 되는 내역에 대해서는 이 구절 뒤에 나오는 이 내용이다.

> 조선의 왕이었던 위만은 옛 연국(燕國) 사람이다. 연국의 전성기 때부터 일찍이 진번과 조선을 침략하여 속하게 하고 아전[吏]을 두고 장새(鄣塞)를 쌓았다. 진국(秦國)이 연국을 멸하고 요동외요(徼)에 소속시켰다. 한국(漢國)이 일어나고 그곳이 지키기 어려우므로 요동고새(塞)를 수리하고 패수(浿水)를 경계로 하여 연국에 소속시켰다.
>
> 연국 노관이 반하여 흉노로 들어갔고 위만은 망명하였다. 1000여 명을 모아 무리를 지어 상투를 틀고 만이(蠻夷)의 복장을 하여 동쪽으로 달아나 새(塞)를 나와 패수를 건넌 후에 옛 진국(秦國)의 공터인 상하장(上下鄣)에 살았다. 점차 진번과 조선과 만이(蠻夷)들을 복속하여 거느리고 연국과 제국(齊國)의 망명자들의 왕이 되어 왕험(王險)에 도읍하였다.
>
> [一] 正義：潮仙二音. 括地志云, 高驪都平壤城, 本漢樂浪郡王險城, 又古云朝鮮地也.

정의에서 말하기를 朝鮮의 음은 조선(潮仙)이라고 하였다. 괄지지에서 말하기를 고구려는 평양성에 도읍했는데 본래 한국(漢國)의 낙랑군(樂浪郡) 왕험성(王險城)이라고 하였다. 또한 예부터 말하기를 조선 땅이라 하였다.

[二] 索隱：案, 漢書, 滿 燕人, 姓衛. 擊破朝鮮王而自王之.

색은에서 안을 내기를 한서(漢書)에서는 위만은 연국(燕國) 사람이고 성(姓)이 위(衛)씨인데 조선의 왕을 격파하고 스스로 왕이 되었다고 하였다.

[三] 集解：徐廣曰, 一作莫. 遼東有番汗縣. 番音普寒反. 索隱：始全燕時, 謂六國燕方全盛之時, 常略二國, 以屬已也. 應劭云：玄菟本眞番國. 徐氏云, 遼東有番汗縣者, 據地理志而知也.

집해에서 서광의 말을 인용하기를 眞番(진번)은 眞莫(진막)으로도 썼고 요동군에 번한현(番汗縣)이 있으며 番의 음은 반(普寒反)이라고 하였다. 색은에서는 기록하기를 始全燕時란 6국 연국(燕國)의 전성기를 말한다고 하였는데 항상 2국을 침략하여 속하게 하였다고 했다. 응소가 말하기를 현도(玄菟)는 본래 진번국(眞番國)이라고 하였다. 서씨(徐氏)가 말하기를 요동군(遼東郡)에 번한현(番汗縣)이 있다고 했는데 이것은 한서지리지를 통해서 알 수 있다고 하였다.

[四] 集解駰案, 漢書音義曰, 浿音傍沛反. 正義, 地理志云, 浿水出遼東塞外, 西南至樂浪縣西入海. 浿普大反.

집해에서 안을 내었는데 한서음의를 인용하여 기록하기를 浿의 음은 배(傍沛反)라고 하였다. 정의에서 기록하기를 한서지리지에서는 패수가 요동의 새(塞) 밖을 나와서 서남으로 낙랑현(樂浪縣) 서쪽에 이르러 해(海)로 들어간다고 했고 浿(패)의 음은 배(普大反)라고 했다.

[五] 正義命謂敎令

[六] 索隱案地理志, 樂浪有雲鄣.

색은에서 안을 내기를 한서지리지에 낙랑군에 운장(雲鄣)이 있다고 하였다고 했다.

> [七] 集解：徐廣曰, 昌黎有險瀆縣也. 索隱: 韋昭云, 古邑名. 應劭注, 地理志云, 遼東有險瀆縣, 朝鮮王舊都. 瓚云王險城在樂浪郡浿水之東也.
>
> 집해에서 서광이 말하기를 창려에는 험독현이 있다고 하였다. 색은에서 위소가 말하기를 옛 마을의 이름이라고 하였다. 응소가 주석하기를 지리지에서는 요동군에 험독현이 있다고 했는데 조선 왕의 옛 도읍이라고 하였다고 했다. 신찬은 말하기를 왕험성은 낙랑군의 패수의 동쪽에 있다고 하였다.

　이 사서 기록의 앞에서 낙랑이라는 땅이 조선의 이름이 된 것은 세 강의 이름에서 연유하였는데 그 세 강은 습수, 산수, 열수라고 하였다. 본 필자는 이 세 강에 대하여 여러 중국사서 기록을 근거로 하여 습수는 지금의 영정하, 산수는 지금의 조백하, 열수는 지금의 호타하로 비정하였다.

　여기서도 알 수 있는 사항이 조선의 땅 즉 하북성의 고조선 지역이 원래는 낙랑 땅이었다가 이곳에 들어선 나라가 조선이라는 명칭으로 한 것은 이 세 강에서 연유한 것이라는 사실이다. 즉 앞에서 본 필자가 여러 중국사서 기록에 의하여 설명하였듯이 낙랑이라는 명칭은 단순한 소위 한사군의 낙랑군을 의미하는 것이 아니라 넓게는 고조선 전역을 나타내는 것이라는 사실이다. 이 낙랑 땅에 고조선이 있었고 나중에 한나라의 낙랑군이 설치되었고, 이 낙랑군이 동남쪽 산동성으로 옮겨져 여기에 최씨 낙랑국이 생겨 위치하였고, 여기에 옥저가 같이 옮겨져 남옥저가 되었고, 여기에 신라와 백제가 건국되었다.

　물론 한나라의 현토군도 먼저의 하북성 낙랑 땅에 설치되었다. 특히 신라는 나중에 옮긴 산동성 낙랑 땅에서 건국된 것은 물론 여기에서 건국한 최씨 낙랑국과 가까이 있었던 까닭에 늦게까지 중국으로부터 낙랑의 호칭이 따라다녔다. 그런데 주류 강단 사학계는 고조선의 위치와 관련하여 위와 같은 개념 즉 조선이라는 나라의 한나라와의 경계에 패수가 있었던 반면, 고조선의 중심부에 열수가 있다는 개념으로 해석하여 패수는 다른 강에 그리고 열수는 또 다른 강으로 해석하려는 인식이 여기서 다루는 개념이다. 이 개념은 두 가지 커다란 오류가 전제되어 있는 것으로 당연히 역사 조작으로 폐기되어야 하는 것이기에 본 필자가 비판하는 바이다.

먼저 첫 번째①, 이 (고)조선이라는 이름이 생겨난 이곳이 넓은 낙랑 지역의 세 강에서 연유한 것을 좁은 한반도로 끌어들였다는 것이 문제된다.

두 번째②, 패수는 다른 나라 즉 한나라와의 경계에 있어 고조선의 경계 즉 바깥에 있는 것이고, 열수는 조선이라는 이름이 생겨난 연유인 낙랑 땅 조선국에 있는 세 강 중에서 이 세 강이 합쳐져 하나의 강이 된 열수는 고조선 중심부에 있어야 한다는 인식은 잘못이다.

① 본 필자가 앞에서 여러 차례 설명하였듯이 많은 중국사서가 증거하고 있듯이 낙랑이라는 땅은 고조선, 낙랑군, 현토군, 낙랑국, 옥저, 백제, 신라 등 여러 국가 등 여러 활동 사항이 발생한 넓은 땅으로 이곳에 위치하였던 조선 즉 고조선은 넓은 유역을 가지고 있었다. 그리고 앞에서 여러 가지를 입증하였듯이 이들은 한반도 내지는 인근이 아니라 하북성 및 산동성에 걸쳐 있었던 것으로밖에 설정할 수 없는 것을 식민사학의 교리인 '낙랑군 평양설'에 맞추기 위하여 한반도로 끌어들인 것은 원초적으로 잘못이자 역사 조작이 분명하다. 도대체 이 모든 것이 한반도라는 근거가 어디에 있다는 것인가.

따라서 패수가 한나라와 고조선 간의 경계인 까닭에 고조선의 중심부가 평양이므로 이는 패강 내지는 패수로 기록되어 전해져 온 대동강이 아니고 이보다 떨어져 경계로 볼 수 있는 청천강이고, 차라리 중심부에 있을 수 있는 열수가 중심부인 평양에 있는 대동강이라는 논리는 가히 학문이 아니라 맞춤식 짜 맞추기 억지 논리이다. 더군다나 한반도 평양의 대동강은 역사적으로 왜곡되어 내려오는 것이지만 고구려 평양성 남단에 흐르는 강인 패강을 패수로 비정한 채 대동강으로 비정되어 온 것과도 배치된다. 그렇다면 차라리 고구려 도읍 평양성 남단의 패수와 원래 한나라와 고조선 간의 경계인 패수는 서로 다른 것이라는 논리를 내세우는 것이 타당하다.

② 설사 패수는 경계에 있고 조선이라는 명칭이 형성된 연유인 세 강이 합쳐진 열수가 고조선에 있다는 것은 당연히 인정되는 것이지만 이 열수가 과연 고조선의 중심지를 흐른다는 근거는 어디 있으며 더군다나 그 열수가 고조선의 도읍지인 왕험성의 남부 내지는 북부를 흐른다는 근거는 어디 있어 이를 한반도 평양에 적용시켜 인접한 대동강을 열수로 비정할 수 있는지 가히 이병도답다 할 수 있다. 그런데도 이러한 논리를 펴는 정약용과 이병도의 뒤를 이어 식민사학을 추종한 천관우의 역사 인식은 가히 실망스러운 것이다. 더군다나 이를 전적으로 추종하지는 않지만 주요 이론으로 여기고 있는 현재의 주류 강단 사학계의 역사 인식 수준도 가히 실망스럽다.

(3)에 대한 논리는 주석에도 나와 있듯이 현재까지 주류 강단 사학계의 대표 학자라고 할 수 있는 서영수 교수의 논리이다. 이 논리에 대하여 비판하여 오류를 지적하자면 먼저 ①만번한은 다음 중국사서의 기록과 같이

【사료64】『삼국지(三國志)』〈위서〉「동이전」韓

그 뒤에 子孫이 점점 교만하고 포악해지자, 燕은 장군 秦開를 파견하여 [조선의] 서쪽 지방을 침공하고 2천여 리의 땅을 빼앗아 滿番汗(註 161)에 이르는 지역을 경계로 삼았다.

註 161
滿番汗 :『漢書』「地理志」遼東郡 屬縣條에는 文縣과 番汗縣의 두 縣名이 보인다. 따라서『魏略』의 滿番汗이 文縣과 番汗縣의 合稱임은 틀림없을 것으로 이해되고 있다. 물론 이 二縣이 燕代에까지도 二縣이었는지 또는 一縣이었는지는 알 수가 없다
『漢書』「地理志」番汗縣條에는 '沛水出塞外 西南入海 應劭曰 汗水出塞外 西南入海'라는 註記가 있으며, 許愼의『說文』에도 '沛水出遼東番汗塞外 西南入海'라는 비슷한 內容이 있다.
종래부터 滿番汗의 位置는 古朝鮮의 位置를 設定하는데 중요 자료가 되어 왔고, 또한 논쟁이 계속된 史料였다. 이 滿番汗을 韓半島內에서 구하는 說이 있고, 韓半島 밖에서 구하는 견해가 있어, 의견의 一致를 보지 못하고 있다. 例컨대 李丙燾는 沛水를 博川江에 비정하고 浿水를 淸川江으로 보아 番汗縣을 博川郡 일대로 본 바 있다.
≪參考文獻≫
『漢書』卷28下「地理志」8 下 遼東郡 番汗縣條.
許愼,『說文』
申采浩,「平壤浿水考」『朝鮮史硏究草』1929.
李丙燾,「浿水考」『靑丘學叢』13, 1933.
鄭寅普,『朝鮮史研究』(上), 1947.
安在鴻,『朝鮮上古史鑑』(上), 1947.
那珂通世,「朝鮮樂浪玄菟帶方考」『史學雜誌』5編 4號, 1894.
稲葉岩吉,「秦長城東端及王險城考」『史學雜誌』21編 2號, 1910;「眞番郡の位置」『歷史地理』24卷 6號, 1914.
樋口隆次郎,「朝鮮半島に於ける漢四郡の疆域及沿革考」『史學雜誌』22編 12號・23編 2~5號, 1911~12.

津田左右吉,「浿水考」『東洋學報』2卷 2號, 1912.
白鳥庫吉,「漢の朝鮮四郡疆域考」『東洋學報』2卷 2號, 1912.

본 필자가 소위 연 5군 및 연장성의 위치를 설명하면서 "고조선 이동설의 허구"에서 확인하였듯이 연나라 진개가 고조선을 침범하고 물러나게 한 다음 경계로 삼은 지역으로 사서에 기록된 지명이다. 그런데 이 지명은 이 사서가 유일한데 이 사서는 신빙성이 의심되고 현재 전해지지 않는『위략』이라는 사서를 전적으로 답습한 사서이다. 앞에서도 살펴보면서 비판하여 그 허구성을 입증하였지만 옥저 땅을 낙랑으로 하여 '영동 7현'이라는 용어도 단독으로 쓰면서 그 허구성을 나타낸 것과 같은 맥락으로 만번한도 그 허구성을 드러내는 근거 없는 사항이다.

그럼에도 이것이 빌미가 되어 이후 중국사서와 사가들이 이를 요령성 요양 인근으로 왜곡 비정하는 데 이용되어 결국 고조선의 위치가 동쪽으로 왜곡되는 빌미가 되었고, 우리 역사계에서는 식민사학을 시작으로 '고조선 이동설'의 빌미가 된 사항이다. 그러나 이것은 일제 식민사학과 이를 계승한 주류 강단 사학계가 고조선과 우리 민족 고대 국가 역사 활동 무대를 한반도 및 한반도 인근으로 한정시키기 위한 소위 '반도사관'에 맞추려고 중국의 전통적인 춘추필법에 의한 역사 서술을 그대로 받아들여 완성한 것으로 역사적 근거나 고고학적 근거가 전혀 없이 억지로 조작해 놓은 허구의 논리이다. 이 논리는 원래 한반도에 있는 것으로 하려는 '한반도 고착화'에 따른 '낙랑군 한반도 평양설'을 주창하는데 필요한 논리를 찾는 데 있어 중국 사서 기록은 중국 본토에서의 역사적 활동 기록은 물론 고고학적 자료가 발견되어 할 수 없게 되었다.

그러나 만번한 기록이 후대의 명·청대 학자들에 의하여 요령성 요하 지방으로 비정되는 왜곡 논리가 형성되어 있자 이 사서의 기록과 왜곡된 논리를 이용하게 되었다. 그리하여 고조선은 원래는 대능하 지방에 있었는데 춘추전국시대 연나라 진개의 침입에 따라 1,000여 리 내지 3,000리 밀려 들어와 이곳 요령성 요하 지방에 있었다가 결국 한반도에 자리 잡았다가 여기에서 한나라에 멸망당하게 되었다는 논리 즉 '고조선 이동설'을 완성하게 되었다.

그리하여 이 논리에 맞추기 위해서 머나먼 당시 요동 즉 하북성 지방에 있었던 연 5군의 요동군을 압록강 내지는 그 이남까지 위치한 것으로 하고 낙랑 땅 옥저 지역에서 형성된 현토군 역시 개마고원 동쪽에 있다가 만주 지방 소자하로 이동되는가 하면, 이내 한반도의 고조선 즉 위만조선은 한나라에 멸망당하여 그 중심부인 평양에 낙랑군이 들어섰다는 논리가 완성되었다. 결국은 '낙랑군 평양설'을 합리화 내지는 유지하기 위한 변명 논리이다. 이것이 일제 강점기 식민사학자들로부터 현재까지 그대로 유지되는 논리인데도 본 필자가 이 글에서 비판하는 논문의 경우 이를 부인하면서 고조선은 원래 평양 지방에 중심지로 자리 잡고 있었다고 하는 점이 다르다. 하지만 중국 사서의 관련 기록을 살펴보면 '기자조선설'과 마찬가지로 연나라의 공격 대상이 당초의 기록에 의하면 애매하고 다른데도 불구하고 이를 나중의 사서에서는 우리 민족 계열 국가로 확정 짓는 등 역사적 사실조차 의심스러운 데도 불구하고 후대의 기록으로 갈수록 구체화되고 상세해지는 전통적인 '춘추필법'에 의한 중국사서의 기록에 의한 논리인 것으로 확인되고 있다.

더군다나 설사 진개의 공격이 사실일지라도 그 시작점 즉 원래의 고조선 위치가 지금의 북경 서쪽 하북성 보정시 지방임에도 불구하고 이를 대능하 부근으로 보고 여기서 진개에게 밀리어 1000여 리 내지는 3000여 리를 빼앗긴 채 지금의 천산산맥을 경계로 하거나 아예 지금의 압록강을 경계로 한 채 고조선은 그 중심지를 평양으로 옮겨 여기서 한나라에 멸망당하여 여기에 낙랑군이 세워졌다는 '고조선 이동설'을 현재 주류 강단 사학계에서는 정설로 하고 있다.

여기서 지금의 요하 동쪽인 천산산맥을 경계로 한다는 주장의 대표자는 서영수 단국대학교 역사학과 교수이고, 본 필자가 현재 비판하고 있는 '젊은 역사학자 모임'의 일원들은 요동군의 영역을 압록강까지 그려 놓고 있는 것으로 보아 압록강을 경계로 하고 있다는 주장을 하고 있는 것으로 보인다.

하지만 '젊은 역사학자 모임'의 일원은 그의 글에서 자신은 본 필자가 현재 비판하고 있는 논문의 논리대로 원래부터 고조선의 중심지는 평양 지방이라고 하면서 진개의 침입 사실에 대한 중국사서의 기록을 무시할 수 없어 원래 고조선의 중심지가 지금의 요하 지방이었는데 진개의 침입에 밀리어 고조선의 평양으로 옮겼다는 학계의 통설을 전하고 있다. 고조선이 원래부터 평양이었다는 주장이나 요하 지방이었다가 진개에 밀리어 평양 지방으로 옮기었다는 주장은 일고의 가치도 없거니와 논하거나 비판할 가치가 없어 여기서는 생략하기로 한다.

다만 본 필자의 비판 논리에 적합한 대상이기 때문이기도 하지만 주류 강단 사학계의 주요 논리로 평가받고 있는 서영수 교수의 논리를 비판하는 것이 주류 강단 사학계의 논리를 비판하는 가치 있는 것으로 판단하여 이를 비판함으로써 여러 가지 패수 학설의 허구성을 같이 확인하고자 한다.

위의 만번한이라고 설정한 사항은

【사료18】『한서』「지리지」 1. 유주(幽州)

⑧ 요동군(遼東郡)

> 16) 문현(文縣), 망(莽)은 문정(文亭)이라고 했다.
> 17) 번한현(番汗縣), 패수(沛水)가 새(塞) 밖에서 나와서 서남쪽으로 바다로 들어간다. [5]

> 【사료22】『한서』「지리지」1. 유주
>
> ⑧ 요동군(遼東郡)
> 9) 문현(汶縣).
> 10) 번한현(番汗縣).

> 【사료16】『진서』「지리지」'평주', '유주'
>
> ② 요동군
> 2) 문현(汶縣).

와 같이 지리지상에는 후에 문현과 번한현으로 나누어졌다가 나중에 번한현은 없어진 것으로 확인된다. 그런데 이를 서영수 교수는 "**滿番汗이 千山山脈 주변의 지명에 비정되므로**" 패수를 이곳 위치로 비정하는 전제조건으로 설정하였다.

그러나 이러한 전제가 사실이어야지 그 후의 패수 위치 설정이 타당한 것이 된다. 그러므로 이에 대하여 살펴보았다.

이러한 설정은 주류 강단 사학계의 또 다른 대표자라고 할 수 있는 현재 서울대학교 국사학과 명예교수인 노태돈 교수의 경우도 마찬가지이다. 현재 주류 강단 사학계는 이들의 주장을 그대로 인용하여 따르고 이것을 전제로 하여 논리를 펼치고 있다. 그런데 이들의 논리가 합당한 것이라면 모르지만 만약 그렇지 않은데도 이를 그대로 인정하고 따른다는 것은 학자로서는 문제가 있고 그러한 우리 학계와 그러한 학계의 논리로 인한 역사학 체계 성립에 문제가 있다.

국사편찬위원회의 한국사 데이터베이스상에 식민학자 이병도와 일제 강점기 일본인 학자들의 논리가 주석에 도배를 하다시피 하는 것은 이것을 그대로 계승하여 이를 전제로 우리나라 역사학을 연구하고 있다는 것을 나타내는 것인데 이것은 우리나라 역사계의 커다란 과오이다. 서영수, 노태돈 교수들이 만번한을 지금의 천산산맥에 비정하는 근거는 이 사건이 일어난 B.C. 3세기 초반 이후 1900년이 지난 1659~1678년 사이에 명나라 말기, 청나라 초의 고조우(顧祖禹)가 편찬한 중국의 역사 지리서『독사방여기요』와 1683년(청 강희제 23)에 엮은『성경통지』등에 의한다.

『독사방여기요』에 의하면,

> 【사료469】『독사방여기요』 1678「요동행도사」
>
> 험독성 : 위(衛)의 동남쪽에 있다. 한나라 요동군 속현이다. 응소가 "(험독)현은 험한 물을 의지한다. 그래서 험독(險瀆)이라 한다."고 했다. 후한 때에 요동속국에 속했고 금나라는 폐기했다.

험독현의 위치를 말하는데 여기서 위는 광녕위로 당시의 대능하에 있었고 여기의 동남쪽은 개주위를 말하는 것으로써 현재 요하 동쪽과 천산산맥 서쪽 사이의 남쪽 요령성 개주시를 말하는 것이다. 즉 위만조선의 도읍인 험독현의 위치를 말하고 있다. 또한,

> 番汗, 沛水出塞外, 西南入海.: 應劭曰汗水出塞外西南入海 番音盤 師古曰沛音普盖反汗音寒
>
> 번한 : 패수(沛水)가 새(塞) 밖에서 나와서 서남쪽으로 바다로 들어간다 : 응초(應劭)가 말하기를 한수(汗水)가 새(塞) 밖에서 나와서 서남쪽으로 바다로 들어간다고 하였다. 番의 음은 반(盤)이라고 하였다. 사고(師古)가

285

> 말하기를 沛의 음은 배(普盖反)이고 汗의 음은 한(寒)이라고 하였다.
>
> 文城, 在衛西 漢置文縣, 屬遼東郡 後漢改曰汶縣, 晉省
>   咸和八年 慕容皝遣將攻其弟仁於平郭, 敗於汶城之北 胡氏曰:
>   「汶城在平郭之西」
>
> 문성 : 위(衛)의 서쪽에 있다. 한나라 요동군 문현(文縣)이다. 후한은 문현(汶縣)으로 개칭했다. 진나라는 없앴다. 모용황이 장수를 보내어 평곽에서 동생 모용인을 공격하여 문성의 북쪽에서 패주시켰다. 호씨(胡氏) : 문성(汶城)은 평곽의 서쪽에 있다.

번한현과 문현의 위치를 말하고 있다. 여기서의 번한현에 대한 기록은 『한서』「지리지」상의 요동군 소속 번한현에 대한 기록을 그대로 나타내어 비정하였다.

또한 문성을 문현으로 비정하면서 그 위치를 위(衛)는 개주위를 지칭하는 것으로 개주위의 서쪽 즉 현 요령성 개주시 서쪽 지방을 요동군 소속 문현으로 비정하였다.

그런데 이 사서의 기록대로의 위치 비정을 그대로 따른다는 것은 커다란 문제가 있다. 일정한 사실이 일어난 시기에서 머나먼 후에 그 동안의 위치 이동을 고려하지 않고 편찬된 후대의 사서, 더군다나 중국의 경우 중국 하북성 내지는 요령성의 경우 위치 이동이 많이 일어났고 소위 중국 전형적인 '춘추필법'에 의하여 왜곡 의도하에 변화된 지명이 많은데도 이를 그대로 따르는 것은 잘못이다. 그럼에도 이를 따르는 것은 자신의 미리 정해 놓은 논리에 맞추기 위하여 맞으므로 따르는 것으로 학자로서는 일차적으로 회피하여야 할 사항이다. 청나라 시기보다 앞선 북송시대 북송 왕조가 펴낸 군사 저작인『무경총요』기록에 대하여는 앞에서 소위 강동 6주(8성)와 관련하여 살펴보았다. 이 기록이 여기에도 적용된다.

【사료234】『무경총요』「전집 권 22」 요방 북번지리

개주(開州), 발해의 옛 성이다. 虜[요나라]의 왕이 동쪽으로 신라를 토벌하고 그 요해처에다 도시를 건설하고 주를 삼았으며 다시 개원군(開遠軍)을 설치하였다. 서쪽으로 내원성(來遠城)까지 120리이다. 서남쪽으로 길주(吉州)까지 70리이다. 동남쪽으로 석성(石城)까지 60리이다.

내원성(來遠城), 虜가 경술년에 신라를 토벌하고 성을 쌓고 지켰는데 즉 중국 대중상부(大中祥符) 3년이다. 동쪽으로 신라 흥화진(興化鎭)까지 40리이고 남쪽으로 海(바다)까지 30리이며 서쪽으로 보주까지 40리다.

보주(保州), 발해 옛 성이다. 동쪽으로 압록강 신라 국경을 두드려 교장(榷場)을 설치하고, 시장에서 서로 소통하였다. 동남쪽으로 선화군(宣化軍)까지 40리이고 남쪽으로 海(바다)까지 50리이며 북쪽으로 대릉하(大陵河)까지 20리이다.

길주(吉州), 삼한(三韓)의 옛 성이다. 거란이 병방(兵防)을 설치하여 신라의 여러 나라를 두드렸다. 동쪽으로 석성에 이르고 서남쪽으로 압록강에 이르며 동쪽으로 대감주(大監州)까지 100리이고 서쪽으로 바다에 이른다.

이 기록에서는 개주의 위치가 왜곡되었지만 지금의 대능하 지방으로 비정되었다. 이것이 중국의 우리 고대사 관련 사항을 서쪽 하북성 지역에서 계속하여 동쪽으로 이동시켜 왜곡하는 경과를 보여준다. 즉 원래 하북성에서의 위치를 난하 내지는 대능하 지방으로 옮기고 다시 이를 요령성 요하 및 천산산맥 인근으로 옮기는 과정이 있다. 모든 우리 고대국가 역사가 이렇게 옮기어 왜곡되었다. 그런데도 주류 강단 사학계는 알면서도 소위 그들의 절대적인 논리이자 교리인 '낙랑군 평양설'에 맞추기 위하여 후대에 왜곡되어 옮긴 기록만을 선택하여 이를 앞 시기의 기록에 갖다가 맞추어 앞 시기의 모든 역사를 뒤에서 비정한 위치로 비정하고 있다. 그런데 문제는 여기서 끝나는 것이 아니라 이 같은 왜곡

사항을 수용한 다음 이를 다시 한반도 고착화에 이용한다는 것이다. 이 것의 대표적인 예가 이 '고조선 이동설'이다. 그리고 주류 강단 사학계는 그렇다 치고 이 주류 강단 사학계의 한반도 고착화 논리를 비판하는 비주류 강단 사학계와 일부 재야 민족 사학계조차 중국의 이 같은 전통 적인 '춘추필법'에 의한 왜곡을 어느 정도 수용한 채 그 이전에 이루어진 사건이나 사서의 기록을 해석하고 있다는 사실이다.

　기본적으로 고조선은 연나라와 경계를 같이 하고 있었으며 그 위치는 원 사료의 기록에 있듯이 지금도 지명이 남아 있듯이 안문, 호타하, 역수가 있는 하북성 보정시 서쪽과 석가장시 북부이다. 그리고 갈석산이 있는데 이에 대하여 왜곡된 후대의 기록이 있어 혼란스럽게 생각하지만 원 사료의 기록에 있듯이 원래의 갈석산과 연장성 그리고 그 위에 덧쌓은 진장성 그리고 요수 그리고 마자수이자 압록수인 호타하가 같이 있는 곳 즉 하북성 보정시 서쪽과 석가장시 북부에서 모든 것을 시작하면 모든 중국의 후대의 역사왜곡을 물리침으로써 바르게 제대로 된 우리 고대 역사를 해석할 수 있다. 여기에 고조선이 있었고 패수가 있었고 낙랑군이 있었고 이 옆에 고구려가 있어 지금도 그 이름과 유적이 남아 있는 이 근방 즉 하북성 석가장시 정정현의 용성에 있었던 모용선비족과 낙랑군, 현토군을 두고 다툰 것이 고구려의 역사이다. 여기에서 다시 이 자리를 놓고 수나라와 당나라와 쟁패를 벌인 곳이 여기이다. 이곳이 아니고 다른 곳으로 비정한 것은 모두 왜곡된 결과이다.

　이것은 모든 중국사서가 입증하는 사실이다. 모든 원래의 중국사서를 이 개념으로 해석하면 모든 것이 맞아떨어진다. 그리고 시야를 넓혀 모든 원래의 중국사서와 『삼국사기』 및 『삼국유사』에 있어서 원래 기록 이외의 왜곡된 해석 기록을 제외하고 우리 소위 삼국시대 백제와 신라의 역사를 확인하면 모든 활동지역이 한반도가 아닌 중국 하북성 남부 및 산동성 지역이다. 『삼국사기』의 초기 소위 삼국시대 기록은 중국 본토에서의 활동을 기록한 것임을 확인할 수 있다. 백제의 경우와 마찬가지로 한반도에서 중국 본토로 진출한 것이 아니라 중국 본토에서 한반도로 진출한 것이 진정한 우리 소위 삼국시대의 역사라는 것을 확인할 수 있을 때 중국의 왜곡에서 벗어나 제대로 역사를 해석하게 된다.

이와 같은 바른 역사 인식에 의하여 앞에서 이미 비판하여 확인하였듯이 연나라 진개의 고조선에 대한 침범 사실과 1,000여 리, 2,000여 리 등의 이동 사실은 허구인 것이 역사적 진실이다. 더군다나 이 결과로 설치하였다는 연 5군 즉 상곡군, 어양군, 우북평군, 요서군, 요동군은 사료 기록상 진나라가 설치한 것으로 기록되어 있는 한편 그 위치도 하북성과 산서성 지역에 몰려 있었지, 이 글에서 비판하는 '젊은 역사학자 모임' 일원들의 위치 비정대로 그렇게 멀리 일직선상식으로 한반도까지 설치된 것이 아니라는 것은 여러 군을 거쳐 흐르는 하천의 기록으로 보아도 알 수 있다. 따라서 연나라 진개의 침범에 의하여 고조선이 이동하였다는 전제 자체가 잘못이다.

최근에는 문헌사료 말고 고고학적으로 연나라의 문화가 대능하 지방으로부터 점차 동쪽으로 확산되어 간다는 증거에 의하여 이 '고조선 이동설'을 옹호하고 있다. 하지만 이 고고학적 증거 즉 발굴 결과는 전부 중국 학자들에 의하여 이루어진 것이다. 중국 학자는 현재 만리장성이 한반도 황해도까지 이어지고 만주 하얼빈까지 이어진다고 하는 형국이다. 중국에서 정책적으로 정한 '동북공정' 논리에 반하는 발굴결과나 논리를 펴는 중국 학자는 없다. 그렇다면 과연 그들의 논리대로 고구려와 발해는 중국의 지방정권이었다는 논리도 맞는 것으로 받아들여야 한다는 것인가. 그들은 진정한 진실과 다른 중국정부의 정책에 따라 이것에 맞는 결과만을 내놓는 것이 현재의 중국 학자들이다. 이것은 우리나라 주류 강단 사학계와 마찬가지이다. 일제의 식민사학 논리 즉 현재 주류 강단 사학계의 논리에 반하는 논리를 주류 학계에서 내놓을 수 있는가 말이다. 그러므로 그들의 발굴 결과는 신뢰할 수 없을뿐더러 이는 왜곡적인 논리를 추종하는 결과물일 뿐이다.

그렇다면 이러한 결과물과 배치되는 즉 동북공정과 배치되는 발굴 결과인 ①1968년에 고구려의 장수왕 평양성 위치로 비정되는 현재의 하북성 보정시 만성구 즉 평주 지역에서 고구려왕의 고분으로 추정되는 만성한묘가 발굴되었으나 중국 측의 일방적인 왜곡 발굴 결과 발표만이 있었던 사실, ②2004년도 판 〈중국중요고고발현〉에 실린 하북성 천진시 북부 계현 지방(현재의 하북성 천진시 관할 내 북부에 있는 천진시 계주구(薊州区)) 소모장(小毛庄)에서 발굴된 후한시대 묘라 왜곡 발표한 고구려의 묘 유적 사실, ③2014년 지금의 북경교외 삼합장촌에서 발견된 "낙랑군 조선현인(朝鮮縣人) 한현도(韓顯度)"라 쓰인 벽돌 명문이 출토된 1,500년 전 무덤 발굴 결과 사실, ④발해 순목황후 묘 비공개 등 중국이 일방적인 발굴 결과만 내놓았던 사실 등은 어떻게 설명될 수 있을까.

현재 주류 강단 사학계는 중국 민족 계열보다 우리 민족 계열임이 확실한 홍산문명에 대하여도 우리나라 비주류 강단 사학계나 재야 민족 사학계의 거센 비판에도 불구하고 중국 학자들의 일방적인 결과물을 그대로 받아들인 채 독자적인 연구도 하지 않고 중국 민족 계열임을 인정하고 있다. 그리고 이에 대하여는 설명하지 않고 중국 측의 일방적인 발굴 결과에 의한 연나라 문화 동쪽으로의 확산 주장에 의하여 고고학적 결과보다 우선순위에 앞선 문헌학적 왜곡 및 오류를 접어두고 '고조선 이동설' 논리를 고고학적으로 주장하는 것은 받아들일 수 없는 것으로 이는 또 다른 우리 고대사 왜곡이자 조작이다. 이와 같이 '고조선 이동설'을 사실로 전제로 한 이 만번한이라는 용어가 문제이거니와 이것을 전제로 한 패수설은 우선 그 전제에 잘못이 있다.

> 만번한이라는 용어는 『삼국지』〈위지〉「동이전」이 근거 없이 만들어내었다. 만번한을 요동군의 문현과 번한현으로 연결시킨 것도 근거가 없다.
> 이들이 요령성 천산산맥 위치로 비정된 것도 근거 없다.
> 이러한 근거 없이 잘못된 사실을 전제로 성립한 논리는 허위이다.

그리고 이 논리를 이용한 근거가 되기도 하고 이 논리에 의하여 정당화되었듯이 만번한이 천산산맥 즉 지금의 요하 동쪽의 산맥에 비정된다는 것과 고조선의 중심 이동과 관계없이 패수가 요동 지역의 강임이 틀림없다는 사실이 먼저 잘못이고 오류인 것을 지적하고자 한다. 만번한이 천산산맥 주변에 비정된다는 것은 잘못된 '고조선 이동설'을 전제로 했거니와 후대의 왜곡된 기록을 그대로 인정한 것이므로 잘못인데도 이 잘못된 것을 전제로 한 패수에 대한 논리는 잘못이다. 또한 고조선의 중심 이동과 관계없이 패수가 요동 지역의 강이 틀림없다는 것도 잘못이 있다. 고조선의 중심이 이동된 사실이 없는데 이를 전제로 논리를 펴는 것이 우선 문제이고, 요동의 위치와 개념이 현재 첨예하게 대립하는 용어인데 자기 논리대로 지금의 요하 이동이 고대 요동이라는 전제로 논하는 것에 문제가 있다.

②그리고 앞에서 만번한은 연나라 진개가 고조선을 물리치고 차지한 2,000여 리 땅의 경계지방에 있다는 지역의 명칭으로【사료64】『삼국지(三國志)』〈위서〉「동이전」韓을 사용하였는데 이를『한서』「지리지」상의 유주 소속 요동군의 문현과 번한현으로 비정하였다. 이는 전혀 근거가 없다. 물론 연나라가 고조선을 침범하고 연 5군을 설치하였고 이 연 5군 중의 하나가 요동군이며 이 요동군이 연 5군 중 제일 동쪽에 위치한 것은 사실이다. 하지만 과연 이 요동군의 문현과 번한현이 바로 만번한인지는 의문이다.

위의『삼국지』가 경계지방으로 만번한을 지정하여 기록하였는데 과연 요동군의 문현과 번한현이 이 경계지방에 위치한 곳으로 이에 합당한 것인지는 아무런 근거가 없다. 오히려 문현과 번한현과는 관계없이 임의로 설정한 가능성이 더 높다. 더군다나 이 요동군은 유주 소속이다. 유주는 전통적으로 산서성에 위치해 있던 기주를 분할하여 병주와 유주를 설치한 것으로 이곳은 하북성 석가장시 서북부를 가리킨다. 따라서 이곳은 후대의 청나라 학자들이 원래는 있다가 없어진 번한현에 대하여는 그대로 기록하고 남겨진 문현(성)과 험독현의 위치를 요령성으로 위치 비정한 것은 역사왜곡이자 조작인 것을 그대로 수용한 것은 중국의 역사왜곡을 그대로 수용한 왜곡 행위로써 잘못이자 오류다.

③이러한 잘못된 만번한의 비정을 전제로 성립한 이 논리는 원천적으로 오류이다. 하지만 이 원천적인 오류를 떠나서라도 그의 논리는 오류투성이다. 먼저 부분적인 오류를 지적하고 다음으로 전반적인 오류를 살펴보자.

㉠ 滿番汗이 千山山脈 주변의 지명에 비정되므로 고조선의 중심 이동과 관계없이 浿水는 요동 지역의 강임이 틀림없다.

물론『삼국지』상의 만번한의 위치를 지금의 천산산맥 주변의 지명으로 비정하는 것도 위에서 살펴본 대로 근거 없는 왜곡에 의한다. 이것을 제외하고도 이 만번한에 있다고 한 패수(浿水)가 요동 지역에 있다고 정한 것이 문제로써 오류이다. 만번한은 분명히 연나라가 '고조선 이동설'에 의하여 고조선을 침략하자 고조선이 이곳을 잃고 이동하자 연나라가 차지한 땅이다. 이후 다시 고조선이 이를 회복한 후 이곳에 있는 패수(浿水)를 경계로 하여 경계로 삼았다가 위만이 이 패수(浿水)를 건너가 왕험성을 도읍 삼았다. 이후 한나라는 이 패수를 건너 위만조선을 침략하여 멸하고 이곳에 낙랑군을 설치하였다. 그리고 이후 『한서』「지리지」상에 낙랑군 패수현에 **패수(水)가 서쪽으로 증지현(增地縣)에 이르러 바다로 들어간다.** 라고 하여 이곳에 패수(浿水)가 있는 것으로 분명히 기록하였다. 그런데도 요동 지역의 강이라고 한 것에서 이 요동이 낙랑군과 구별되는 요동군의 요동인지 아니면 통상적으로 중국 측에서 볼 때 고조선을 포함한 동쪽을 통상적으로 보는 요동인지 구분을 안 하고 그저 뭉뚱그려 요동으로 하였다. 이는 통상적인 요동이라면 맞는 것이지만 엄밀한 의미에서는 맞지 않다. 이곳에서는 논리상 낙랑군 내지는 요동군이라고 확실히 구분하여야 한다. 이는 자신의 허술한 왜곡된 비정을 감추려는 어설픈 비정이다.

ⓒ 浿水는 조선계 지명으로 흔히 고조선의 수도 근처를 흐르는 강으로 이해되니,

이러한 정의도 문제가 많은 오류이다. 즉 패수가 조선계 지명이라는 것도 문제로써 사실이 아니다. 또한 패수가 흔히 고조선 수도 근처를 흐르는 강이라는 언급에서도 학문상 흔히라는 단어도 부적절한 언급이고, 고조선의 수도 근처라는 말도 학문상으로는 애매한 표현이다. 애매한 표현을 쓴 것은 그 의도가 불순한 것을 의미한다. 자기의 어설픈 논리를 감추기 위하여 뭉뚱그려 표현한 것이다. 왜냐하면 고조선 수도 근처라고 하면 ㉠에서의 요동이라는 표현과 함께 애매한 표현이다. 즉 이에는 요동군도 포함되고 낙랑군도 포함되기 때문이다. 그러나 여기서는 요동군과 낙랑군을 위의 ㉠에서의 요동이라는 표현과 함께 구분해서 써야 한다. 그리고 패수(浿水)를 이렇게 표현한 자체가 본 필자가 패수에 대하여 정리하였듯이 패수에 대한 정확한 이해가 부족하다. 아니면 이를 감추려고 애매하게 표현하였다. 그러나 수도 근처에 있다는 것에 의하면 패수에 있어서 두 번째 패수인 고구려 수도 평양성 남쪽에 있다는 패수를 의미하는 것인데 이는 잘못

된 정의이다. 서영수 교수가 논하려는 이 패수는 첫 번째 패수로써 한나라와 위만조선과의 경계이자 낙랑군에 있는 첫 번째 패수이지 고구려 평양성 남단에 있는 두 번째 패수가 아닌데 첫 번째 패수를 거론하여야 할 것을 두 번째 패수를 거론함으로써 오류를 범하였다.

ⓒ『漢書』「地理志」에 나오는 평양 남쪽의 후일의 浿水는 바로 고조선 말기의 중심지였던 大同江으로『史記』의 浿水와는 다른 강으로 이해된다.

위의 ⓛ의 패수에 대한 인식 부족과 오류가 이곳에서도 드러나고 있다. 우선『한서』「지리지」상의 패수는 위에서 지적한 대로, 고구려 평양성 남단에 있는 두 번째 패수가 아닌 한나라와 위만조선과의 경계이자 낙랑군에 있는 첫 번째 패수인데도 이를 '평양 남쪽의 후일의 패수'라고 하여 역시 ⓛ에서 지적한 오류가 현실화되었다. 그렇게 두 번째 패수로 잘못 비정하면서 이를 한반도 대동강에 비정한 것은 물론 더욱더 오류다. 그리고 이렇게 패수를 잘못 비정하면서 이번에는 첫 번째 패수를 가리키는『사기』와 다른 강이라고 하였다. 원래 맞는 첫 번째 패수를 두 번째 패수로 비정하면서 이를 다시 첫 번째 패수와는 다른 것으로 하였다. 이는 논리상 오류를 범한 것이다. 다르다고 한『한서』「지리지」상의 패수와『사기』상의 패수는 원래 같은 것인데 다른 것으로 잘못 만든 다음 다른 것이라고 하였다.

이러한 ㉠ⓛⓒ의 심각한 오류 이전에 논리상의 전제 조건인 만번한에 대한 오류 및 왜곡된 잘못이 있는 이 논리는 결국 ㉠ⓛⓒ의 종합상 결론이 만번한은 만주 요동에 있으며 이곳 패수는 한반도 평양 대동강에 비정되는 패수와는 다르다는 것으로 귀착된다. 이 논리는 종합적으로 그들의 왜곡 조작된 소위 '고조선 이동설'과 '낙랑군 평양설'을 전부 합리화시키기 위한 어설픈 말장난이다. 학문적 논리가 아니다. 분명히 만번한은 앞에서 언급한 대로 한나라 위만조선 간의 경계에 있는 첫 번째 패수가 있는 지역이다. 따라서 만번한은 낙랑군 지역이고 이곳에 있는 패수는 첫 번째 패수이다. 만번한은 요동이라는 만주 지방 천산산맥에 있고, 낙랑군은 이곳에서 제법 떨어진 동남쪽의 한반도 평양에 있는 것이 아니다. 아니면 그들 논리대로 만번한도 그들이 낙랑군이 있다고 하는 한반도 평양에 있어야 한다.

그리고 이곳에 있는 패수는 그들이 낙랑군이라고 비정한 평양 내지는 인근 지방의 어느 곳에 있어야 하지 수도 평양성 남쪽에 있으면 안 된다. 그러면 이 패수의 동쪽에 있다는 위만조선 왕험성은 이곳 평양이 아니라 낙랑군 동쪽이자 패수의 동쪽인 지금의 평양 동쪽 어딘가에 위치해 있어야 맞다. 왜냐하면 고구려 평양성 남쪽에 있어야 하는 것은 첫 번째 패수가 아니라 고구려 평양성 남쪽에 있다는 두 번째 패수이다. 더군다나 두 번째 패수는 고구려 하북성도 아니고 요령성 요양도 아니고 더욱더 한반도 평양도 아닌 산동성 고구려 평양성인 졸본성에 있다.

따라서 만번한과 같은 것으로 같이 있어야 할 낙랑군이 서영수 교수의 논리대로 따로 떨어져 각각 요동 천산산맥과 한반도 평양에 있다는 것은 치명적 오류이다. 또한 이 패수인 첫 번째 패수로써 한나라와 위만조선 간의 패수는 각각이 아니라 하나로 만번한이든지 낙랑군이든지 같은 곳에 하나로 있어야 한다. 더군다나 서영수 교수가 거론하는 만번한이 있는 요동이 만약 요동군이라면(실제로 주류 강단 사학계의 논리대로의 비정에 의하면 낙랑군은 평양 지방에 그리고 요동군은 이보다 서북쪽인 압록강 서북쪽 만주 지방에 위치하고 있다.) 이 요동군 만번한(서영수 교수 비정)에 있는 패수는 『한서』「지리지」상

【사료22】『한서』「지리지」 1. 유주

1. 유주(幽州)
⑧ 요동군(遼東郡)
9) 험독현(險瀆縣), [4]
16) 문현(文縣), 망(莽)은 문정(文亭)이라고 했다.
17) 번한현(番汗縣), 패수(沛水)가 새(塞) 밖에서 나와서 서남쪽으로 바다로 들어간다.[5]

[4] 應劭曰, 朝鮮王滿都也, 依水險, 故曰險瀆. 臣瓚曰, 王險城在樂浪郡浿水之東, 此自是險瀆也. 師古曰, 瓚說是也. 浿音普大反. 응초(應劭)가 말하기를 조선(朝鮮)의 왕(王) 위만이 도읍인데 강물의 험한 것을 의지하였기에 험독(險瀆)이라 한 것이라고 했다. 신찬(臣瓚)이 말하기를 왕험성(王險城)은 낙랑군 패수(浿水)의 동쪽에 있는데 요동군 험독현은 그냥 험독이라고 했다. 사고(師古)가 말하기를 신찬의 말이 옳다고 했다. 浿의 음은 배(普大反)이다.
[5] 應劭曰汗水出塞外西南入海番音盤師古曰沛音普盖反汗音寒. 응초(應劭)가 말하기를 한수(汗水)가 새(塞) 밖에서 나와서 서남쪽으로 바다로 들어간다고 하였다. 番의 음은 반(盤)이라고 하였다. 사고(師古)가 말하기를 沛의 음은 배(普盖反)이고 汗의 음은 한(寒)이라고 하였다.

요동군에 있는 패수(沛水)로 이는 한수(汗水)로써 한나라와 위만조선과의 경계로 낙랑군에 있는 위의 『한서』「지리지」와 『사기』상의 패수(浿水)와는 전혀 다른 강이다. 그런데도 이 만번한이 있는 것으로 비정하고 비정되어야 할 요동군의 험독현 및 번한현에 있는 패수(沛水)로써 한수(汗水)인 이 강을 패수(浿水)로 비정한 것은 그야말로 오류 중의 오류이다. 따라서 이를 종합적으로 판단하면 그들의 잘못된 『삼국지』의 소위 '고조선 이동설'에 의하여 잘못 탄생한 '만번한'을 한반도 북부 만주 지방에 비정한 자체가 잘못이고, 이에 의한 결과물로 탄생한 한반도 평양에 고조선이 이동된 후 여기서 한나라에 멸망당해 여기에 낙랑군이 설치되었다는 그들의 논리 전체가 오류이다. 특히 이것의 전제가 된 『삼국지』의 연나라 진개의 고조선 공격 결과 고조선이 이동하여 여기에 만번한 지역을 경계로 삼았다는 기록은 허위이다. 이 허위의 기록을 전제로 성립한 '낙랑군 평양설'은 당연히 성립할 수 없는 것으로 폐기되어야 할 논리인 것이 이 논란의 결론이다.

또한 서영수 교수는 전혀 맞지 않는 요동군의 문현과 번한현에 만번한을 연결시킴으로써 소위 잘못된 가공의 '고조선 이동설'과 이의 결과물인 '낙랑군 평양설'을 합리화 내지는 기정사실화하려고 패수를 비정함에 있어 이 역시 오류 비정한 것은 당연한 결과이다.

> 만번한에 있다는 패수는 낙랑군의 패수로써 요동군의 문현과 번한현에 있는 패수가 아니다. 따라서 패수는 요동(군)에 없는 것인데도 이를 요동에 갖다 놓은 논리는 왜곡이다.
> 사서기록상 분명히 패수는 낙랑군에, 만번한으로 비정한 문현과 번한현은 요동군에 있는 것으로 기록되어 있다.
> 그렇다면 서영수 교수의 만번한은 한반도 평양 인근에 있어야 되지 만주 요동에 있으면 안 된다.

서영수 교수는 물론 주류 강단 사학계는 없는 만번한을 요동군의 문현과 번한현 등 어딘가에 비정하는 자체가 문제이며, 더군다나 이것이 결국 낙랑군 지역임에도 이를 요동군으로 하여 천산산맥 인근에 비정한 것도 잘못이다. 요동군은 천산산맥의 요동에도 없었다. 그리고 여기에 있다는 패수는 낙랑군의 패수는 오로지 낙랑군 패수현에 있을 뿐이다. 그리고 이 낙랑군 패수현은 하북성에 있을 뿐이고 여기에 패수가 있을 뿐이다. 단지 중국사서와 사가들이 잘못 판단하여 고구려 평양성 남단에 있다는 패수 즉 『수서』, 『신당서』 그리고 『통전』상의 패수는 고구려 평양성을 한나라 낙랑군에 연결시킴으로써 이를 한나라와 위만조선과의 경계에 있었던『사기』「조선열전」과『한서』「조선전」 그리고 위의『삼국지』「위지 동이전」상의 패수와 동일시하여 기록한 것일 뿐이다.

그런데 사실 중국사서는 이렇게 다르다는 것을 알고 기록하였는지 아니면 착오로 그랬는지 둘 다 가능성도 있지만 앞에서 살펴본 대로 고구려 평양성의 위치는『신당서』및『신당서』「가탐도리기」상의 기록에 의한 위치를 보면 산동성 졸본성을 가리키고 있는 것으로 보아 다른 패수를 기록하였는데 이후의 학자들과 연구가들이 이를 같이 보는 오류를 범하고 있는 것으로 판단된다. 물론 연나라 시기의 경계지방인 만번한이 한나라 시기의 경계지방 즉 낙랑군 지역이 될 수 없을 수도 있다. 즉 원래 패수의 위치 즉 한나라와 위만조선과의 경계인 패수와 연나라의 만번한 위치에 있던 패수와는 다른 패수일 수도 있다. 물론 만번한 지역에 패수가 있었다는 기록은 없다. 하지만 이는 같은 것으로 상정하고 패수를 논하고 있는 것이기 때문에 이를 달리 보고 논할 경우 논하는 자체가 필요 없다.

다만 부가적으로 이에 대하여 설명하여 비판하고자 하면 실제로 주류 강단 사학계에서는 연나라 시기보다 한나라 시기에 더욱 중국 세력이 동쪽으로 진출함으로써 대능하 지방에서 요령성 요하 지방으로 갔다가 결국 위만조선이 한반도 평양 지방으로 들어가 여기서 멸망한 것으로 비정한다. 하지만 앞의 "고조선 이동설의 허구"에서 비판하면서 설명하였듯이 관련 중국사서인,【사료73】『염철론』「비호편」의 기록처럼 진개가 고조선에서 획득한 영역은 다시 빼앗겨버린 것을 알 수 있는데다가【사료11】『사기』「조선열전」'고조선'상의 기록인 "조선왕 만은 옛날 연나라 사람이다. 처음 연나라의 전성기로부터 일찍이 진번(과) 조선을 침략하여 복속시키고, 관리를 두어 국경에 성과 요새를 쌓았다. 진이 연을 멸한 뒤에는 요동외요에 소속시켰는데,

한이 일어나서는 그곳이 멀어 지키기 어려우므로, 다시 요동의 옛 요새를 수리하고 패수에 이르는 곳을 경계로 하여 연에 복속시켰다."와 【사료71】『한서』「조선전」'고조선'상의 기록인 "조선왕 '만'은 연나라 사람이다. 연나라가 전성할 때로부터 일찍이 '진번', '조선'을[사고는 전국시대에 연나라가 빼앗아 얻은 땅이다.] **침략해서 자기 나라에 붙여 관리를 두고 요새를 쌓았었다. 그 뒤에 진나라가 연을 멸하자 요동 경계 밖을 소속시켰다. 한나라가 일어나자 그곳이 멀어 지키기 어려우니 다시 요동의 옛날 요새를 수축하여 패수에 이르러 경계를 삼아**"라고 한 것을 보면 진개가 획득한 후 경계를 삼은 만번한 지역은 이후의 진나라 시기에는 명목상으로만 자기 영역으로 하는 '요동외요'에 소속시켜 사실상의 영역에서 벗어나 있었다. 이는 사실상 상실한 것으로 보인다. 왜냐하면 여기에 위만조선이 들어서서 영역을 넓히고 있었기 때문이다. 따라서 이미 고조선과의 경계는 연나라 진개 시기 이후 경계인 만번한이 아닌 중국 쪽 즉 서쪽으로 이동되어 있었다. 이후 다시 한나라 시기에는 이 명목상의 영역으로써 사실상 상실한 지역인 '요동외요' 그리고 이 '요동외요' 안쪽에 있는 만번한 지역에서 물러나 연나라 진개의 영역 확장 이후 이곳에 설치한 연나라와 고조선과의 경계에 쌓은 연장성 위에 '요동고새'를 쌓고 그 동북쪽에 있는 패수를 경계로 삼아 위만조선과의 경계로 삼았다.

　이곳이 바로『사기』「조선열전」상의 패수 위치이다.『사기』「조선열전」상의 패수는 한나라와 고조선과의 경계지역에 있었던 것으로 분명히 기록하고 있다. 그리고 이 패수는 한나라가 설정한 새로운 경계인 '요동고새' 인근에 있었다. 그리고 이 '요동고새'는 연나라 시기의 경계지역인 만번한과 이곳에 있었던 패수와는 다른 것으로 새로 차지한 만번한에서 서쪽으로 물러난 지역이고 패수는 물러난 '요동고새'에서 동쪽 경계로 삼은 지역이다. 만번한은 이 '요동고새'와 패수보다 더 동쪽에 있었다. 따라서 연나라의 만번한 지역과 한나라의 경계지방인 패수와는 다른 것일 수도 있고 물론 같은 지역일 수도 있다. 하지만 분명히 만번한 지역보다는 패수 지역이 더 서쪽으로 있었던 것으로 이해된다. 그래서 순서대로 열거하자면 가장 동쪽으로부터 '요동외요', 만번한, 패수, '요동고새' 순이다. 따라서 만번한을 '고조선 이동설'에 이용하기 위하여 도입한 것도 잘못이고 여기에 패수를 끌어들인 것도 잘못이다. 더군다나 만번한을 비정한 요동군 변한현에 있다는 패수(沛水)를 한수(汗水)로 해석하였는데 역사적으로 한수는 하북성의 마자수이자 압록수인 호타하 북쪽 인근의 지형에서 하천들이 건기에는 말라 흐르지 않다가 바다 쪽에서 흘러나오는 강들을 지칭하는 것으로 기록되어 있다. 따라서 이 한수(汗水)는 하북성 호타하 인근에 있는 강을 지칭하는 것으로 이를 요령성 인근으로 비정하는 것은 잘못이다. 따라서 서영수 교수의 이러한 패수와 관련된 논리는 전부 오류로 잘못되었다. 따라서 이 패수 논리가 나오는 「고조선의 위치와 강역」 논리 자체가 잘못이고 이 논리의 주요 전제 논리인 '고조선 이동설'은 오류이자 역사 조작인 것으로 폐기되어야 할 것이 분명하다.

이와 같은 오류에 의하여 탄생한 것이 현재 주류 강단 사학계의 고대사 비정이다. 따라서 현재 주류 강단 사학계의 고대사 위치 비정과 고대사 정립은 근본적으로 재검토되어 전부 개편해야 한다. 또한 이러한 논리가 나온 것은 명·청대 중국 학자들의 위치 이동 비정에 따른 역사왜곡이다. 원래 하북성에서의 위치를 지금까지 비판한 서영수 교수가 비정한 요하 내지는 천산산맥과 요하 이동 사이의 하천으로 중국사서가 비정되고 있다. 이러한 사실을 인식하고 각 중국사서상에 기록된 패수의 위치를 그 시대의 것으로 비정하여야 함에도 변경된 이후의 위치로 기록된 것으로 하는 즉 당시 한나라 시기 직후 내지는 멀지 않은 시간 내에 기록된 것이 아닌 많은 시간이 흘러 중국 내 모든 지명이 바뀐 후의 것을 기록한 후대의 기록대로 비정하는 것은 너무나 잘못된 것으로 이에 의하여 역사를 비정하면 커다란 오류에 의하여 역사가 왜곡되게 된다.

이와 같은 이유로 그동안 패수에 대하여 많은 비정에 대한 주장이 제기되어 왔다. 이 비정들이 그동안 패수에 대한 중국사서 기록의 역사라고 보아도 무방하다. 그러므로 이들 주장과 비정은 전부 원초적인 출발점으로 돌아가야 한다. 즉 본 필자가 이 글을 쓰고 있는 근본원리에 의한 것으로 돌아가야 한다. 즉 고조선의 원래 위치는 어디였는가. 그러자면 무엇으로 파악하여야 하는가. 이에는 갈석산, 진장성 그리고 연나라의 위치, 한나라의 위치, 이들과의 고조선 내지는 위만조선과의 경계, 이 경계를 파악하는 지표는 무엇인가 등이다.

이와 같은 것에 의하면 패수는 먼저 『사기』「조선열전」상에 한나라가 위만조선과의 경계로 삼은 지역으로 중국사서상 기록된 것이기에 당시의 위만조선과 한나라 그리고 이들의 경계에 대하여 파악하여야 한다. 이전의 연나라 내지는 한나라가 조한전쟁 이전에 서영수 교수의 주장대로 천산산맥, 이 글에서 비판하는 '젊은 역사학자 모임' 일원들의 주장대로라면 압록강까지 그 영역으로 하였거나 진출해 왔다는 증거는 역사학의 기본인 문헌학상과 고고학상으로 어떠한 증거가 있는지 요구하고자 한다. 서영수 교수의 경우 그가 이러한 주장 즉 연나라가 천산산맥까지 진출하였다는 그리고 이후 한나라는 조한전쟁을 통하여 여기에서 대동강 평양 지역까지 진출하여 낙랑군을 세웠다는 증거로 낙랑군 증거는 여기서는 그만두고라도 연나라 진출의 증거로 내세운 것은 크게 두 가지이다.

서영수 단국대 역사학과 교수는 「위만조선의 형성과정과 국가적 성격」(1996) 논문에서 "(1)연진장성이 요서내륙을 가로질러 오늘날 요하에까지 이른다는 사실이 확인, 문헌은 요동의 천산산맥 서남쪽의 지명 따라서 오늘날의 요하가 고대의 요수와 일치하는 것이 입증되었기 때문에 사기의 왕검성은 오늘날의 평양임이 확실하다." "(2)만왕 즉 위만의 망명경로로 보아 요하 동쪽의 요동의 옛 요새를 빠져나와 동쪽으로 패수를 건너 진의 옛 공지인 상하장을 거쳐 왕검성에 이르는 망명로의 지리적 순서가 명료하게 나타난다. 따라서 패수는 요동 요하, 왕검성은 패수 동쪽 진의 상하장 남쪽에 있다고 하였기 때문에 요동에 위치할 수 없고 대동강의 평양이다."라고 하였다. 그러면서 (1)의 '연진장성'의 근거로 '中國考古學三十年 遼寧 吉林 편 新中國考古學發現和研究 秦漢時代편 및 劉謙 遼東長城考査(요녕대학학보 5, 1982)'를 들었다. 그리고『삼국지』상의 만번한과 연관시킨 문헌의 근거는 앞에서 살펴본『독사방여기요』등이다. 이 잘못된 논리와 그 근거에 대하여는 이미 설명하여 비판하였지만 이것을 비판하지 않으면 그동안의 설명에도 불구하고 이것을 옳은 것으로 잘못 생각하거나 이에 대한 비판 인식이 없을까 염려되어 중복되지만 이 두 가지 논리에 대하여 간단히 비판하고 넘어가고자 한다.

(1) 연진장성이 요서내륙을 가로질러 오늘날 요하에까지 이른다는 사실 확인, 문헌은 요동의 천산산맥 서남쪽의 지명 따라서 오늘날의 요하가 고대의 요수와 일치하는 것이 입증되었기 때문에 사기의 왕검성은 오늘날의 평양임이 확실하다.

① **연진장성이 요서내륙을 가로질러 오늘날 요하에 이른다는 사실**이 확인되었다는 전제 조건은 그가 밝혔듯이 1982년도 중국인에 의한 논문에 의한다. 물론 공식적으로는 중국의 동북공정이 2002년도부터 시작되었지만 사전 작업은 이미 시작되었다. 그리고 이것을 떠나더라도 자기 국가 위주의 역사관에 의한 논문을 그대로 인정한 채

추가 연구 없이 이를 근거로 연진장성이 요서내륙을 가로질러 오늘날 요하에까지 이른 사실을 그대로 인정한 것은 역사 상대방인 우리나라 학자로서는 잘못된 것이 분명하다. 더군다나 연장성은 이미 본 필자가 앞에서 사서기록을 근거로 입증하였지만 그 위치 여부는 차치하고서라도 그 위에 진장성을 덧쌓거나 연결하여 쌓은 것이다. 그리하여 진장성은 일제 식민 사학자들인 일본인 학자와 이병도만이 그들의 교리인 '낙랑군 평양설'을 유지하기 위해 한반도 황해도 수안까지 이른 것으로 하였지만 이는 근거 없는 허위 주장으로 진장성은 공식적으로는 북경 북쪽을 지나 하북성 진황도시 산해관에 이른 것으로 끝난다. 그것도 명나라 때 축성한 것이지 진나라 당시의 진장성은 사서기록상 분명히 임조에서 요동까지로 하였다. 서쪽 시작인 임조는 현재의 감숙성 난주이다. 이곳 인근이 티베트 자치구이다. 물론 동쪽 끝인 이 요동을 주류 강단 사학계는 지금의 요령성 요하 동쪽으로 하지만 당시의 요동은 지금의 하북성 지역이었다.

  그리고 그 끝에는 갈석산과 요수가 있었다. 물론 이 요수도 주류 강단 사학계는 지금의 요하로 비정하지만 갈석산은 요령성 요하 인근에 없다. 이 갈석산은 2개로 좌갈석과 우갈석이 있는데 좌갈석은 지금의 하북성 보정시 서수구 수성진 인근이고, 우갈석은 지금의 하북성 호타하 인근이다. 이곳까지 연장성과 진장성이 있었다. 이 진장성이 그 위에다 덧쌓거나 연결한 먼저 축성한 연장성은 사서기록상에 조양과 양평 간에 쌓았다고 하였다. 조양은 지금의 요령성 조양이 아니라 분명히 사서기록상에 소위 연 5군의 상곡군으로써 규주에 있다고 하였다. 상곡군은 원래는 산서성 흔주시 일대이나 중국 측은 이도 왜곡 이동시켜 지금의 북경시 서북쪽 장가구시로 비정하고 있다. 연장성의 동쪽 지점인 양평에 대하여 사서기록상은 분명히 요동군의 치소라고 하였다. 하지만 이도 주류 강단 사학계는 지금의 요령성 요양으로 비정하고 있다. 하지만 양평은 본 필자가 이미 앞의 [양평에 대하여]에서 비판하였듯이 공손씨가 활동하다가 조조의 위나라에 토벌된 곳으로 지금의 하북성 석가장시 행당현이다.

이와 같이 왜곡된 비정을 전제로 그 토대에서 설정한 연진장성이 요하까지 이른다는 설정은 성립할 수 없는 허위와 왜곡에 의한 것이다. 이런 관계로 본 필자가 이미 앞에서 연진장성 및 양평 등에 대하여 비판하고 원래의 장소로 정립하였다. 그러나 주류 강단 사학계의 비정대로 진장성의 바탕이 되는 연장성이 설사 조양 즉 상곡군 위치인 하북성 북경시 서북쪽으로부터 양평인 요령성 요양까지라 하더라도 그 길이는 자그마치 현재 직선거리로 702km이다. 이는 현재 환산 단위(1km=2.54리)에 의하면 1,788리이다. 2천 리에 육박하는 거리이다. 당시의 도보 가능 거리로 하면 거의 4천 리 가까이 되는 장성이다. 만약 전국시대 연나라가 이를 쌓을 정도였다면 전국시대 통일은 진나라가 아니라 연나라가 했을 것이다.

당시 연나라는 전국시대 7웅 가운데 최약체였다. 성립할 수 없는 사실이다. 더군다나 이 바탕 위에 쌓은 진장성은 엄연히 하북성 진황도시가 그 종료 지점이다. 이를 요령성이나 만주 지방으로 연장하는 것은 절대적으로 역사적 사실을 위반한 역사 조작에 의한 역사왜곡 작업인 '동북공정'에 의한 것이다. 우리나라 사학자가 이를 그대로 따른다는 것은 있을 수 없는 잘못된 사항이다. 이렇게 문헌학적으로도 성립되지 않거니와 고고학적으로도 요령성에서 발견된다고 '동북공정' 차원에서 중국 측이 발표한 연진장성의 흔적이라고 하는 것은 고조선시대의 유적 즉 고조선시대의 축성 흔적이나 연나라의 축성 흔적은 전혀 발견을 못 한 채 고구려, 신라, 고려시대의 축성 흔적을 제외하고는 초소나 망루의 일부 미미한 흔적을 근거로 제시하고 있다. 하지만 이러한 초소나 망루는 그 시대적 고증이 불명확하고 이러한 초소나 망루 따위가 장성의 흔적은 될 수 없고 더군다나 연장성의 근거는 전혀 될 수 없는 것임은 주류 강단 사학계에서도 인정하는 바이다.

② 문현은 요동의 천산산맥 서남쪽의 지명

이라는 전제 조건도 앞에서 살펴보았듯이 문현은 원래『한서』「지리지」상의 요동군 소속의 문현과 번한현이다. 서영수 교수가 문현을 거론한 것은 이것이『삼국지』상의 만번한 즉 연나라가 고조선을 몰아내고 여기에 설치한 채 경계로 삼은 지역인 만번한의 근거를 찾다 보니『한서』「지리지」상의 요동군 소속의 문현과 번한현으로 한 것이다. 이 연결 자체도 문제이다. 과연 이것이 맞는지 여부도 입증되어야 한다. 설사 맞는 것이라고 하더라도 원래의 요동군 그리고 문현과 번한현은 하북성 석가장시 동북부에 있었다. 더군다나 설사 만번한이 존재하는 것을 인정하더라도 만번한은 연나라와 고조선의 경계지방이다. 이곳은 낙랑군 지역이지 절대 요동군 지역이 아니다. 따라서 만번한은 절대 요동군의 문현과 번한현이 될 수 없다. 만번한을 이들로 비정한 것은 비슷한 글자에 의한 것이라고 할 수밖에 없다. 이는 지극히 비학문적인 행위이다. 이러한 관계로 이미 예전의 중국 학자들도 이곳 요동군에 있는 험독현 즉 흔히 위만의 왕험성으로 비정하는 험독현에 대하여,

【사료22】『한서』「지리지」1. 유주

⑧ 요동군(遼東郡)
9) 험독현(險瀆縣),[4]
16) 문현(文縣), 망(莽)은 문정(文亭)이라고 했다.
17) 번한현(番汗縣), 패수(沛水)가 새(塞) 밖에서 나와서 서남쪽으로 바다로 들어간다.[5]

[4] 應劭曰, 朝鮮王滿都也, 依水險, 故曰險瀆. 臣瓚曰, 王險城在樂浪郡 浿水之東, 此自是險瀆也. 師古曰, 瓚說是也. 浿音普大反. 응초(應劭)가 말하기를 조선(朝鮮)의 왕(王) 위만이 도읍인데 강물의 험한 것을 의지하였기에 험독(險瀆)이라 한 것이라고 했다. 신찬(臣瓚)이 말하기를 왕험성(王險城)은 낙랑군 패수(浿水)의 동쪽에 있는데 요동군 험독현은 그냥 험독이라고 했다. 사고(師古)가 말하기를 신찬의 말이 옳다고 했다. 浿의 음은 배(普大反)이다.

[5] 應劭曰汗水出塞外西南入海番音盤師古曰沛音普盖反汗音寒. 응초(應劭)가 말하기를 한수(汗水)가 새(塞) 밖에서 나와서 서남쪽으로 바다로 들어간다고 하였다. 番의 음은 반(盤)이라고 하였다. 사고(師古)가 말하기를 沛의 음은 배(普盖反)이고 汗의 음은 한(寒)이라고 하였다.

라고 하여 이 험독현은 위만조선의 왕험성이 아니고 그냥 험독이라고 하였으며 위만조선의 왕험성은 이 요동군이 아니라 낙랑군 패수의 동쪽에 있다고 하였다. 이 사실에 대하여 서영수 교수를 비롯하여 대부분의 주류 강단 사학계는 물론 이를 비판하는 비주류 강단 사학계와 재야 민족 사학계도 이러한 사실을 잘못 알고 이를 근거로 주류 강단 사학계가 비정하는 한반도 평양 낙랑군 설을 비판하고 있다. 즉 위의 『한서』 「지리지」 기록과 같은 것이면서 뒷부분인 "~ 있는데 **요동군 험독현은 그냥 험독이라고 했다. 사고(師古)가 말하기를 신찬의 말이 옳다고 했다. 浿의 음은 배(普大反)이다.**"가 빠진

【사료11】『사기』「조선열전」'고조선'

집해에서 서광이 말하기를 창려에는 험독현이 있다고 하였다. 색은에서 위소가 말하기를 옛 마을의 이름이라고 하였다. 응소가 주석하기를 지리지에서는 요동군에 험독현이 있다고 했는데 조선 왕의 옛 도읍이라고 하였다고 했다. 신찬은 말하기를 왕험성은 낙랑군의 패수의 동쪽에 있다고 하였다.

이 사서기록을 근거로 위만조선의 왕험성은 낙랑군 패수의 동쪽에 있는 것으로 하여 주류 강단 사학계가 비정한 한반도 평양의 낙랑군인 평양의 패수인 대동강 동쪽에 왕험성이 있으므로 주류 강단 사학계의 비정이 잘못되었다고 주장하는 근거로 삼고 있다. 한편 서영수 교수 같은 주류 강단 사학계에서는 잘못된 사료를 더욱더 왜곡한 채 이 글에서 비판하는 바와 같이 위만조선의 왕험성을 요동군의 험독현으로 해석하여 만번한으로 비정하는 문현 및 번한현과 같이 요동군에 속하여 요동군으로 비정하는 요령성 요양 동쪽의 만주 지방 천산산맥에 위치하고 패수도 이곳 서쪽에 위치한 것으로 하고 있다. 분명히 이러한 해석을 하게 한 『사기』 「조선열전」상의 주해는 『한서』 「지리지」상의 주해 뒷부분이 부정하는 이 뒷부분이 없어진 것을 보고 해석한 오류이다. 이것도 파악하지 못한다는 것은 상식 이하이다. 아니면 이를 알고도 많은 부분 아니 전체가 그렇듯이 자기들 논리에 이용하고자 무시하고 필요한 것만 이용하거나 이를 왜곡하여 이용한 것으로 잘못된 것이 명백하다.

  결론적으로 문현을 『삼국지』상의 위만조선의 왕험성 지역에 비견되는 만번한과 연결시킨 것은 번지수가 다르다. 즉 만번한은 낙랑군 패수 동쪽에 있는 것이고 문현은 왕험성으로 잘못 오해하는 험독현과 같이 있는 것으로 요동군이다. 더군다나 이를 동시대 내지는 근접한 시대의 기록인 여러 기록은 배제한 채 후대의 기록인 하북성에서 왜곡하여 요령성으로 위치 변동시켜 비정하여 기록한 『독서방여기요』 기록을 근거로 이 문현의 위치를 요동의 천산산맥 서남쪽으로 비정한 것은 중국 측의 왜곡 과정을 학자로서 모르거나 고의로 무시한 처사로써 이는 중국의 우리 역사왜곡을 추종하는 행위이다.

  이미 앞에서 확인하였듯이 『독서방여기요』는 우리 역사를 동쪽으로 왜곡 이동시키는 등 최악의 중국의 역사왜곡 작업에 의하여 작성된 기록이다. 이 사서기록상 문헌의 위치로 비정한 개주위는 지금의 요하 동쪽의 요령성 개주시이다. 이는 이전 시대인 북송시대의 기록인『무경총요』에서는 이 개주위를 지금의 대능하 인근으로 비정한 것에서 다시 동쪽으로 이동시켜 비정하였다. 이러한 개주는 원래는 【사료29】『요사』「지리지」2.동경도 해주(海州) 남해군(南海軍), 개주 진국군(開州 鎭國軍)상에 기록된 바와 같이 원래 하북성 대요수 및 소요수 그리고 마자수라 불리는 압록수가 있는 현재 석가장시 호타하 인근에 있었던 것을 송나라 시기에는 대능하, 청나라 시기에는 요하 인근으로 점차 동쪽으로 왜곡 이동시켰다. 이 같은 사항을 학자로써 모른다는 것은 있을 수 없는 일이다. 이는 그들의 식민사학 논리를 벗어나지 않으려고 고의로 배제시킨 것이다.

③ 오늘날의 요하가 고대의 요수와 일치하는 것이 입증되었기 때문에라고 한 것은 이러한 입증이 되게끔 한 사항인 위의 ②사항이 오류이기 때문에 이 사항도 성립되지 않는다. 그러나 위의 ②사항을 배제하더라도 오늘날의 요하가 고대의 요수라는 결론은 본 필자가 이 글에서 비판하는 바와 같이 이것이 주류 강단 사학계의 어이없는 역사 인식이다. 더군다나 위의 ②사항에 의하여 입증된 것이 무엇이기에 이러한 원천적으로 잘못된 결론을 내렸는지 자세한 내용을 확인하여야 하겠지만 여기서는 생략하고 결론 사항에 대하여만 살펴보기로 한다. 이 요수에 대하여는 이 글에서 상세하게 설명하고 있으므로 여기서는 생략하기로 한다. 하지만 역사적 진실은 지금의 요령성 요하는 고대 요수가 아님이 너무나도 명백한 역사적 진실이다.

④ 사기의 왕검성은 오늘날의 평양임이 확실하다.
이미 앞에서 입증하여 설명하였듯이『삼국지』의 만번한을 요동군

의 문현과 번한현으로 비정한 것 자체가 잘못이다. 즉 만번한은 오히려 패수가 있는 낙랑군이다. 그럼에도 불구하고 이렇게 비정하는 것은 만번한을 요동군으로 하여 만주의 요령성 요하 동쪽으로 비정함으로써 그 동쪽인(사실은 동남쪽) 한반도 평안도에 그들의 논리대로 낙랑군이 있게 할 목적에 의해서이다. 이는 소위 말하면 억지 논리이다. 이것은 학문이 아니다. 자기들 논리에 역사를 맞춘 명백한 잘못이다.

설사 억지로 잘못 맞춘 이 잘못된 논리에 의하여 만번한을 요동군의 문현과 번한현이라고 하고 그 동쪽(동남쪽)인 한반도 평양에 낙랑군이 있다고 하여도 왕검성은 낙랑군 패수의 동쪽에 있어야 하므로 그들이 설정한 한반도 낙랑군 평양 동쪽에 왕검성을 그들은 비정시켜야 한다. 그러나 그러한 고고학적 근거나 위치가 한반도 평양 동쪽에는 전혀 없으며 실제로 주류 강단 사학계는 비정을 하지 않는다. 자기모순이다. 분명히 『사기』 왕검성은 분명히 낙랑군 내의 동쪽 편의 패수 동쪽에 있어 이 패수를 건너 위만이 정권을 탈취한 후 왕검성을 세웠고 한나라는 이 패수를 경계로 하고 있다가 이 패수를 건너 왕검성을 멸하고 여기에 낙랑군을 세웠다.

따라서 이 『사기』 왕검성이 평양에 있다면 평양 낙랑군의 패수인 대동강의 동쪽에 왕검성이 있어야 한다. 그러나 한반도 평양 대동강에는 서에서 동으로 흐르기 때문에 동쪽이 없는 한편 그 동쪽 어디에도 왕검성으로 비정할 장소나 고고학적 근거가 전혀 없다. 만약 있었다면 벌써 일제 식민 사학자들이 평양의 낙랑군을 조작하였듯이 조작해서라도 만들어놓았을 것이다. 이는 일고의 가치가 없는 결론이다.

(2) 만왕 즉 위만의 망명 경로로 보아 요하 동쪽의 요동의 옛 요새를 빠져나와 동쪽으로 패수를 건너 진의 옛 공지인 상하장을 거쳐 왕검성에 이르는 망명로의 지리적 순서가 명료하게 나타난다. 따라서

패수는 요동 요하이고, 왕검성은 패수 동쪽 진의 상하장 남쪽에 있다고 하였기 때문에 요동에 위치할 수 없고 대동강의 평양이다.

그래서 본 필자의 비판과 같이 서영수 교수는 제대로 비정하고자 위의 (1)①②③과 같은 잘못된 결론에 따라 (2)와 같은 결론을 내렸다. 즉 패수는 종전의 일제 식민사학과 주류 강단 사학계가 해방 후 77년 동안 유지해 온 한반도 평양의 대동강이 아닌 요하로 비정하고, 왕검성은 지금의 대동강 평양으로 하였다. 하지만 이는 본 필자의 비판 논리에 의하여 바로잡은 결과인 것으로 보일 수도 있다. 즉 패수는 낙랑군의 동쪽에 있고 이 패수 동쪽에 왕검성이 있다는 맞는 논리에 따른 것으로 보이나 그 순서만 맞고 나머지는 전부 오류이다. 즉, 우선적으로 원천적으로 잘못된 위의 (1)①②③의 결과에 의한 것이므로 원천적으로도 잘못이거니와 이를 떠나서라도 우선 패수는 분명히 낙랑군 내의 동쪽에 있다. 그런데 패수를 요하로 보는 바와 같이 이렇게 비정하고 이곳을 만번한과 문현, 번한현으로 연결시킨 요동군 지역이면 패수가 요동군에 있게 된다. 낙랑군에 있어야 할 패수가 요동군에 있게 되는 치명적인 오류가 발생한다. 이는 모든 사료와 맞지 않는다.

그래서 이를 회피하기 위하여 서영수 교수는 요동군이라고 하지 않고 요동이라는 애매한 표현을 썼다. 하지만 애매한 표현을 썼지만 결과적으로는 문현으로 연결시켰기 때문에 문현이 소속되어 있는 요동군이다. 또한 위만조선의 왕검성이 패수 동쪽 진의 상하장 남쪽에 있다는 사실은 사서기록상 전혀 존재하지 않는다. 상하장이라는 용어는 고대사서 기록상 『사기』「조선열전」과 『한서』「조선전」상에만 나오는 용어이다. 하지만

【사료11】『사기』「조선열전」'고조선'

○ 燕王 盧綰이 [漢을] 배반하고 匈奴로 들어가자 滿도 망명하였다. 무리 千餘人을 모아 북상투에 오랑캐의 복장을 하고서, 동쪽으로 도망하여 [遼東의] 요새를 나와 패수를 건너 秦의 옛 空地인 上下鄣에 살았다. 점차 眞番과 朝鮮의 蠻夷 및 옛 燕·齊의 亡命者를 복속시켜 거느리고 王이 되었으며, 王險에 도읍을 정하였다.

【사료71】『한서』「조선전」'고조선'

○ 燕王 盧綰이 [漢에] 反하여 匈奴로 들어가자, 滿도 亡命하였다. 무리 千여인을 모아 북상투에 오랑캐의 복장을 하고서 동쪽으로 도망하여 요새를 나와 浿水를 건너 秦의 옛 空地인 上下障에 살았다. 점차 眞番·朝鮮의 蠻夷와 옛 燕·齊의 亡命者를 복속시켜 거느리고 王이 되었으며, 王險에 도읍을 정하였다.

이 상하장이 패수의 동쪽에 있다고만 하였지 왕검성이 이 상하장의 남쪽에 있다고 한 사실은 없다. 이것은 자신의 논리대로 요하의 남쪽인 한반도에 왕검성을 두려는 의도에서의 임의적인 해석일 뿐이다. 학문에 있어서 임의적인 해석은 제일 금기 사항이다. 나중에 한나라의 왕검성 공격 기록 등 모든 기록을 살펴보더라도 단지 왕검성이 패수 동쪽에 있는 것으로 되어 있지 패수 동쪽에 있는 상하장의 다시 남쪽에 있다고 할 만한 기록이나 사실이 없다. 더군다나 왕검성이 설사 한반도 대동강의 평양에 있다고 하여도 이곳을 그들이 비정하는 대로 낙랑군이라고 비정한다면 이곳 동쪽에 패수가 있어야 하고 그 동쪽에 왕검성이 있어야 하는데 한반도 평양은 이러한 조건이 전혀 안 되는데 이러한 중요한 사항은 누락시킨 채 그저『삼국지』상의 잘못된 기록인 연나라의 침범에 의한 만번한 지역을 경계로 한 다음 이 만번한의 동쪽에 왕검성이 있다는 기록에 의한 채 다른 모든 기록과 사실들을 배제한 이 논리는 학문적 논리가 아니라 추리 논리에 불과하다. 결국 이러한 무리는 이 글에서 수많은 사항이 그렇듯이 원래의 맞는 위치를 왜곡하여 원래의 위치가 아닌 한반도로 비정함으로써 발생하는 오류이다. 원래의 위치라면 요동군은 별도로 있고 요동군과 별도의 낙랑군 동쪽에 패수가 있고 이 패수를 건너면 위만조선의 왕검성이 있는 곳이다. 이곳의 원래 위치인 하북성에서는 나중에 이 위만조선의 왕검성에 도읍한 고구려 평양성을 수나라와 당나라가 공격할 때와 마찬가지로 동쪽으로 패수를 건너 평양성 서쪽 30리에 살수가 있는 평양성 즉 왕검성이 있다.

이곳 하북성에서는 이 모든 것이 모든 사서기록과 맞게 된다. 한반도에서는 맞을 수가 없다. 왜냐하면 제자리가 아니기 때문에 아무리 무리해서 맞추려고 해도 맞지 않는다. 그리고 주류 강단 사학계는 한반도 평양을 낙랑군 내지는 위의 서영수 교수처럼 왕검성으로 무리하게 비정하려 하는 전제 조건이 원래부터 한반도 평양이 그 중심지라고 한 채 소위 '고조선 이동설'을 부인하는 본 필자가 이 글에서 비판하는 논문을 제외하고는 그 전제 조건을 소위 '고조선 이동설'로 삼는다. 결국 이 소위 '고조선 이동설' 없이는 그들의 교리인 '낙랑군 평양설'이나 고조선이나 고구려 위치 등 모든 비정이 무너지게 된다. 그런데 위의 서영수 교수의 잘못된 결론처럼 잘못된 전제 조건에 의하여 성립시켰기 때문에 잘못된 결론이 나오듯이 소위 '고조선 이동설'이라는 잘못된 전제의 토대 위에 성립한 일제 식민사학이 성립시키고 주류 강단 사학계가 추종하는 모든 한반도 내의 논리는 잘못된 결론일 수밖에 없다.

이 소위 '고조선 이동설'의 허구에 대하여는 앞에서 입증하여 설명하였지만 분명히 알아야 할 사항이 우리 고대사를 정립시키는 데 있어 가장 중요시하는 사서기록인 사마천의 『사기』「조선열전 고조선」

조 가장 첫머리에 나오는 사항이 모든 논리를 대표하는 사실이라는 것을 명심하고 이에 따라야 한다. 이것이 주류 강단 사학계가 일제 식민사학이 내려준 것으로써 교리로 삼는 '낙랑군 평양설'처럼 이를 대신하여 교리로 삼아야 우리 고대사가 제대로 선다는 것을 본 필자는 강조하는 바이다.

【사료11】『사기』「조선열전」 '고조선'

○ 史記
朝鮮列傳
朝鮮
朝鮮王 滿은 옛날 燕나라 사람이다. 처음 燕나라의 全盛期로부터 일찍이 眞番과 朝鮮을 침략하여 복속시키고, 관리를 두어 국경에 성과 요새를 쌓았다. 秦이 燕을 멸한 뒤에는 [그곳을] 遼東 外徼에 소속시켰는데, 漢이 일어나서는 그곳이 멀어 지키기 어려우므로, 다시 요동의 옛 요새를 수리하고 浿水에 이르는 곳을 경계로 하여 燕에 복속시켰다.

【사료71】『한서』「조선전」 '고조선'

○ 漢書
朝鮮傳
朝鮮王 滿은 燕나라 사람이다. 처음 燕나라 때부터 일찍이 眞番과 朝鮮을 침략하여 복속시키고, 軍吏를 두기 위하여 국경에 성을 쌓았다. 秦나라가 燕을 滅한 뒤에는 遼東外徼에 소속시켰는데, 漢이 일어나서는 [그곳이] 멀어 지키기 어려우므로, 다시 遼東의 옛 요새를 수리하고 浿水에 이르는 곳을 경계로 하여 燕에 속하게 하였다.

이는 위와 같이『한서』「조선전」'고조선조'에서도 똑같이 기록하고 있다. 이렇게 명백히 기록하고 있는 기록이 있음에도 불구하고 출처도 불명확하고 여러 사항에 신빙성이 부족한 『삼국지』「위서 동이전」 기록상의 소위 허위의 '고조선 이동설'의 빌미가 되는 연나라의 고조선 침범 2,000리 이동과 만번한 기록을 채택하여 우리 고대사를 정립하는 것은 일제 식민사학이 그들의 식민사관 논리 정립이라는 목적에 의하여 채택한 채 오히려 이 기록을 중시하는 한편, 이 명백한 위 두 사서의 정확한 기록을 무시하거나 왜곡 해석해 온 까닭에 우리 고대사가 식민사학이 되었다. 더군다나 이러한 일제 식민사학과 이를 추종하는 주류 강단 사학계를 비판하는 비주류 강단 사학계나 재야 민족 사학계에서도 이들의 왜곡에 빠져 버린 채 제대로 소위 허위의 '고조선 이동설'을 비판하지 못하거나 이 두 사서의 기록을 제대로 해석하지 못함으로써 식민사학에서 벗어나 제대로 된 우리 역사를 정립시키지 못하고 있는 것이 더욱 안타깝다. 위의 두 사서기록을 보면,

- 비록 중국 입장에서 쓴 중국사서가 그들의 입장에서 있지도 않은 사실이거나 설사 있더라도 미미한 연나라의 고조선 침략 사실을 과장하여 기록한 채 사실인 것으로 할지라도 연나라가 고조선을 침략하여 일정한 지역을 확보한 것을 사실로 할 경우에도 - 이에 대하여 주류 강단 사학계는 『삼국지』 기록에 의거 많은 영역을 상실한 2,000리 물러난 것으로 한 채 그 시작점도 대능하 유역에서 요령성 요하로 물러난 것으로 설정하고 있다.
- 이 같은 사항이 사실이 아닐지라도 분명히 일정한 지역을 확보한 다음에 이곳에 연장성을 쌓은 것은 사실로 보인다. 이는 나중에 진장성을 여기에 덧쌓은 사실에 의하여 입증되는 것이다.
- 하지만 이후 이 확보한 지역에 연나라가 소위 연 5군을 설치한 것은 본 필자가 소위라는 단어를 붙였듯이 사실이 아니다. 이는 사서기록상 분명히 5군은 진나라가 쌓은 것으로 명확하게 기록되어 있다. 이것이 중요한 까닭은 다음의 기록과 연관된다. 즉
- 이 연나라를 멸한 진나라는 이 연장성을 '요동외요'에 소속시켰

다는 사실이다. 즉 말이 그렇지 자기들의 관할 영역이 아닌 먼 변방이라는 것을 말해 준다. 설사 자기들 관할 영역이라고 하여도 오랑캐 즉 고조선과의 경계라는 것이다. 따라서 이곳 안쪽에 위의 사항과 같이 소위 연 5군을 설치하지는 못하였다. 이는 소위 연 5군이 결코 연나라가 고조선을 물리치고 차지한 땅에 설치한 것이라고 할 수는 없다는 것을 의미한다. 이는 다음 사항에 의하여 입증된다. 즉,

- 그 후 진나라 이후에 들어선 한나라는 아예 **그곳이 멀어 지키기 어려우므로, 다시 요동의 옛 요새를 수리하고**라고 기록함으로써 아예 포기한 채 이전에 연나라가 고조선 영역을 차지한 후 남쪽으로 이동한 다음에 쌓았던 연장성으로써 나중에 진나라가 장성을 설치한 '요동고새'를 수리하여 요새를 쌓고, 이곳 바깥에 있는 패수를 경계로 하여 연에 속하게 하였다. 여기서의 연은 전국시대의 연나라가 아니라 한나라 중앙정부가 제후로 봉한 봉지인 것으로 한나라 영역이다. 이후는 알다시피 이 패수를 동으로 건너 그 동쪽에 위만이 왕검성을 세우게 된다.

여기서 알 수 있는 것은 결국 진나라는 이전 연나라가 차지한 지역을 포기한 채 겨우 명목상으로만 영역으로 하고 있다가 이후 한나라 시기에는 아예 이곳을 완전히 포기하고 원래 연나라가 고조선을 점령하기 전의 위치로 돌아갔다. 이후 한나라는 패수를 건너 위만조선을 공격하여 멸망시키고 여기에 낙랑군을 설치하였다. 이는 그 후 사서기록상 이 낙랑군 패수 동쪽에 왕검성이 있다고 한 것에서도 이를 확인할 수 있다.

또한 이에서 확인되는 중요한 사항은 이보다 앞서 진나라가 설치한 소위 연 5군이 이 한나라가 설치한 소위 한 2군인 낙랑군과 함께 있는 것은 물론 이후에도 사서기록상에 같이 나타난다는 것은 소위 연 5군

은 연나라가 고조선을 물러나게 하고 난 후 확보한 땅에 설치한 것이 아님을 말해 준다. 원래 연나라의 영역이자 이 소위 연 5군을 설치한 진나라가 '요동외요'에 소속시킬 만큼 자신들의 관할이 아닌 곳에 자기들 관할지인 소위 연 5군을 설치할 수 없기에 그리고 이후 이곳에서 물러난 한나라 시기에도 이곳에 소위 연 5군이 존재하고 있는 것으로 보아 소위 연 5군 설치 지역은 연나라가 고조선을 물러나게 한 후 확보한 지역은 아니라는 사실이다. 이는 물러났다가 다시 위만조선을 물리치고 여기에 새로 소위 한 2군을 설치한 낙랑군과 현토군이 있기에 이곳이 중복될 수 없는 것에 의하여도 입증된다.

이것이 중요한 이유는 주류 강단 사학계는 이 소위 연 5군을 그들의 논리대로 연나라가 고조선을 물리치고 확보한 땅에 설치한 것으로 하여 현재 실제 물러난 한반도 평양까지로 하여 하북성에서 요령성 요하를 지나 한반도 압록강 북부까지 요동군을 설정하고 있다. 이것이 잘못되었음이 위의 두 사서기록이 증명하여 준다는 사실을 본 필자가 알려주고자 하는 것이다. 이는 우선 소위 연 5군이라는 단어도 주류 강단 사학계가 소위 한 4군처럼 그들의 논리에 맞추어 용어를 만든 것으로 연 5군은 사실상 굳이 명명하자면 진 5군이다.

> 연나라가 고조선을 침략하여 확보하고 설치하였다는 연 5군은 연나라가 설치한 것이 아니라 진나라가 설치하였다.
> 따라서 연 5군은 진 5군이라고 하여야 하며, 이는 연나라가 고조선 지역을 차지하였다는 기록의 신빙성에 의문을 제기하게 한다.
> 비록 차지하였다고 하더라도 이내 물러나 원래의 위치로 되돌아갔다. 따라서 이를 근거로 고조선이 한반도 평양 지방으로 왔다는 '고조선 이동설'은 허위임이 분명하다.

그리고 사서기록상의 여러 하천이 이들 소위 연 5군(진 5군)을 흐르는 사항을 보면 주류 강단 사학계가 비정하는 바와 같이 상곡군 위치인 하북성 북경시 서북쪽으로부터 양평인 요령성 요양까지만 하더라도 그 길이는 자그마치 현재 직선거리로 702km이다. 이는 현재 환산단위(1km=2.54리)에 의하면 1,788리이다. 2천 리에 육박하는 거리이다. 이를 당시의 도보 가능 거리로 하면 거의 4천 리가 넘는 장성이다. 이렇게 먼 거리를 일렬로 늘어선 채 있는 것이 아니다.

이러한 여러 사항들에 의하여 실제 그 위치를 비정한 하북성에서의 이 소위 연 5군(진 5군)의 설치 지역과 한나라가 설치한 소위 한 2군의 위치를 보면 위의 사항이 입증되는 것으로 본 필자가 앞에서 이들의 위치를 비정하는 바와 같이 하북성 석가장시를 중심으로 그 동쪽에 요동성이 있고 이 요동성의 동북쪽으로부터 동쪽으로까지 낙랑군이 있고 이 낙랑군의 서북쪽에 바로 패수가 있으며 이 패수의 동북쪽에 위만조선의 왕검성이자 고구려 하북성 평양성이 있다.

그리고 석가장시 북쪽에 요서군이 있고 이 요서군 북쪽으로부터 현토군이 있었다. 그리고 우북평군은 석가장시 서남쪽에, 이 우북평 서북쪽에 어양군 그리고 그 서북쪽에 상곡군이 있었다.

결국 소위 연 5군(진 5군)은 나중에 한나라가 위만조선을 멸망시키고 차지한 곳에 설치한 소위 한 2군인 낙랑군과 현토군과 소위 연 5군(진 5군)과는 겹치지 않은 채 소위 연 5군(진 5군)이 더 중국 쪽에 가깝다는 것은 이 소위 연 5군(진 5군)이 당초 연나라가 고조선을 물리치고 난 후 차지한 땅에 진나라가 설치한 것이 아니라 원래의 연나라 땅이자 나중에 진나라 땅이고 한나라가 자기 영역으로 한 '요동고새' 안쪽 지역이라는 것을 의미하는 것이다. 따라서 주류 강단 사학계가 설정한 '고조선 이동설'에 의하여 고조선이 물러선 지역인 압록강 북부 지역까지 지역에 소위 연 5군(진 5군)이 설치되고 고조선은 여기로부터 더 동남쪽으로 물러나 한반도 평양에 있다가 한나라에 멸망당한 후 여기에 낙랑군이 설치되었다는 논리는 허구인 것으로 있을 수 없는 일이다.

　이상으로 패수와 관련시켜 식민사학 논리인 '고조선 이동설'을 유지시키기 위한 논리를 비판함으로써 올바른 패수에 대한 정립과 함께 '고조선 이동설'의 허구성을 입증하여 설명하였다.

> 설사 연 5군이 설치되었다고 하더라도 사서기록상 하천의 흐름 등 여러 사실에 의하면 이 연 5군은 넓은 지역에 일렬로 있는 것이 아니라 어느 일정한 지역에 모여 있다.

　다음으로는 그동안 2000년이 넘는 수많은 세월 동안 소모적인 논쟁을 벌인 패수에 대한 학설을 살펴보면서 이 패수에 대한 논쟁을 마무리하고자 한다.

■ [도표24] 패수에 대한 학설

1. 망하 : 성현식(하남성 제원시)
2. 대사하 : 본 필자
3. 당하 : 김봉렬, 이찬구
4. 영정하 : 김종서
5. 조백신하 : 황순종, 신백강, 환단고기
6. 난하 : 문정창, 윤내현, 이덕일, 김종서, 김경선(조선)
7. 대능하 : 이지린, 정인보(고려하, 어니하), **최동**, 임건상(중국)
8. 요하 : 신채호(해성 헌우락), **홍여하**(조선)
9. 혼하 : 성해응(조선, 소요수)
10. 태자하 : 서영수, 박준형, 요사지리지, 동국문헌비고, 신경준(조선, 어니하), 안정호(조선), 박지원(조선, 난수)
11. 압록강 : 천관우, 노태돈, 김철준, (송호정), 쓰다 소키치(일본), 세종실록, 동사강목, 유형원(조선), 이익(조선), 정약용(조선)
12. 청천강 : 이병도, 이마니시 류(일본), 담기양(중국), 한백겸(조선)

> 13. 대동강 : 송호정, 이나바 이와키치(일본), 삼국사기, 삼국유사, 세종실록지리지, 동국사략, 신증동국여지승람, 유득공(조선), 안정복(조선), 한치윤(조선)

조선시대 유학자들은 차후 '낙랑군 평양설'에서 비판하면서 설명하겠지만 중국의 '춘추필법'에 의한 역사왜곡을 그대로 받아들이는 한편 소중화 사상에 의하여 기자를 한반도 평양에 끌어들인 이후 한반도 평양에 고조선이 있었고 그 고조선에 선진 문화를 가진 기자가 와서 우리 백성을 교화시키고 있다가 그 후손 대에 이르러 위만이 패수를 건너와서 위만조선을 세웠으나 한나라에 멸망당해 여기 평양에 낙랑군이 세워졌다는 공식을 신봉하였다. 그러므로 비록 모국이요 아버지 나라인 유일한 문화국이자 종주국인 중국은 오랑캐 나라인 만주 여진족 청나라에 망해 없어졌지만 우리 조선은 기자로부터 그 중국의 문화를 배운 이래로 중국을 대신하여 그 문화를 지키고 있다는 소중화 사상이 깊게 뿌리내리고 있었다. 이와 같은 사상과 유교 중 주자학을 비판하거나 이에 벗어나는 논리를 전개하면 '사문난적'으로 패가망신하는 전통이 확립되어 있었다.

이 같은 경향은 고려 중기부터 있어 왔지만 임진왜란으로 나라가 멸망 직전까지 갔다가 신분제도 철폐 약속과 애국정신에 의한 의병 활동과 이순신의 활약에 힘입어 극복한 반면 선조 자신은 사직을 보존한다는 명분하에 도주하여 명나라에 구원을 요청하고 임진왜란은 종결되었다. 선조는 임진왜란 시 대처 자세 및 광해군의 등장 등으로 자신의 입지가 흔들리자 자신의 허물을 덮을 명분으로 이순신 장군의 수군이나 의병 등 일반 백성의 헌신적인 노력이 아니라 본인이 청하여 성사된 명나라의 도움으로 임진왜란이 끝났다고 내세운 명나라에 대한 '재조지은(再造之恩)' 즉 조정을 다시 세우게 된 은혜 논리를 내세운 이후 이에 동조한 당시 전쟁의 책임이 있는 집권 세력인 주자학 제일주의의 사대부들에 의하여 조선은 소중화 사대주의 사상이 극도로 깊어지게 되었다.

> 조선의 사대주의 심화와 주자학의 피폐함은 임진왜란 이후 선조의 '재조지은'에서 비롯되었다. 이는 역사왜곡 축소로 이어졌다.

그러자 노론이 득세하고 '사문난적'이 심해져 사상 통제와 가부장제, 왜곡된 유교 그것도 주자학 제일주의가 횡행하게 되었다. 이에 따라 역사의식에서도 모든 활동이 소중화 국가인 한반도에서 이루어졌지 오랑캐 땅인 만주와 청나라 지역에서는 이루어지지 않았다는 사상이 팽배해져 만주에서의 역사적 활동은 애써 무시하고 모든 활동은 한반도에서 이루어졌다는 역사왜곡이 더욱 강화되었다. 이러한 경향은 '재조지은'의 군주 나라이자 중화국이자 문명의 나라인 명나라가 오랑캐라고 멸시하던 청나라에 망하자 더욱 극심하여졌다. 이러한 경향은 조선 후기 실학자들에게도 예외가 아니었다. 물론 이 시기 실학자들은 역사를 재분석하고 연구하여 재평가하려고 하였지만 어릴 적부터 주자학이 몸에 배인 관계로 당시 선진화된 청나라 문물을 받아들이자는 생각을 가진 박지원을 비롯한 일부 실학자들을 제외한 실학자들은 이전의 유학자들의 사상에서 벗어나지 못하였다. 이의 대표적인 사람이 정약용이다.

> 정약용의 역사관은 소중화 사대주의 사상의 주자학의 범위를 벗어나지 못하였다.

이들의 패수에 관한 생각 역시 『수경』과 『수경주』의 기록을 비교 검토하면서 기자가 온 자리에 위치한 위만조선의 도읍으로 알려진 왕험성이 현재의 평양이고 평양 아래를 동쪽에서 서쪽으로 흐르는 현재의 대동강을 위만조선 시기의 패수로 규정하려는 『수경주』의 입장에 따라 서쪽에서 동쪽으로 흐른다는 『수경』을 비판하면서 이를 오류라고 주장한 『수경주』를 따르는 경향이 주류를 형성하고 있었다. 그러나 이 같은 경향은 왜곡된 역사관에 의한 것이지 합리적인 역사관은 아니다. 본 필자와 같이 여러 가지 역사 사료를 비교 검토하면 그 같은 경향에 편승할 수는 없었을 것이지만 당시 실학자들의 글을 분석해 보면 주류 경향이 가진 선입견을 가지고 판단한 것이 확실시된다.

여기서는 이러한 실학자들의 글에 대한 자세한 분석은 지면상 그만두도록 하겠다. 이 같은 경향은 현재 주류 강단 사학계와 같다고 할 수 있다. 주류 경향을 거부하거나 비판하거나 이에 벗어나는 논리를 전개하면 역사계에서 행세를 할 수 없는 풍토를 조성함으로써 학문의 기본인 자유로운 연구와 주장을 통제하여 양자택일 즉 주류 사상을 따르거나 아니면 퇴출되어야 하는 선택을 강요하는 풍토가 확립되었다. 하지만 현재 주류 강단 사학계가 단정적으로 이야기하듯이 모든 실학자들이 이러한 경향에 동조하여 결론을 내었다고 단언할 수는 없다. 이 또한 역사왜곡이다. 비록 당시의 요동 즉 후의 요서까지는 아니더라도 당시에 요동이라고 인식한 지금의 요하 이동 지방에 패수가 있었고 고조선도 이곳에 있었다고 주장하는 학자들도 있었다.

> 연암 박지원은 패수와 평양은 한반도에 있지 않았다고 기존의 역사 인식을 강력히 비판하면서 이에 대한 기존의 인식을 바꾸라고 주장하였다.

이에 대표적인 사람이 연암 박지원이다. 그는 청나라의 문물을 배우자는 생각에 청나라를 자청하여 다녀온 사람으로 역사의식도 당시 주류와는 달랐다. 그래서 그 인식으로 역사를 연구하고 분석하다 보니 전혀 다른 결론에 도달할 수 있었다. 그래서 그는 당시 주류 역사관을 강력히 비판하였다. 특히 당시 고조선 위치와 밀접하게 관계가 있다고 인식하였던 패수에 대하여 그의 생각은 강력하였다.

그는 『열하일기』에서

> "이전 및 현재의 유학자들이 제대로 상세히 역사를 연구하지 않고 한사군을 한반도 압록강 안으로 비정하는 등 억지로 사실을 이끌어다 구구히 분배하고 다시 패수를 그 속에서 찾고 또한 압록강을 패수라 하고, 혹은 청천강을 패수라 하며, 혹은 대동강으로 비정하는 바람에 조선의 강토는 싸우지도 않고 줄어들었다" "우리나라 선비들은 기자가 평양에 도읍했다고 하면 무조건 믿으면서 만일 요동에 평양이 있다고 하면 해괴한 말이라고 나무랄 것이라고 하였다. 그리고는 조선의 유학자들은 요동이 본래 조선의 땅으로써 고구려의 옛 땅임을 알지 못한다."

고 당시의 유학자들을 비판하였다.

이러한 연암의 비판은 현재 주류 강단 사학계에 바로 해당된다. 선입견을 가지고 역사를 예단하면서 여러 사서를 비교 검토하지 않으면서 본인의 논리에 맞는 사료만 취사선택하고 이렇게 선택한 사료 또한 자의적으로 해석하는 현재 우리 강단 사학계로 말미암아 선조가 애써서 이룩하고 투쟁을 벌였던 우리의 강토를 후손들은 싸우지도 않고 내어주는 현실이 되었다.

그래서 연암처럼 이를 비판하여 제대로 연구함으로써 제대로 된 역사를 펼쳐 부끄러운 후손이 되지 말자고 하였더니 욕망에 의한 역사 연구는 사이비, 유사 역사학자들이 하는 짓으로써 그렇게 과장된 역사 주장을 하는 것만이 애국이 아니라고 하면서 광개토대왕 비문 역시 고구려의 욕망에 의하여 과장되게 쓰인 것으로 사실이 아니라는 고구려 전문가인 이 글에서 비판하는 '젊은 역사학자 모임'의 일원들의 역설적인 주장을 연암이 들었으면 어찌했을까 하는 안타까움과 송구함이 든다. 만약 우리 민족의 과거 역사가 이 글에서 비판 대상인 소위 '젊은 역사학자 모임' 일원의 말대로 그렇다면 모르지만 만약에 연암의 말이나 본 필자의 말대로라면 역사적으로 커다란 과오를 저지르는 것이 누구인지 생각해 보았으면 한다.

> 단재 신채호 선생도 평양과 패수가 한반도에 있지 않았다고 강력히 비판하였고 이에 대한 인식을 바꾸어야 우리 강역이 제대로 밝혀진다고 주장하였다.
> 이 비판과 주장이 사실인데도 아니 사실이므로 이로 말미암아 현재 주류 강단 사학계는 추종하는 이전의 일제 식민 사학자들이 그랬던 것처럼 신채호 선생을 비인격적으로 비난하고 있다.
> 이는 현재 이 글이 학문적으로 비판하는 주류 강단 사학계의 '젊은 역사학자 모임' 일원들이 기존 역사 논리를 비판함에 대하여 비학문적 비인격적으로 사이비, 유사 사학자라고 비난하는 바와 같은 맥락이다.

당시 일제가 식민사관을 우리 한민족에 주입시키려고 만든 '조선사 편수회'에 몸담은 채 식민지 사관을 정립하면서 친일 반민족 행위를 하던 친일 역사가들과는 다르게 선생님은 당시에는 구하기도 보기도 힘들었던 수많은 중국사서를 4년 동안 매일같이 북경 도서관에 가서 열람하면서 연구한 이후 여순 감옥 등지에서 열람한 수많은 사료의 열람 기억과 연구 결과에 의하여 『조선 상고사』를 비롯한 많은 민족 자주적인 역사서를 집필하였다. 그 결과 고려 및 조선 유학자들이 세운 역사 논리가 잘못되었다는 것을 깨닫고 민족 사관을 정립하였다.

선생님이 깨달은 것은 연암 박지원이 깨달은 것과 같았다.

선생님은 1925년 동아일보에 쓴 『패수고』에서 "조선사를 말하려면 평양부터 알아야 한다.", "지금의 평안도 평양을 옛 평양으로 알면 잘못 안 것"이라고 지적했다. 그리고 "옛 조선과 고구려의 지경을 알려면, 먼저 여진을 우리 국경 안으로 치고, 다음에는 패수를 요동에 가서 찾아야 할 것이다. 그리하여 패수가 일정해져야만 강역이 밝혀지고, 강역이 밝혀져야만 고금의 사실이 부합될 것이다."라고 1908년 『독사신론』에서 주장하였다. 이는 선생님이 북경 도서관에서 열람한 중국사서 기록에 의한다. 원래의 중국사서 기록에 그렇게 되어 있었다. 그런데도 현재 우리 역사 교과서에는 선생님이 잘못이라고 지적한 중국사서상의 모든 평양을 그것도 분명히 평주나 유주에 있었다는 평양을 모두 한반도 평양이라고 확정적으로 기술하고 있다.

그런데 문제는 이것에 그치지 않고 단재 신채호 선생님의 논리를 학문적으로 비판하여 수용 여부를 가리면 될 것을 본 필자가 앞에서 지적한 대로 현재 주류 강단 사학계는 이전부터 계속하여 단재 신채호 선생님의 논리를 과도한 민족정신에 얽매인 비전문가적인 견해로써 일고의 가치가 없을뿐더러 주류 강단 사학계 기관의 장 출신이 공식석상에서 선생님을 세 자로 말하면 '또라이', 네 자로 말하면 '정신병자'라고까지 칭하였다.

민족 사학자 선배에 대한 주류 강단 사학계의 잘못된 행위는 스스로 그들의 뿌리가 일제 식민사학이라는 것을 드러내는 것이다. 이러한 행태는 그대로 후배들에게 이어져 현재 본 필자가 비판하고 있는 소위 '젊은 역사학자 모임'의 일원들도 똑같이 자기들의 논리를 비판하는 재야 민족 사학자들을 단재 신채호 선생님에 대한 비판과 똑같이 영토의 확장과 위대한 민족을 꿈꾸면서 비학문적으로 역사를 주장하는 유사 사이비 학자라고 비학문적인 방법으로 비판 아닌 비난을 하고 있다.

본 필자가 이 글에서 비판하고 있는 소위 '젊은 역사학자들 모임' 일원들의 행태는 그들의 식민사학 선배인 이기백 교수가 「1987년 한국사 시민강좌1」에서 **"넓은 국토를 개척하여 군사적 강대국이 되어야만 위대한 국가가 된다는 낡은 역사관 자체로부터 벗어나야 한다. 그리고 우리의 눈을 민족 내부로 돌려야 한다."** 라고 주장한 것을 그대로 이어받은 것이다. 이러한 주장은 우리 민족국가의 활동 영역을 소중화 사대주의 및 식민지 사관에 의하여 한반도 내로 구겨 넣은 논리를 합리화하고 변명하기 위한 주장이다. 그들의 논리와 주장대로 사실이 그렇다면 당연히 그렇게 따라야 하지만 만약 우리 민족이 중국 본토와 만주벌판을 영역으로 활동하였는데 이를 한반도 안으로 한정시킨 채 원래 옳은 것을 주장한 것에 대하여 이같이 비난한다면 그 책임을 어떻게 질 것인가를 본 필자는 분명히 묻고자 한다. 하지만 이러한 일제 식민사학을 그대로 추종하는 주류 강단 사학계를 비판하는 비주류 강단 사학계와 민족 사학의 재야 사학계 역시 혼돈되고 위치가 이동된 중국사서의 기록을 잘못 해석한 결과에 의하여 고조선과 낙랑군의 위치를 현재 하북성 난하 인근의 진황도시로 잘못 비정하는 것을 본 필자는 앞에서 지적하여 비판하였다.

하지만 신채호 선생도 마찬가지로 패수의 위치를 현재 만주 지방의 해성시 지역 헌우락 하천 즉 해성하(Haicheng River, 海城河)를 패수로 보는 것은 청나라 이후의 『독사방여기요』 등 전형적인 왜곡된 후대의 기술을 한 중국사서를 보고 잘못 판단한 것이라고 지적하고자 한다. 신채호 선생은 다음의 기록을 보고 이 같은 판단을 한 것으로 보인다.

【사료29】『요사』「지리지」

「동경도」
1)동경요양부
〈5단락〉
요하(遼河)는 동북쪽 산어귀로 나아가 범하(范河)가 되고, 서남쪽으로 흘러 대구(大口)가 되어 바다로 들어간다. 동량하(東梁河)는 동쪽 산에서 서쪽으로 흘러 혼하(渾河)와 합하여 소구(小口)가 되어 요하와 만나 바다로 들어가니, 태자하(太子河)라고 하며 또한 대량수(大梁水)라고도 한다. 혼하는 동량하와 범하 사이에 있다. 사하(沙河)는 동남 산에서 서북쪽으로 흘러 개주(蓋州)를 경유하여 바다로 들어간다. 또 포하(蒲河), 청하(淸河), 패수(浿水)가 있다. 패수는 니하(泥河) 또는 한우력(蓒芋濼)이라고도 하는데, 강에 한우초가 많기 때문이다.

이 기록은 하북성 패수를 요령성 만주 지역의 헌우락으로 비정하여 요하를 요령성 요하로 비정하였다. 물론 반대로 요하를 비정한 후 패수도 이 지방으로 비정한 것이기도 하다. 그리하여 사서기록상 패수 동쪽에 있다는 고조선의 위치를 요령성 요하 동쪽 지방으로 비정하였다. 여기에 한몫을 한 것이『구당서』「동이열전 고구려전」과『신당서』「동이열전 고구려전」이다.

[『구당서』 및 『신당서』 「고구려전」의 올바른 해석에 대하여]

【사료31】『구당서(舊唐書)』「동이열전 고구려」

高[句]麗는 본래 扶餘의 別種이다. 그 나라는 平壤城에 都邑하였으니, 곧 漢 樂浪郡의 옛 땅이다. 長安에서 동쪽으로 5천1백 리 밖에 있다. 동으로는 바다를 건너 新羅에 이르고, 서북으로는 遼水를 건너 營州에 이른다. 남으로는 바다를 건너 百濟에 이르고, 북으로는 靺鞨에 이른다. 동서로는 3천1백 리이고, 남북으로는 2천 리이다.

【사료26】『신당서(新唐書)』「동이열전 고구려」

高[句]麗는 본래 扶餘의 別種이다. 국토는 동으로는 바다를 건너 新羅에 이르고, 남으로는 역시 바다를 건너 百濟에 이른다. 서북으로는 遼水를 건너 營州와 접하고, 북은 靺鞨과 접한다.
그 나라의 임금이 살고 있는 곳은 平壤城으로 長安城이라고도 부르는데, 漢代의 樂浪郡으로 長安에서 5천 리 밖에 있다. 산의 굴곡을 따라 外城을 쌓았으며, 남쪽은 浿水(註 169)와 연해 있다. 王은 그 좌측에 宮闕을 지어 놓았다. 또 國內城과 漢城이 있는데 別都라 부른다.
물은 大遼와 少遼가 있다. 大遼는 靺鞨의 서남쪽 산에서 흘러나와 남으로 安市城을 거쳐 흐른다. 少遼는 遼山의 서쪽에서 흘러나와 역시 남으로 흐르는데, 梁水가 塞外에서 나와 서쪽으로 흘러 이와 합류한다. 馬訾水가 있어 靺鞨의 白山에서 흘러나오는, 물빛이 鴨頭와 같아서 鴨淥水로 불린다. 國內城의 서쪽을 거쳐 鹽難水와 합류한 다음, 다시 서남으로 [흘러] 安市[城]에 이르러서 바다로 들어간다. 平壤은 鴨淥江의 동남쪽에 있는데, 큰 배로 사람이 건너다니므로, 이를 해자(天塹)로 여긴다.

이미 설명하였듯이 이때부터 고조선의 평양과 고구려의 평양을 같이 비정하였는데 이는 하북성에서의 위만조선 왕검성에 고구려가 도읍을 정하여 평양성으로 하였기 때문에 제대로 맞는 비정이다. 하지만 이 두 기록은 분명히 하북성 고구려 평양성의 남쪽에 있는 패수로 기록하였으나,

① 이 패수는 이미 앞에서 충분히 입증된 바와 같이 이는 산동성 고구려 평양성인 졸본성 남쪽에 있는 패수를 같은 고구려 평양성이라는 것 때문에 착각하여 하북성 평양성에도 그 남단에 패수가 있는 것으로 착오 기록한 것이고,

② 따라서 이 패수는 고조선의 위치를 알려주는 원래의 패수인 한나라와 위만조선 간의 경계인 패수와는 다른 두 번째 패수이다.

주류 강단 사학계는 물론 이를 비판하는 비주류 강단 사학계와 재야 민족 사학계에서는 이 두 기록들을 요령성 평양성 기록 내지는 한반도 평양성으로 왜곡한 기록이라고 해석하지만 이는 잘못된 인식이다. 이 기록들은 장안에서의 거리 수치만 지금의 요령성 요양으로 비정하는 것이지만 이는 후대의 조작 기록이다. 이 이외에는 평양성, 요수(『구당서』), 소요 및 대요(『신당서』) 등은 모두 하북성 고구려를 기록한 것이다. 이에 대하여는 이미 앞에서 상세히 입증하여 설명하였지만 여기서 간단히 설명하면 다음과 같다.

① 먼저 거리 수치 기록은 이미 설명하였지만 『후한서』「군국지」의 경우 『후한서』가 당나라 시기 이전인 398~445년에 편찬된 것이나 실상은 당나라 시기(618~907년)가 지난 북송 시절인 960~1126년에 제대로 갖춰져 판본이 이루어진 것으로 확인되고 있다. 이는 당나라 시기의 중국 고유의 역사왜곡인 '춘추필법'의 영향을

받은 것이다. 그래서 앞선 시기에 편찬된 『후한서』 「군국지」와 『구당서』 및 『신당서』상의 왜곡 사항인 낙랑군의 위치가 각각 낙양과 장안에서의 거리가 낙양과 장안 사이의 거리가 약 700~800리가 됨에도 같이 5,000(5,100)여 리로 통일해 놓은 오류가 있다. 정확히 한다면 『후한서』 「군국지」상에 낙랑군이 낙양에서 5,000리라 한다면 『구당서』 및 『신당서』에서의 낙랑군은 장안에서 5,700~5,800리라고 하여야 올바른 것인데 이를 같은 거리로 하였다는 것은 같은 시기에 같게 만들어놓은 가능성이 많다. 중국 사서의 경우 이러한 가능성을 열어두고 많은 관련 사서를 비교 검토하여 합리적인 해석을 하여야 한다. 사실 『후한서』 「군국지」상의 거리 기록은 위의 낙랑군(5,000리), 현토군(4,000리)은 물론이거니와 이외에도 요동군(3,600리) 등도 실제와는 너무 멀게 기록된 것이라고 할 수 있다. 이는 거리상 당시와 현재의 환산 단위 차이와 당시 거리 수치가 직선거리가 아닌 도보 가능 거리인 점을 감안하면 이 거리는 지금의 요령성 요양에 맞추려는 수치이다. 즉 모든 기록은 하북성 기록인데 그것은 그대로 기록하고 단지 수치만 요령성으로 만들어놓음으로써 이곳 요령성 지역을 하북성 활동 지역으로 만들려고 의도한 것이다. 이는 그대로 『삼국사기』에 이어졌다.

② 이 거리 수치를 제외한 모든 기록 즉 고구려 위치를 알려주는 요수(『구당서』), 소요 및 대요(『신당서』) 등은 하북성 기록이다. 즉 이 기록들은 산동성 고구려 평양성인 졸본성을 기준으로 기록하였기 때문에 산동성 졸본성에서 서북으로 요수인 압록수인 호타하를 건너면 영주 즉 현재의 하북성 석가장시 북부 지방에 이른다. 이는 『신당서』 기록상의 평양이 압록강 동남쪽에 있다고 한 것에 의하여 압록강이 당시의 마자수인 지금의 하북성 호타하이므로

이곳의 동남쪽에는 산동성 고구려 졸본성이 있다.

- 여기서 요수를 압록수인 지금의 호타하로 본 것은 앞에서 확인하였듯이 고구려에 대한 수나라와 당나라의 전쟁 시 요수와 압록수를 같이 보고 기록한 것과 같은 인식에서 기록한 것에 의한다. 즉 『한서』「지리지」, 『수경, 수경주』, 『후한서』 및 『삼국지』「고구려전」 등 모든 기록에 의하면 압록수와 소요수 및 대요수는 이웃에 있어 같은 방향으로 평행으로 흐르다가 소요수는 양평현을 거치고 대요수는 서쪽을 흘러 나중에 안평현(서안평현, 안시현)에서 합류하는 것으로 되어 있는 압록강과 요수에 대한 고구려의 수나라와 당나라의 전쟁 기록을 보면 하나의 사건에 둘 다 기록된 것이 없고 하나만 기록되어 있다. 원래대로라면 두 개 모두 각각 기록되어야 한다.

즉 호타하인 압록강(수)을 건너 다시 요수를 건너는 식으로 하여야 하는데 압록상(수) 내지는 요수 1개밖에는 기록되어 있지 않다. 단지 645년 당태종의 고구려 안시성 전투와 관련하여 압록강이 아닌 압록수(鴨淥水) 언급만 나오고 이전과 이후 철군과 관련하여서는 요수만 기록되어 있다. 따라서 분명히 같이 있는 강을 하나만 기록한 것은 요수와 압록강(수)을 같이 취급하거나 인식한 것이 확실하다. 그래서 『구당서』상에 산동성 고구려 졸본성인 평양성에서 서북쪽 당시의 압록수이자 요수로 본 지금의 호타하를 지나면 지금의 하북성 석가장시 북부인 영주이다. 이 요수를 압록수로 인식하고 기록한 것이 미흡했던지,

- 『신당서』는 아예 요수를 『한서』「지리지」, 『수경, 수경주』, 『후한서』 및 『삼국지』「고구려전」 등에 기록되어 있는 하북성의 소요(수), 대요(수)로 나누어 기록하였다. 이곳이 하북성인 것은 대요수와 마자수가 흐르거나 바다로 들어가는 안시성이 당시의 안시현이자 서안평이

자 안평현인 지금도 그 지명이 남아 있는 하북성 형수시 안평현이기 때문이다. 물론 주류 강단 사학계는 이 안시성을 지금의 요령성 요하 동쪽의 해성시로 비정하고 있지만 이는 역사왜곡이다. 더군다나 마자수인 압록수 지금의 호타하가 발원하는 백산은 말갈 족속인 흑수말갈 외에 백산말갈이나 속요말갈의 근거지인 태백산이자 백산이 이 하북성 위의 산서성 대동시 영구현에 이름이 그대로 남아 있는 태백산(Taibai Mountain, 太白山)이고 호타하가 이곳에서 발원하기 때문이다.

따라서 위의 두 당서 기록은 비록 평양성을 고구려 산동성 졸본성으로 하고 있고 패수 역시 이곳의 남쪽에 흐르는 백제의 패하이자 패수인 동시에 신라의 패강인 이 고구려 패수를 하북성으로 착각하여 기록하고 있을 뿐 나머지는 모두 하북성 고구려를 기록하고 있는 것이 분명하다.

> 『구당서』 및 『신당서』「고구려전」은 왜곡 이전의 인식에 의하여 해석하면 원래의 고구려 위치가 하북성, 산동성임을 기록하고 있다.

마찬가지로 위의 두 당서 앞에서 패수를 한우력으로 하여 요령성 헌우락으로 비정하게 만든 요하 기록만 요령성 기록이지 나머지 이 기록 이외의 『요사』「지리지」 동경도 동경요양부 기록은 전부 하북성 기록이다. 따라서 이 요하 단락은 위의 두 당서상의 거리 수치 기록과 마찬가지로 후대의 조작으로 판단된다. 이러한 연유로 오히려 이 단락으로 전체 기록이 요령성 요양으로 해석하는 것은 주객이 전도된 잘못된 해석이다. 다른 모든 기록이 하북성 기록인데 그 일부인 한 단락만 요령성 기록이라면 당연히 이 한 단락을 달리 보아야 마땅하다. 마찬가지로 위의 두 당서의 경우에도 거리 수치만 다르다면 이 수치 기록만을 달리 보고 대부분의 이와는 다른 단락에 의하여 판단하고 해석하여야 맞는다.

결론적으로 『요사』「지리지」 동경도 동경요양부 기록상의 요하 기록에 의하여 패수를 요령성 헌우락으로 비정하는 것은 잘못이라는 것을 본 필자는 지적하고자 한다. 더군다나 이 기록상의 패수를 니하로 본 것은 이러한 잘못을 더욱 입증하게 된다. 즉 니하는 이미 앞에서 확인하였듯이 산동성 신라가 개척한 하슬라 땅에 있는 하천으로 신라가 말갈 그리고 발해와의 경계로 하던 곳이다. 이곳은 지금의 산동성 덕주시 낙릉시로 비정되는 산동성 신라의 북쪽 남옥저 죽령 북쪽 지역이자 하북성 창주시로 비정되는 동부여 책성의 남쪽 지역이다. 물론 이 하슬라와 니하를 주류 강단 사학계는 일제 식민 사학자들이 정해 준 동해안 지방과 이곳의 하천으로 비정한 채 이곳을 발해와의 한반도 경계로 비정하고 있다. 이의 부당성과 왜곡성에 대하여는 이미 앞에서 입증하였다.

따라서 니하와 패수는 고대 기록상 전혀 다른 것인데도 같이 기록한 것은 어설픈 조작으로 이곳이 신라와 발해의 산동성 압록수인 호타하 외의 또 다른 국경선인 만주 지방의 요하였다는 것을 감안한 기록이라고는 하나 이는 다른 것을 같이 기록한 왜곡 내지는 조작된 기록이다. 이러한 모든 사항에 의하더라도 이 요하 기록은 잘못된 기록으로 신빙성이 없으므로 이를 근거로 다른 많은 기록을 요령성 지방으로 비정하는 것은 지양하여야 한다.

> 『요사』「지리지」 '동경도' 기록은 후세에 조작된 패수 부분 기록을 제외하면 올바른 우리 고대 국가의 위치 및 영역을 알려주고 있다. 이 왜곡된 부분에 의하여 신채호 선생은 패수를 요령성 위치로 오인하였다.

이러한 기록과 이러한 염려스러운 인식에 의하여 신채호 선생을 비롯하여 『삼국사기』, 『삼국유사』의 편찬자들은 고구려와 고조선의 도읍지를 이곳 요령성 요하 인근으로 비정하였다. 『삼국사기』, 『삼국유사』도 마찬가지이지만 많은 중국사서가 혼돈된 역사 인식 특히 위치에 있어서 그 이동을 감안하지 않고 원래의 위치에 있던 하천이나 지명을 나중에 옮긴 위치에 비정하는 오류를 범하고 있다.

일제의 '조선사편수회'에 몸담고 비학문적으로 식민사관을 추종하면서 친일 반민족 행위를 하다가 해방 후 우리 역사를 참담하게 만든 이병도, 신석호의 비학문적인 논리를 그대로 추종하면서 아직도 '국사편찬위원회 한국사 데이터베이스'상의 『삼국사기』 등의 주석에 식민사관에 의한 이병도의 주석을 980여 개와 일제 식민 사학자들의 주석을 수없이 달아 놓으면서 식민사학을 그대로 이어받아 왜곡을 일삼는 행태가 현재 우리나라 역사학의 현주소이다.

> 현재 우리 주류 강단 사학계는 독립운동 민족주의 역사관을 배격하고 친일 식민사관을 추종하고 있다.

하지만 연암 박지원, 단재 신채호 선생님의 충언에 따라 진정한 패수의 위치를 찾아 원래의 고조선, 고구려의 위치를 제자리로 돌려놓으려면 이를 한반도에서 찾는 주류 강단 사학계를 비판할 것이 아니다. 요서 및 요동에서 찾는 재야 민족 사학계가 머리를 맞대고 처절한 토론을 벌여 패수에 대한 여러 주장을 한 가지로 모아서 이를 주류 강단 사학계에 제시하여야 할 것이라고 본 필자는 제언하는 바이다. 제각각의 주장으로는 자기들의 논리를 교리처럼 받드는 주류 강단사학계를 변화시킬 수 없다.

> 주류 강단 사학계를 제대로 비판하여 역사를 바로잡으려면 먼저 비주류 강단 사학계와 재야 민족 사학계는 패수에 대한 정리된 논리를 내놓아야 한다.

결론적으로 본 필자가 확인한 패수에 대한 결론은 다음과 같다. 분명하고 확고한 사실은 우리가 그동안 논란을 벌여왔고 각종 중국사서에 기록된 문제의 패수는 한 가지가 아니라 두 가지이다. 그런데도 이를 한 가지로 같이 취급하여 해석하고 비정하다 보니 두 가지에 의하여 기록된 것을 한 가지로 비정할 수 없어 혼란스러웠다. 그런데 이러한 혼란을 더욱 가중시킨 것이 위치 변동이다. 이 두 가지 패수가 중국사서 등 가족 기록상에서 원래 위치에서 왜곡되어 다른 관련 사항 즉 모든 활동 내역 등을 요령성 요하 인근으로 옮겼다가 다시 한반도로 옮기게 됨으로써 혼란이 가중되었다. 이 사항은 지금도 마찬가지이다. 이제는 정립되어야 한다. 원래의 위치에서 사고를 하여야 하고 후대의 주석 등에 의한 비정을 무시하여야 한다. 이는 우리 고대사 전체에 해당된다. 그렇다면 패수의 두 가지는 무엇인가.

(1)하나는 『사기』「조선열전」상의 한나라가 들어서면서 조선과의 경계로 삼은 패수이자 위만이 연나라에서 조선으로 오면서 건넜던 패수 즉 나중에 위만조선과의 싸움 장소인 패수이다. 이 패수는 『한서』「지리지」 그리고 많은 사서상과 『수경』상의 이전의 패수와 나중의 낙랑군 패수이다.

그리고 (2)또 하나의 패수가 바로 『신당서』「고구려전」, 『통전』, 『주서』, 『수서』, 『북사』 등 많은 중국사서상 기록된 고구려 도읍 평양성 남쪽에 접해 있다는 패수이다. 이 두 패수를 같이 보고 해석하고 비정한 것이 그동안 논란의 전부이다.

> 우리 고대 역사 기록상 패수는 두 가지이다.
> 하나는 ①한나라와 위만조선 간의 경계이자 낙랑군 패수,
> 다른 하나는 ②고구려 평양성 남단 패수이다.
> 이 두 가지 패수의 혼돈으로 그동안 논란이 되어 왔던
> 것이다. 이제는 논란을 종식해야 할 것이다.

 더군다나 이 두 패수를 같이 보는 것도 문제이고 혼란스러운데 이 두 패수가 왜곡되어 원래의 위치에서 옮겨져 요령성 요하 인근으로, 다시 한반도로 옮기게 됨으로써 혼란이 가중되었다. 이 논란에 불을 붙인 것이 『수경주』이다. 『수경주』는 두 패수가 다른 것을 모르고 『구당서』「고구려전」에서와 같이 고구려 도읍 평양성이 한나라 낙랑군에 도읍한 기록에 의하여 이 2개의 패수를 같은 것으로 한 채 비정 작업을 하다 보니 오류가 생겼다. 더군다나 두 번째 패수로 기록된 하북성 패수는 사실은 산동성 패수였던 것이 더욱 문제가 되었다.

 이후 이러한 잘못된 전제에 의한 오류 결과를 전제의 잘못은 모른 채 결과만을 그대로 받아들여 혼란이 가중되었다. 분명히 한나라와의 경계로 설정한 패수 위치인 낙랑군 자리에 고구려가 도읍한 것은 사실이지만 그 경계 멀리 그것도 서쪽에 그 패수가 있었던 것이지 이 넓은 곳 어디에 세워진 하북성 고구려 도읍 평양성 남쪽에 패수가 접한 것은 아니었다. 즉 하북성 낙랑군에는 고구려 도읍 평양성 바깥 멀리 패수가 있었지 평양성 도읍 남쪽에 패수는 없었다. 그러므로 낙랑군 패수와 평양성 패수는 다르거니와 한 가지는 있었고 다른 한 가지는 없었다. 그러면 왜 많은 사서가 평양성 남쪽에 패수가 있었던 것으로 기록하고 있었을까 하는 문제이다. 이것이 바로 핵심이다. 본인도 예전에는 마찬가지로 혼돈되어 몰랐으나 우리 고대 국가 위치를 연구하여 찾다 보니 물론 한반도도 아니고 요령성도 아닌 원래의

위치에서 발견하게 된 것이다. 그래서 패수도 확인하게 되었다. 이는 여러 사서를 종합하여 연결하여 확인한 결과 사실 즉 진실을 찾아내게 되었다. 분명히 한나라 낙랑군 위치의 고구려 도읍 하북성 평양성 남쪽에 접한 패수는 없다. 단지 30리 밖에 살수가 있었다.

> **다른 하나의 ②패수인 고구려 평양성 남단의 패수는 고구려 초기 도읍지 졸본성의 패수이다.**

그런데 고구려 도읍인 평양성 남쪽에 패수가 접해진 사실이 있다. 그것은 고구려 초기 도읍지인 산동성 졸본성 남쪽에 패수가 있었다. 중국사서들은 이 산동성 고구려 졸본성을 평양성으로 호칭하곤 했던 것인데 이에 의하여 중국사서들은 한나라 낙랑군 지역에 있던 하북성 고구려 평양성으로 인식하여 기록에 남기게 되었다.

이것이 중국사서의 우리나라 기록에 대한 한계성이다. 이러한 예는 수도 없이 많다. '옥저, 예, 부여' 등에 대한 기록 역시 앞으로 본 필자와 살펴보면 그 인식의 한계 및 그 인식의 한계에 의한 기록의 부실성과 오류성에 대하여 확인할 수 있다. 이러한 기록을 금지옥엽 내지는 자기 논리에 이용하여 왜곡하는 데 있어 가장 심하게 한 것이 바로 일제 식민사학이다. 이러한 것을 그대로 추종하고 있는 것이 우리 주류 강단 사학계이다. 고구려 산동성 평양성인 졸본성은 앞으로 확실히 입증하겠지만 산동성 덕주시 평원현에 위치하고 있었다. 이곳 남단에 패수로 기록되던 하천이 있었다.

고구려는 이곳에 계속 영역을 확대하여 북상한 채 『삼국사기』「고구려전」 기록에 나와 있듯이 비류국, 행인국, 북옥저, 동옥저, 동부여, 개마국, 구다국 등을 복속시키고 하북성으로 진입하여 국내 및 환도를 거쳐 마침내 247년 동천왕 21년에 고조선의 땅이자 도읍지인 평양으로 천도하게 된다. 그런데도 중국사서는 원래의 도읍인 졸본성에 대한 기록을 옮긴 평양성의 기록에 갖다 붙이어 기록함으로써 산동성 졸본성에 있던 하천을 옮긴 평양성에 붙이면서 이곳이 고조선 지역이자 낙랑군 지역임에 따라 『사기』「조선열전」과 『한서』「지리지」상의 한나라와 위만조선 간의 경계인 패수와 혼동하여 평양성 패수로 기록하였다. 이렇게 혼동한 증거가 있다. 한나라와의 경계이자 낙랑군의 패수와 고구려 평양성의 패수를 잘못 인식한 『수경주』에 영향을 미친 『신당서』「고구려전」의 같은 사서기록인 『신당서』「지리지 가탐도리기」와

【사료30】 『신당서(新唐書)』 「가탐도리기」

영주에서 출발하여 안동도호부로 가는 길

또한 (연군성으로부터 동쪽으로) **여라수착(汝羅守捉)을 지나서 요수(遼水)를 건너면 옛날 한국(漢)의 양평성(襄平城)이었던 안동도호부(安東都護府)에 이르기까지 500리이다.** (안동도호부에서) **동남쪽으로 평양성(平壤城)까지 800리이고,**

『삼국사기』와 『요사 지리지』 등이다. 이 『신당서』「지리지 가탐도리기」를 왜곡된 역사 인식 즉 청대 이후 중국 학자들의 왜곡된 비정을 전제 인식으로 해석함으로써 이 기록을 혼란스럽게 생각한 채 이를 요령성 요하 인근으로 해석하고 있지만 이는 명백히 하북성 호타하 인근을 기록하였다. 여기서 평양성은 고구려가 동천왕 시에 천도한 하북성 평양성이 아니라 명백히 이 평양성의 동남쪽이자 안동도호부가 있었던 한나라 시기의 양평성인 요동군 치소였던 지금의 하북성 석가장시 행당현에서 동남쪽에 있었던 산동성 졸본성을 평양성으로 인식하고 기록하였다. 이것을

> 【사료52】『삼국사기(三國史記)』「잡지 지리」 '고구려' '평양성과 장안성'
>
> ~ 평양성(平壤城)은 지금[고려]의 서경(西京)과 같으며, 그리고 패수(浿水)는 곧 대동강(大同江)이다. 어찌 이를 알 수 있는가?《당서(唐書)》에서 이르기를 "평양성(平壤城)은 한(漢)의 낙랑군(樂浪郡)으로 산굽이를 따라 외성을 둘렀고, 남으로 패수(浿水)가 근처에 있다."라 하였으며, 또한《지(志)》에서 이르기를 "등주(登州)에서 동북으로 바닷길을 가서, 남으로 해안에 연하여, 패강(浿江) 입구의 초도(椒島)를 지나면, 신라의 서북에 닿을 수 있다." 라 하였다. 또한 수양제(隋煬帝)의 동방 정벌 조서에서 이르기를 "창해(滄海) 방면 군대는 선박이 천 리에 달하는데, 높직한 돛은 번개같이 나아가고, 커다란 군함은 구름처럼 날아 패강(浿江)을 횡단하여 멀리 평양(平壤)에 이르렀다."라 하였으니, 이렇게 말하는 것으로써 지금[고려]의 대동강(大同江)이 패수(浿水)인 것은 명백하며, 곧 서경(西京)이 평양(平壤)이었던 것 또한 가히 알 수 있다. ~

『삼국사기』가 인용하여 하북성 평양성의 위치를 요령성 요양으로 비정하면서 이미 산동성 졸본성 즉 옛 평양성의 패수를 하북성 평양성의 패수로 잘못 인식한 채 기록한 『신당서』「고구려전」의 평양성 패수 기록도 인용하고 위의 『신당서』「지리지 가탐도리기」도 인용하고 수나라의 고구려 침입 시의 기록도 인용하고 있다. 물론 이 기록을 주류 강단 사학계는 대동강 기록을 잘 모른 채 해석하여 한반도 평양으로 왜곡 해석하지만 이는 적어도 당시 고려의 서경이었던 요령성 요양이다. 이 기록으로 말미암아 후대에 더욱 패수의 위치가 혼란스러워졌다. 그리고 이 기록에 또 다른 핵심 단서가 있다. 이 사서가 인용한 수양제의 동방정벌 조서상의 '패강'이다. 이 패강이 바로 산동성 졸본성 남단에 있던 패수가 패강으로도 불렸고, 이것이 또한 졸본성 남쪽에 패수가 인접하여 있음을 입증한다. 이에 대하여는 이미 설명하였으나 잠시 후에 다시 설명할 것이다. 이와 같은 증거 외에 또 다른 증거 사료가 있다. 바로

> 【사료29】『요사』「지리지」
>
> 해주 남해군
>
> 암연현(巖淵縣) 동쪽으로 신라와 경계하고 있다. 옛날 평양성이 현 서남쪽에 있다. 동북쪽 120리에 해주가 있다.

이 사료로써 이 사료 역시 왜곡된 인식에 의하여 해석함으로써 제대로 해석하지 못하지만 이 기록은 분명히 하북성 위치 기록이다. 이에 대하여도 나중에 설명할 것이지만 여기서의 옛날 평양성이 바로 산동성 고구려 졸본성이다. 이와 같이 고구려 졸본성의 패수를 나중의 평양성 패수로 착오하여 인식하고 기록한 것을 중국사서들이 그대로 따라 기록하였다. 결국 중국사서상의 우리 고대 국가와 관련된 패수는 혼란되어 인식하여 기록한 것을 구분하여 실제로 존재한 것은 2개다.

하나는 낙랑군 패수로 원래의 패수인 한나라와 위만조선과의 경계인 패수이고, 다른 하나는 고구려 산동성 졸본성 남쪽에 있었던 패수이다.

그리고 있다면 패수로 착각한 살수가 있다. 그러면 낙랑군 패수에 대하여는 충분히 많이 접해 보았고 이 글에서도 많이 다룰 것이다. 하지만 두 번째 패수에 대해서는 알면서도 앞의 패수와 혼돈되어 하나로 해석하는 바람에 제대로 우리 고대사를 규명 못 함은 물론 패수 자체도 제대로 해결하지 못함에 따라 두 번째 패수에 대하여 설명을 일단 하고 차후에 사안이 발생할 때마다 추가 설명하고자 한다. 또한 이 패수는 소위 삼국의 활동 지역이 한반도가 아닌 산동성이라는 것을 입증하는 것이기도 하다. 앞서 살펴본 바 있는 다음 기록들을 먼저 보자.

【사료282】『삼국사기(三國史記)』권 제18 고구려본기 제6 광개토왕(廣開土王) 四年秋八月

패수에서 백제와 싸워 이기다 (394년 08월(음))

4년(394) 가을 8월에 왕이 패수(浿水) 위에서 백제와 싸워 이를 크게 패배시켰다. 사로잡은 포로가 8천여 급이었다.

【사료283】『삼국사기(三國史記)』권 제25 백제본기 제3 아신왕(阿莘王) 4년 8월

진무가 고구려를 공격하다가 크게 패하다 (395년 08월(음))

〔4년(395)〕 가을 8월에 왕이 좌장(左將) 진무(眞武) 등에게 명하여 고구려를 치게 하였다. 고구려왕 담덕(談德)이 몸소 군사 7,000명을 이끌고 패수(浿水) 가에 진을 치고 막아 싸웠는데, 우리 군사가 크게 패해 죽은 자가 8,000명이었다.

【사료284】『삼국사기(三國史記)』권 제25 백제본기 제3 아신왕(阿莘王) 4년 11월

패수 전투의 패배를 보복하기 위하여 출전하다 (395년 11월(음))

〔4년(395)〕 겨울 11월에 왕이 패수(浿水) 전투〔의 패배〕를 보복하기 위하여, 직접 군사 7,000명을 이끌고 한수(漢水)를 건너 청목령(靑木嶺) 아래에 진을 쳤다. 마침 큰 눈을 만나 군사들이 많이 얼어 죽자 군대를 돌려 한산성(漢山城)에 이르러 군사들을 위로하였다.

백제의 영역인 한수, 한산성 위의 패수에서 고구려 광개토대왕 시에 전투를 벌였다고 하고 있다. 그렇다면 이 패수는 무엇인가. 물론 주류 강단 사학계의 비정대로라면 한반도 평양이 낙랑군이므로 이곳

평양의 대동강인 패수에서 전투를 벌인 것으로 해석될 수밖에 없다. 물론 주류 강단 사학계는 이병도의 주장을 추종하여 【사료26】『신당서(新唐書)』「동이열전 고구려」상의 패수에 대한 해설과 같이

> 註 169
> 浿水 : 浿水의 名은 遼東에서부터 韓半島에 이르기까지 여러 곳에서 발견된다. 秦·漢代에는 지금의 清川江을 浿水라 하고 지금의 大同江을 列水라 하였으나, 南北朝 및 隋·唐代에는 지금의 大同江을 浿水라 하였다. (李丙燾,「浿水考」)

혼란스럽지만 그래도 한반도 평양의 대동강으로 비정하고 있다. 이병도도 사서기록상에 여러 곳에서 발견된다는 사실도 알고 있었다. 그러나 진·한대에 지금의 한반도 청천강을 패수라 하였다는 것은 허위이다. 진·한대에 패수는 본 필자가 분류하는 첫 번째 패수로써 한나라와 위만조선 간의 경계이자, 나중에 한나라가 위만조선을 넘어가 왕검성을 점령하고 여기에 낙랑군을 설치한 그 패수이다. 그런데 이 패수를 한반도 청천강으로 비정하는 것은 중국 측에서 보면 이 청천강인 패수 다음에 그들이 설정한 낙랑군인 평양이 있기 때문이다. 평양을 낙랑군으로 비정하여 놓은 것에 의한 설정이다. 만약 낙랑군이 다른 곳에 있다면 이 청천강이 패수라는 사실도 달라져야 한다.

그런데 이병도의 진·한시대의 한반도 낙랑군 평양 및 청천강 패수 비정의 가장 기본적인 치명적인 오류가 있다. 그것은 (1)이 패수 즉 한나라와 위만조선 간의 경계인 이 패수는 중국 측에서 동쪽으로 가야 하는 것인데 한반도 청천강 패수는 북에서 남으로 가야 한다. (2)분명히 사서기록상이 패수는 위와 같이 한나라와 위만조선 간의 경계이다가 이 패수를 건너 있는 왕검성을 한나라가 점령하고 이곳에 낙랑군을 설치하였고 이 설치한 낙랑군 안에 패수가 있었고 이 패수의 동쪽에

위만조선의 왕검성이 있다. 그런데 청천강이 패수라면 이곳이 낙랑군 지역이어야 하고 이 낙랑군 패수 동쪽에 왕검성이 있어야 한다. 그런데 청천강 지역을 낙랑군 지역이라고 비정하는지 여부를 떠나서라도 이 패수인 청천강 동쪽에 왕검성이 있어야 하는데 없는 대신 남쪽인 평양에 낙랑군이 있는 한편 이곳 어디에도 위만조선의 왕검성을 비정하지 않는다. 이는 한반도 비정에 문제가 있음을 스스로 드러낸다.

또한 대동강을 열수라 한 것도 앞에서 비판하였듯이 이러한 결론의 전제는 고조선 영역 안에 습수, 열수, 산수가 있다는 기록에 의거하여 이 중 열수가 고조선의 중심이라고 설정한 것이다. 또한 한반도 평양이 고조선의 중심이라는 설정하에 이 중심에 중심을 흐르는 열수가 있다고 결론을 내렸다.

하지만 ①3개의 하천 중 열수가 고조선의 중심이라는 사실도 없는 것으로써 문제이고, ②고조선의 중심지가 한반도 평양이라는 설정도 사실과 다른 것으로써 문제이므로 이 한반도 평양의 대동강이 열수라는 전제 설정도 잘못이다.

따라서 이 두 가지 설정은 문제이다. 더군다나 진·한시대 이후 남북조 및 수·당시대에는 지금의 대동강을 패수라고 하였다는 것은 본 필자가 지금까지 패수에 대한 인식과 논란에 대하여 설명하였듯이 잘못된 인식에 의한 것이 분명하다. 즉 이러한 인식을 가진 것은 중국사서상 남북조 및 수·당시대의 고구려 패수에 대하여 기록은 이들 사서의「고구려전」상에 그 수도인 고구려 평양성 남단에 패수가 있다는 기록에 의거하여 이렇게 인식한 것인데

이는 (1)이러한 중국사서「고구려전」상의 패수는 하북성 고구려를 기록하고 있지만 사실상은 산동성 고구려 평양성인 졸본성 남단의 패수를 같은 평양성인 것으로 말미암아 착각하여 기록한 것이라는 사실을 모르는 인식을 가진 것에 의한 것이라는 사실이다.

그리고 (2)식민사학 논리에 의하여 중국사서 『구당서』「동이열전 고구려전」상의 기록인 고구려 평양성이 고조선(위만조선) 왕험(검)성이라는 것에 의거 고조선(위만조선) 왕험(검)성을 한반도 평양에 우선 비정하고 여기에 위 기록에 의거하여 고구려 평양성을 여기에 비정함으로써 이 남단에 패수가 있다는 기록에 의거하여 한반도 평양의 대동강이 패수라는 결론에 도달한 것이다.

하지만 고조선(위만조선) 왕험(검)성이 한반도 평양이라는 비정은 식민사학 논리에 의하여 조작된 허구이며 따라서 고구려 평양성도 여기에 없었다는 것이 사실로써 고구려 평양성은 한반도 평양에 있었던 사실도 없다는 점에서 이러한 이병도의 설정은 허구로써 사실과 다른 오류이다. 더군다나 역사상 패수는 사서상 착각하여 기록하고 있는 바가 있지만 명백히 어느 지방에 있는 2개의 패수밖에 없다.

그중의 ①하나가 하북성의 한나라와 위만조선 간의 경계이자 낙랑군에 있었던 패수이고, ②다른 하나는 산동성 고구려 평양성인 졸본성 남단에 있었던 패수로 중국사서상 남북조 및 수·당시대의 「고구려전」 기록상에 하북성 고구려 평양성 남단에 있었던 것으로 오인 기록한 패수이다.

그러므로 위의 이병도 패수 구분을 확실히 구분하자면 진·한시대의 패수는 하북성 낙랑군에 위치한 패수이고, 남북조 및 수·당시대의 패수는 산동성 고구려 평양성인 졸본성의 패수이다. 따라서 이를 한반도 청천강이나 대동강으로 비정한 것은 위에서 비판한 여러 사항에만 의거하더라도 식민사학 논리에 맞춘 역사 조작이다. 그리고 "浿水의 名은 遼東에서부터 韓半島에 이르기까지 여러 곳에서 발견된다."는 이병도의 언급은 이러한 명백한 패수에 대하여 이후 중국사서가 살펴본 『요사』「지리지」 동경도 동경요양부상의 요하 기록과 같이 후대의 조작이 틀림없는 기록으로 이를 니하와 한우력(현우력)으로 왜곡 비정함으로써 요령성 요하 인근으로 비정하는 바와 같이 중국의 전형적인 우리 역사왜곡 방법인 동쪽으로 이동시켜 놓은 바에 의하거나 이와는 별도로 원래 위치의 것을 이병도와 같이 그 바탕이 되는 위만조선 왕검성이나 고구려 평양성을 조작하여 이동시켜 놓은 것에 의하여 위치를 이동시켜 해석하는 바에 따라 요동으로부터 한반도에 이르는 여러 곳에 발견되는 것뿐이지 원래의 패수는 위치 변동 없이 원래 그 자리에 그대로 있다.

따라서 이러한 인식은 일제 식민사학 논리에 의한 조작된 인식에 따라 발생한 왜곡 논리라는 것이 명백히 입증된다. 이러한 잘못된 논리는 모든 사항에 의해서도 밝혀지는 것으로 위의 광개토대왕 시기의 고구려의 백제 공격 시 나타난 패수에 대한 주류 강단 사학계의 비정이 위의 이병도의 비정이 잘못된 것임을 입증하여 준다. 즉 이 시기는 주류 강단 사학계의 비정대로라면 잠시 후인 장수왕 시기에 이곳으로 천도할 것이고 서울의 한성을 함락시킬 것이며 광개토대왕 시에는 강력한 고구려시대인지라 이곳 평양의 대동강이나 청천강에서 백제가 고구려와 전투를 할 수 있다는 것은 역사적 사실에 부합되지 않는다.

더군다나 이병도를 비롯한 주류 강단 사학계는 이 시기 즈음의 고구려 남평양(하평양)을 지금의 서울 강북으로 비정하고 있다. 이곳을 한참 지난 평안도 지방에서 백제가 전투를 벌일 수는 없다. 한편 비주류 강단 사학계나 재야 민족 사학계의 비정대로라 하더라도 사료 기록상으로는 이보다 앞서 동천왕 시기인 247년 이곳 평양으로 천도하였다. 그렇다면 이 사서의 기록이 가능한 곳은 한반도가 아니다. 더군다나 이보다 북쪽이거나 요령성 요하는 더욱 아니다. 이곳은 고구려가 실제로 당시 위치하였던 하북성도 아니다. 하북성에 백제가 있을 리 없다. 물론 주류 강단 사학계의 비정대로라 하더라도 말이다. 그러면 다음 기사상의,

【사료470】『삼국사기(三國史記)』 권 제24 백제본기 제2 근초고왕(近肖古王) 26년

패하에서 고구려군을 격파하다 (371년 (음))

26년(371)에 고구려가 군사를 일으켜 왔다. 왕이 듣고 군사를 패하(浿河)(註 001) 가에 매복시켜 그들이 이르기를 기다렸다가 급히 치니 고구려 군사가 패배하였다.

패하는 어디이고 어느 하천을 말하는 것인가. 위의 광개토대왕 시기보다 조금 앞선 시기인데 고구려와 백제 사이의 패하라고 불리는 강은 앞의 광개토대왕 시기의 고구려와 백제 사이의 패수인 것이 분명하다. 그런데 이 패하는 주류 강단 사학계는 또다시 상황에 맞추어,

> 註 001
> 학계에서는 흔히 패하를 예성강 특히 평산군의 저탄(猪灘) 일대로 비정하는데, 평산 일대의 예성강을 저탄 또는 패강(浿江)으로 불렀다는『고려사(高麗史)』권58 지리3 평주 및『황해도읍지』권1, 평산의 산천조에 따른 것이다. 패강은 통일신라기에 평산 일대에 패강진이 설치된 뒤 널리 알려진 명칭이다. 그런데 본서 권24 백제본기2 근초고왕 23년(368) 9월조에 백제군과 고구려군이 전투를 벌인 치양(황해도 배천)은 예성강 북안(서쪽)이므로 백제의 강역을 패하까지라고 한 기록과 어긋나는 면이 있어 단정하기 어렵다.

다른 곳으로 비정하면서도 자신이 없어 결론적으로 단정하기 어렵다고 하였다. 당연하다. 같은 곳에 있었던 같은 하천을 같이 나타나는 여러 사항의 위치를 맞지 않는 원래의 위치가 아닌 한반도로 잘못 옮겨 비정하다 보니 확실하게 여러 사항에 맞게 같은 곳으로 비정할 수 없다. 그러나 같은 곳에 위치한 같은 강이다. 원래의 위치인 한반도가 아닌 산동성과 하북성 지역에 있었기 때문이다.

【사료119】『삼국사기(三國史記)』卷第二十三 百濟本紀 第一 시조 온조왕(溫祚王) 13년 8월

마한에 도읍을 옮긴다고 알리고 강역을 정하다 (기원전 6년 08월)

〔13년(B.C.6)〕 8월에 마한(馬韓)에 사신을 보내 도읍을 옮긴다는 것[遷都]을 알리고, 마침내 강역을 구획하여 정하였다. 북쪽으로는 패하(浿河)(註002)에 이르고, 남쪽은 웅천(熊川)을 경계로 삼으며, 서쪽으로는 큰 바다에 닿고, 동쪽으로는 주양(走壤)에 이르렀다.

註 002
패하(浿河) : 패수와 동일한 것으로 간주하여 대동강으로 보는 견해, 예성강으로 보는 견해, 임진강으로 보는 견해(酒井改藏, 1970; 全榮來, 137쪽) 등이 있으나, 현재의 예성강으로 보는 것이 일반적이다. 패강으로도 기록되어 있으나, 패수와는 달리 볼 여지도 있다.
〈참고문헌〉
酒井改藏, 1970,「三國史記の地名考」,『朝鮮學報』54, 朝鮮學會
全榮來, 1985,「百濟南方境域의 變遷」,『千寬宇先生還曆紀念 韓國史學論叢』, 正音文化社

【사료249】『삼국사기(三國史記)』권 제23 백제본기 제1 시조 온조왕(溫祚王) 37년 4월

흉년이 들어 고구려로 도망간 사람이 많이 나타나다 (19년 04월(음))

〔37년(19)〕 여름 4월에 가물었는데 6월에 이르러서야 비가 왔다. 한수(漢水)의 동북쪽 부락에 흉년이 들어, 고구려로 도망해 간 자들이 1천여 호나 되니, 패수(浿水)와 대수(帶水) 사이가 텅 비어 사는 사람이 없었다.

> **【사료471】**『삼국사기(三國史記)』권 제23 백제본기 제1 시조 온조왕(溫祚王) 38년
>
> 지방을 순방하다 (20년 02월(음))
>
> 38년(20) 봄 2월에 왕이 〔지방을〕 순행하고 위무하여 동쪽으로는 주양(走壤), 북쪽으로는 패하(浿河)에 이르렀다가 50일 만에 돌아왔다.

여기서 알 수 있듯이 고구려와 백제 사이 그리고 백제에 있어서 패수와 패하는 같은 것임을 알 수 있다. 이 패하가 있는 곳은 초기 백제가 도읍한 곳이 확실하다. 이 패하에 대하여 주류 강단 사학계는 한반도 황해도 예성강으로 위의 근초고왕 시기의 것과 같이 비정하고 있다. 이는 놀라운 것이다. 초기 백제가 예성강까지 진출하였다니. 이 패하는 한반도 패하가 아니다. 한수 동북쪽에 패수와 대수가 있다고 하였다. 이 대수에 대하여 주류 강단 사학계는 주석이 없다. 없어서 아니 안 해서 없는 것인지 이와 상관없이 이 기록에 달지 않는 것인지는 모르겠지만 해당 기록상에는 해설이나 주석이 없다.

물론 다른 기록상에는 대수를 임진강으로 비정하고 있다. 나중에 입증하겠지만 여기서 대수는 고구려 시조 추모왕이 부여를 탈출하여 건넌 중국사서들 기록상의 대수이자,『삼국사기』「고구려전」 기록상의 엄사수(개사수)이자, 광개토대왕 비문상의 엄리대수인 강이다.

> **【사료368】**『삼국사기(三國史記)』권 제13 고구려본기 제1 시조 동명성왕(東明聖王)
>
> 동명성왕이 고구려를 건국하다 (기원전 0037년(음))
>
> ~ 주몽이 이에 오이(烏伊)·마리(摩離)·협보(陝父) 등 세 사람과 친구가

되어 가다가 엄사수(淹㴲水)(註 034)(일명 개사수(蓋斯水)라고도 하는데 지금의 압록 강 동북쪽에 있다.)에 이르러 건너려고 하는데 다리가 없었다. ~

註 034

엄사수(淹㴲水) : ~ 종래 주몽이 건넌 엄사수에 대하여 쑹화강[松花江](이병도, 329쪽), 훈허[渾河]강(白鳥庫吉, 1970), 랴오허[遼河]강(리지린·강인숙, 1976) 등에 비정하기도 하였으나 주몽이 실재한 강을 건넜다면 부여 시조 동명이 건넌 강과 같을 수 없다. 고구려와 부여의 지리적 위치가 다르기 때문이다. 따라서 이는 실존한 특정 하천을 말하는 것이라기보다(神崎勝, 271~272쪽), 부여와 고구려 지배 집단이 동형(同型)의 건국신화를 지니고 있던 데 기인한 현상이다. 이러한 관점에서 보자면 굳이 특정 하천으로 볼 필요는 없다. 고구려에서 부여와 경계를 이루는 지점에 위치한 하천을 건국신화에서 말한 엄사수·엄체수 혹은 엄리대수로 여겼다는 정도로 이해하면 좋을 것이다.

참고로 그 의미를 '엄니' 혹은 '엄내'로 보아 '대수(大水)'와 통한다는 설(이병도, 329쪽)도 있으나, 그렇게 상정할 경우 엄리대수는 같은 표현이 중복되므로 따르기 주저된다. 아울러 본문에서는 주(註)를 통하여 '개사수(蓋斯水)'라는 다른 이름을 전하고 있는데, '개(蓋)'와 엄사수의 '엄(掩)'이 의미상 서로 통하는데 기인한 결과로 여겨진다.

〈참고문헌〉
白鳥庫吉, 1970, 「朝鮮古代地名考」, 『白鳥庫吉全集 3』, 吉川弘文館
리지린·강인숙, 1976, 『고구려 역사』, 사회과학출판사
神崎勝, 1995, 「夫餘·高句麗の建國傳承と百濟王家の始祖傳承」, 『日本古代の傳承と東アジア』, 吉川弘文館
이병도, 1996, 『삼국사기 상』, 을유문화사

이 강은 다시 고구려에서 내려와 백제를 건국할 때 건넌 강으로 『삼국사기』「백제본기」 이설상의 '비류 선조설'상의 건국지인 미추홀로 가기 위해 건넌 강으로 기록된 패수와 대수상의 패수로써,

【사료285】『삼국사기(三國史記)』권 제23 백제본기 제1시조 온조왕(溫祚王) 원년

백제가 건국되고 온조왕이 즉위하다 (기원전 18년)

~ 마침내 그의 동생과 함께 무리를 거느리고 패수(浿水)(註 032)와 대수(帶水)(註 033)를 건너 미추홀에 와서 살았다. ~

註 032
패수(浿水) : 패하(浿河)·패강(浿江)이라고도 하는데, 그 위치는 시대에 따라 차이가 있다. 고조선 시기의 패수에 대해서는 ①청천강(淸川江)으로 보는 견해(李丙燾, 1976), ②압록강(鴨綠江)으로 보는 견해(丁若鏞,「浿水考」,『我邦疆域考』), ③요서 지방의 다링허[大凌河]로 보는 견해(리지린, 1963) 등이 있다. 한편 삼국시대의 패수도 여러 기록에 등장하는데, 본서 권23 백제본기1 온조왕 13년(B.C.6)조의 영역 획정 기사에 나오는 '북지패하(北至浿河)'와 온조왕 38년(20)에 왕이 순무했던 북쪽의 경계로 나오는 패하에 대해서도 대동강설, 재령강설, 예성강설이 있지만 대체로 예성강설이 받아들여진다(임기환, 38쪽).

〈참고문헌〉
리지린, 1963,『고조선연구』, 과학원출판사
李丙燾, 1976,「眞番郡考」,『韓國古代史研究』, 博英社
임기환, 2014,「백제의 동북방면 진출 -문헌적 측면」,『근초고왕 때 백제 영토는 어디까지였나』, 한성백제박물관

註 033
대수(帶水) : 임진강으로 추정된다. 온조 집단이 고구려를 떠나 서해안 항로를 타고 남하했거나, 평안도 지역을 관통하여 (패수와 대수를 건너) 한강 유역에 정착한 것으로 보는 것이 일반적이다(李丙燾, 1976,『韓國古代史研究』, 博英社, 470~471쪽).

사서기록상의 실제로 졸본성 남쪽에 있던 강으로 사서기록상에는 중국사서상 남북조 및 수·당시대 이들 사서의 「고구려전」상에 그 수

도인 고구려 평양성 남단에 패수가 있다는 기록에 의거하여 고구려 도읍 평양성의 남쪽에 있다고 기록된 패수이자, 백제의 초기 강역상의 북쪽 경계인 패하이자, 근초고왕이 고구려 군사를 물리친 패하이자 나중에 신라의 북쪽 경계인 패강이다.

> 다른 하나의 패수인 고구려 평양성 남단의 패수인 고구려 초기 도읍지 졸본성의 패수가 백제의 패하이자 패수이고 신라의 패강이다.

이 패하이자 패수이자 패강 바로 위에 고구려 추모왕이 부여를 탈출하여 고구려를 건국하기 위해 건넌 『삼국사기』상의 엄사수, 광개토대왕 비문상의 엄리대수, 중국사서들의 대수가 있다. 이와 같이 추모왕의 엄사수(개사슈)는 엄리대수, 대수인데, 위의 註 034 주석에 의한 주류 강단 사학계의 설명대로 종래에는 이병도의 주장대로 『삼국사기』상의 기록대로 당시 압록강의 동북쪽에 있는 송화강으로 비정하였던 것을 현재에는 제대로 비정을 하지 못한다. 왜냐하면 이미 언급하였지만 추모왕의 부모가 만난 압록강을 현재의 압록강으로 비정하기 때문에 이 부여보다 위에 있는 강으로 그 아들 추모왕이 이 부여를 탈출하기 위하여 건넌 강을 그보다 북쪽으로 비정할 수 없기 때문이고, 그 강은 이미 부여의 시조 동명왕이 건넌 강이기 때문에 동일하므로 같은 강으로 비정할 수 없다. 그래서 난감해졌다. 그런데 더욱 난감해진다. 이 추모왕이 건넌 강을 그의 아들들(친자이든 아니든)인 비류와 온조가 이번에는 고구려를 탈출하기 위하여 또 건너기 때문이다.

그런데 이 비류와 온조가 건넌 강은 주류 강단 사학계의 논리 때문에 어쩔 수 없이 이 대수를 임진강으로 비정하였다. 백제가 서울 한성 지역에서 건국한 것으로 해놓았기 때문이다. 그리고 이 대수 위에 비정한 패수의 예성강 위에는 대방군이 있어야 하기 때문이다. 그런데 이것도 문제이다. 바로 비정할 수밖에 없었던 이유인 고구려와 백제 사이에는 낙랑군과 대방군이 있기 때문이다. 낙랑군과 대방군을 뚫고 여기까지 남하하였다고 하기에는 무리가 따른다. 그래도 염치 불구하고 무리해도 어쩔 수 없이 이병도의 무리한 주장 즉 서해안을 통해 왔다든지 관통하여 왔다든지 하여 그의 주장대로 이곳에 비정하였다. 그러다 보니 이전의 추모왕의 엄사수, 엄리대수, 대수의 비정에 문제가 생겨 부득이 이병도의 송화강설을 부정하게 되었다. 왜냐하면 백제의 대수뿐만 아니라 본 필자가 지적한 압록강과의 위치 문제가 걸리기 때문이다. 더군다나 설명에 있듯이 부여 동명 설화와 겹치는 강이기 때문이기도 하다. 이러한 여러 문제가 걸리니 그들의 대부 격인 이병도가 비정한 송화강을 은근히 부정하게 되었다.

그런데 그래도 여전히 백제 건국 기원상의 대수의 임진강 비정은 무리가 뒤따른다. 중간에 낙랑군과 대방군이 있는 데다가 너무 멀리 떨어져 있다. 고구려의 졸본 땅과 백제의 서울 한성 땅이. 그래도 우겨야 한다. 이것이 주류 강단 사학계의 역사학이다. 모든 것을 한반도에 비정하기 때문에 생기는 무리이다. 뭐든지 무리가 안 되는 것이 없다. 더군다나 역사상 패수에 대하여 주류 강단 사학계는 앞에서 살펴보았듯이 남쪽의 한반도 평양의 낙랑군 및 열수 비정으로 말미암아 이전에 있는 청천강을 패수로 비정하였었는데 이제 백제와 관련한 패수는 다시 예성강으로 비정하고 있다. 이는 백제와 대수의 임진강 비정 관계에 따른다. 또 같은 것을 달리 비정한다. 도저히 같은 곳으로 비정할 수가 없다. 고구려, 백제, 신라의 역사에 있어서 한반도 비정은 많은 무리가 뒤따른다. 잘못된 것이다. 무리가 안 따르고 순리적이고 제대로 맞는 곳이 바로 원래의 위치이다. 그곳은 한반도가 아니다.

고구려 추모왕의 엄사수(개수), 엄리대수, 대수는 백제 비류와 온조가

『삼국사기』「백제본기」 '이설1'상의 백제 건국설상에 건넜다는 대수와 같은 강이다. 이 강은 졸본성으로 비정되는 현재 산동성 덕주시 평원현 북쪽을 흐르는 강으로 비류와 온조가 향한 미추홀 지방 즉 현재 이곳으로 비정되는 산동성 요성시에 가자면 좌측으로 건너야 한다. 이곳이라야만 모든 기록이 맞는다. 그런데 온조왕 37년 가뭄으로 황폐해진 지역으로 기록된 이 패수와 대수에 대하여는 주류 강단 사학계는 설명이 없다. 그들의 비정대로라면 설명할 수가 없다. 왜냐하면 백제의 도읍지로 그들이 비정한 서울 한성과 그들이 비정한 대수인 임진강과 패수인 예성강과는 너무 멀다. 초기 백제가 여기까지 영역으로 하고 있다 하기에는 그들의 그동안의 논리에 비하여 맞지 않는다. 모든 것이 안 맞는다. 주류 강단 사학계는 모든 것이 서로 맞지 않는다. 원래의 위치에서 엉뚱한 곳으로 옮겼기 때문이다. 이 대수 즉 엄리대수가 있는 곳 그리고 같이 있었던 패수가 있는 곳은 한반도가 아니라 산동성이다. 대수는 고구려 추모왕이 건너서 졸본성에 도읍한 엄사수(개사수). 엄리대수, 대수로 졸본성이 있는 곳인 지금의 하북성 덕주시 평원현 북쪽을 지나고 있는 마협하(Majia River, 马颊河)이며, 패수는 이 졸본성의 남쪽을 흐르는 지금의 도해하(Tuhai River, 徒駭河)이다.

> 역사 기록상 대수, 패수, 한수인 지금의 마협하, 도해하, 황하가 산동성에서 서쪽에서 동쪽으로 백제, 고구려, 신라를 거쳐 나란히 흐르고 있다. 이러한 위치와 흐름이라야 우리 고대사 여러 기록이 맞아떨어진다.

이 두 강이 사서기록상과 같이 한수인 황하 동북쪽에 각각 있다. 이것이 사료상의 기록과 부합된다. 그러나 이 두 강의 위치가 비류와 온조가 건널 당시에는 패수와 대수로 되어 있어 패수를 먼저 건넜기 때문에 패수가 대수 북쪽에 있어야 하기 때문에 이 비정이 틀리다고 할 수 있으나 이는 다시 온조왕 37년 기록에 의하면 백제 입장에서의 패수와 대수로 기록된 바에 따르면 반대로 패수가 대수의 남쪽이 맞는다. 그리고 이 졸본성의 위치에 대하여는 나중에 고구려 천도와 관련하여 자세히 입증하여 설명한다. 이 패수는 동쪽의 백제 초기 도읍지인 사료상의 한성, 한산성, 북한산성 위를 흐르는 백제의 패하이자 패수로써 동쪽으로 흘러서 고구려 졸본성 즉 사료상의 고구려 평양성 남쪽을 접하면서 동쪽으로 흘러서 신라의 북쪽을 흘러 사서기록상의 신라의 패강이 되어 흐른다. 이 하천이 바로 백제의 패하이자 패수이고 고구려의 패수이고 신라의 패강이다. 사서기록상의 신라의 패강은,

【사료250】『삼국사기(三國史記)』卷第八 新羅本紀 第八 성덕왕(聖德王) 三十四年

당 현종이 패강 이남의 땅을 주다 (735년 (음))

김의충(金義忠)이 돌아가는 편에 패강(浿江) 이남의 땅을 주었다.

주류 강단 사학계의 비정에 의하면 소위 통일신라 당시에 당나라가 신라에 패강 이남 땅 즉 대동강 이남을 허락하여 비로소 소위 통일신라의 영역이 대동강 이남으로 확정되었다는 식민 사학자들이 완성하고 주류 강단 사학계가 그대로 계승하여 우리 고대 국가 소위 통일신라의 북쪽 영역이 정해지는 실로 대단한 사건의 그 패강이다. 이러한 식민 사학자들이 완성하고 주류 강단 사학계가 그대로 계승한 사건은 조작으로 마찬가지로 이에 의하여 설정된 소위 통일신라의 영역 또한 조작이다. 소위 대동강 위에는 주류 강단 사학계의 비정대로라 하더라도 당나라의 범위에서 벗어난 채 발해 내지는 다른 세력

353

즉 거란 세력이 자리 잡고 있었다. 그런데 주류 강단 사학계의 비정대로라면 요하 서쪽으로 물러난 채 여기서 멀어진 당나라가 발해 내지는 거란에게 빼앗아 대동강 이남의 땅을 허락해 주고 말고가 없다. 이는 분명한 아무런 근거 없고 역사 상식에도 어긋난 조작이다. 그런데도 이것을 우리 국민에게 가르치고 있다. 나중에 입증하여 설명하겠지만 당시 소위 통일신라는 두 군데에서 발해와 국경을 마주하고 있었다. 한 군데는 하북성 지역에서 남북으로, 요령성 지역에서 요하를 경계로 동서로 마주하고 있었다. 좌우지간 이 패강은 앞에서 살펴본 기록상의 패수와 패하와 같다. 이 패강 이하는 원래의 산동성 신라의 땅이므로 신라가 나당연합군에 의하여 고구려와 백제를 멸하고 차지한 하북성 지역은 물론이거니와 남쪽의 원래 실질적으로 확보하고 있는 신라의 땅도 아울러 나당전쟁 후에 신라에 허락해 준다는 명목상의 외교치레에 불과한 것이다.

이것을 한반도로 끌어들이고 이 패강을 패수와 같이 해석하여 대동강으로 연결시켜 소위 통일신라의 영역을 조작하였다. 이의 식민사학자들에게 한몫을 한 것이 바로 패수와 패강을 잘못 인식하여 기록한 【사료52】『삼국사기(三國史記)』「잡지 지리」'고구려' '평양성과 장안성'의 패수 및 패강 기록이다. 물론 여기서의 패수와 패강을 같이 본 『삼국사기』의 인식은 맞으면서도 틀린 것이다. 이에 대하여는 앞에서 자세히 입증하여 설명하였다. 백제의 패하이자 패수이자 고구려의 패수이자 신라의 패강은,

---

【사료356】『삼국사기(三國史記)』 권 제9 신라본기 제9 선덕왕(宣德王) 三年 春二月

백성들을 패강진으로 옮기다 (782년 02월(음))

> 2월에 왕이 한산주를 두루 돌며 살펴보고 백성들을 패강진(浿江鎭)
> 으로 옮겼다.
>
> 【사료254】『삼국사기(三國史記)』권 제10 신라본기 제10 헌덕왕(憲德王) 十
> 八年秋七月
>
> 백영에게 패강장성을 축성케 하다 (826년 07월(음))
>
> 18년(826년) 가을 7월에 우잠(牛岑) 태수 백영(白永)에게 명하여, 한산
> (漢山) 북쪽 여러 주군(州郡)의 인민 1만 명을 징발하여 패강장성(浿江
> 長城) 3백 리를 축성케 하였다.

 계속 소위 통일신라시대에도 신라의 영역이 되어 관리가 되어온 것이다. 즉 예전의 백제 지역까지 나당연합군에 의한 고구려와 백제의 멸망 후 백제의 땅인 한성 지역이자 한산 지역을 획득하여 자기 영역으로 관리하고 있었다. 이곳은 소위 통일신라 시기에 김헌창의 반란이 일어나는가 하면 이후 말기에는 궁예와 왕건이 활동한 지역으로 나중에는 일제 식민 사학자가 조작한 소위 통일신라 및 고려의 영역과는 달리 이곳 산동성 지역과 하북성 지역을 소위 통일신라와 고려가 계승하게 된다. 이것이 패강 기록에 의하여 밝혀지는 단서가 된다. 이에 대하여는 '[궁예의 활동 지역에 대하여]'를 비롯하여 여러 사항에서 설명하였다. 그리고 위의 두 기록에 대하여도 앞에서 설명하였듯이 백제의 한산(주)과 신라의 패강진(장성)이 이웃에 있으므로 가능한 기록이 있는 것은 백제의 한산(주) 위에 있는 패수 내지는 패하가 신라의 패강이 되는 즉 같은 강이라는 것을 의미하고 이는 백제와 신라가 동서로 이웃에 있는 것을 의미한다.
 이곳은 한반도가 아니다. 더군다나 이 하천이 고구려의 옛 도읍인 졸본성 남쪽을 흐르는 곳 그리고 이 졸본성 위에 도읍하기 위해 추모

왕이 건넌 하천이 있어 두 하천이 나란히 있어 사서기록상 이 두 하천인 대수와 패수 사이 기록이 있는 곳은 한반도가 아니라 산동성이다. 더군다나 이곳에 있는 백제의 동쪽이자 신라의 서쪽에 낙랑국이 있고 이 신라의 남쪽에 왜 세력이 육지로 접해 있는 이곳은 한반도일 수가 절대 없다. 그리고 이와 같은 소위 삼국과 관련하여 본 필자가 확인한 결과 한반도에서는 한군데에 올바른 위치를 비정할 수 없는 독산(성), 구천(구원), 아차(단)성, 남옥저 및 죽령, 임유관(궁), 마수산(책), 하슬라, 니하 및 우산성을 비롯한 수많은 위치 비정상에 의하여 소위 삼국의 위치는 위의 패수이자 패하이자 패강인 하천의 위치 비정대로 한반도가 아닌 산동성임이 입증된다.

이는 또한 앞에서 언급한 대로 패수와 패강을 같이 본 『삼국사기』의 인식에 대한 설명과 두 가지 패수 중 하나로써 지금까지 설명한 평양성 남쪽 즉 옛 평양성인 졸본성 남쪽에 접한 그 패수에 대하여 이미 설명한 바에 의하여 이 논리의 정당성이 부여된다. 이에 대하여 다시 한 번 언급하면 『삼국사기』가 요령성 요양으로 비정한 고구려 평양성의 남단을 흐르는 패수를 대동강으로 비정하면서 그 근거로 삼은 수양제의 고구려 동방 정벌 조서상의 사건에서 있어서의 패강인 패수는,

【사료286】 『삼국사기(三國史記)』 권 제20 고구려본기 제8 영양왕(嬰陽王) 二十三年夏六月

수의 장군 내호아의 수군이 평양성 공격에 실패하다 (612년 06월(음))

좌익위대장군(左翊衛大將軍) 내호아(來護兒)가 강회(江淮)의 수군을 거느리고 배의 뒷부분과 앞부분이 수백 리(里)에 이르게 바다에 떠올라 앞으로 나아가, 패수(浿水)로 들어와 평양에서 60리 떨어진 곳에서 아군과 서로 만났는데 나아가 공격하여 이를 대파하였다. ~

수나라의 고구려 침략 시 사건 기록에 나온다. 수당전쟁 기록에서 패수에 대한 언급은 이번 한 번뿐이다. 이것도 본 필자의 패수에 대한 논리가 맞는 것을 입증한다. 즉 수당전쟁 시 하북성 고구려 도읍인 평양성 남쪽에 패수가 당시에 실제 존재하지 않았고 이는 이전의 고구려 도읍이었던 옛 평양성 졸본에 패수가 있었던 것을 중국사서 기록들이 착오로 기재한 것이라는 논리 말이다. 만약 수당전쟁 시 고구려 평양성 남쪽에 패수가 실제로 있었다면 이 한 번의 기록으로 족하지 아니하였을 것인데 한번만 기록되어 있고 그것도 남쪽이라는 기록도 없다. 그리고 살수만 평양성 서쪽 30리에 있는 것으로 나온다. 바로 이 살수는 살수대첩이 일어난 하북성 고구려 평양성에 실제 있었던 하천이다. 그리고 이 패수는 하북성 고구려 평양성에 있었던 하천이 아니다. 하북성 고구려 평양성에는 살수만 있었고 패수는 없었다.

이 패수는 산동성 고구려 옛 평양성인 졸본성 남쪽에 있는 패수로써 이 기록은 이 산동성 고구려 평양성을 공격한 기록이다. 주류 강단 사학계를 비롯한 비주류 강단 사학계나 재야 민족 사학계도 이를 그 위치는 달리 비정할지라도 고구려 평양성에 대한 공격으로 해석하고 있다. 물론 주류 강단 사학계의 해석 내지는 이에 의한 잘못된 인식에 의하여 그동안 이를 수나라가 발해를 건너서 내지는 발해 연안을 통하여 요령성 요양 내지는 한반도 평양을 패수인 대동강을 통하여 공격한 것으로 해석되어 왔다. 하지만 당시 수나라의 고구려 공격 및 당나라의 고구려 공격은 그 공격 루트상 위치가 요령성 요하나 한반도가 아니고 하북성임이 입증되었음은 물론 수군 및 육군의 합동 공격 양상과 특히 수군 공격 양상 등이 절대 요령성이나 한반도가 아님이 명백하다.

그러나 이를 떠나서라도 위의 패수 기록과 이의 공격 기록으로 보아도 이곳은 요령성이나 한반도가 아님은 분명한 사실이거니와 본 필자가 설명한 하북성 평양성 공격도 아니다. 즉 이 공격은 이후에 이루어진 수나라의 대대적인 부여도, 낙랑도, 요동도, 옥저도, 현토도, 양평도, 갈석도, 수성도, 증지도를 거쳐 압록수 서쪽에 모여 고구려를 공격한 후 살수대첩이 일어나기 전에 별도로 사전에 이루어진 수군 공격이다. 이에 대하여 그동안 주류 강단 사학계에 의한 통설에 의하여 한반도 고구려 수도 평양에 대한 후에 이루어진 육군의 공격에 맞추지 못하고 섣불리 수군이 평양을 공격하였다가 패한 공격으로 해석되어 왔다. 이에 대하여 비주류 강단 사학계와 재야 민족 사학계는 평양의 위치가 한반도가 아니고 요령성 요양에 대한 바다(발해만)와 당시 압록수로 비정하는 요하를 통한 공격으로 해석되어 왔다. 그러나 이는 역사 인식 부족에 의한 해석으로 오류이다.

본 필자의 비정에 의하면 당시 고구려 수도 평양성은 당연히 하북성 평양성이고 이후에 위와 같은 여러 경로를 통하여 이루어진 육로를 통한 공격 이후 이루어진 살수 대첩이 이 하북성 고구려 평양성에서 이루어졌던 것이고, 이 이전에 사전에 이루어진 이 내호하의 수군 공격은 산동성 고구려 평양성인 졸본성에 대한 공격이다. 이는 당시 바다로 흔히 기록된 하북성의 압록수이자 마자수이자 청하인 호타하를 통한 하북성 고구려 평양성 공격과 마찬가지로 바다로 기록된 황하와 이 황하와 연결된 수로 및 산동성 남사호(南四湖)(남양호/독산호/소양호/미산호)를 통하여 이루어진 산동성 고구려 평양성인 졸본성에 대한 공격을 하북성 고구려 평양성 공격전에 사전 공격으로 이루어졌다.

더군다나 당시 하북성 고구려 수도 평양에는 패수가 없었다. 따라서 이 공격은 이후에 이루어진 하북성에 대한 대대적인 공격전에 이루어진 산동성 옛 평양성인 졸본성에 대한 공격이다. 이 패수가 그것을 입증한다. 물론『삼국사기』는 원전상의 패수를 패강으로 바꾸어 기록하였다. 이는 실수나 오류가 아니라 이 패수가 바로 패강인 것을 의미하거나 같이 인식하여 기록한 것으로 제대로 기록한 것이다. 그러나 이미 앞에서 확인한 바와 같이 이병도도 이 사항을 알고 있었듯이 중국사서상 남북조 및 수·당시대의 이들 사서의 「고구려전」상에 그 수도인 고구려 평양성 남단에 패수가 있다는 기록은 이 패수가 바로 중국사서가 하북성 고구려 평양성 남쪽에 있는 것으로 착각하여 기록한 졸본성 남단에 있는 원래의 그 패수이다.

이 패수가 백제의 북쪽이자 고구려 남쪽 그리고 신라의 북쪽을 같이 흐르는 패수인 산동성 덕주시 평원현 남부의 도해하(Tuhai River, 徒駭河)이다. 이는 또한 『삼국사기』상 소위 삼국에 있어서 백제의 패수 혹은 패하로 기록되고 고구려의 패수이자 신라의 패강으로 기록된 강이다. 수나라를 하북성 고구려 수도 평양성을 대대적으로 공격하기 전에 사전 작업으로 나중에 백제 멸망 시 당나라가 백제를 바다로 표현한 황하와 수로 그리고 동평호 및 남사호(南四湖)(남양호/독산호/소양호/미산호)를 통하여 백제의 사비성을 공격한 것과 마찬가지로 이웃에 있었던 고구려 옛 수도인 졸본성으로써 많은 사서가 평양성으로 기록한 이곳을 공격한 것이다.

위의 이 내호하의 수군 공격 기록에서 바다에서 수백 리에 이르는 선단으로 패수로 들어와 평양에서 60리 떨어진 곳에서 아군과 만나 공격하였다고 하였다. 당시 고구려 하북성 평양성 공격은 이 이후에 본격적으로 시작된 것으로 이 당시에는 수군 공격 이외에는 시작이 되지 않았는데 합류한 아군 즉 육군이 있다는 것은 하북성 평양성 공격이 아니라는 사실을 나타낸다. 하북성 고구려 평양성에 대한 육군의 공격은 이 내호하의 공격 이후에 이루어졌다.

> 수나라의 살수대첩 이전에 이루어진 패수 수군 공격은 한반도 요령성 공격도 아니고 하북성 평양성에 대한 공격도 아니고 패수가 있는 산동성 졸본성에 대한 공격이다.

당시 하북성 평양성 공격은 기록대로 당시 압록수인 지금의 호타하에 집결하여 여러 갈래로 공격한 이후에 이루어졌다. 이전에 이루어진 이 내호아의 수군 공격과 같이 이루어진 육군 공격은 하북성 평양 공격이 아니라는 것을 입증한다. 이는 이 평양성 즉 산동성 평양성인 졸본성이라는 사실은 이 평양성이 【사료25】『통전(通典)』「변방」'동이 하 고구려' 사서기록상에 마자수이자 압록수 동남쪽에 있다는 기록(기록상에는 평양성 서북쪽 450리에 평양성이 있다고 기록됨)에 의하여도 입증되는데, 하북성 평양성은 이 기록과는 완전 정반대로 마자수이자 압록수의 서북쪽에 있다.

또한 당시 하북성 평양성 인근에 있었고 살수대첩이 일어난 하천인 살수는 기록대로 평양에서 서쪽으로 30리 떨어진 곳이다. 한편 이곳 60리 즉 방향 기록이 없는 이 60리는 바로 남쪽인 패수를 말한다.

이는 이것이 하북성의 살수가 아니라 산동성 졸본성의 패수라는 것을 말해 준다. 따라서 본 필자의 분류대로 이 패수가 패수의 올바른 구분과 위치를 알려주고 있다. 이는 수나라와 당나라의 고구려 공격 시 하북성 평양성에 대한 공격에 있어서는 패수 기록이 위의 산동성 고구려 평양성인 졸본성 공격 기록 외에는 없고 살수만 있는 것에 의해서도 입증된다. 그리고 이 산동성 고구려 평양성 졸본성 패수 공격 기록은 수나라의 고구려 공격의 올바른 위치와 전쟁 양상을 알려주는 지표가 되는 것이다. 이 살수에 대하여는 앞에서 [살수에 대하여]와 같이 자세히 살펴보았다.

지금까지 본래 고조선의 위치와 관련하여 요수, 연 5군, 연진장성, 갈석산, 패수 그리고 살수에 대하여 살펴보았다. 과연 본래 고조선이 위치하였던 곳의 요수, 연 5군, 연진장성, 갈석산, 패수 그리고 살수는 한반도로 비정될 수 없다. 더군다나 이보다 앞에서 살펴본 앞선 시기의 중국 사료로써 본 필자가 이 글에서 비판하는 논문과 이 글에서 비판하는 '젊은 역사학자 모임' 일원들이 자기 논리에 꿰맞추어 자의적으로 해석하여 왜곡한 『관자』, 『산해경』, 『회남자』, 『염철론』 등을 살펴보면 도저히 한반도로 비정될 수 없다. 그렇다면 이렇게 반론할 것이다. 당초는 그랬다 하더라도 진개의 침략에 따라 고조선이 이동하여 한반도로 들어왔다고. 하지만 본 글에서 살펴보았듯이 진개의 침략과 물러난 거리 모두 신빙성이 없는 기록으로 허구로 파악될 수 있고 설사 사실일지라도 그 이후 진나라는 연장성 자리에 진장성을 쌓았으나 이내 상실한 채 '요동외요'로 방치하였고, 후의 한나라는 이전에 연나라가 고조선 영역을 차지한 후 남쪽으로 이동한 후 쌓았던 연장성으로 나중에 진나라가 장성을 설치한 '요동고새'를 수리한 채 패수를 경계로 고조선과 대치하였다.

따라서 결국 한나라 시기에는 원래의 연나라 영역으로 되돌려졌다. 여기에서 위만이 패수를 건너 망명하여 위만조선을 세우고 이전에 연나라가 고조선 영역을 차지한 후 남쪽으로 이동한 후 쌓았던 연장성으로 나중에 진나라가 장성을 설치한 '요동고새'까지 영역으로 삼다가 조한전쟁에서 패하여 한나라는 이곳에 낙랑군을 세웠다. 그러므로 낙랑군은 이곳에 있는 것으로 이곳을 벗어날 수 없다. 그런데도 이러한 낙랑군을 움직일 수 있고 전파될 수 있는 유물, 유적 그것도 일제 사학자들과 총독부에서 조작한 것을 근거로 하고 춘추필법에 의하여 왜곡된 중국 사료와 소중화 사상으로 왜곡된 고려 및 조선시대 사료 그리고 일제에 의하여 한반도로 확립된 명백한 식민사학관에 의하여 원래 고조선의 위치를 부정하는 것으로 이는 학자로서는 있을 수 없다.

> 고조선의 원래 위치는 산서성에 있었던 연나라와의 경계로부터
> 그 동쪽 하북성 보정시를 중심으로 있었다.

　고조선의 위치는 【사료7】『산해경』「제18 해내경」상의 "동해의 안, 북해의 구석에, 조선 천독이라는 나라가 있다."가 명확한 한 구절이다. 중국 동해의 안쪽인 중국 대륙이면서 북해의 구석인 지금의 하북성 보정시 지방이 바로 그곳이다. 그리고 진개의 침입으로 물러난 곳이 그 이웃인 지금의 하북성 보정시 서수구 수성진 인근인 곳으로 이곳【사료22】『한서』「지리지」1. 유주를 비롯한 모든 당시 중국사서가 기록한 유주, 평주 지역이다. 원래 산동성 졸본 지방에서 건국한 고구려는 이후 북상하면서 계속 성장하여 이곳 평주는 물론 원래 고조선의 영역을 모두 차지한 후 도읍하여 수당전쟁을 치러 막대한 승리를 쟁취하고 있다가 【사료28】『원사』「지리지」 요양등처행중서성 동녕로상의 기록과 같이 나당연합군과의 전쟁 당시에 요령성 요양으로 옮기었다가 멸망하고 원래의 모든 영역은 그대로 신라 및 발해에 자리를 물려주는 것이 진실 된 우리 고대 역사이다. 수나라와 당나라는 막대한 희생을 치렀으나 결국 고구려 땅을 차지하지 못하고 이후 신라 및 제2의 고려인 발해 그리고 제3의 고려인 고려국에 넘겨주었다.
　그러면 지금부터는 다시 본 필자가 이 글에서 비판하는 논문 논리에 대하여 계속 비판을 이어가도록 한다. 이 논문이 인용하여 주장한 『사기』「조선열전」에 이어 다음은 『위략』이다.

5) 『위략』 사료 이용과 해석을 비판한다

이 논문은 중국사서 『위략』16)을 인용하면서 세 가지 주요 사실을 설명하였다.

> 옛날 기자의 후 조선후가 주가 쇠퇴한 것을 보고 연이 스스로 높여 왕이라 칭하고 동쪽 땅을 공략하고자 하자 조선후 역시 스스로 왕이라 칭하고 병사를 일으켜 연을 공격하여 주 왕실을 높이고자 하다. 그 대부인 예가 간하자 이내 그치었다. 예로 하여금 연을 달래게 하자 연도 이내 그치고 공격하지 아니하다. 후에 자손들이 교만해지자 연이 이내 장수 진개를 보내 고조선 서방을 공격하여 그 땅 2천여 리를 취하고 만번한을 경계로 삼자 조선이 마침내 약해졌다."17)

16) 『魏略』은 전체 50권으로 현재 完本이 없어 그 전체적 정확성은 검토할 수 없다. 또 비교적 정확한 사실을 기록한 『史記』의 찬자도 전혀 몰랐던 조선 서쪽 2천 리 점령 사실이 『魏略』에 기록되었다는 것은 그 후 어떤 새로운 자료가 발견되었을 것으로 믿어지나 그 자료의 정확성과 이에 대한 저자 魚豢의 취사 태도는 전혀 알 수 없는 문제이다.

17) 『三國志』 권30 烏桓鮮卑東夷傳 제30 韓條 所引 『魏略』 "昔箕子之後 朝鮮侯 見周衰 燕自尊爲王 欲東略地 朝鮮侯亦自稱爲王 欲興兵逆擊燕以尊周室 其大夫禮諫之 乃止 使禮而說燕 燕止之不功 後子孫稍驕虐 燕乃見將秦開功其西方 取地二千餘里 至滿番汗爲界 朝鮮遂弱 及秦幷天下 使蒙恬築長城到遼東 (중략) 天下亂 燕齊趙民愁苦 稍稍 亡王準 準乃置之於西方 及漢以盧綰爲燕王 朝鮮與燕界於浿水 及綰反入匈奴 燕人衛 滿亡命 爲胡服 東渡浿水 詣準降 說準求居西界 故中國亡命 爲朝鮮藩屛 準信寵之 拜 以博士 賜以圭 封之百里 令守西邊"

> 1) 고조선은 기원전 320년 전후해서 왕을 칭한 것으로 보인다.
> 2) 진개가 조선 서방을 공격하여 2천여 리를 물러 나가게 했다는 것은 본인이 판단한 바대로 요서 지방에 동호가 있었으면 『사기』「소진열전」상의 기록과 같이 연나라의 동쪽에 조선, 요동이 있었고, 그 서쪽의 연나라가 2천여 리의 국가였으면 그 조선 서방 위치 즉 고조선 중심지인 평양으로부터 2천여 리 서쪽 지역과 동호가 겹치므로 이에 대한 새로운 차원의 접근이 필요하다는 것. 그리고 여기서의 수치인 2천여 리는 실제 거리가 아니라 매우 넓은 지역을 가리키는 것이다.

이에 대하여 비판하고자 한다.

먼저, 1)고조선이 기원전 320년 전후해서 왕을 칭한 것으로 보인다는 것을 본 필자가 이 글에서 비판하는 논문은 명실상부한 고대 국가 단계로 성장했음을 의미한다고 하였다. 고조선이 실제로 이 시기에 왕을 칭하였음은 중요하지 않다. 왜냐하면 그것과 고조선이 고대 국가 단계로 성장한 것과는 전혀 관계가 없는 것임은 고대사를 잘 알지 못하는 사람도 알 수 있는 진실이다. 중국식 왕을 칭하지 않았다고 명실상부한 고대 국가 단계로 성장하지 않은 것으로 보아야 한다는 것인가. 이는 중국 사대주의적 사고방식이다. 고대 국가로 충분히 명실상부하게 성장한 후 중국 문물을 받아들이거나 아니면 중국과의 외교상 왕을 칭할 수도 충분히 있다. 신라의 경우 칭왕을 한 것은 고대 국가가 충분히 성립하고 난 후인 지증왕 시절이다. 그것도 고조선의 칭왕 후 823년이 지난 기원후 503년이다. 그러면 신라는 이전에는 고대 국가가 아니거나 명실상부하게 고대 국가로 성장하지 않았다는 것인가. 중국식 왕을 칭하지 않으면 고대 국가가 아니라는 이야기인가 아니면 명실상부하지 않게 부족한 고대 국가라는 것인가. 이것은 역사 전문가가 언급할 만한 수준이 아니다.

2) 본 필자가 이 글에서 비판하는 논문은 이미 앞에서 본 필자가 판단하여 언급하였지만 무리하게 그리고 전혀 근거 없이 비학문적으로 고조선의 중심지 내지는 기원지 그리고 멸망지를 한반도 평양으로 보기 위하여

(1) 중국 사료상 동호를 조선과 연나라 사이의 세력으로 판단한다.
(2) 마찬가지로 조선의 서쪽에 요동이 있고 그 서쪽에 연나라가 있는 것으로 판단한다.
(3) 연나라 진개가 공격한 곳을 표현한 기록인 "**秦開攻其西方**"을 일반적이고 상식적인 해석인 "고조선의 서쪽 지방"으로 하지 않고 "고조선의 서방"으로 하여 고조선과 별개인 "고조선 서쪽 어느 지역"으로 해석하였다.

앞에서 본 필자가 『관자』,『전국책』「연책」,『산해경』 등에서 비판하였지만 본 필자가 이 글에서 비판하는 논문은 고조선이 당초부터 한반도 평양에 위치해 있었다는 자신의 갇힌 논리에 맞추기 위하여 모든 중국사서의 기록을 자의적으로 왜곡 해석하였다. 대표적인 것이

(1) 동호의 경우 중국사서의 기록을 살펴보면 두 가지 의미로 해석할 수 있다. 연나라 시기 및 이전의 기록인 『산해경』상의 동호는 동쪽의 오랑캐(이 의미도 사실상 아님)란 의미로 중국 계통 국가의 동쪽에 있는 고조선을 포함한 집단 내지는 국가를 통칭하는 것으로 볼 수 있다. 그리고 『사기』「흉노열전」,『염철론』「벌공편」 등에서의 동호는 특정한 정치 세력 즉 앞에서 설명한 대로 연나라가 아닌 조나라와 역사상 활동을 한 특정 세력으로 보아야 한다. 그러나 이 특정 세력도 연나라와 조선과의 사이에 있었던 것이 아니라 북쪽에 있어 조선과의 사이에 있었던 것이 아니다. 하지만 무리하게 본 필자가 이 글에서 비판하는 논문은 고조선을 중국 본토에서 머나먼 동쪽 끝 한반도 동북부

평양 지방에 위치시키기 위해 무리하게 동호를 특정 집단으로 하기 위하여 특정 세력이 아닌 고조선을 포함한 동쪽 오랑캐를 통칭한 『산해경』의 의미를 자의적으로 해석하였다.

> 동호는 중국사서 기록상 ①중국 민족국가 이외의 동쪽 오랑캐 집단을 통칭하거나 ②당시 조나라나 연나라 동쪽 오랑캐라는 특정 집단 세력을 지칭한다.
> 이의 위치는 한계가 있는데 본 필자가 이 글에서 비판하는 논문은 자기 논리 즉 머나먼 동쪽 한반도에 고조선이 있다는 논리를 위하여 연나라와 고조선 사이의 상당히 넓은 지역에 동호(집단)가 있다는 설정은 자기 편의적 설정이다.

(2) 요동의 경우 동호와 마찬가지로 중국사서상 두 가지 의미로 해석할 수 있다. 즉 (1)통상적인 의미와 (2)특정한 의미이다. 그리고 그 위치도 변하였다. 즉 (1)통상적인 의미는 중국 계통 국가의 동쪽에 있는 지역을 의미하는 것으로 여기에는 고조선을 포함한 여러 집단 내지는 국가가 있을 수 있는 통상적인 지역 개념이다. 물론 우리 한민족 국가인 고조선 그리고 나중의 고구려가 대부분을 차지하였지만 말이다. (2)두 번째 의미는 연나라가 연 5군을 설치하면서 그중의 하나인 요동군을 설치한 이후 이쪽 지역을 요동이라고 불러 요동군의 위치 변동과 상관없이 중국 계통 국가의 동쪽의 중국 계통 국가 통치 영역을 일컫는다. 하지만 이 요동은 수시로 그 주인이 중국 계열 국가와 우리 한민족 국가 계열 국가 간에 바뀌게 되고 시대에 따라 그 위치도 바뀌어 크게는 요나라 성립 이전의 요동은 이후의 요서 지방이었다.

그러므로 고대 기록상 ①첫 번째 요동은 동호와 마찬가지로 중국 민족국가 중 가장 동쪽인 산서성에 위치한 연나라의 동쪽 지역을 통칭한 것이고 ②두 번째 요동은 하북성에 설치된 소위 연 5군의 요동군 내지는 그 동쪽 지역을 의미하며, ③세 번째 요동은 요나라 이후 하북성 요수의 그 위치가 옮겨져 요령성 요하의 동쪽 지방을 일컫는다. 따라서 요동을 어떠한 별개의 지역이나 정치체제 및 국가로 판단하는 것은 상당히 비학문적이고 비상식적이다. 이러한 비학문적이고 비상식적으로 판단하는 것은 오로지 무리하게 고조선을 한반도 평양으로 비정하기 위한 것이라 더욱 납득하기 어려운 비난 대상이다.

> 요동의 경우에도 ①첫 번째 요동은 동호와 마찬가지로 중국 민족국가 중 가장 동쪽인 산서성에 위치한 연나라의 동쪽 지역을 통칭하고, ②두 번째 요동은 하북성에 설치된 소위 연 5군의 요동군 내지는 그 동쪽 지역을 의미하며, ③세 번째 요동은 요나라 이후 하북성 요수의 위치가 옮겨져 요령성 요하의 동쪽 지방을 일컫는다. 따라서 요동이 어떠한 별개의 지역이나 정치체제 및 국가로 판단하는 것은 상당히 비학문적이고 비상식적이다. 더군다나 이를 이 글에서 비판하는 논문은 자신의 논리를 위하여 비상식적으로 설정하는 것은 더욱 납득하기 어려운 비학문적 행위이다.

더군다나 앞에서도 지적하여 비판하였듯이 본 필자가 이 글에서 비판하는 논문은 이러한 동호나 요동에 대한 설명이나 해명 그리고 연나라와 고조선 사이에 존재하는 동호와 요동의 위치 정렬에 대한 어떠한 설명이나 해명도 없다. 무조건 고조선을 한반도 평양에 비정하기 위해서는 연나라와 너무 멀기 때문에 그 사이에 뭔가를 넣어야 하므로 존재하지 않는 동호와 요동을 넣기 위해서 중국사서를 자의적으로 왜곡 해석한 것일 뿐이다.

> 이 글에서 비판하는 논문은 요동의 개념을 자신의 논리에 맞추어 비상식적으로 해석하였다.
> 이 글에서 비판하는 논문은 사서의 기록을 상식적으로 해석하지 않고 자기 논리에 맞추어 자의적으로 해석한다.

(3) 본 필자가 이 글에서 비판하는 논문은 이상하게 완곡하게 표현하여 『위략』이라는 사료 자체의 전래 및 존재 여부를 알 수 없게 표현하였지만 이에 대하여는 이미 본 필자가 언급한 대로 『위략』은 현재 전해지지 않는 사료이다. 그런데도 마치 완본 즉 전체적인 것은 존재하지 않고 대부분은 존재하는 것처럼 표현하였고, 이의 신빙성에 대하여도 새로운 사실을 발견한 것처럼 표현하여 놓고도 학계의 통설인 그 신빙성 의문을 완전 무시하지 못하는 언급을 하였다.

이러한 것이 주류 강단 사학계의 통상적인 표현 방식이다. 애매모호한 표현 즉 자신들의 편의에 의해 취사선택한 것을 감추기 위한 정확하지 않은 표현, 그럼으로써 어떠한 비난도 받지 않으려는 회피적인 태도를 보이고 있다. 이는 자신이 없다는 것을 의미하기도 한다. 그러면서 신빙성 없는 논리를 펴고 있다는 반증이기도 하다. 『위략』은 현재 전해지지 않는 사료이지만 『삼국지』가 주로 이 『위략』을 인용하여 서술하고 있다. 『삼국지』는 『위략』을 그대로 베낀 것이나 마찬가지로 모든 기록이 『위략』을 그대로 따른 것으로 『삼국지』 스스로가 밝히고 있다. 이 『위략』은 사건 발생 후 500년이 지난 한참 후인 200년 이후에 지어진 채 원전이 전해져 내려오지 않아 그 근거도 불확실하며 중국의 상투적인 '춘추필법'으로 기록된 것으로 평가하여 비판받는 어환이 기록한 것으로 전해 온다.

그러므로 『위략』과 『삼국지』는 사실상 신뢰성이 부족하다. 하지만 『삼국지』〈위서〉「동이전」은 다른 사서에는 나오지 않는 당시 우리나라와 관련된 내용이 많이 나오기 때문에 주목을 받고 연구를 많이 하는 사서이다. 하지만 그 내용이 '춘추필법'에 의하여 많이 왜곡되고 다른 사서에는 나오지 않는 주류 강단 사학계가 왜곡하는 바에 이용하는 잘 못된 기사가 '만번한', '영동 7현'과 같이 나오는 한편 우리나라 역사 정립에 방해가 되는 잘못된 불리한 기사가 많은 편이다. 아니 사실 이를 이용하여 해석을 왜곡되게 한다는 표현이 맞을지도 모른다.

그럼에도 불구하고 일제 강점기부터 지금까지 이 두 가지 사서, 사실상 한 가지 사서를 많이 추종하고 있는 형편이다. 이 사서를 추종하고 있어서 그런지 몰라도 본 필자가 이 글에서 비판하는 논문은 『위략』이 전해지지 않는다는 사실을 **"현재 完本이 없어 그 전체적 정확성은 검토할 수 없다."**라고 하여 사실과 다르게 왜곡되게 썼는지 아니면 어떤 의도로 완곡하게 표현했는지 모르게 썼다. 즉 **"현재 完本이 없어~"**라고 하면 전체 완전한 것은 전해지지 않지만 일부 전해진다고 이해할 가능성이 많다. 원본이 전해지지 않는다고 하면 간단할 것을 왜 이렇게 오해하게끔 썼는지 이해가 안 된다. 또한 **"그 전체적 정확성은 검토할 수 없다."**라고 쓴 것을 보더라도 전체는 전해지지 않지만 일부는 전해지는 것으로 오해를 분명히 할 수 있는 것이 틀림없다. 또한 전체이든지 일부이든지 전해지지 않아 정확성을 검토할 수 없는 사서에 의한 기록이라면 **"또 비교적 정확한 사실을 기록한 『史記』"**라고 본 필자가 이 글에서 비판하는 논문도 인정하였듯이 신뢰성 있는 먼저의 1차 사료의 신뢰성을 인정하여 후대의 신뢰성 없는 『위략』을 인용한 『삼국지』가 쓴 기록은 당연히 의심하여야 한다.

그럼에도 **"또 비교적 정확한 사실을 기록한 『史記』의 찬자도 전혀 몰랐던 조선 서쪽 2천리 점령 사실이 『魏略』에 기록되었다는 것은 그 후 어떤 새로운 자료가 발견되었을 것으로 믿어지나 그 자료의 정확성과 이에 대한 저자 魚豢의 취사 태도는 전혀 알 수 없는 문제이다."**

라고 하여 어정쩡한 태도를 보이면서 확실한 전문가적인 학문적인 판단을 내리지 않으면서 자신의 논리와 배치됨을 은근히 내비치고 있다. 즉 원래부터 고조선이 한반도 평양에 있고 그 사이에 동호라는 존재가 있다고 주장하는 본 필자가 이 글에서 비판하는 논문에는 조선 바깥 서쪽 2천 리나 조선의 서쪽 2천 리나 연의 점령 사실을 껄끄럽거나 방해가 되는 사실이다.

그래서 본 필자가 이 글에서 비판하는 논문은 단지 자신의 논리인 위치 선정과 관련하여 2천여 리는 실제 거리가 아니라 매우 넓은 지역을 가리키는 것이라고 폭넓게 해석하였다. 앞에서 동호나 요동 개념 정리 시에는 당연히 하여야 함에도 하지 않던 것을 여기서는 과감히 하였다. 이는 이 2천여 리와 연나라의 영역 2천여 리 그리고 그 사이에 있다고 본인이 설정한 동호와 요동의 위치 설정을 고려하면 2천여 리가 부담스러워 이의 개념을 완화시켰다.

또한 앞에서 설명하였듯이 무리하게 동호와 요동을 연나라와 고조선 사이에 위치 비정하였듯이 본 필자가 이 글에서 비판하는 논문은 또다시 무리한 비정을 하였다. 왜 또 무리한 비정을 하였을까. 이해가 되지 않는다. 연나라가 고조선 영역 내의 서쪽 지방을 공격하였다면 결국 그 사이에는 자신이 있다고 주장한 동호도 없고 요동도 없어야 한다. 아니면 고조선이 공격을 받은 후 2천여 리를 옮겨야 하므로 자신이 주장한 이동한 적 없이 한반도 평양에 있었다는 것이 틀리기 때문에 고조선 영역의 서쪽 지방이 아닌 고조선 영역 밖의 서쪽 별개 지방인 서방이라고 하여 결국 고조선은 옮기지 않았고 연이 공격한 곳은 고조선이 아니라 고조선 바깥의 서방으로써 이는 자신이 주장하였던 동호나 요동이라는 것으로 하고 싶은 것이다.

과연 『삼국지』〈위서〉「동이전」이 인용한 『위략』의 기사상의 "**秦開攻其西方**"상의 '**서방**(西方)'을 "고조선의 서쪽 지방"으로 하는 것이 맞는지, 아니면 "고조선의 서방"으로 하여 고조선과 별개의 지역으로 해석하여 여기에 별개의 정치체제인 동호나 요동이 있는 것으로 해야 맞는지 이것을 공개하는 것도 한심할 정도이다. 어떻게 이런 발상이 나왔을까 하는 궁금증이 들 뿐이다. 자신의 논리를 유지하기 위해서는 사서의 해석도 상식적인 것을 벗어나 자기 아집적인 것으로 만든 것이 바로 본 필자가 이 글에서 비판하는 논문의 '고조선 평양' 이론이다. 이 구절은 기존 주류 강단 사학계에서조차도 잘못된 논리이지만 고조선의 영역을 공격하여 고조선을 쫓아낸 것이라고 해석하고 있다.

그리고 진개가 점령한 2천 리는 자신이 주장하는 한반도 평양에 있는 고조선으로부터 서쪽 2천여 리 즉 고조선 서방으로써 자신이 주장해 오던 동호와 요동이 있어야 하는데 특히 동호와 겹치는데 여기에 구체적으로 무엇이 있었는지 설명하기 쉽지 않으므로 이에 대한 새로운 차원의 연구가 진행되어야 한다고 한다. 도대체 무엇이 있었는지 전문가가 비정을 못 하고서 어떻게 그러한 주장을 할 수 있다는 것인가. 없기 때문에 비정을 못 하는 것을 인정하지 않는다. 그렇기 때문에 자신이 고백하는 대로 문제가 발생하였고 이 "문제를 설명하기가 쉽지 않다"라고 고백한다. 그렇다면 자신이 주장하는 바, (1)고조선이 한반도 평양에 당초부터 자리하고 있다는 주장, (2)연나라와 고조선 사이에 요동과 동호 세력이 있었다는 주장, (3)『위략』의 연나라 공격 대상 내지는 지역이 고조선 자체 서쪽이 아니라 고조선이 아닌 고조선 서쪽 지방 즉 요동과 동호 세력 내의 서방이라는 세 가지 주장이 모두 잘못되었음을 스스로 자각하고 철회하여야 함이 마땅하다. 그럼에도 자기 논리를 유지하기 위하여 모든 자료를 자의적으로 왜곡 해석하고 있다. 본 필자가 누누이 설명하였지만 이러한 특징이 현재 우리 주류 강단사학계가 자기 논리를 고수하기 위하여 모든 사료를 취사선택하고 그 취사선택한 사료를 자의적으로 왜곡 해석하고 있는 것과 일맥상통한다.

> 자신의 논리가 비상식적이면 자기주장을 철회하여야 하나 그러지 아니하고 자기가 하여야 할 연구 대상을 남에게 떠넘기고 있다.

학자라면 당연히 자신의 주장을 과감히 철회하거나 변경하거나 아니면 합리적인 설명이 있어야 하는데 그렇게 하지 않는다. 그래서 본 필자가 이 글에서 비판하는 논문은 "**고조선의 서방에 대한 연구는 새로운 차원에서의 접근이 필요하다**"라고 자신이 해야 할 과제를 무책임하게 떠넘기면서 책임을 회피하고 있다.

이것이 우리 주류 강단 사학계의 현주소이다. 너무 학문적 연구를 하지 않는다. 오히려 일제 식민 사학자들과 현재의 일본 학자 그리고 중국 학자들이 우리 고대사를 더 많이 연구하고 더 많이 알고 있다. 물론 자기들 위주의 연구이지만. 그래서 우리나라 주류 강단 사학계는 모든 연구를 일제 식민 학자들이 연구한 것을 그대로 인용한 선배 사학자들의 연구를 무비판적으로 그대로 인용하여 자기들 논리에 사용한다. 왜냐하면 제대로 연구하면 자기들의 논리와 다른 것이 그대로 드러나기 때문이다. 그래서 연구하지 않고 그렇기 때문에 전문적인 지식이 부족하다.

단지 예전의 연구 범위 내에서만 맴도는 연구를 한다. 그래야 살아남는다. 그리고 가급적 일제 식민 사학자들 것을 인용하지 않는다. 식민 사학 논리이지만 식민 사학자들의 것을 인용하면 식민사학 계승이라는 비판을 받기 쉽다. 그래서 이러한 일제 식민 사학자 논리를 계승한 선배 사학자들의 연구를 인용한다. 하지만 인용한 선배 사학자들이 인용한 것은 전부 일제 식민사학들의 연구 결과이다.

6) 『염철론』「벌공편」과 『사기』「흉노열전」 사료 이용과 해석을 비판한다

본 필자가 이 글에서 비판하는 논문은 또다시 이 논문 자체의 논리인 고조선 평양 위치를 고집하기 위하여 『염철론』「벌공편」과 『사기』「흉노열전」을 자의적으로 해석하여 자기 논리에 맞추었다. 먼저 『염철론』「벌공편」의 기록인

> 연이 동호를 습격하여 쫓아내고 땅을 1,000리를 넓혔으며, 요동을 건너 조선을 공격하였다.

에서 연나라가 공격한 대상과 방향을 동호를 공격한 다음 연이어 같은 방향으로 요동과 조선을 공격하였으므로 고조선은 서쪽으로부터 연나라 그리고 동호 그리고 요동이 있고 그리고 동쪽 끝 한반도 평양에 있었다는 것이 입증되는 것으로 이 사료를 이용하였다.

하지만 본 필자가 여러 번 지적하였지만

(1) 연나라가 당시 공격한 대상이 동호라는 것과 1천여 리 넓혔다는 사실도 신빙성이 없으며 이와는 별도로 요동에 있는 고조선을 공격한 것은 어느 정도 사실인 것으로 판단하였다.

그리고 (2) 설사 연나라가 공격한 것이 사실이라고 하더라도 북쪽에 있는 동호 세력을 공격한 다음 그 남쪽의 요동 지방에 있던 고조선을 공격한 것으로 해석하는 것이 당연하고 합리적이라는 점,

(3) 이때의 동호는 두 개의 개념 중 동쪽 오랑캐를 통칭하는 것이 아닌 특정 세력의 동호이고, 이때의 요동 또한 2개의 개념 중 후대의

요동군의 지방 조직상의 요동이 아니라 고조선이 위치한 중국 계열 국가의 동쪽 지역을 통칭하는 곳이지 별개의 특정 세력이 있는 특정 지역이 아니라는 것으로 해석하는 것이 합리적이고 당연한 것이라는 점을 설명하였었다.

더군다나 앞의 본 필자가 이 글에서 비판하는 논문이 『관자』, 『전국책』, 「연책」을 인용하여 자기 논리를 고수하기 위하여 요동과 조선을 별개로 취급하는가 하면 그 위치를 나열하는 것에 대하여 비판하면서 위의 『염철론』 「벌공편」과는 달리 『관자』에서의 요동은 두 가지 개념 중 고조선이 위치한 중국 계열 국가의 동쪽 지역을 통칭하는 곳이지 별개의 특정 세력이 있는 특정 지역이 아니라는 것으로 해석할 수 있는 점을 들면서 설명하여 비판한 바 있다. 또한 위의 『염철론』 「벌공편」의 요동, 조선과 같은 위치와 달리 『전국책』 「연책」 그리고 『사기』 「소진열전」에서는 역으로 요동과 조선의 위치가 달리 조선, 요동 순으로 되어 있는 점으로 보아 요동의 개념과 위치 한정을 불합리한 왜곡 판단이라고 비판한 바 있다. 그럼에도 본 필자가 이 글에서 비판하는 논문은 자신의 논리를 고수하기 위하여 위의 『염철론』 「벌공편」을 이용하여 "고조선이 여전히 요동 지역과 구분되어 존재하고 있었음을 보여주는 근거로써 중요하다"라고 평가하였다. 그럼으로써 고조선은 요동의 동쪽 끝 한반도 평양에 있었다는 것이다. 이런 판단은 전문가가 할 수 있는 것이 아니다.

또한 본 필자가 이 글에서 비판하는 논문은 『사기』 「흉노열전」의 기사인 "동호를 공격한 후 조양에서 양평까지의 연장성을 쌓고, 연 5군을 설치하였다"를 인용하여 연나라가 공격하고 장성과 연 5군을 설치하여 방비한 대상이 고조선이 아니고 동호라는 판단을 함으로써 고조선이 이러한 동호 그리고 이러한 동호를 공격한 후 물러나게 하고 대비하였으므로 고조선은 요서 지방에 있지 않았고 한반도 평양에 있었다는 자신의 논리의 증거로 삼았다.

더군다나 본 필자가 이 글에서 비판하는 논문은 연장성을 중국사서의 기록대로 조양과 양평 간에 쌓았다고 하면서 그 위치를 조양은 지금의 하북성 양래현(懷來縣)으로 양평은 지금의 요령성 요양시(遼陽市)로 비정하였다. 조양으로 비정한 하북성 양래현은 본 필자의 확인 결과 현재 하북성 장가구시 회래현(怀來县)으로 이는 현재 북경시 서북쪽에 위치한 것으로 파악된다. 이는 전통적인 주류 강단 사학계의 비정으로 조양이 있는 상곡군 위치에 대한 그들의 비정 위치이다. 이러한 본 필자가 이 글에서 비판하는 논문의 연장성 위치 비정은 상식을 넘어선 그의 여러 가지 비정과 함께 또다시 이어진 것이다.

> 본 필자가 이 글에서 비판하는 논문의 연장성의 동쪽 지점 양평에 대한 요령성 요양 비정은 비상식적인 그의 여러 비정과 함께 그 맥을 같이 한다.

연장성의 서쪽 기점인 조양은 중국 사료상 본 필자가 앞에서 연진장성을 설명하면서 【사료43】『사기』「흉노열전」상에 연장성의 조양에 대한 주석으로,

> [8] [집해] 위소(韋昭)는 "(조양造陽은) 지명이고 상곡(上谷)에 있었다." 했다.
> [정의] 살펴보건대, 상곡군(上谷郡)은 지금의 규주(嬀州)다.

라고 하여 연 5군 중 상곡군에 위치해 있는 것으로 되어 있다. 그리고 상곡군은 당시 규주에 있다고 하였다. 당시 규주는 지금의 거용관 근처이다. 또한 이 상곡군은

【사료74】『한서』 권94 上 「흉노전」

"예전 진(秦)나라 때 몽념(蒙恬)이 만든 새(塞)를 보수하며 하수에 의거해 방비를 굳건히 했다. 한나라는 또한 상곡(上谷)의 궁벽하고 외떨어진 조양(造陽) 땅을 버려 호(胡)에게 주었다. (漢亦弃上谷之什辟縣造陽地以予胡) [1] 이 해가 원삭(元朔) 2년(B.C.127)이다.

[1] [집해] 什의 음은 斗. 「한서음의」에서 "외떨어지고 궁벽하여 호(胡)와 가까웠다는 말."이라 했다. [색은] 살펴보건대 맹강(孟康, 魏)은 "외떨어지고 궁벽하여 호(胡)와 가까웠다." 했다. 조양(造陽)이 즉 궁벽하고 외떨어진 땅에 있었다는 말이다. [정의] 살펴보건대, 궁벽하고 깊숙이 외떨어져 있어 흉노의 지경에 들어가 있는 것이 조양(造陽) 땅이니 이를 버려 호(胡)에게 준 것이다.

이 사서기록에 있듯이 한나라 때는 이미 살펴보았지만 연나라 시기에 진개의 고조선 침범 후 동쪽 기점의 양평으로부터 서쪽 기점인 조양까지 쌓은 연장성의 조양 땅이 있는 연 5군의 상곡군 땅을 궁벽하고 외떨어져서 호에게 주었다고 하였다.

중국은 '춘추필법'에 의한 사서를 기록한다는 것은 상식상의 인식인데 방비를 굳건히 했다는 것은 많이 침범당하여 많이 시달렸다는 의미이고, 핑계를 대면서 줘버렸다는 것은 빼앗긴 것을 나타낸다. 또한 이미 설명하였듯이 【사료43】『사기』「흉노열전」상의 주석인 [11] [색은] 살펴보건대, 「태강지기」太康地記에서 "진(秦)나라의 새(塞)가 오원(五原) 북쪽 9백 리 되는 곳에서 비롯되는데 이곳을 조양(造陽)이라 한다. 동쪽으로 이어져 이분산(利賁山) 남쪽, 한양(漢陽) 서쪽에서 끝난다." 했다. 漢은 漁로도 적혀 있다. (※한양漢陽 또는 어양漁陽으로 적혀 있다는 말)와 같이 진장성이 시작되는 하북성 오지이다.

이곳은 본 필자가 이미 확인하여 설명하였듯이 상곡군은 산서성 흔주시에 있었고 거용관은 현재 산서성에 있는 태행산맥에 있었다. 이곳은 갈석산과 장성이 있는 하북성 정정현 지방의 북쪽인 지금의 산서성 흔주시 정양현(定襄县)과 오대현(五台县) 인근이다. 이러한 것을 원래 상곡군에 있다고 명백히 기록하고 있는 탁록을 현재 북경시 탁록현으로 아예 이름조차 옮겨 비정한 바와 같이 이 거용관을 현재 하북성 북경시 창평구 장성 관문으로 옮겨놓았다. 상곡군도 산서성 흔주시 인근이었던 것을 동쪽으로 옮겨 북경시 서북쪽으로 옮겼다. 그러나 이미 본 필자가 비판하여 설명하였지만 주류 강단 사학계의 비정대로라면 연장성이 이곳 하북성 북경 인근에서 양평으로 그들이 비정하는 요령성 요양까지 쌓았다는 것인데 이는 2,000여 리도 넘는 거리이다.

본 필자가 이 글에서 비판하는 논문과 주류 강단 사학계의 연장성에 대한 비정은 중국 동북공정상의 만리장성을 능가하는 비상식적 비정이다.

이는 새로운 만리장성을 만들어놓은 것과 마찬가지이다. 연나라가 강력한 통일제국 진나라도 하지 못한 이렇게 넓은 영역과 장성을 쌓았다면 아마 연나라가 진나라 대신에 전국시대를 통일하였다. 연나라는 한때 잠시 융성한 적이 있었으나 전국 7웅 가운데 제일 약소국이었다. 자기들 논리 그것도 식민사학 논리를 위하여 중국 민족국가인 연나라는 위대하게 그려놓고 상대 국가인 우리 민족국가 고조선은 축소하여 그려 놓는 것이 비학문적인 욕망을 걷어낸 실증 학문이라는 것인가. 주류 강단 사학계는 답해 보기 바란다. 그리고 양평은 요동군의 치소이고 그 양평성은 평주 노룡현 서남에 있다는 【사료57】 『후한서(後漢書)』「원소유표열전」 사료상의 (생략)양평에 대한 이현(당나라 고종의 아들)의 주(注) "양평은 현인데 요동군에 속해 있었다. 그 옛 성이

지금의 평주 노룡현 서남에 있다."(생략)에 의하여 그 위치가 입증된다. 원래의 평주 노룡현은

【사료58】『수서』「지리지」

1. 기주(冀州)
④ 북평군(北平郡)
북평군(北平郡). 옛날에 평주에 설치했었다. 다스리는 현은 1개이고 가구수는 2269이다.

1) 노룡현(盧龍縣). 옛날에는 북평군(北平郡)을 두었었는데 신창현(新昌)과 조선현(朝鮮) 등 2개의 현을 다스렸다. 북제(北齊)에서는 조선현을 없애고 신창현으로 편입시켰고 또한 요서군의 해양현을 없애고 비여현(肥如)으로 편입시켰다. 개황(開皇) 6년에 또한 비여현(肥如)을 없애고 신창현(新昌)으로 편입시켰다가 18년에 이름을 노룡현(盧龍)으로 바꾸었다. 대업(大業) 초에 북평군(北平郡)을 설치하였다. 장성(長城)이 있다. 관관(關官)이 있다. 임유궁(臨渝宮)이 있다. 복주산(覆舟山)이 있다. 갈석(碣石)이 있다. 현수(玄水)와 로수(盧水)와 열수(㶟水) 윤수(閏水)와 용선수(龍鮮水)와 신량수(臣梁水)가 있다. 바다가 있다.

이 사서기록과 같이 임유궁과 갈석산이 있었던 이전에 압록수이자 마자수였던 현재의 호타하 인근 지역인 요서군 임유현 지방에 있었다. 이곳 요서군 소속으로 있었던 비여현에 원래 낙랑군을 고구려에 빼앗기자 이 낙랑군 소속으로 있었던 조선현을 이 요서군 비여현에 이전하여 합치시킨 후 수나라 시기에는 이 요서군 비여현을 북평군 노룡현으로 명칭을 바꾸었다. 따라서 이 노룡현은 여전히 예전의 요서군 지역으로 갈석과 장성이 원래의 요서군 지역임을 입증한다. 그럼에도 불구하고 이 노룡현을 중국 측이 역사를 조작하여 하북성 진황도시에 갈석과 함께 옮긴 것도 모르고 원래의 노룡과 갈석을 지금

의 하북성 진황도시로 하고 있는 것은 중국 측의 우리 역사왜곡과 조작을 따른 심각한 역사 뒤틀림이다. 그러나 위의 당나라 시기의 노룡현은 그 위치가 고구려 요동성으로써 예전의 요동군 양평현인 지금의 하북성 석가장시 행당현 동북쪽에 있다는 이현의 양평 위치에 대한 주석은 당시 사서기록인 【사료76】『신당서(新唐書)』「지리지」상의 평주 북평군 소속 노룡현으로 역시 마찬가지로 예전의 요서군 비여현으로써 임유관과 갈석산이 있다는 기록에 의하여도 그 위치상 맞지 않는다. 단지 이현이 거론하는 노룡현의 노룡은 이현의 주석 기록대로 당시의 양평현이자 고구려 당시 요동성인 현재의 하북성 석가장시 행당현의 동북쪽인 현재의 하북성 보정시 곡양현 양평진(허베이성 바오딩시 취양현 Yangping, 羊平镇)에 있었던 것으로 확인되어 이곳에서의 양평현인 하북성 석가장시 행당현은 이현의 주석 기록대로 서남쪽이 맞는다. 따라서 이현의 주석 기록은 노룡현이 아니라 노룡이 맞는다. 따라서 이는 오랜 기간 동안 잘못 기록되어 있음에도 실질적인 양평현과 노룡현 그리고 노룡에 대한 실상과 위치를 몰라 이의 잘못 기록을 알지 못하여 왔던 것이 확인된다. 따라서 이현의 주석은 사실이고 정확히 행당현의 위치를 입증해 주는 기록이다.

이와 같이 양평성은 현재 하북성 석가장시 행당현으로 비정된다. 이곳은 한나라 요동군의 치소인 양평성이자 고구려의 요동성이다. 이곳은 이전에 공손씨가 활동하였던 곳이다. 그리고 공손씨는 이곳 양평성을 거쳐 흐르는 소요수(지금의 고하)에서 종식을 고하였다. 또한 수나라와 당나라가 고구려를 공격하였던 요동성이다.

> **【사료47】**『삼국사기(三國史記)』卷第二十 高句麗本紀 第八 영양왕(嬰陽王)
> 二十三年春二月
>
> 수의 군대가 고구려 요동성을 포위하다 (0612년 02월 (음))
>
> (수나라의 수양제의)여러 군대가 승세를 타고 진격하여 요동성을 둘러싸니 성은 곧 한(漢) 양평성(襄平城)이었다. 황제의 행차가 요하에 도착하여 조서를 내려 천하에 사면을 베풀고,

그럼에도 중국 사료상 수나라 문제 개황 원년, 581년에 없어진 채 당나라 시기에 위치를 옮겨 지금의 요하 인근의 요양 지방으로 나타나고 있다. 이렇게 비정하는 이유는 연나라 옆에 고조선이 위치해 있던 것을 연나라가 침범하여 고조선을 2천여 리 밀어내고 난 후에 여기에 연장성을 쌓고 연 5군을 설치함으로써 고조선은 요동에서 밀려나 한반도 평양에 위치하게 되었다는 주류 강단 사학계의 식민사학 논리에 의한다.

> 본 필자가 이 글에서 비판하는 논문은 '고조선 이동설'을 부인하며 '고조선 평양설'을 주장하고 있다.
> 본 필자가 이 글에서 비판하는 논문은 당시 요동 지방 (현재 요서 지방)의 고조선 지표 유물과 사서기록상의 당시 요서 지방 (당시 요동)에서의 연나라 경계 위치에 대한 해명이 필요하다.

그럼에도 불구하고 이러한 '고조선 이동설'을 부정하면서 원래부터 고조선은 요동의 동쪽 한반도 평양에 있다는 논리를 주장하는 본 필자가 이 글에서 비판하는 논문도 이러한 '고조선 이동설'에 따른 연장성의 기점만은 양평을 요양으로 비정하고 있다.

물론 본 필자가 이 글에서 비판하는 논문의 논리는 다르다. 연나라가 공격하여 물러나게 한 것은 고조선이 위치한 평양과 연나라의 사이에 있던 동호 세력으로 이 세력을 물리치고 난 후 설치한 연장성의 기점인 양평이 요령성 요양인 것은 맞는 것이고 고조선은 변동 없이 원래부터 평양에 있었다는 것이다. 참으로 가관스런 논리이다. 이러한 본 필자가 이 글에서 비판하는 논문의 논리를 주류 강단 사학계는 물론 재야 사학계도 알고 있을까 의심스럽다. 물론 주류 강단 사학계는 어쨌든 '고조선 한반도 평양설'을 강력히 주장하므로 인정을 하고 있고, 재야 민족 사학계에서는 그의 '고조선 한반도 평양설'상의 논리를 세세하게 알 필요 없이 비판하고 있기 때문이다.

고조선의 대표 유물인 고인돌과 적석총, 비파형 동검, 빗살무늬토기 등의 발굴지가 평양만이 아니라 중국 세력 지역과 확연히 구분된 채 요서 지역에서부터 평양을 거쳐 한반도 남부 지역까지 나타나며 그 발달 정도가 평양 지방에 한정되거나 심하게 나타나지는 않으며 많은 중국사서가 본 필자가 이 글에서 비판하는 논문이 말하는 요서 지방에서 고조선의 중국 세력과의 역사적 활동이 이루어진 것에 대하여 해명이 필요하다. 그럼에도 불구하고 '춘추필법'에 의한 중국사서의 왜곡과 사대 중화사상에 의하여 한반도로 끌어들인 유학자들에 의하여 도입되고 식민지 사관에 의하여 드디어 정립된 식민사관 논리를 그대로 받아들인 채 본 필자가 이 글에서 비판하는 논문을 비롯한 주류 강단 사학계는 중국사서의 기록을 편파적으로 취사선택한 후 자의적으로 해석하여 그 논리를 고수하고 있다.

7) 『삼국유사』「고조선조」 사료 이용과 해석을 비판한다

1) 본 필자가 이 글에서 비판하는 논문은 이 사서의 기록을 인용하면서 "**檀君 이야기를 일정한 지배 권력이 형성된 정치체제로서 설명하기에는 역사성이 떨어진다.**"라고 하여 여전히 단군 개국 사실을 신화화하고 있다. 이는 일제 식민사학의 대표적인 논리이다. 그러면서 "**고조선 건국 이전부터 평양 대동강 지역은 고조선을 세운 주요 정치집단이 존재했음을 알 수 있다.**"라고 하면서 고조선 건국 전에 정치집단이 존재하는 것으로 하고 있다. 이는 이율배반적인 논리이다. 고조선 건국에 있어서의 이를 건국한 정치체제는 인정하지 않으면서 이전의 정치체제가 있음은 인정한다는 것은 도대체 무슨 이야기인가. 도저히 납득이 안 되는 논리이다.

더군다나 이 고조선 건국 이전의 주요 정치 집단에 대하여는 아무런 설명이나 발표가 없다. 학자로서는 이해가 안 되는 일이다. 즉 단군개국 사실을 부정하고자 이전에 정치 집단이 있었지만 이에 대하여는 모른다고 한다. 그렇다면 차라리 단군개국 사실을 인정하든지 아니면 이전의 정치체제 존재를 부인하여야 맞는 논리가 아닌가 한다. 무슨 근거로 이전에 정치체제가 존재한다고 하면서 이들의 단군조선 정치체제의 개국 사실을 인정하지 않고 신화로 치부하는가. 있을 수 없는 논리이다. 이 논문은 그 이유를 평양 지방의 단군신화를 살펴보니 고조선이 개국한 후에 형성된 것으로 보이기 때문에 그 이전 즉 신화가 형성되기 전에 신화처럼 단군이 고조선을 개국하였다는 것은 믿을 수 없다는 것이다. 단군신화가 실제 사실을 대변하며 그 시기도 개국과 함께 형성되었다는 것이 더 신빙성이 있는데도 그는 일제 식민주의 학자들의 역사관처럼 아주 오래된 시절에 단군이 개국한 단군신화를 실제로 인정하지 않는다.

그렇다면 차라리 평양에서의 개국 논리를 버리고 바른 곳 즉 그가 말하는 요서 지방인 홍산문명 발상지에서 찾는 것이 더 합리적이 아닐까 한다. 그렇게 믿지 못한다면 실제적인 유적, 유물이 존재하는 요서 지방의 홍산문명 발상지의 하가점 하층 문화에서는 단군신화 내지는 고조선의 실제 존재를 입증하는 많은 유적, 유물이 나왔으니 말이다. 하지만 본 필자가 이 글에서 비판하는 논문은 호기심이래도 고조선 전문가이니 이에 대한 연구를 하여야 함에도 중국 학자들의 이 문화가 중국 문화 영역이라는 연구 발표만을 받아들인 채 우리 문화라고 할 수 없으며 고조선과는 관계없는 것으로 확정하여 버렸다. 그곳은 딴 나라 이야기이고 오로지 자기가 주장하는 자기의 고조선 평양설은 절대 무너질 수 없는 것이다. 어떠한 증거 사료나 증거 자료가 있더라도 말이다. 지금 본 필자가 비판하는 대로의 자의적인 해석이 있으니 말이다.

단군개국 사실을 신화화하면서도 평양에서의 정치체제 존재 사실을 주장하는 모순을 저지르고 있다.

2) 본 필자가 이 글에서 비판하는 논문은 『삼국사기』 고구려 동천왕 21년(247)조를 인용하면서 고구려의 평양성과 단군조선의 평양과 연결시켜 초기 고조선인 단군조선의 중심지가 평양 대동강 지역임을 말하고 있다고 하였다.

【사료280】『삼국사기(三國史記)』 권 제17 고구려본기 제5 동천왕(東川王) 21년 2월

평양성을 쌓고 천도하다 (247년 02월(음))

21년(247) 봄 2월에 왕이 환도성으로 전란을 겪고 다시 도읍으로 삼을 수 없다고 하여, 평양성(平壤城)(註 045)을 쌓고 백성과 종묘와 사직을 옮겼다. 평양은 본래 선인(仙人) 왕검(王儉)의 땅이다. 다른 기록에는 "왕이 되어 왕험(王險)에 도읍하였다"고 하였다.

註 045
여기의 평양성은 현재의 평양이 아니라 通溝 부근의 어느 곳일 것이다. 현재의 자강도 강계 지방이라는 설이 있다(이병도, 《국역 삼국사기》, 267쪽). 그러나 중국 학계의 일부에서는 국내성을 현재의 山城子山城으로 보고, 이때 쌓았다고 하는 평양성은 현재의 집안현성으로 여기면서, '평양 동쪽의 黃城'은 현재의 東台子 遺蹟으로 보는 견해도 있다. 제설에 대한 소개는 차용걸, 「고구려 전기의 도성」, 《국사관논총》 48, 1993 참조.

물론 첫째로(1), 『삼국사기』의 기록대로 고구려의 평양과 고조선의 평양이 같은 것이라는 가설이 신빙성이 있고, 둘째로(2), 동천왕이 천도한 평양성이 지금의 평양이라는 사실이 맞으면 본 필자가 이 글에서 비판하는 논문은 이렇게 단정하여 결론을 학문적으로 내려도 좋을 것이다.

하지만 본 필자가 이 글에서 수차례 언급하며 설명하였듯이 고구려 평양성을 고조선의 평양성으로 연결시킨 역사 개념은 『구당서』 「고구려전」에서부터 시작되었다. 물론 이 기록은 맞는 기록이다. 이 사서상의 모든 고구려 기록이 하북성에 위치한 평양성 기록이기 때문이다. 물론 이 기록은 원래의 위치로 기록한 하북성 평양성을 요령성 요양으로 왜곡하기 위하여 이 기록을 편찬하였다. 그런데 이 기록

을 본 필자가 이 글에서 비판하는 논문은 왜곡 해석하여 한반도 평양성으로 비정한 채 이렇게 처음 고조선 도읍지와 나중의 고구려가 동천왕 시기에 천도한 평양성이 이곳 한반도 평양으로 비정하고 있다.

이것은 역사 인식의 왜곡에 의한 것으로 고조선 초기 도읍지 및 동천왕 천도지 평양에 대한 한반도 평양으로의 비정은 오류로 잘못된 비정 논리이다. 『구당서』「고구려전」에 시작된 이 같은 사항은 앞에서도 확인하였지만 모든 기록은 하북성에서의 기록을 하면서도 일부 거리 수치와 방향만을 조작하여 요령성으로 옮기고 있다. 이것은 당나라 이후 후대의 조작에 의한 것으로 본 필자는 파악하였고, 이에 대하여는 앞에서 자세히 설명하였다.

【사료31】『구당서(舊唐書)』「동이열전 고구려」

高[句]麗는 본래 扶餘의 別種이다. 그 나라는 平壤城에 都邑하였으니, 곧 漢 樂浪郡의 옛 땅이다.

【사료26】『신당서(新唐書)』「동이열전 고구려」

그 나라의 임금이 살고 있는 곳은 平壤城으로 長安城이라고도 부르는데, 漢代의 樂浪郡으로 長安에서 5천 리 밖에 있다.

【사료25】『통전(通典)』「변방」'동이 하 고구려'

○ 고구려

동진 이후로 그 왕이 평양성에 살았다. (즉 한 낙랑군 왕험성이다. 모용황이 와서 침공하자 후에 국내성으로 옮겼는데, 다시 이 성으로 옮겼다.) **장안성이라 한다.**

이미 여러 차례 언급하였듯이 이러한 왜곡된 역사 개념과 기사를 소중화 사대주의에 의하여 그대로 받아들여 작성한 것이 『삼국사기』이고 바로 이 구절이다. 물론 그럼에도 후대에 조작되었지만 『구당서』「고구려전」은 물론 『삼국사기』도 이 한나라 낙랑군이자 왕험성인 고구려 평양성을 요령성 요양으로 비정하였다. 그런데도 주류 강단 사학계가 한반도 평양을 비정하는 것은 단순한 식민사학 논리에 의한 것일 뿐이다. 이에 대하여는 지금까지 본 필자가 상세히 설명하였으므로 생략한다.

두 번째로(2), 동천왕이 천도한 평양성이 지금의 한반도 평양(성)이라는 전제는 전혀 역사적인 사실에 부합되지 않는다는 점이다.

- 위의 『삼국사기』의 주석에 나오다시피 주류 강단 사학계에서는 이 '선인 왕검의 땅'인 평양성을 이때 한반도 평양으로 옮긴 것으로 보지 않는다. 왜냐하면 주류 강단 사학계의 논리인 '낙랑군 교치설'과 어긋나기 때문이다. 즉 낙랑군이 한반도 평양에 계속 있다가 미천왕 시기인 313년이 되어서야 이곳에서 요서 지방으로 옮겼다는 논리에 어긋나기 때문이다. 즉 이 시기에는 낙랑군이 있는 관계로 고구려 도읍이 이곳 한반도 평양으로 올 수 없다는 논리에 어긋나기 때문이다. 그래서 그들은 동천왕 시기에 옮긴 평양을 한반도 평양으로 비정하지 못하고 위의 주석과 같이 한반도 압록강 북부 길림성 집안시나 이병도의 비정과 같이 이곳의 남쪽인 한반도 자강도 강계 지방으로 비정하고 있다. 그렇다면 선인 왕검의 땅도 길림성 집안시나 한반도 자강도 강계 지방으로 비정하여야 하는데도 '낙랑군 평양설'이라는 교리 때문에 수정하지 않고 한반도 평양으로 고집하면서 그때그때 상황에 따라 비정을 달리하고 있다. 이는 앞서 살펴보았듯이 사료상의 독산

(성), 구천(구원), 아차(단)성, 남옥저 및 죽령, 임유관(궁), 마수산(책), 하슬라, 니하 및 우산성을 비롯한 수많은 위치 등에 대한 여러 위치에 비정하는 것과 같은 맥락이다. 올바르지 못한 곳에 왜곡 조작하여 비정하다 보니 여러 상황에 대하여 반복하여 어긋나고 있다.

- 한나라 낙랑군이요, 선인 왕검의 땅인 곳에 고구려가 도읍을 한 것은 역사적인 사실이다. 물론 앞에서도 언급하였듯이 『구당서』「고구려전」을 비롯한 중국 측에서 이를 연결시켜 사서에 기록한 의도는 왜곡을 위한 것이다. 그러나 역사 사실에 바탕을 둔 것이다. 고구려는 하북성 남쪽 졸본 지방에서 건국하여 북상한 후 원래 고조선의 낙랑 땅 일부인 한나라의 낙랑군 지역을 점령하면서 그 영역을 확대한 후 이곳에 도읍을 정한 것이 사실이다. 이곳은 한반도가 아니라 하북성 지역이다. 그래서 동천왕 이후 미천왕 시기에 이곳에서 멀지 않은 현토군을 공략하여 포로들을 평양성으로 보낼 수 있었다. 사실 이전에는 아니 지금도 많은 비주류 강단 사학계와 재야 민족 사학계에서는 주류 강단 사학계의 '낙랑군 평양설'을 비판하면서 주류 강단 사학계가 추종한 일제 식민 사학자들이 위만조선의 왕험성이자 낙랑군의 치소로 주장한 대동강 남쪽의 토성에 대하여 이곳은 미천왕 시기에 현토군 포로들을 옮긴 곳이라고 반대 주장하면서 고구려의 평양성이 이곳 평양임을 인정하는 바가 되었었다. 하지만 본 필자가 앞에서 많이 반복 강조한 바와 같이 이는 주류 강단 사학계의 왜곡을 은연중에 받아들인 상태에서 역사를 해석하는 또 다른 왜곡을 하는 것이다. 한마디로 고구려는 이곳 한반도 평양에 도읍을 둔 사실이 없으며 고구려는 하북성에서 역사적 활동을 하였고 그곳에 도읍을 둔 사실밖에 없다. 그런데도 잘못된 본인의 논리에 맞추고자 사서의 기록을 임의로 해석하는 것은 학자 내지는 전문가의 자세가 절대 아니다. 모든 사항이 동천왕이 천도한 평양성은 한반도 평양이 아니라는 것을 증

거해 주고 있다.

- 동천왕 평양성 천도지가 본 필자가 이 글에서 비판하는 논문이 주장한 한반도 평양성도 아니고 주류 강단 사학계가 주장하는 길림성 집안이나 한반도 자강도 강계 지방이 아니라는 것을 입증한 기록이나 사건은 차고 넘친다. 즉 소위 삼국의 위치가 한반도나 그 북부가 아니라 산동임을 증명하는 기록이나 사건 전부가 그 증거 전부이거니와 비록 동천왕 시기에 국한하더라도 평양성 천도 이전에 이루어진 ①조조의 위나라와 함께 공손씨 세력을 토벌, ②서안평 공격, ③신라의 북쪽 변경(남옥저 죽령 지방), ④위나라 관구검 침입, ⑤동천왕의 남옥저 죽령 지방 도피 등은 비록 주류 강단 사학계는 이와 관련된 것을 모두 왜곡하여 동쪽으로 이동시켜 비정하고 있지만 이 비정은 도저히 맞지 않는 것이 이미 입증된 바와 같이 이러한 사실들은 동천왕의 천도지 평양이 이곳이 아니라는 것을 증명하여 주는 것이다. 이에 대하여는 이미 입증하여 설명하였다. 이러한 사실들은 도저히 한반도나 한반도 북부에 위치한 고구려에는 있을 수 없는 사건들이다. 더군다나 많은 사서들이 고구려가 광개토대왕 내지는 장수왕 시기 즈음에 그 도읍을 평주에 두고 있다고 기록하고 있다. 이때의 도읍은 평양성이다. 그러므로 이 평양성으로 처음 천도한 동천왕의 평양성도 같은 평양성이다. 이 평주는 바로 하북성으로 낙랑군 지역이자 이전의 위만조선 왕험성 지역이다. 평주에 낙랑군 등이 소속되어 있었음이 이를 입증한다.

이러한 전후 과정을 아마추어이면서 이 글에서 비판하는 소위 '젊은 역사학자 모임' 일원들이 비판하는 사이비, 유사 사학자인 본 필자도 파악하고 알 수 있는데 이를 전문적으로 오랜 기간 동안 역사를 배우고 가르치는 전문가인 본 필자가 이 글에서 비판하는 논문이나 소위 '젊은 역사학자 모임' 일원들이 모를 수 없다. 더군다나 본 필자가 이 글에서 비판하는 논문은 주류 강단 사학계의 논리와도 배치되는 주장을 하고 있다. 따라서 고구려의 평양성과 단군조선의 평양과 연결시켜 초기 고조선인 단군조선의 중심지가 평양 대동강 지역이라는 주장은 전제가 잘못이므로 그 주장과 논리는 잘못된 것이 명백하다.

> 본 필자가 이 글에서 비판하는 논문은 기존의 주류 강단 사학계와는 또 다른 논리에 의하여 '고조선 한반도 평양설'을 주장하고 있다. 그러나 오히려 더욱 비상식적인 논리에 의하여 정립된 잘못된 주장이다.

3) 또한, 본 필자가 이 글에서 비판하는 논문은 고조선의 성립 초기부터 평양 지역 고조선의 세력 범위에 있던 주요한 지역이었음을 알 수 있는 것이 단군신화의 내용을 보면 그렇다고 하였다. 도대체 단군신화와 평양 지역의 주요 지역과의 연관성이 무엇인지 이해가 안 된다. 한반도로 끌어들여 대동강의 평양을 고조선의 도읍지인 평양으로 비정한 『삼국유사』의 기록을 전문가인 학자답지 않게 그대로 신뢰하면서도 단군신화의 고조선 건국 사실을 믿지 않는 것이 전문가인 학자로서의 소양인지 궁금하다. 그는 이 논문의 맺음말에 "**古朝鮮 관련 사료 가운데 주로 인용되는 것으로는 先秦 시기의 문헌 일부와 『史記』「朝鮮列傳」, 『삼국유사』「고조선조」 그리고 『魏略』, 『鹽鐵論』 등이다.**"라고 하였다. 본 필자가 고조선을 파악하려고 인용한 고조선 관련 사료가 수없이 많다. 더군다나 낙랑군과 관련하여 갈석산, 장성, 패수 관련 사료만도 무수히 많다. 그러나 그는 거론하지도 않고 연관되어 연구하지도 않는다.

본 필자와 같이 이러한 사료를 아니 전문가라면 더 많은 사료를 연관 지어 연구하면 결론이 본인이 주장하는 논리와 다르게 나오기 때문에 하지 않거나 못한다고 판단할 수밖에 없다. 본 필자가 이 글에서 비판하는 논문이 고조선과 관련하여 이 논문에서 거론한 사료는『관자』,『전국책』「연책」,『사기』「소진열전」,『산해경』,『사기』「조선열전」,『위략』,『염철론』「벌공편」,『사기』「흉노열전」,『삼국유사』등 9개에 불과하고, 소위 '젊은 역사학자들 모임' 일원이 거론한 사료는『삼국유사』,『동사강목』,『제왕운기』,『관자』,『염철론』「벌공편」,『삼국지』와『위략』,『사기』「흉노열전」과「조선열전」등 7~9개 정도에 불과하다.

소위 '젊은 역사학자들 모임' 일원이 후의 낙랑군과 관련되어 거론한 사료는『아방강역고』,『대동수경』,『동사강목』,『세종실록지리지』,『동국여지승람』,『고려사』,『삼국사기』,『삼국지』「동이열전」,『후한서』「동이열전」,『자치통감』,『해동역사속』등 11개 정도로 대부분 고려시대 중기 이후의 우리나라 역사서이다. 수많은 고조선 및 낙랑군 관련 자료가 많은데 선택하지 않고 선택한 사료도 자의적으로 자기 논리에 맞게 해석한다. 그리고 결론을 내린다.

> 본 필자가 이 글에서 비판하는 논문과 소위 '젊은 역사학자 모임'의 일원은 고조선 연구 자료를 일부만 취사선택하여 이용하고 있다.

본 필자가 이 글에서 비판하는 논문은 이후 고조선이 평양에 처음부터 위치해 있었고 여기가 중심부라는 주장과 함께 이를 입증하기 위하여 사료 외에 제시한 유적, 유물에 있어서 (1)왕성의 축조 여부, (2)고분의 등장, (3)토기 양식의 성립, (4)위세품의 제작과 사여, (5)원거리 대외교역권에 대하여는 물론 본 필자가 이 글에서 비판하는 논문은 '고조선 이동설'을 부정하지만 유적, 유물과 관련하여서는 주류 강단 사학계의 입장과 비슷하므로 본 필자가 앞의 '고조선 이동설' 비판에서 설명한 자료로 갈음하고자 한다.

그리고 이어서 본 필자가 이 글에서 비판하고 있는 소위 '젊은 역사학자들 모임' 일원에 대한 비판에서 그리고 다음 편인 '낙랑군' 편에서 다루고자 한다.

그러면 본 필자가 이 글에서 비판하는 논문에 대한 비판을 마치고 돌아가서 소위 '젊은 역사학자들 모임' 일원에 대한 비판을 이어가고자 한다.

앞에서 본 필자가 이 글에서 비판하는 논문을 비판하기에 앞서 본 필자가 소위 '젊은 역사학자들 모임' 일원을 비판하면서 그가 『관자』를 인용하면서 『산해경』을 인용하지 않았음을 비판하였다. 그리하여 『산해경』을 인용하면서 왜곡하여 해석한 본 필자가 이 글에서 비판하는 논문을 비판하기 시작하여 현재까지 글이 이어졌다.

앞에서 살펴보았듯이 소위 '젊은 역사학자들 모임' 일원은 『관자』의 인용으로부터 고조선 존재 기록을 시작하였다. 그러면서 본 필자가 이 글에서 비판하는 논문이 다음으로 인용한 『전국책』, 『산해경』, 『사기』 「조선열전」을 거론하지 않고 본 필자가 이 글에서 비판하는 논문이 그 다음으로 거론한 『위략』을 인용한 『삼국지』〈위서〉「동이전」을 거론하였다.

8) 젊은 역사학자 모임 일원의 『염철론』「벌공편」 사료 이용과 해석을 비판한다

이에 앞서 소위 '젊은 역사학자들 모임' 일원은 본 필자가 이 글에서 비판하는 논문이 『삼국지』〈위서〉「동이전」 다음에 거론한 『염철론』「벌공편」을 인용하였다. 그러면서 본 필자가 이 글에서 비판하고 있는 소위 '젊은 역사학자들 모임' 일원이 『관자』를 거론할 때 무늬가 있는 가죽을 특산물로 하는 교역 대상으로 언급하고 있다시피 표현상 미개한 나라로 인식되게끔 거론하였다고 비판하였다. 『관자』에는 신채호 선생을 비롯한 재야 사학계가 주장하는 삼조선설을 언급하는 시사가 있는데도 이 중요한 사항은 언급하지 않고 소위 '젊은 역사학자들 모임' 일원은 사료 인용을 학문하는 사람이면 하지 말아야 할 비학문적 주장을 한 것은 물론 이와 비슷한 시기의 것으로 여러 가지 설이 있는 『산해경』 사료에도 고조선에 대한 언급이 나오는데 이는 거론하지 않았다.

그러면서 또 다음의 사서인 『염철론』「벌공편」 즉 연나라가 고조선을 공격하는 기록을 거론하면서 연나라를 전국 7웅 중 하나일 정도로 강성한 나라라고 언급하였다. 본 필자가 이 글에서 비판하고 있는 소위 '젊은 역사학자들 모임' 일원의 이 두 사서에 대한 언급을 보면 고조선은 수준이 떨어진 나라로 연나라의 공격 대상이 되는 나라이고, 반면에 고조선을 공격한 연나라는 강성한 나라라고 하고 있다. 이것이 제대로 연구하여 원래의 땅에 위치한 우리 고대 국가에 대한 역사를 바로잡아 세우자는 재야 사학계의 주장에 대하여 영토만 크면 된다면서 크고 위대한 나라만을 꿈꾸는 욕망에 의하여 역사를 비학문적으로 하는 사이비, 유사 역사가들이라고 비난하는 사람의 역사 인식이자 언급이다.

역사는 상대적이다. 더군다나 상대방이 있는 역사적 사건 및 사실을 기록하는 당사자들이 자기 입장에서 쓴다는 것은 역사의 상식이다. 그리고 그것을 객관성을 떨어뜨리지 않는 범위에서 자기 입장에서 해석하는 것이 당연하다. 그런데 우리 고대 역사의 당사자인 중국과 일본은 자기 입장에서 쓰고 상대방인 우리 고대 국가를 낮추어 왜곡하는 반면 우리는 삼국시대(사국시대)에는 그렇지 않았지만 당시의 기록은 사라지고 그 이후 역사서는 이러한 역사서를 그대로 받아들임은 물론 스스로 더욱더 낮추어 기록하였다. 여기에 그치지 않고 이러한 우리 역사를 해석함에도 당연히 중국이나 일본의 역사서는 높이고 상대방인 우리 역사서는 왜곡하여 낮추었음을 알고 이제라도 제대로 해석하여야 함에도 우리나라 유학자들과 일제 식민주의 사학자들로부터 그대로 이어받은 우리 주류 강단 사학계는 더욱 낮추어 역사를 해석하고 있다.

> 역사는 자기 입장에서 쓰는 것이 당연한 상식이다.
> 이러한 기록을 객관적으로 해석하는 것이 후세의 몫이다.
> 그런데도 상대방의 입장에서 쓰인 것을 그대로 우리 입장으로
> 해석하는 것은 비상식적인 인식이다. 이러한 기록을
> 자기 입장에서 재해석하여 객관적으로 해석한 결과로
> 역사를 정립하는 재야 민족 사학계 해석 방법을 욕망에 의한
> 비학문적인 역사를 주장한다고 비난하면서 정작 자신은
> 자기 입장에서 쓰인 것을 그대로 받아들인 채 고조선은 수준이
> 떨어지는 나라이고 연나라는 강성한 나라라고 해석하는
> 비상식적인 비학문적인 역사를 주장하는 잘못을 저지르고 있다.

과연 누가 제대로 바라보는지 계속 이 글에서 밝혀내도록 할 것이

므로 우리나라 국민들이 제대로 판단을 내리리라 기대하면서 소위 '젊은 역사학자들 모임' 일원의 글과 다음의 낙랑군 글 그리고 '광개토왕 비문' 글을 비판하고자 한다. 과연 비전문가로서 욕망에 의한 비학문적인 사이비, 유사 역사 연구자인 본 필자와 전문가로서 학문적인 욕망 너머 제대로 된 역사를 펼치는 역사학자 가운데 누가 옳은 연구와 판단을 내리는지 지켜보고 판단을 내려줬으면 한다.

> 소위 '젊은 역사학자 모임' 일원들과 본 필자 간에 누가 객관적인 역사를 해석하고 펼치는지 이 글에서 판가름 날 것이다.

9) 『삼국지』〈위서〉「동이전」 및 『위략』과 『사기』「흉노열전」 그리고 『삼국유사』 사료 이용과 해석을 비판한다

(1) 동호에 대한 정의 그리고 '고조선 이동설'을 비판한다

또한 소위 '젊은 역사학자들 모임' 일원은 위략을 인용한 『삼국지』〈위서〉「동이전」과 사마천의 『사기』「흉노열전」을 인용하여 동호가 당시 요서 지역에 자리 잡고 있던 종족이라고 하였다.

그리고 『삼국유사』를 근거로 고조선 중심지가 한반도 평양인 점을 인정하였다. 그러나 진개가 고조선 영역을 1천여 리 혹은 2천여 리를 빼앗았다는 기록이 있고, 연나라가 설치하였다는 연군현과 연장성이 있는데 그 연장성의 동쪽 끝인 양평이 지금의 요양이기 때문에 최근 역사학계에서는 고조선의 중심지가 본래 요하 일대였으나 진개 침공 이후 평양 지역으로 옮겨졌다는 '이동설'이 널리 수용되고 있다고 하였다.

우선 이에 대하여 살펴보기로 한다. 우선 그가 그렇게 판단 안 했으면 몰라도 무엇을 근거로 동호가 요서 지역에 자리 잡고 있던 종족이라고 하였는지 모르나 그렇게 판단하였다면, 그가 인용한 2개 사료 중에 사마천의 『사기』「흉노열전」은 진개의 공격 대상이 동호로 되어 있다. 그리고 『삼국지』〈위서〉「동이전」은 조선으로 되어 있다. 동호를 진개 공격 대상으로 1천여 리나 2천여 리를 물러난 대상으로서 조선의 위치 이동과 관련이 없으면 몰라도 분명히 요서 지방에 있었던 종족이라고 했으면 1)공격 대상이 상반된 사료가 나오므로 본인이 거론한 바와 같이 전문가라면 당연히 본 필자가 '고조선 이동설' 비판에서 분석하였듯이 이에 대한 분석과 설명이 있어야 하고, 2)동호는 어떤 세력이며 3)진개의 공격에 밀린 당사자가 위치상 동호일 수밖에 없는

데 동호가 1차로 연의 진개에게 밀렸다면 이 동호가 멸망하지 않는 한 요양 지방에 있던 고조선이 이에 2차로 밀려 한반도 평양으로 밀려 이 동해서 그곳에 연군현과 연장성을 요양까지 쌓았다고 한다면 동호는 어디로 갔는지 설명하거나 이에 대한 해명이 있어야 한다. 모순이 생기기 때문이다. 분명히 연나라 옆인 요서 지방에 동호가 있었다고 했고, 고조선이 요양에 있다가 밀린 채 연나라가 여기까지 와서 연장성을 쌓았다고 하면 1차로 밀린 동호는 어디로 갔는가 말이다. 모순이기 때문에 이 글의 모든 논리와 판단은 잘못된 것이다.

> 이 글에서 비판하고 있는 소위 '젊은 역사학자 모임' 일원의 학문적 근거인 주류 강단 사학계와 같이 확실한 근거를 제대로 대지 못한 채 어설프게 선배들의 잘못되고 어설픈 논리만 반복하고 있다. 동호에 대한 개념도 없이 동호에 대한 제대로 된 설명을 하지 못하고 있다.

본 필자가 이 글에서 비판하는 논문도 이 사항을 염려하면서도 제대로 해명을 못 하였다고 본 필자가 비판한 바 있다.

그러나 1)논문이 인용한 『사기』「흉노열전」상의 동호는 연나라와 고조선 사이인 요서 지방에 있었던 종족이 분명 아니다. 여기서의 동호는 조선 위에 있어 조나라와 역사적 활동이 많았던 세력으로 설사 연나라가 공략하였더라도 조선과는 관계가 없다. 하지만 『염철론』「벌공편」과 『사기』「흉노열전」의 기록은 동호도 공격하여 1천여 리를 물러나가게 하고 이와는 별도로 조선도 일정한 거리는 없어도 공략했던 것이다.

2) 연나라가 공격한 대상인 동호가 기록된 사서는 그가 인용한 『염철론』「벌공편」과 『사기』「흉노열전」인데 여기에는 조선에 대한 공격도 포함되어 있지만 1천여 리 공략은 동호에 대한 것이고 조선에 대해서

는 일정한 거리가 나타나 있지 않는다. 이에 반하여 『사기』「조선열전」과 『삼국지』〈위서〉「동이전」에는 동호에 대한 공격 사실과 공략 거리는 일체 없는 반면, 조선에 대한 공격만 나타나 있고 『삼국지』〈위서〉「동이전」에만 공략 거리가 2천여 리로 기록되어 있다.

3) 소위 '젊은 역사학자들 모임' 일원이 연나라가 동호를 공격하여 물러가게 한 후 연장성을 쌓고 연 5군을 설치하였다는 사실에서 정작 연 5군을 설치한 것은 놀랍게도 연나라가 아니고 진나라로 이는 연 5군을 물러나게 하고 빼앗은 땅이 아니라는 증거가 된다는 사실,

【사료22】『한서』「지리지」 1. 유주

④ 상곡군(上谷郡)
상곡군(上谷郡), 진(秦)에서 설치하였다.

⑤ 어양군(漁陽郡)
어양군(漁陽郡), 진(秦)이 설치하였다.

⑥ 우북평군(右北平郡)
우북평군(右北平郡), 진(秦)에서 설치하였다.

⑦ 요서군(遼西郡)
요서군(遼西郡), 진(秦)에서 설치하였다.

⑧ 요동군(遼東郡)
요동군(遼東郡), 진(秦)에서 설치하였고 유주(幽州)에 속한다.

4) 이는 연 5군이 지금의 요령성 요양을 거쳐 한반도 북쪽 압록강까지 있지 않고 오히려 원래의 땅인 연나라와 고조선 간의 위치인 진나라와 고조선 간의 경계에서 진나라 쪽에 설치하였다는 증거가 된다는 사실 등이 있다. 실제로 비록 소위 연 5군이 아닌 한 2군인 낙랑

군과 현토군은 각각 5,000리, 4,000리로 왜곡하였고 소위 연 5군의 위치 수치 기록도 일부 왜곡하였지만

【사료10】『후한서(後漢書)』「군국지」 1. 유주

④ 상곡군(上谷郡)
상곡군(上谷郡), 진(秦)에서 설치하였다. 낙양(雒陽)에서 동북쪽으로 3200리에 있다.

⑤ 어양군(漁陽郡)
어양군(漁陽郡), 진(秦)에서 설치하였다. 낙양(雒陽)에서 동북쪽으로 2000리 떨어져 있다.

⑥ 우북평군(右北平郡)
우북평군(右北平郡), 진(秦)에서 설치하였다. 낙양(雒陽)에서 동북쪽으로 2300리 떨어져 있다.

⑦ 요서군(遼西郡)
요서군(遼西郡), 진(秦)에서 설치하였다. 낙양(雒陽)에서 동북쪽으로 3300리 떨어져 있다.

⑧ 요동군(遼東郡)
요동군(遼東郡), 진(秦)에서 설치하였다. 낙양(雒陽)에서 동북쪽으로 3600리 떨어져 있다.

각각 지금의 하북성 위치에 둘러서 위치한 것으로 기록하고 있는 한편 주류 강단 사학계와 소위 '젊은 역사학자들 모임' 일원이 지도상에 그리고 있는 바와 같이 하북성으로부터 지금의 요령성을 거쳐 한반도 북부 압록강 경계까지 일렬로 늘어서 있게 설치되지 않은 것으로 기록되어 있다. 이는 세부적으로 소위 연 5군을 같이 거쳐 흐른 하천의 기

록에 의하여도 입증된다.

기록들과 사실들이 이렇다면 과연 중국사서가 기록한 사건의 진상이 과연 무엇인지 내지는 신빙성이 있는지를 철저히 분석하여 파악하여야 전문가가 아닐까 한다. 따라서 동호와 조선을 별개로 공격하였다는 사서의 기록과 조선만을 공격하였다는 사서의 기록이 있고, 어떤 사서는 별개로 공격한 대상 중에 동호는 1천여 리 물러났다고 한 반면 조선은 물러난 기록이 없고, 조선만을 공격하였다는 기록 중에 하나의 사서는 물러난 거리가 없는 반면, 다른 사서는 갑자기 2천여 리 물러났다고 기록되었으면 어떻게 판단하여야 합리적인 것일까.

여기에 고려할 사항이 이러한 사서들이 쓰인 시대 즉 그 사건과 어느 사서가 가까운지 그래서 어느 사서가 또 다른 어느 사서를 참고로 하였는지 여부를 생각하여야 한다. 그리고 당시의 실제적인 시대 상황도 고려해야 한다. 그리고 마지막으로 중국사서의 기록 중 어느 사서가 신빙성이 있는지 여부와 중국사서의 상투적인 자기중심적 위주의 기록 관행인 '춘추필법' 가미 여부를 고려해서 판단하여야 한다. 이렇게 여러 가지 합리적인 고려사항을 고려하여 분석하고 판단한 다음 이에 대한 결론을 도출하여야 한다.

> 여러 다른 중국사서의 기록을 면밀히 분석하여야 함에도
> 극단적으로 왜곡된 기록만을 그대로 적용하여
> 일제 식민사학 논리를 수호하고 있다.

그래서 도출한 합리적인 판단이 본 필자가 앞의 '고조선 이동설' 비판에서의 판단이다. 즉 '한사군 한반도 평양설'의 강력한 근거로 삼는 '고조선 이동설'의 기본인 연나라 진개의 공격 사실에 있어서 동호에 대한 공격은 신빙성이 떨어지며, 고조선의 공격에 대한 것은 어느 정

도 사실이나 1천여 리 공략은 사실이 아니며 더군다나 『위략』을 인용한 『삼국지』〈위서〉「동이전」의 2천여 리 공략은 '춘추필법'에 의하여 이전 기록의 과장 묘사인 것이 확실한 것으로 확인되었다.

고조선이 1천여 리나 더군다나 2천여 리는 전혀 아니지만 어느 정도 밀려난 후 본 필자가 비판하고 있는 소위 '젊은 역사학자들 모임' 일원들을 비롯한 주류 강단 사학계가 비정하는 요령성 요양 지방은 절대 아닌 지금 개념으로 요서 지방 즉 당시의 요동 지방인 하북성 당초 연나라와 고조선 간의 경계인 갈석산과 진장성과 당시의 요수가 있었던 곳에서 벗어나지 않는 곳에 연장성을 쌓았다. 그러나 이내 물러나 원래의 위치에 있게 된 진나라시대에 이곳에 소위 연 5군(진 5군)을 설치한 이후 한나라의 위만조선 공략전까지는 고조선과 고조선의 번국인 위만조선이 이곳을 차지한 후 영위하다가 조한전쟁을 맞이하여 패한 후 여기에 낙랑군이 설치되는 것이다. 그러므로 낙랑군은 요서 지방 즉 당시의 요동 지방인 하북성에 설치된 것이 역사의 진실이며 중국사서의 합리적인 해석이다. 사실 연 5군이라는 단어는 적절하지 않다. 차라리 진 5군이 맞는 단어이다.

> 연 5군 설치와 연장성은 허위이며 연 5군은 진 5군이다.
> 이 위치는 산서성이며, 사서기록상의 여러 사항에 의하면 산서성에서 한반도 북부 압록강까지 일렬로 늘어서게 설치한 것이 아니라 산서성과 하북성의 일정한 지역에 몰려 있다.

(2) 소위 연 5군(진 5군)의 위치 및 양평에 대한 주장을 비판한다.

그럼에도 불구하고 낙랑군은 평양에 있다는 것을 전제로 모든 것을 여기에 맞추어 관련 사료들을 해석하다 보니 무리와 억지가 따라와 전문가의 분석과 해석에는 도저히 어울리지 않게 된다. 본 필자가 이 글에서 비판하고 있는 소위 '젊은 역사학자들 모임' 일원이 그린 연 5군의 위치도를 보자. 이것이 가능한 것인가. 단 1개의 사료로 이 위치도는 허무하게 무너진다. 이 위치도가 무너지면 그의 동호에 관한 것이나 연개의 침입 해석도 모두 허위임이 밝혀져 전문가의 자리에서 물러나야 한다. 『후한서』「군국지」를 보면 조작이 심한 소위 한사군(한이군)인 낙랑군, 현토군을 제외한 어양군, 상곡군, 우북평군, 요서군, 요동군이 낙양으로부터 얼마나 떨어져 있는지 구체적으로 나와 있다. 여기에 나와 있는 연 5군의 위치는 그 거리상 직선거리상으로도 요령성 요양, 도보거리상으로는 북경시 인근까지이다. 이에 대하여 본 필자가 이 글에서 비판하고 있는 소위 '젊은 역사학자들 모임' 일원들은 해명을 해야 한다. 요동군이 한반도 압록강까지는 아니다.

> **본 필자가 이 글에서 비판하고 있는 소위 '젊은 역사학자 모임' 일원의 연 5군 위치도는 전혀 증빙이 안 되는 허위이다.**

더군다나 본 필자가 이 글에서 비판하고 있는 소위 '젊은 역사학자들 모임' 일원은 낙랑군이 한반도 평양에 위치하도록 연장성의 동쪽 기점인 양평을 현재의 요양 지역으로 비정하는 주류 강단 사학계의 통설과 같이 이곳으로 비정하여 이곳이 요동 지역의 중심지라고 하면서 최근 역사학계에서는 고조선의 중심지가 원래 요하 일대였으나 진개의 침공 이후 평양 지역으로 옮겨졌다는 이동설을 널리 수용하고 있다고 하였다. 본 필자는 이 이동설에 대하여 본 필자가 이 글에서 비판하는 논문을 비판하여 이 글의 '고조선 이동설' 편에서 이를 비판한 바 있으며, 소위 '젊은 역사학자들 모임' 일원의 『삼국지』〈위서〉「동이전」과 사마천의 『사기』「흉노열전」 그리고 『삼국유사』를 인용하여 해석함을 비판한 바 있다. 그리고 양평의 위치 비정에 대하여도 앞의 '고조선 이동설'에서 이를 비판한 바 있다. 본 필자는 양평에 대하여 살펴본 바, 【사료22】『한서』「지리지」1. 유주상에는 유주 소속의 요동군 양평현으로 되어 있고, 【사료10】『후한서(後漢書)』「군국지」1. 유주상에는 요동군의 양평현으로 낙양에서 3,600리 떨어져 있다고 되어 있다. 【사료16】『진서』「지리지」'평주', '유주'상에는 한나라 시대의 우북평군으로써 평주 소속의 요동군 양평현으로 되어 있다. 이곳은 앞에서 자세히 살펴보았듯이 한나라 요동군 양평현이자 공손씨의 양평성이자 고구려 요동성으로 나중에 안동도호부가 평양에서 이곳으로 옮겨 설치된 곳으로 현재 하북성 석가장시 행당현이다.

수많은 사항이 이를 입증하지만 대표적으로 더욱 입증하는 사항이 공손씨 활동과 소멸 지역이 이곳임을 앞에서 입증하여 설명하였다. 즉 고구려 동천왕 시기에 조조의 위나라가 요청하여 공손씨 세력을 같이 공격함으로써 이루어진다. 이는 여러 가지 상황 즉 위협 및 제거 대상인 점 등에서 세 세력이 인근에 있음으로써 가능하다. 즉 위나라와 공손씨 세력과 고구려 세력이 인근에 있음으로써 가능하다. 이는 이 사건 후에 이루어진 위나라와 고구려 간의 전쟁에 의하여도 입증된다.

당시 위나라는 중국의 중심인 장안(시안)과 낙양의 동남쪽에 위치한 허현(許縣 : 지금의 하남성 허창시(許昌市) 동쪽)과 낙양을 중심으로 있으면서 동북쪽으로는 지금의 산서성과 하북성에 겨우 미치는 영역을 가지고 있었다. 이러한 나라가 주류 강단 사학계의 비정대로라면 요령성 요양의 양평이나 요령성 요동반도나 한반도 황해도의 대방군에서 활동하던 공손씨가 무슨 위나라의 위협이 되며 이곳에 있는 세력을 그 먼 곳에서 공격할 것이며, 역시 주류 강단 사학계의 비정대로라면 당시에는 겨우 한반도 압록강 북부의 길림성 집안시 인근에 머물던 고구려에 협공을 요청하겠으며, 이후 고구려가 공손씨 세력의 근거지를 위나라가 차지하였다고 차지한 땅을 지나 머나먼 서안평인 하북성 호타하 동쪽을 공격하겠으며, 이후 이를 보복하고자 머나먼 하남성에 있는 위나라가 길림성 집안시를 공격한다는 것은 도저히 있을 수 없는 공상 과학소설에 나오는 이야기이다.

이는 공손씨 세력이 하북성 석가장시 북부인 하북성 석가장시 행당현에 있었고 고구려는 이 서북쪽에 위치해 있었기에 이곳 하북성 호타하 인근까지 영역을 가지고 있었던 위나라가 바로 옆의 공손씨 세력을 제거하기 위하여 반대편 고구려에 협공을 요청하여 제거한 것이다. 더군다나 앞에서 살펴본 바와 같이 【사료57】『후한서(後漢書)』「원소유표열전」상에는 **양평에 대한 이현**(당나라시대 사람)**의 주(注) : "양평은 현인데 요동군에 속해 있었다. 그 옛 성이 지금의 평주 노룡현 서남에 있다."**(생략)라고 되어 있어 위치가 현재의 하북성 노룡현 인근으로 되어 있다. 본 필자가 이 글에서 비판하고 있는 소위 '젊은 역사학자들 모임' 일원은 양평이 요양 지역으로 요동 지역의 중심지라고 했지만 이곳 즉 하북성 석가장시 북부에서 동으로 지금도 그 지명이 남아 있는 하북성 형수시 안평현까지가 요동군 지역으로 소위 '젊은 역사학자들 모임' 일원 스스로가 인용한 【사료43】『사기』「흉노열전」상에 연장성의 동쪽 기점인 양평에 대하여 색은은 주석하기를 "[9] [색은] **위소(韋昭)는 "(양평襄平은) 지금 요동군(遼東郡)의 치소**"라 했다."라고 한 바와 같이 이곳이 요동군의 치소인 것이다. 이곳에 위치했던 요동군의 치소인 양평이 【사료58】『수서』「지리지」상에서부터 수나라 문제 개황 원년, 581년에 없어진 채 당나라 시기에 위치를 옮겨 지금의 요하 인근의 요양 지방으로 나타나고 있다.

> 소위 연 5군 위치도에 대하여 토론을 벌이든지 아니면 증빙 사료에 의하여 해명을 요구한다.

이러한 사항을 소위 '젊은 역사학자들 모임' 일원들이 비난하는 사이비 역사가인 본 필자도 파악할 수 있는데 전문가인 정통 역사가가 파악하지 못하면서 요양 지역으로 한다는 것은 이해가 안 되며 이해를 못 함을 떠나서 분노를 느끼게 한다. 그래서 비판했더니 우리 고대 국가의 영토가 넓으면 좋다는 욕망에 의하여 비학문적으로 역사를 보는 사이비, 유사 역사학자라고 오히려 비난하고 있다. 도대체 누가 사이비 역사학자라는 말인가. 이에 대하여 토론을 벌이든지 아니면 해명을 내놓고 욕망이니 사이비니 유사니 비난을 하여야 한다. 이에 대하여 소위 '젊은 역사학자들 모임' 일원들의 해명을 요구한다. (주류 강단 사학계에 대한 공개 질문12) 또한 어떠한 근거로 소위 연 5군이 산서성으로부터 한반도 북부 압록강 인근까지 일렬로 늘어선 넓은 지역을 차지한 것으로 그려 넣었는지에 대한 공개적인 질문과 해명 요구는 앞에서 (주류 강단 사학계에 대한 공개 질문11) 하였다. 이는 도저히 있을 수 없는 비정이다.

10) 고조선 유적, 유물에 대한 왜곡된 해석을 비판한다

그는 자신의 고조선 낙랑군 평양설을 고집하기 위하여 꺼낸 것이 유적, 유물이다. 이 또한 주류 강단 사학계 논리에 충실하다. 이렇게 역사학 전개의 2개 골격인 사료와 유적, 유물에 있어서 사료상으로는 고조선 낙랑군 평양설이 도저히 성립될 수 없으므로 매달리는 유일한 것이 유적, 유물이다. 그것도 사료와 마찬가지로 자의적으로 취사선택한 후 이를 자의적으로 왜곡 해석하고 일제에 의하여 조작된 유적, 유물로 자신들의 이론을 버텨내고 있다.

본 필자는 앞의 '고조선 이동설'에서 주류 강단 사학계의 유적, 유물 해석에 대하여 비판하였다. 그리고 본 필자가 이 글에서 비판하는 논문의 유적, 유물에 대하여는 앞의 비판과 뒤에서 소위 '젊은 역사학자들 모임' 일원들의 유적, 유물에 대해서 마찬가지로 비판하고 나중에 본 필자가 이 글에서 비판하고 있는 소위 '젊은 역사학자들 모임' 일원의 '낙랑군 비판' 편에서 계속 비판하도록 하겠다.

> 주류 강단 사학계의 '낙랑군 평양설' 논리는 오직 유적·유물에만 의존하고 있으나, 이 유적·유물도 일제가 조작한 것이거나 잘못된 인식에 의한 해석에 의한다.

(1) '고조선 이동설'은 낙랑군 평양설을 유지하기 위한 식민사학의 왜곡된 변형물이다.

원래의 식민사학은 본 필자가 이 글에서 비판하는 논문이 지금도 주장하고 있는 고조선 초기부터 말기까지의 위치 모두가 한반도 평양이라는 것이다. 이는 고려 및 조선시대 유학자로부터 시작하여 일부 실학자들을 거쳐 일제 때 식민사학 논리로 완성된 것이다. 우리 주류 강단 사학계는 이것을 그대로 이어받았다. 고려 및 조선시대의 유학자들은 중국사서들의 기자의 고조선 동래설을 받아들여 한반도 평양으로 끌어들인 것을 실학자들은 성리학에 의존한 채 역사학 전개의 기본 틀의 다른 축인 '유적, 유물'은 없이 '춘추필법'에 의하여 왜곡된 중국사서만을 근거로 하였다.

이후 일본 식민 사학자들과 해방 후 이를 이어받은 국내 주류 강단 사학계는 일제 때 완성한 논리를 그대로 받아들여 초기 및 말기 고조선 평양설을 그대로 유지하였다. 하지만 해방 후 중국의 지금의 개념 상의 요서와 요동 지방에서 대량으로 고조선 지표 유적, 유물이 발굴되는가 하면 한반도 평양보다 더 발달된 고조선 지표 유적, 유물이 많이 발견되자 그들의 논리가 성립되지 않게 되었다. 그러자 할 수 없이 그들의 논리를 유지하고자 모든 논리는 그대로 놔둔 채 불명확한 연나라 진개의 침략 기록을 핑계로 '고조선 이동설'을 내세우게 되었다.

이 고조선 이동설의 전제조건은 앞에서 본 필자가 설명하였지만 진개의 침략과 1천여 리 내지는 3천여 리 이동이다. 그래야만 요하 지방에 있던 고조선이 밀려 한반도 평양으로 이동한 후 여기서 조한 전쟁에 패해 낙랑군이 세워진다는 설이 유지되기 때문이다. 하지만 연나라가 요하 지방까지 있었다는 것이 입증되지 않고 중국사서 및 여러 가지 증거가 입증해 주지 않으니 본 필자가 이 글에서 비판하는 논문의 경우 그 사이에 동호와 요동을 집어넣는가 하면 소위 '젊은 역사학자들 모임' 일원의 경우 중국사서의 기록과는 전혀 맞지 않게 소위 연 5군을 압록강까지 위치하게 하는 것이다. 하지만 앞에서 살펴보았듯이 고조선 이동설의 전제 조건이 되는 연나라 진개의 고조선 침략 후 1천여 리 내지는 3천여 리 이동은 사실이 아니다. 더군다나 연나라와 고조선 사이의 동호나 요동의 개입 그리고 연 5군의 압록강까지의 배치는 더더욱 아니다. 그리고 고조선의 초기 중심지 역시 대능하 지방 내지는 요하 지방이라는 것은 사실이 아니다.

그러므로 '고조선 이동설'은 사실이 아닌 '낙랑군 평양설'을 유지하기 위한 변명물이자 변형물이다. 이것은 나중에 설명할 또 다른 변형물인 '낙랑군 교치설'이라는 변명물이자 변형물과 같다. 즉 '낙랑군 교치설'은 사료상 이전에 고조선을 연구하는 사료가 전문가들에게 읽히는 관계로 식민 사학자들과 그들을 이어받은 주류 강단 사학계의 전문가들에게만 읽혔던 것이 변하여 많은 이들에게 읽힌 결과 지금의 개념인 요서 지방에 고조선이 위치해 있는 것으로 밝혀지자 고조선 이동설과 마찬가지로 기존 논리는 그대로 놔둔 채 원래 한반도 평양에 있던 낙랑군이 313년 고구려 미천왕에게 멸망당해 요서 지방으로 교치된 것이라는 주장을 내놓았다. 교치는 일정 지방에 있던 행정 구역을 다른 곳으로 옮긴 것을 말한다. 그러므로 사료상 요서 지방에 나타나는 낙랑군은 원래 평양에 있던 낙랑군이 이곳으로 옮겨와 사료에 나타나기 때문이라는 변명을 한다. 하지만 이 역시 변명물이자 변형물로 그 전제가 되는 낙랑군의 313년 멸망은 고조선 이동설의 전제가 되는 연나라의 진개 침략 1천여 리 이상 이동이 허위이듯이 허위인 것으로 역시 허구이다. 즉 미천왕이 313년 낙랑군을 멸망시킨 사실은 주류 강단 사학계가 꾸민 허구이다. 이에 대하여는 다음 편인 낙랑군 편에서 언급하기로 하겠다.

(2) 초기 고조선 중심지가 대능하 지역 내지는 요하 일대라는 설정은 잘못이다.

본 필자가 이 글에서 비판하고 있는 소위 '젊은 역사학자들 모임' 일원은 고조선의 지표가 되는 유적, 유물을 설명하면서 이에 대한 전제로 이미 비판한 바 있는 요하 일대 즉 요령 지역을 초기 고조선 중심지로 설정하였다. 그러나 사실 '고조선 이동설'에 의하면 원래의 고조선 중심지는 대능하 지역으로 설정하고 있다. 요령성 요하 초기 중심지 논리에 대해서는 이미 비판한 바 있듯이 중국의 '춘추필법'에 의하여 사료『구당서』편찬 이후 고구려가 수도를 장수왕 시기 즈음에 고조선과 낙랑군이 위치해 있던 평주에 옮긴 것을 계기로 고구려 평양을 고조선 수도 왕검성 내지는 평양과 동일시하기 시작하였다. 이후 이와 같은 개념하에 이 위치만을 중국의 역사왜곡과 함께 모든 것을 최초의 위치에서 지금의 요하 지방으로 옮겨 설정하기에 이르렀다. 이후 중국사서의 개념과 공식은 요양은 고구려 수도 평양이고 그곳은 예전 고조선의 도읍지가 되었다.

이러한 것을 우리나라는 유교를 받아들이면서 소중화 사상에 의하여 기자가 평양에 왔다는 전제하에 그 평양이 한반도 고구려 수도 평양이라는 개념으로 만들어 그 이후부터 한반도 평양은 고조선의 수도 평양이 되었다. 여기에 낙랑군이 들어섰으므로 낙랑군 평양설이 완성되기에 이르렀다. 이러한 법칙 아닌 공식을 중국사서를 검토하면 충분히 파악할 수 있는데도 앞의 시작은 잘라버린 채 중간부터의 중국사서와 우리나라 사서만으로 역사를 재단하여 왜곡된 역사논리를 만들고 있는 것이 우리 주류 강단 사학계이다.

하지만 이러한 사료상의 근거는 그들에게는 변명을 위한 수단일 뿐이다. 그들은 알고 있다. 모든 것을 파헤치면 본인들 논리가 틀렸다는 것을. 그래서 그들이 매달리는 것이 역사학 전개의 다른 축인 유적, 유물이다. 이것만을 근거로 논리를 주장하면서 여기에 맞는 사료만을 내세울 뿐이다. 그래서 그들이 내세우는 사료는 항상 빈약하고 그 빈약한 사료마저도 해석이 비합리적이고 비학문적이다. 그리고 그나마 모든 사료는 고조선의 수도인 왕검성 내지는 평양 그리고 최초 위치는 한반도 평양이 아니고 하북성이라고 증거하고 있다. 그리고 아무리 왜곡되었을지라도 중국사서 기록은 지금의 한반도 평양이 아니라 요령성 요하 인근이라고 증거하고 있다. 그리고 그들이 유일하게 매달리고 있는 유물은 적어도 일제에 의하여 조작되었거나 이에 대한 해석이 비상식적이고 비합리적이다. 그래서 비학문적이다.

(3) 고조선 지표 유물에 대한 해석이 잘못되었다.

본 필자가 이 글에서 비판하고 있는 소위 '젊은 역사학자들 모임' 일원은 고조선 지표 유물로 세 가지 즉 비파형 동검, 탁자식 고인돌, 미송리형 토기를 제시하였다. 그러면서 이 세 가지 유물의 분포의 동일성에 대해서 부정적인 견해를 밝힘으로써 고조선 영역에 대한 예단을 경계하고 그렇게 함으로써 결국 고조선의 정형화 즉 구체화에 부정적 입장을 내세웠다. 결국 고조선을 고대 국가로써의 틀을 만들어 우리나라 고대 국가 역사에 내세우는 것을 반대하는 의사를 보였다.

즉 3대 지표 유물의 분포가 일치하지 않으므로 이들이 나타나는 곳을 고조선의 영역으로 하면 안 된다는 논리이다. 단지 고조선 영역을 추정하기 위한 접근법 중의 하나이므로 이를 하나의 정론으로 만들어 이것이 고조선 영역이라고 내세워서는 안 된다는 주장이다. 결국 고조선이 3개 지표가 나타난 지역 넓은 전체를 영역으로 한 어떠한 정형화된 틀로 구체화하는 것을 원하지 않는 속마음을 드러낸 것이다. 이러한 경향은 이미 언급한 바 있고 광개토대왕 비문 해석에서도 여실히 드러나고 있다. 즉 광개토대왕 비문의 위대한 고구려를 나타내는 것은 사실이 아니라 고구려가 위대해지고 싶은 욕망을 비문에 나타낸 것이라는 것이 그의 의견이요 속마음이다. 그런데도 문제의 신묘년 기사의 왜가 바다를 건너와 백제와 신라를 신민으로 삼았다는 구절은 조작 없이 사실이라는 것이 그의 견해이다.

그의 이러한 견해는 일관성이 있다. 앞에서 언급하였듯이 『관자』를 거론할 때 그 표현상 고조선을 미개한 나라로 인식되게끔 거론하였다. 그리고 『염철론』 「벌공편」 즉 연나라가 고조선을 공격하는 기록을 거론하면서 연나라를 전국 7웅 중 하나일 정도로 강성한 나라라고 언급하였다. 본 필자가 이 글에서 비판하고 있는 소위 '젊은 역사학자들 모임' 일원의 두 사서에 대한 언급을 보면 고조선은 수준이 떨어진 나라로 연나라의 공격 대상이 되고, 공격한 연나라는 강성한 나라라는 것이다. 이것이 재야 사학자들을 사이비 유사 역사가들이라고 비난하는 사람의 일관된 역사 인식이자 언급이다. 소위 '젊은 역사학자들 모임' 일원은 냉철하고 학문적이어서 결코 욕망에 의한 비학문적인 연구를 하는 사람이 아닌 역사 전문가이다. 그렇다면 과연 그가 냉철하게 전문가로서 연구한 결과의 의견이 사실이고 그가 비판하는 바와 같이 사이비 역사가들이 욕망에 의하여 비학문적으로 연구한 결과가 사실인지 지금까지 살펴보고 앞으로 살펴볼 여러 가지 사항에 대하여 이 글을 읽은 독자들이 판단하고 소위 '젊은 역사학자들 모임' 일원은 이에 대한 답변을 내어놓기 바란다.

> 고조선 영역은 유물에 의하여도 확정하지 않은 반면 연나라의 연 5군은 유물이 없는데도 확정하였다.
> 이것이 욕망 너머의 진실 된 한국 고대사인가?

그는 분명히 말했다. "세 유물이 분포하는 중심 지역이 꼭 일치하지 않는다는 점을 주의해야 한다." 그는 여기에 중점을 두었다. 일치하지 않으므로 설사 고조선 지표 유물일지라도 또한 설사 이것들이 나타나는 지역일지라도 이곳을 고조선 영역이라고 해서는 안 된다는 논리이다. 영역을 판단하는 연구 방법 중의 하나라고 생각하라는 것이다. 이것은 결국 고조선 영역으로 확정해서는 안 된다는 것이다.

결국 이렇게 함으로써 고조선 영역은 확정 지을 수가 없다. 확정 지을 방법이 없다. 어떤 사서가 고조선의 서쪽 경계는 여기부터이고 동쪽 경계, 남쪽 경계, 북쪽 경계가 어디라고 더군다나 상고사 국가에 대하여 나올 수 있다는 것인가. 사서의 기록과 유적, 유물의 발굴 분포로 보아 획정하는 것이 상례이다. 그런데도 불구하고 그는 고조선을 침략한 후 설치하였다는 소위 연 5군의 위치는 확정적으로 설정하였다. 요동군은 압록강까지. 어느 사서에 그리고 여러 연나라 유물이 확정적인 것으로 할 만큼 공통적으로 압록강까지 발굴되어 나타났는지 소위 '젊은 역사학자들 모임' 일원은 답해 주기를 바란다가 아니고 요구한다. (주류 강단 사학계에 대한 공개 질문13)

본 필자가 이 글에서 비판하고 있는 소위 '젊은 역사학자들 모임' 일원의 이러한 고조선의 영역 확정 비관론은 단 한 가지이다. 고조선은 그의 말대로 원래 요하 지방에 있다가 연나라에 밀려 지금의 평양 지방으로 왔다는 것이 그와 그가 속한 주류 강단 사학계의 논리이다. 그런데 3대 지표 유물은 이와는 달리 자기들이 책정한 요하 지방만이 아닌 자기들이 전혀 책정하지 않은 요서 지방으로부터 골고루 나타나고 있다. 자기들이 생각하는 고조선은 한반도 평양 지방의 별 볼일 없는 작은 나라인데 이와는 다르게 고조선의 지표 유물들이 그들의 요서 지방에서 나타나고 있다. 그러므로 이 유물들 세 가지가 정확하게 같이 나타나지 않음을 핑계로 이들을 인정하지 않아야 본인들의 논리가 허물어지지 않기 때문에 이들을 인정하지 않는 것이다. 결국 자기 논리의 생명을 위해서 역사적 진실을 외면하고 인정하지 않는다. 그러면서 이를 인정하라는 상대방을 비학문적으로 욕망에 치우쳤다고 비하한 채 사이비 유사 역사가들이라고 비난하면서도 잘못되어 수정해야 할 자기 논리는 계속 유지하고 있다. 더군다나 그는 전문가이면서 학자라고 하는데 다른 의견을 제시하는 상대방을 사이비, 유사 역사가이고 이렇게 비판하는 의견을 파쇼주의라고 비판하면서도 항상 자신의 논리에 모순이 있다.

비파형 동검의 경우 분포 범위가 매우 넓지만 가장 많이 출토되고 초기 형태가 많이 나오는 곳은 역시 요서 지역이라고 한다. 이러한 의견은 요서 지역의 출토를 인정해서가 아니다. 이것은 여기에 중점적으로 나타나지만 다른 지표 유물은 다른 곳에 중점적으로 나타나므로 일치하지 않는다. 그러므로 이들이 나타난 곳을 고조선 영역으로 해서는 안 된다는 것이 그의 의도이다. 하지만 그러한 그의 의도 때문에 오히려 모순을 그 속에서 드러내고 있다. 즉 비파형 동검의 경우 초기 형태가 중점적으로 나타나는 곳이 요서 지역이라고 인정하였듯이 이곳이 재야 사학자들이 주장하는 초기 고조선 중심지이다. 그가 주장하는 요하 지방이 아님을 스스로 인정하는 것이다. 이것이 다른 지역 즉 고조선 전체 지역에 발달 과정과 그 위치를 달리하여 나타나는 것은 상식적인 것으로 그렇게 나타날 수 있다. 이후 여기서 발달된 형태가 같은 영역인 다른 지방에서 나타날 수 있다. 그런데 이러한 점으로 문화가 다르므로 다른 국가 영역이라고 인식하는 것이 오히려 잘못이다.

그리고 탁자식 고인돌은 요동반도 남쪽과 한반도 서북부 평양 일대가 중심 분포지이고 이 두 분포지 사이의 압록강과 청천강 지역에서는 나타나지 않는다고 하였다. 하지만 이는 별 유의 사항이 될 수 없는 것으로 파악된다. 더군다나 과거에는 고인돌의 경우 북방식은 탁자식, 남방식은 바둑판식이라고 하여 한반도 한강을 경계로 나타난 것으로 하고 있으나 현재는 이의 구분이 필요 없게 나타나고 있는 것으로 확인되고 있다. 고조선은 넓은 지역에 걸쳐 있었고 여기에는 여러 종족이 포함되어 있었다. 비파형 동검의 경우 얼마든지 중앙 집권자의 의지에 따라 아니면 각 지역에서 위세품으로 수여하여 공급하거나 취득할 수 있는 물품이므로 전역에 광범위하게 분포할 수 있다. 그리고 고인돌의 경우에도 매장용이나 제사용으로 고조선이 포함된 동이족 지역의 광범위한 지역에서 나타나고 있다. 어느 특정 지역에 나타나지 않는다고 하여 그곳이 같은 문화권이 아니라고 하는 것은 너무 과한 발상이요 합리적인 의견과 분석이 아니다.

그리고 미송리형 토기는 요동 일대와 한반도 서북부 일대에 걸쳐 넓게 분포하지만 후기 고조선의 중심지가 분명한 평양 일대에는 팽이형 토기가 더 중심 유물이라고 하여 다른 두 유물과의 차별점을 강조하였다. 그러나 이 역시 선입견에 따른 잘못된 역사 해석이다. 전반적으로 중국 요서 지방의 고조선 및 고구려 유물 발굴은 상당히 드문 경우로 나타나고 있다. 설사 발견되어도 정식 발굴까지는 가지 않는 경우가 많고 설사 발굴되어도 고조선과 고구려 유적, 유물의 가능성이 높으면 발표되지 않는다. 미발굴 상태로 놔두는 경우도 많다.

따라서 현재 완전히 명백하게 고조선 유물 분포로 고조선 영역을 설정하는 것은 상당히 어렵다. 하지만 고조선 유물은 중국계 국가와의 유물과는 확연히 구분되어 나타난다. 비파형 동검은 형태에서도 그렇고 금속 성분도 확연히 차이가 난다. 그리고 고인돌의 경우 다른 지표 유물인 적석총과 더불어 중국계 지역에서는 전혀 나타나지 않는다. 물론 그동안 재야 민족 사학계가 우리 민족의 원류이자 고조선이 속한 동이족 지역이라고 하는 산동성에서는 중국계 지역에서는 발견되지 않고 동이족 계열에서만 발견되는 고인돌이, 또한 하북성에서도 중국계 지역에서는 발견되지 않고 고조선 계열에서만 나타나는 비파형 동검이 발굴된다는 것은 과거에는 이곳까지 그 영역이었다는 것을 입증하는 것으로 확인된다. 토기의 경우에도 미송리형 토기와 또 다른 지표 유물인 빗살무늬 토기의 경우 중국계 지역에서는 전혀 나타나지 않는다.

그렇게 볼 때 우리 민족계와 중국 민족계의 경계선이 확연히 구분되어 나타나는 것이 지금의 요서 지방 당시의 요동 지방이다. 그것으로 고조선 영역을 획정하여 나타낸 것이다. 그럼에도 3대 지표 유물의 분포가 일치하지 않는다고 이를 부정하는 것은 부정하고자 하는 선입견에 의하지 않고는 할 수가 없다. 토기의 경우에도 요서 지역에서 나타나지 않는 것은 발굴이 문제이고, 더군다나 소위 '젊은 역사학자들 모임' 일원이 후기 고조선의 중심지에 나타난다고 하는 팽이형 토기는 전기 청동기 시절 즉 초기 고조선 시대의 유물로 해석되고 있다. 이 시기에 평양 일대에 나타나는 팽이형 토기는 소위 '젊은 역사학자들 모임' 일원들의 해석에 의한 후기 고조선의 유물이 아니라 초기 고조선의 유물로 이곳에 같은 고조선 문화권이면서 고조선 국가 내의 다른 종족, 부족 내지는 고조선 국가 산하 다른 고(古)국가 단위가 거주하였을 가능성이 있는 것으로 이해될 수 있다.

이렇게 3대 지표 유물이 그 분포가 다르다고 전체 가능성을 부인하는 것은 어떠한 선입견 즉 전체를 부정하고자 하는 것이 있지 않고는 오히려 가능성이 없는 것이므로 그 선입견 즉 우리 고대사가 제대로 구체화되길 원하지 않는 선입견을 버려야 할 것이다.

더군다나 전문가인 소위 '젊은 역사학자들 모임' 일원들은 다른 방법과 다른 지표 유물을 연구하여 우리 선조 고대 국가인 고조선을 정립시킬 수도 있는데 겨우 정립시킨 고조선을 부정한다면 전문가로서 문제가 있는 것이 아닌가 한다. 예를 들어 소위 '젊은 역사학자들 모임' 일원들에 대한 "'**역사비평** 2016년도 봄호 및 여름호 '사이비 역사학 비판'에 대한 반론문"에서 언급한 유적, 유물과 같이 새로운 고조선의 지표가 되는 바를 연구하여야만 사이비, 유사 역사가들이 존경하는 진정한 전문가라고 생각한다.

> [역사비평 "2016년도 봄호 및 여름호 '사이비 역사학 비판'에 대한 반론문"] (발췌)
>
> (1)청동기
> 청동기만을 놓고 보더라도 이전의 일제 식민주의 사관에 의하면 우리나라는 구석기 시대도 없었고 신석기 시대에도 외부에서 유입되어 왔으며 청동기도 시베리아나 중국에서 유입되거나 영향을 받아 그것도 겨우 B.C. 7세기경 즈음에 시작되었다고 하였다. 그러므로 당연히 B.C. 2,333년에 성립되었다는 고조선의 역사는 인정되지 않았던 것이다.
> 그러나 그동안의 발굴 및 연구결과에 의하면 '홍산문명'(요서지방)과 만주 및 한반도 등 우리 민족 및 고조선 영역에서의 청동기 개시연도는 하가점 하층문화의 청동기 유물이 B.C. 2,410년으로 정확히 비정되는 등 전반적인 개시연대가 B.C. 2,500 ~ 2,600년경으로 확인되고 있는 가운데 한반도의 경기도 양수리에서는 B.C. 2,500 ~ 2,600년경의 청동기 유물이 발견되었다. 이에 반하여 그동안 식민지 학자들과 이를 이어받은 학자들에 의하여 우리 청동기 문화가 영향을 받은 원류인 시베리아 지역의 청동기 개시연대는 B.C. 1,700년경으로 확인되고 있다. 한편 현재까지도 청동기 문화는 물론 철기 문화도 영향을 받았고 특히 우리 한반도 및 한반도 고대 국가에 영향을 주었다는 중국의 식민지 기관인 한사군의 본국인 중국의 고대국가는 물론 중국민족의 고유의 문화라고 주장하였던 중국의 청동기 문화 개시는 한반도 및 요서지방의 홍산문명 및 만주 지역보다도 약 2~300년 늦은 B.C. 2,200년경으로 확인되고 있다. 더군다나 그 청동기의 품질에 있어서도 중국과 확연히 그 분포지역이 확연히 구분되는 우리 고조선 지역인 요서지방 및 그 동쪽인 만주 및 한반도의 청동기는 과학적 분석결과 중국과는 확연히 구분되는 품질을 향상시키는 아연 성분이 청동기 용도 즉 무기, 제사용, 농기구

용 등에 따라 달리하여 나타나는 반면 중국의 청동기는 고조선 지역인 요서지방 및 그 동쪽인 만주 및 한반도에는 전혀 나타나지 않으면서 아연이 전혀 검출되지 않는데다가 우리와는 달리 용도에는 관계없이 그 성분이 일률적이라는 것이 밝혀졌다.
더군다나 그동안 '홍산문명'이 발견되기 전에 전 세계적으로 아시아 최초 최대 문명이라고 밝힌 황하문명은 물론 청동기 유물이 쏟아져 나온 상(은)나라의 경우 청동기 유물의 대부분이 우리 고조선 계열에서 나타나는 바와 같은 발전과정이 없이 갑자기 발전된 형태로 그것도 용도의 다양함이 없이 제사 유물에 한정하여 나타났다. 그래서 이 청동기 문화에 대하여 한때는 외계인이 청동기를 전달하여 주었다는 농담이 나올 정도였다. 이제야 그 비밀이 밝혀진 것으로서 우리 '홍산문명'에서 발달된 청동기 문화가 중국의 황하문명에 영향을 주는 한편 이전부터 제기되었던 은나라의 동이족 학설이 사실로 밝혀져 '홍산문명'의 주인공인 우리 한민족 계통의 일파가 중국으로 진입하여 중국의 실질적인 최초 고대국가인 상(은)나라를 건국하고 청동기 문화를 가져가 퍼트린 것으로 해석되어야 옳을 것이다.
따라서 청동기 문화의 원조 및 제일 먼저 그리고 제일 발전된 나라는 '홍산문명'의 주역인 고조선이 틀림없으며 그 개시연대도 중국 내지는 시베리아보다도 이른 시기인 것이다.
또한 청동기 문화가 발달된 곳은 '홍산문명' 발달 지대인 요서지방이고 그동안 인정하지 않았던 한반도와 평양지방인 것으로 밝혀진 반면 요서지방의 서쪽 편인 중국 지역은 청동기 양식도 다르며 성분도 다름은 물론 그 발달 정도도 고조선 지역에 비하여 떨어지는 것으로 밝혀진 이상 그동안 주장되어 왔던 시베리아 및 중국 내지는 낙랑군으로부터 청동기 유입설은 바로잡아져야 하며 아울러 한반도 평양 한사군 낙랑군설은 폐기되어야 마땅할 뿐 아니라 식민사관의 연장성상 내지는 궁여지책으로 주장되고 있는 고조선 이동설과 낙랑군 고조선인 지배층설 내지는 자율성 논리는 즉각 폐지되어야 한다.

(2)누에천(실크) 및 의복
요즈음 그 연구에 신뢰성과 독창성 그리고 합리성에 찬사를 받고 있는 상명대학교 박선희 교수에 의하면 그동안 청동기 유물 중 비파형 및 동검 세형동검(고조선 동검)과 중국식 동검 그리고 다른 청동기 유물에 의하여만 분석되어 오면서 소홀히 하였던 청동기 시기의 유적인 무덤에서 발견된 의복과 장식품으로 고조선의 영역 설정과 청동기 문화의 원조성과 우수성을 확실히 밝힐 수 있는 학문적 연구 성과가 나와 그동안의 재야 사학자, 유사 사학자들이 주장해 온 논리들이 진실인 것으로 규명되고 있는 실정이다.

고대 무덤에서 발굴되는 누에천(실크)에 대한 분석결과 일제 강점기 평양지방에서 나와 당연히 중국 낙랑군의 유물이라고 여겼던 누에천(실크)에 대하여 최근에 일본에서 과학적으로 분석한 결과 중국의 것과는 다른 고조선 고유의 것으로 확인이 되었으며 같은 유물이 위의 고조선 영역으로 비정되는 난하 이동 요서지방 및 만주 그리고 평양을 비롯한 한반도에서만 발굴되고 있다는 것이다. 더군다나 그 시기도 중국의 최초 누에천(실크)이 시작되는 B.C. 2,700년경보다 앞서는 B.C. 6,000년경으로 추정이 되고 있으며 의복의 경우에도 고조선 영역의 경우 신분의 귀천과 관계없이 발달된 옷감 천과 의복을 갖춘 데 비하여 중국의 경우에는 일부 신분이 높은 무덤에서만 제대로 된 의복이 나오고 있으나 이도 보통의 고조선 영역의 의복보다는 수준이 떨어진다는 것이다.

이 같은 직물에 대한 연구 성과는 (1)서기전 3세기에서 2세기에 속하는 직물이 출토된 평양 낙랑 구역의 여러 무덤에서는 한민족이 생산한 석잠누에의 누에천만 출토되었다. (2)낙랑 구역에서 출토된 누에천들은 같은 시기 중국 것보다 품질이 우수하고 독창적인 직조방법과 염색기술 등을 갖는다. (3)이러한 사실을 종합해 볼 때 낙랑 구역에서 출토된 직물들이 생산된 B.C. 3세기에서 2세기까지 평양 지역에는 한사군의 낙랑군이 위치한 것이 아니라 한민족이 거주했음을 알게 한다는 것이다.

(3)원형 청동 단추 및 세김무늬 방추차(가락바퀴 문양)
박선희 교수의 획기적인 연구는 위의 누에천(실크) 및 의복은 물론 종래의 고조선의 영역을 정하는 데 있어 중국과는 전혀 다른 빗살무늬 토기, 고인돌, 비파형 동검 등 세 가지 유물이 중첩적으로 나오는 지역이 요서 지역과 요동 그리고 만주와 한반도인 것으로 비정하였던 것을 중국과는

417

그 양식과 성분이 전혀 다른 청동 단추와 방추차의 출토 지역도 역시 위의 영역과 일치하는 성과를 올린 것이다. 따라서 그동안 일반적인 토기와 고인돌을 고유의 문양으로 보는 것은 잘못이므로 배척되어야 하므로 결국 비파형 동검 한 가지만을 가지고 영역을 비정하는 것은 잘못이라는 역비판은 배척되어야 하며 오히려 이외에도 조선 시기의 상투인 머리 모양과 머리 모양에 대한 장식품도 중국과 구별되는 것으로써 이도 고조선 영역을 비정하는 데 주요한 유물인 것으로 확인되는 등 여러 가지 발굴 성과와 연구결과에 의하여 고조선의 고유 영역이 확인되고 있는 것이다.

(4) 철기

그동안 청동기는 시베리아로부터 유입되었고 철기는 중국의 춘추전국시대에 발달되어 중국의 한사군으로부터 우리 민족 국가로 유입되었다는 논리를 펼쳐 우리 민족 국가는 예전부터 중국에 처진 나라로 되어 왔다. 하지만 홍산문명의 발견과 여러 가지 발굴 결과와 연구 성과에 의하여 위에서 설명한 청동기 문화는 물론 철기 문화 역시 우리 민족 국가 즉 고조선이 중국 국가보다 앞섰던 것으로 밝혀졌다.

평양 지역의 강동군 송석리 1호 묘에서 B.C. 12세기경의 강철로 만든 석거울이 출토되었는데 강철은 연철이나 선철의 생산 공정이 선행되어야 하기 때문에 고조선의 철기 생산개시 연대는 이보다 몇백 년 정도 더 앞설 것이다. 중국은 전국시대 초기까지 생철이 그대로 생산되어 제철제강 수준은 거의 발달되지 않았다. 생철에서 주철로의 기술은 전국시대 중후기에 와서야 보편적으로 발달되나 연강기술은 여전히 초기단계에 속하여 강철 제련이 농기구 등에 사용되지 못하였다. 그러나 고조선은 같은 시기인 B.C. 6세기경 거의 모든 지역에서 이미 주철을 생산하기 시작하였고 주철로부터 연철, 신철, 강철 등을 생산하여 투기와 공구 및 농기구 등에 널리 사용화되었다. 중국은 서한시대에 와서야 주철생산기술이 비교적 발달하지만 그 수준은 여전히 고조선에 미치지 못하였다.

11) 고조선과 한나라의 전쟁 기사 해석을 비판한다

(1) 고조선이 패한 전쟁 기사를 이유 없이 장황하게 나열하였다.

본 필자가 이 글에서 비판하고 있는 소위 '젊은 역사학자들 모임' 일원은 고조선 관련 글에서 고조선과 한나라와의 전쟁 즉 조한전쟁을 무려 3페이지에 걸쳐 소개하였다. 고조선으로 보아서는 패한 전쟁인데 무슨 이유로 이렇게 장황하게 적었을까 하는 의문이 들었다. 물론 본 필자의 선입견에 의하여 더욱 의아스럽게 생각하였다. 무슨 선입견이냐면 다른 사서를 인용하여 고조선을 설명할 때도 미개한 국가로 소개 설명하였다. 이와는 달리 상대방인 연나라는 막강한 국가임을 소개하는가 하면 고조선의 영역을 확정하여 정립하는 것도 용납지 않는 등의 소위 '젊은 역사학자들 모임' 일원의 태도에 의해서이다. 이러한 서술 방식은 상당히 유감이다. 본 필자가 이 글에서 비판하고 있는 소위 '젊은 역사학자들 모임' 일원은 오히려 본 필자의 태도를 비난할지 모른다. 고조선이 위대하다고 생각하는 욕망을 버리고 역사를 이야기하라고 말이다. 하지만 역사는 사실로 일어난 사건이지만 그것을 쓰는 것은 쓰는 사람의 입장에 따라 쓴 것이고, 쓰인 역사를 해석하는 것도 해석하는 입장에 따라 다르다는 것은 상식이다.

우리나라를 포함한 동북아 상고사의 경우 우리가 쓴 역사서 고구려의 『유기』 및 『신집』, 백제의 『서기』, 신라의 『국사』는 없어져 버리고 전쟁사를 비롯한 역사 활동의 상대방인 중국과 일본의 역사서만 남아 있다. 중국과 일본의 역사서의 서술은 자기중심적으로 왜곡되어 쓰인 것이 확실하다. 그런데 우리의 역사서가 없는 관계로 그러한 역사서를 대부분 근거로 하여 당시를 기록한 우리나라 역사서인 『삼국사기』와 『삼국유사』 등은 중국사서의 입장을 그대로 기록하였다. 그런데다가 그 후의 우리나라 유학자들과 식민 사학자 그리고 현재 주류 강단 사학계에서는 이러한 역사서마저 제대로 연구하여 해석하지 못하고 더 축소시킨 채 낮추어 전개하고 있다. 이에 따라서 우리 역사를 제대로 연구하여 객관성을 저버리지 않는 범위에서 역사를 펼치자는 것이다. 그런데 본 필자가 이 글에서 비판하고 있는 소위 '젊은 역사학자들 모임' 일원들을 비롯한 주류 강단 사학계는 이것을 욕망에 의한 비학문적인 것이라고 비판하면서 스스로는 왜곡되어 낮춘 역사를 더욱더 낮추어 역사를 전개하고 있는 것이 현주소이다.

> 중국 민족 계열 국가와의 최초의 전쟁으로서 우리 민족국가가 패배한 전쟁을 이유 없이 장황스럽게 나열하였다.

또한 소위 '젊은 역사학자들 모임' 일원들이 『사기』「조선열전」상의 기록을 아무런 설명 없이 장황하게 나열한 것은 이유가 있다고 판단된다. 즉 장황하게 나열한 이 사료상의 결과는 고조선의 패배이다. 그리고 그 결과 한사군 낙랑군이 이 위치인 평양에 설치되었다. 하지만 이 기사대로의 내용이 그 위치가 소위 '젊은 역사학자들 모임' 일원 및 그가 속한 주류 강단 사학계가 주장하는 대로 한반도 평양이라면 문제가 많아 여러 가지 모순점이 있어 도저히 성립할 수 없다. 그래서 아무런 논평 없이 패배가 결과인 사건을 전한 것이다.

(2) 조한전쟁 당시 고조선의 위치 문제

① **전쟁 시작 이유**

소위 '젊은 역사학자들 모임' 일원은 조한전쟁의 발발 이유를 크게 두 가지로 보았는데 우선 고조선은 주변에 있는 세력들이 한나라와 직접 교류하는 것을 방해하였기 때문이며, 한나라 입장에서는 당시 한나라와 군사적으로 대립하고 있던 흉노와 외교 관계를 맺는 모습 마저 보여 자신들의 통제 범위에서 벗어나 적대한다고 느꼈기 때문이라고 하였다.

하지만 본 필자는 소위 '젊은 역사학자들 모임' 일원의 이러한 설명에 대하여 각각 의문점이 든다. 먼저 두 번째 것으로 앞에서 본 필자가 비판하였듯이 소위 '젊은 역사학자들 모임' 일원 자신이 논한 바에 의하여 그의 논리상 동호 세력이 연나라와 고조선 사이에 존재한다고 하였으니 그렇다면 그가 정한 대로 연 5군이 압록강까지 설치되었으니 그렇다면 동호라는 존재는 어디에 있는가라고 질문하였듯이 한나라 시기에는 동호는 어떻게 되었는가 묻고자 한다.

왜냐하면 한반도 평양으로부터 기껏해야 한나라 위치 쪽인 압록강까지에 위치한 고조선이 어떻게 한나라와 적대적인 나라와 연계를 꾀할 수 있다는 것인지 상식적으로 납득이 안 되기 때문이다. 그리고 우선적으로 당시 한나라가 어디에 위치해 있었으며 고조선과 그 사이에 어떤 세력이 어떻게 있었기에 한나라와의 직접 교류를 고조선이 방해할 수 있는지 의아스럽다. 본 필자가 이 글에서 비판하고 있는 소위 '젊은 역사학자들 모임' 일원의 주장대로라면 고조선은 한반도 아래 평양 지역에 기껏해야 압록강까지 위치해 있었을 텐데 그 위에 있던 세력 즉 동호 등이 한나라와 직접 교역하는 것을 방해할 수 있었는지 의심스럽다. 도저히 납득이 되지 않는다.

본 필자의 주장과 현재 주류 강단 사학계를 비판하는 재야 사학자들이 주장하는 대로 고조선이 요서 즉 당시의 요동 지방인 지금의 보정시 인근으로부터 진황도시 노룡현까지 위치해 있으면서 한나라와 경계를 하고 있어야지 그 동쪽과 북쪽에 있던 소위 다른 세력과의 연합을 꾀하거나 아니면 교류를 방해하는 것이 가능하지 그렇지 않으면 이러한 전쟁 이유 즉 한나라가 고조선을 침범하여 전쟁이 발생할 수 있다. 고조선이 지금의 평양에 있으면 한나라가 굳이 자신의 위협 내지는 이익을 위하여 전쟁을 일으키지 않는 것이 역사상 상식인 것이다.

> 조한전쟁의 원인은 한반도 평양에 국한된 고조선에는 전혀 해당되지 않는다.

이렇게 자신의 논리가 잘못되어 있으면 모든 것이 꼬이게 된다.

② 전쟁 시작 및 경과 그리고 결과
㉠ 위만이 망명할 당시 동쪽으로 도망하여 요새를 나와 패수를 건너서 진나라의 옛 공지인 상하장에 거주하였다고 되어 있다. 현재 주류 강단 사학계에서는 패수를 압록강 내지는 청천강 그리고 대동강으로 보고 있다. 그렇다면 서쪽 어디에서 와서 패수를 건넜다는 것인가. 한반도의 서쪽은 서해 바다이다. 이는 남쪽으로만 가야 하는 한반도의 평양이 아니라는 것을 증명한다.

㉡ 위만이 망명하여 평양에 왕험성을 세웠다가 한나라에 패한 후 여기에 낙랑군이 세워진다는 것이 현재 주류 강단 사학계의 주장에 따른 논리이다. 그렇다면 이 평양을 진나라가 한때 점령하였다가 공지로 놔둔 곳(진의 옛 공지인 상하장)에 위만이 망명하였다는 것인데 한반도 평양에 중국의 진나라가 진출하였다는 것은 역사적 사실로 인정

되지 않는다. 그러므로 평양이 아니라는 것을 이것이 입증한다. 더군다나 이럴 경우 공지는 어디란 말인가. 물론 서영수 교수의 '고조선 이동설'에 의하여 공지인 만번한이 요령성 요하 동쪽의 요령성 해성시 인근이라고 하는데, 이곳 역시 진나라가 이곳에 진출하였다는 사실은 역사상 존재하지 않으며 이는 일제 식민사학과 이병도가 진장성을 한반도 황해도 수안에 비정하는 바와 다를 것이 없는 해괴한 공상 과학 소설상의 허구이다.

> 서해 바다에서만 동쪽으로 도망할 수 있는 한반도 사정과 진나라의 옛 공지가 나중에 낙랑군이라면 진나라가 한반도에 진출하였다는 잘못된 사실이 추출되는 한반도 고조선설이나 낙랑군설은 기본적으로 문제가 있다.
> 이는 원래의 진나라 옛 공지 위치인 하북성에서는 가능하다.

이와 같은 모순을 아는 주류 강단 사학계 일각에서는 낙랑군은 평양이라는 논리 아닌 종교상 교리에 속하는 논리를 유지하면서 위만의 왕험성은 이곳 평양 즉 낙랑군과 같은 곳이 아니라는 자각에 의하여 다른 곳에 비정하려는 노력이 있다. 하지만 평양이 낙랑군의 위치라는 논리를 벗어나지 않고는 도저히 어찌할 수 없어 우왕좌왕하고 있다. 대표적인 일례로 한국 상고사의 쟁점 왕검성과 한군현 주제로 열린 2016년 상고사 토론회에서 우석대 역사교육과 조법종 교수가 "고조선 왕검성 위치 논의와 쟁점"이라는 제목으로 발표를 하였다. 그 개요는 다음과 같다.

> 왕험성의 위치는 낙랑군 설치시점과 왕험성 함락시점이 서로 다르다는 점에서 서로 구분해서 찾아야 한다. 그런데 그 위치는 왕험성 근처일

> 가능성과 현토군 지역과 연결된 지역일 가능성이 있다는 점에서 이들 두 지역에 대한 보다 체계적인 검토가 요청된다. 특히, 현재 평양지역의 유적들을 고려할 때 평양 일대에서 왕험성의 후보공간이 명확치 않다는 점에서 보다 구체적인 공간에 대한 조사와 검토가 요청된다.

조법종 교수는 전제조건을 낙랑군 설치 시점(원봉3년, B.C.108) 그리고 현토군 설치 시점(원봉4년, B.C.107)과 왕험성 함락 시점(원봉4년, B.C.107)이 서로 다르다는 것을 내세웠다. 즉 그동안 일제 식민사학과 이를 추종하는 주류 강단 사학계는 왕험성과 낙랑군을 같은 지역으로 취급하여 왔는데 이것이 아니라는 주장이다. 즉 낙랑군이 왕험성 점령 이전에 설치되었으므로 같은 곳이 될 수 없고 오히려 현토군과 같은 시기에 왕험성이 함락되었으므로 이 왕험성을 현토군 내에서 찾아야 한다는 논리이다.(조법종, 「위만조선과 한의 전쟁」)

그러나 그 속내는 현재 평양 지역에서 위만조선 왕험성의 유적, 유물이 일체 나오지 않고 있으며, 앞에서 지적한 바와 같이 진나라가 진출한 사실도 없고 동쪽으로 도망쳐 패수를 건너야 하는데 한반도 평양지방에서는 서에서 동으로 갈 지형이 안 되는 한편 비정된 패수는 남쪽으로 건너야 하는 등 한반도 평양 지역이 왕험성 지역이 절대 될 수 없다는 사실을 알게 된 것이다. 더군다나 가장 중요한 하자 사실은 사서기록상 왕험성은 낙랑군 패수 동쪽에 있다는 사실이다. 그런데 주류 강단 사학계가 패수로 비정하는 청천강이나 한반도 평양의 대동강은 서에서 동으로 흐르는 강이므로 동쪽이 없을뿐더러 동쪽 어느 지역에 왕험성이 있을 자리가 전혀 없다. 설사 동쪽이 아니더라도 평안도 전체 지방에 도저히 왕험성 자리가 없다. 그래서 도저히 위만의 왕험성을 평양에 비정할 수가 없어 할 수 없이 다른 곳을 찾는 작업을 하게 되었다. 하지만 안타깝게도 비정을 못 하고 있다. 왜냐하면 낙랑군을 평양에 두고 있는 한 모든 것이 꼬여 제대로 할 수 없다.

왕험성도 마찬가지이다. 평양 근처 어디에 왕험성을 둘 것인가 도저히 그렇게 할 수가 없다. 사료상 기록을 보면 위만의 망명 경로나 한나라 위만조선 간의 전쟁이나 왕험성은 패수를 건너 동쪽에 있는 것은 사실이다. 그런데 전통적으로 일제 식민사학과 이를 추종하는 주류 강단 사학계의 다수는 패수를 지금의 평양 대동강으로 보아왔다. 그러자니 평양성은 패수의 북쪽에 있다. 앞에서 살펴본 대로『수서』,『신당서』,『통전』등의 고구려 평양성 기록과는 일치하나 이는 이들 사서가 한나라 낙랑군을 고구려 평양성으로 연결한 것이고,『사기』,『한서』,『삼국지』상의 한나라와 위만조선 간의 경계이자 낙랑군 패수현에 있어 낙랑군의 위치를 비정하는 데 필요한 동쪽으로 건너야 하는 패수 그리고 이렇게 건너서 있는 왕험성은 사실상 논리가 부족하여 찾아야 한다. 따라서 고육지책으로 주류 강단 사학계의 지표이면서 일제 식민사학의 하수인이자 촉탁 신분이었던 이병도는 패수로 비정하였던 대동강을 열수로 비정하고 패수는 청천강으로 비정하였던 것이다. 오히려 이것이 많은 결함이 있어 사서의 기록과는 맞지 않지만 그래도 조금의 구색을 갖춘 것이 된다. 그런데 그러면 과연 왕험성은 어디로 비정하여만 하는 것일까.

그래서 조법종 교수 같은 고민이 생기게 되었다. 그래서 일제 식민사학도 대동강을 남으로 건넌 건너편 토성을 낙랑군 치소로 보았다. 그런데 왕험성은 대동강 이북의 평양성도 될 수가 없고 대동강 이남의 소위 일제 식민사학의 낙랑토성도 될 수가 없다. 이곳에서는 왕험성의 흔적이 전혀 나오지 않는다. 대동강 이북의 평양 안쪽이나 남쪽의 소위 낙랑토성에는 조작해 놓은 낙랑 유물이나 낙랑군 유물이 아닌 낙랑 유물이 출토되었지만 이를 위만조선의 유물이나 왕험성의 유물이라고는 할 수 없기 때문이다. 그러니 고민이다. 하지만 할 수가 없다. 평양 인근이나 대동강 인근 어디를 가도 왕험성은 찾을 수가 없다. 사서기록에도 맞지 않고 유적, 유물도 없으니 말이다. 만약 조금이라도 그 흔적을 찾았으면 이미 오래전에 이에 맞춘 조작된 논리를 만들어놓았을 것이다. 하지만 현재까지 없는 것을 보니 못 찾았다. 찾을 수가 없다. 희미하게나마 가능성을 두고 있는 현토군 지역 어디에서도 찾을 수가 없다. 당연하다. 하북성에 있었던 낙랑군, 현토군, 왕험성을 한반도 내지는 인근에 두고서 찾으려고 하니 찾을 수가 없다. 하북성에서는 벌써 이들을 전부 찾아내었다. 더군다나 위만조선의 왕험성은 고구려가 천도한 평양성이라고 수많은 사서가 기록하고 있는데 이를 외면하고 고구려 평양성이 아닌 곳에서 찾으려니 찾을 수가 없다. 그런데 한반도 평양에서의 고구려 평양성으로 비정되는 평양성은 대동강인 패수의 북쪽에 있다. 그러면 이곳이 위만조선의 왕험성이다. 그러면 낙랑군 패수 동쪽에 있다는 패수의 북쪽에 왕험성이 있는 것이다. 그리고 낙랑군 유물이 나온다는 평양의 낙랑 구역은 패수인 대동강 남쪽에 있다. 이른바 왕험성 남쪽에 있다. 도저히 맞지 않는다.

한반도 평양은 낙랑군 지역도 아니고 왕험성 지역도 아니다. 그렇다고 조법종 교수가 찾는 현토군 지역도 아니다. 사서기록상 현토군은 하북성 고구려의 서쪽 내지는 서남쪽에 있었다. 같은 지역이 아니다. 더군다나 현토군은 소요수와 대요수가 흐르는 지역으로 고구려와는 다른 구려의 지역이다. 같은 지역에 있는 현토군을 고구려가 공략했을까. 분명히 고구려 평양성이 위만조선 왕험성이고 이곳은 낙랑군 지역이거나 낙랑군 지역의 패수 동쪽이다. 현토군과는 거리가 있다. 이는 사서기록상 상식에 속하는 사항이다. 만약 현토군 지역에서 왕험성을 찾아도 그것은 맞지 않는 곳이다. 왕험성은 낙랑군 패수 동쪽에 있기 때문이다. 결론적으로 한반도 평양에 낙랑군을 두는 한 패수도, 왕험성도 제대로 찾을 수 없다. 제자리가 아니기 때문이다. 그러므로 누구든지 왕험성을 한반도 인근에서는 절대 찾을 수 없다. 아니 찾아도 소용없다. 왜냐하면 맞지 않는 곳이기 때문이다. 그러므로 조법종 교수의 주장은 일고의 가치가 없는 비학문적인 넋두리에 불과하다. 위만조선, 위만조선 왕험성, 낙랑군, 패수, 고구려 평양성은 하북성에 있어야 사서기록에 맞는다. 한반도 평양은 물론 한반도와는 전혀 맞지 않는다. 안타까움을 떠나 분노를 느낀다.

　낙랑군 평양 비정을 그만두면 모든 것이 풀리는데도 이를 고수하고 있다. 그러면서 고심한다. 무슨 조사와 검토가 요청된다고 하는가 말이다. 자신들의 논리가 맞으면 전문가답게 그 위치를 찾아 비정하면 될 일 아닌가. 누구에게 조사와 검토를 요청하는가 말이다. 이와 같이 종교의 교리처럼 어떠한 증거자료나 비판이 있어도 굳건하게 지켜온 그들의 논리인 '한사군 낙랑군 한반도 평양설'은 새로운 많은 반론 자료 제시와 홍산문명을 비롯한 수많은 유적, 유물의 발굴로 말미암아 조금은 변하여 균열이 생기고 있다.

　2017년 11월 3일 국립중앙박물관 대강당에서 제41전국 고고학 대회를 열었다. 이때 주류 강단사학에 속한 교수가 평양 지역에는 낙랑군 흔적은 그들의 주장대로라면 많이 나왔지만 이 낙랑군의 기초가 되는 위만조선의 왕험성 유적은 전혀 나오지 않고 또한 이전의 연나라, 진나라 유물은 전혀 나오지 않으므로 요동 등 다른 곳에서 왕험성을 찾아야 한다는 주장이 제기되었다.

　하지만 여전히 낙랑군의 평양이라는 기존 주장은 되풀이하였다. 당연히 왕험성의 평양설이 부정되면 낙랑군 평양설도 부정되어야 마땅하거늘 아직도 그들은 '낙랑군 평양설'을 유지하고 있다. 그것도 역사학 전개의 제1원칙인 사료상으로 1차 사료에는 평양에 있다고 하는 사료는 1개도 없는 반면 '춘추필법'에 의하여 쓰인 자료나 이를 소중화 사대주의 사관에 의하여 한반도로 끌어들인 고려 및 조선시대 유학자들의 사료와 식민사관에 의하여 해석되는 사료에만 의존한 채 오로지 역사학 전개의 제2원칙으로 제1원칙의 보조 자료인 유적, 유물에 의거한 채 '낙랑군 평양설'을 고집하고 있다.

그것도 일제 식민사관을 만든 일제 사학자들에 의하여 발굴되거나 만들어 형성된 유적, 유물에 의존한 채 그것도 이것이 조작된 정황을 인정하면서도 여전히 낙랑군 평양설을 고집하고 있는 것이 현재 주류 강단 사학계이다. 이에 반하여 이를 비판하는 비주류 강단 사학계나 재야 민족 사학계에서도 이러한 주류 강단 사학계의 '한반도 평양설'을 비판하면서도 무조건 낙랑군 유물 조작, 패수 비정 잘못만을 비판할 것이 아니라 사서기록대로 고구려 평양성이 위만조선 왕험성이고, 왕험성은 낙랑군 패수의 동쪽이라는 기록을 가지고 집요하게 비판했어야 했다.

그리고 고구려 평양성이 평양은 물론 한반도에 존재하지 않음을 입증하여 비판하였어야 한다. 한반도 안에는 고구려 평양성이 있었던 사실이 없음을 『조선왕조실록』「세종실록」이 명백히 입증하고 있다. 그리고 고구려 첫 도읍지인 졸본성은 왜곡되어 해석되고 있지만 분명히 『삼국사기』「잡지 지리」 편에 요하 서쪽에 있다는 요나라 동경의 서쪽에 있다고 하여 한반도 북부 요령성 환인 지역을 부정하고 있다.

> '한반도 낙랑군 평양설'은 사서기록상 낙랑군 패수 동쪽의 왕험성, 고구려 평양성은 왕험성이라는 사실에 명백히 어긋나므로 배척되어야 한다.
> 주류 강단 사학계는 이러한 원칙에 어긋나는 줄 알면서도 '한반도 낙랑군 평양설'을 고수하고 있다.

ⓒ 한나라의 위만조선 왕험성 공격 전개 과정도 평양하고는 맞지 않는다. 이에 대하여 수많은 의견이 제시되었지만 대표적으로 위와 같은 2016년 상고사 토론회에서 비주류 강단 사학계라고 할 수 있는 인하대 국제관계연구소의 박성용 박사는 다음과 같이 발표하였다.

> 『사기』「조선열전」에 구체적으로 기술된 한나라 육군과 수군의 작전계획과 실행과정을 비판적으로 고찰한 결과 공격 목표를 한반도 평양으로 보기에는 많은 논리적 모순이 존재함을 알 수 있었다.
> 그 핵심적 논거는 첫째, 북경에서부터 한반도 평양까지 육군의 긴 기동로에 놓인 8개 주요 강이라는 자연적 장애물에 비해 육군이 5만 명에 불과한 것과 도하작전과 저항 기록이 패수에서 한 번만 있었다는 모순이다. 나아가 한나라 수륙합 동군의 전투서열을 분석할 때 주공 육군에 대한 양동작전의 효과를 겸한 조공 수군이 작전적 동시성을 담보할 수 없는 육군의 원거리 기동은 이치에 맞지 않는다는 점이다.
> 둘째, 현대에 해상 화력지원을 받아도 상륙작전을 감행하기에 어려운 평양 대동강 하구를 고대에 상륙목표로 삼았다는 것은 상륙 적합성에 배치되어 설득력이 약하다는 점이다.
> 셋째, 기동 공간이 발해라는 『사기』의 명확한 표현, 1년에 가까운 월동 전쟁기간의 문제, 왕험성과 상륙해안 간 거리 등도 왕험성이 한반도 평양에 있지 않았다는 주장에 설득력이 있음을 방증한다.
>
> 논문의 연구결과는 단순히 왕험성 재평양설에 대한 경합가설 즉 요동설과 요서설의 논리적 근거를 추가하는 데 그치지 않는다. 군사작전의 차원에서 한나라 공격 루트 분석을 통하여 고조선 강역을 비정한 결과 『사기』 기록에 근거해서 북한 지역에 중국의 식민지인 낙랑군이 존재했다는 학설은 그 논리성에 여러 가지 결함이 발견되었다. 따라서 북한 지역이 주(周)나라 입국 초 기자조선 때부터 중국의 봉지였고, 위만조선 멸망 이후 중국 식민지의 문화적 영향권에서 고구려가 건국되었다는 중국의 북한 지역 연고권 주장은 그 근거를 의심하지 않을 수 없다. 이러한 논리적 추론은 북한 급변사태 시 고토 회복이라는 명분을 내세워 중국군이 압록강의 한만국경을 넘어 북한 청천강 이북에 친중정권을 세울 경우 한국 정부와 국제사회가 그 정당성을 반박할 수 있는 역사 자료로 기능할 것이다.

라고 하였다. 즉 상식적인 전쟁 수행 과정에 대한 연구에 의하면 한나라가 공격한 왕험성이 있는 지역은 한반도 평양이 될 수 없다는 연구 결론이다. 오히려 공격 당사자인 한나라와 가까운 중국 본토 내 지방이라는 분석이다.

> 최초인 조한전쟁의 진행 과정 분석 결과에 의해서도 한나라의 한반도 침입 공격은 도저히 맞지 않는다. 그 위치는 중국 대륙 본토 내로 국한된다.

㉣ 전쟁 후 한나라가 승리하고 위만조선은 패하였지만 결과는 의외이고 비상식적이다. 즉 패전하여 멸망한 위만조선의 항복한 신하들은 모두 제후로 봉하였다. 즉 참은 홰청후, 한음을 적저후, 왕겹은 평저후로 봉하여졌으며 그 제후로 봉하면서 내려준 지역 봉지들의 위치는 현재의 발해 부근 하북성과 산동반도 등지이다.

만약 전쟁 지역이 평양이라면 있을 수 없는 일이다. 이들의 봉함 지역 위치를 보면 위만조선의 위치도 여기서 머나먼 곳이 아니라 인근에 있는 것이 더 합리적이다. 한반도에 위치했던 나라의 유신들을 중국 본토에서 봉지를 내려주는 것보다는 인근에 봉지를 내려주는 것이 타당하다. 반면에 한나라 측은 위만조선과의 전쟁에 참여한 신하들과 장군들이 모두 비참한 최후를 맞이했다. 위산과 공손수는 이미 사형되었으며 좌장군 순제는 참형되어 머리가 저잣거리에 효수되었으며, 누선 장군 양복도 사형 선고를 받았으나 속전을 바치고 목숨만은 건진 후 서인으로 강등되었다.

결국 위만조선은 전쟁에 패한 것으로 결과가 지어졌지만 전쟁에 의하여 점령당하거나 패전하여 항복한 것이 아니라 내부 갈등에 의하여 스스로 나라를 헌납한 것으로 보인다. 그래서 일부 항전 인사를 제외하고 스스로 헌납한 신하들은 포상을 받은 반면, 전쟁에 승리하지 못하고 스스로 헌납한 결과밖에 얻지 못하는 만족스럽지 못한 결과에 따라 한나라 신하와 장군들은 오히려 벌을 그것도 심한 벌을 받은 것으로 확인될 수 있다.

ⓜ 더군다나 이렇게 헌납한 위만조선 인사들 중에 산동반도 해청지역에 봉함 받은 니계상 참은 사료 기록상 이후 위만조선 멸망 후 포로들과 손잡고 국가 재건을 꾀하다가 옥사한 것으로 확인된다. 또한 마지막 왕인 우거왕의 왕자 장격은 중국 하동 지역의 기후에 봉하여졌지만 위만조선 부흥 운동을 하다가 죽임을 당하였다.

이와 같은 것을 파악할 수 있어서 결국 우리 민족 계열 국가와 중국 계열 국가와의 대규모 첫 번째 전쟁인 위만조선과 한나라의 전쟁은 한나라의 승리로 돌아갔지만 그 과정과 결과 그리고 그 이후의 상황은 결코 패전이라는 결과로 드러나는 단순한 의미 이외의 여러 가지 사항을 포함하고 있는 것임을 알 수 있다.

전쟁 경과 및 결과를 단순하게 처리한 사마천의 『사기』 「조선열전」 상의 기록을 나열하여 패배를 드러내는 것보다 역사 전문가라면 그리고 상대방 중국 측 역사가가 아니고 우리 측 역사가라면 객관적인 것을 떠나 또한 우리나라가 위대한 나라를 바라는 욕망을 떠나 전쟁의 기록 이면에 담겨진 여러 가지 의미를 파악하여 밝혀내는 것이 바람직하고 의미 있는 것이 아닌가 하는 것이 본 필자의 판단이다.

소위 '젊은 역사학자들 모임' 일원의 글에서 위의 ㉠~ⓜ 중 자신의 논리와 관계된 ㉠~㉢은 그렇다 치더라도 ㉣~ⓜ은 밝히는 것이 바람직하지 않았을까 한다. 패전한 역사를 상대방 측이 기록한 그대로 장황하게 소개하기보다는 말이다. 역사 전문가라면 본 필자가 언급한 위의 사항들을 잘 알 수 있었을 텐데 이것들을 언급하는 이유가 무엇일까. 그리고 전문가로서 자세한 이면의 사항은 왜 언급하지 않았을까. 이에 대하여 본 필자가 이 글에서 비판하고 있는 소위 '젊은 역사학자들 모임' 일원의 답변을 듣고자 한다. (주류 강단 사학계에 대한 공개 질문14)

자세히 언급하면 위와 같이 한반도가 아닌 것이 밝혀짐으로써 자기 논리 즉 지금의 평양을 중심으로 한 좁은 지역에 있던 고조선은 그 상태로 한나라에 멸망당하여 여기에 낙랑군이 설치되는 것이 이 논리가 배척되는 요서 지방과 요동 지역을 포함한 커다란 영역에 고조선이 위치해 있었으면 안 되기 때문이다.

즉 낙랑군 유적, 유물은 평양을 중심으로 좁은 지역에 나타나고 있기 때문이다. 물론 이 유적, 유물은 조작되거나 잘못 해석된 것이지만. 그래서 고조선은 별다른 의미 없이 한나라와의 전쟁에 패해 소멸되는 것으로 되어야 하기 때문에 중국사서 그대로 나열해 서술하였다. 이것이 욕망을 없앤 객관적인 전문가의 역사를 평가하는 방법이다. 역사를 가급적 객관성을 버리지 않으면서 우리 입장에서 파악하여 평가하는 이 사이비, 유사 역사가의 입장에서는 상대방이 자기 입장에서 쓴 역사적 서술을 그대로 드러내는 것만이 욕망을 버린 객관적인 역사가의 태도가 진정 객관적인 태도라고 판단되지 않는다.

> 본 필자가 이 글에서 비판하고 있는 소위 '젊은 역사학자 모임' 일원은 조한전쟁을 비상식적으로 지면을 많이 할애하여 언급하면서도 전쟁 후의 결과에 대하여는 전혀 언급하지 않았다. 사실은 이것이 더 중요한 사항이다.
> 그 의도가 상당히 의심스럽다.

지금까지 소위 '젊은 역사학자들 모임' 일원이 객관적으로 서술한 고조선과 한나라의 전쟁 서술에 대하여 살펴보았다. 여기서 확인할 수 있는 또 다른 중요한 사항은 앞에서 살펴본 고조선 유물 3대 지표인 비파형 동검, 고인돌, 미송리형 토기의 분포를 보아서도 그 영역은 상당히 넓은 곳으로 이곳이 고조선 전체라면 한나라에 점령당한 위만조선은 적은 지역이다.

따라서 전체 고조선이 한나라에 패하여 전체 영역에 낙랑군 등 한사군이 설치된 것이 아니라는 사실이다. 실제적으로 많은 중국사서 및 『삼국사기』는 고조선의 영역을 크게 낙랑 지역으로 하고 여기에 위만조선이 망하고 난 후에 소위 한사군이 아닌 낙랑군, 현토군 등 한2군이 설치되고 옥저, 개마 등이 활동하였는가 하면 낙랑국이 설치되고 백제와 신라가 건국되는 사실을 기록하고 있다. 위만은 전체 고조선의 일개 제후국으로써의 낙랑 조선국에 망명해 와서 왕위를 찬탈한 다음 위만조선이라는 또 다른 고조선의 제후국을 세워 그 영역과 위세를 넓히다가 한나라와 갈등을 빚은 후 전쟁을 치러 패한 다음 그 영역을 상실하였다. 이러한 사실은 위만조선 위치가 한반도의 평양 지역이 아니라는 것을 증거해 주는 또 다른 입증 자료라는 사실이다. 유물 분포에서 확인할 수 있듯이 그 넓은 영역 중에서 중국 세력과의 쟁패를 다툴 수 있는 곳은 전체 영역 중 동쪽 끝인 한반도 평양이 될 수 없고 오히려 지금의 요서 지방 즉 당시 요동 지역이 될 수밖에 없고 여기 일부를 상실하고 여기에 한사군 낙랑군이 설치되는 것으로 파악할 수밖에 없다.

12) 결론에 대한 비판

본 필자가 이 글에서 비판하고 있는 소위 '젊은 역사학자들 모임' 일원은 이 글을 쓴 목적이나 의의를 결론 부분에 피력하였다. 즉 '보편적 역사로써 고조선사'라는 표현을 함으로써 결국 보편적 역사로 인정받지 못하면 고조선 역사를 정립하지 말아야 하는 것이 본인의 의견이라고 하였다. 그래서 그는 많은 사람들이 고조선 역사에 관심을 많이 가지지만 그 역사는 알려져 있는 것이 매우 적은 수수께끼 나라라고 하였다. 고조선과 관련 있는 것들은 하나하나 따지고 보면 불확실한 것투성이라고 하였다. 고조선에 대한 문자화된 역사 기록이 극히 적고, 고고학 자료는 직접 말을 못 하니 신중한 해석을 거쳐야만 한다고 하였다.

이것을 읽는 순간 본 필자는 일본 역사학자 그것도 일제 강점기 식민 사학자가 언급한 것 같아 소름이 돋았다. 모든 것이 일본 식민 사학자의 인식과 똑같다는 생각이 들었다. 그리고 이러한 방식은 본 필자가 많이 언급하였지만 일본 역사가들의 동북아시아 역사 연구 및 서술 방식이다. 그들과 일본에서 역사를 배운 현재 주류 강단 사학계 교수들의 연구서를 보면 한결같이 이러한 방식이다. 즉 역사인 경우 특히 고대사 분야에서도 특히 상고사의 경우 사료도 적고 있어봐야 자기 입장에서 일방적으로 쓴 사료가 대부분이고 유적, 유물 등 고고학 자료도 적어 역사를 제대로 파악하기 어렵기 때문에 특히 우리나라와 같이 과거 역사서가 없는 경우 더욱 힘들기 때문에 여러 가지 당시의 상황, 사료의 객관적 평가 등 전반적인 변수를 확인하는 노력의 결과가 있어야 한다.

이러한 노력의 결과, 드러난 상고사는 진실은 드러낼 수밖에 없어 제대로 된 결과가 나오면 결과는 당연한 것일 수밖에 없다. 그러므로 이렇게 하면 일본 측으로서는 식민주의 사관 즉 한국과 중국을 복속시켜 식민주의 주민으로 다스리기 좋은 사상을 내려주는 방향에 방해가 되므로 이를 방지하기 위하여 실증주의 사관을 도입한 것이다. 즉 모든 것을 감안하여 역사를 평가하여 결론을 내리면 식민주의 사관에 전혀 반대가 되거나 도움이 되지 않으므로 고대사 특히 상고사의 경우 소위 '젊은 역사학자들 모임' 일원의 논리대로 사료가 적고 적은 사료도 자기 입장에 의하여 편파적으로 쓰여 있고, 이러한 적은 사료를 뒷받침해 줄 유적과 유물 등 고고학 자료도 적음을 이용한다. 이들 적은 사료와 적은 고고학 자료 중의 몇 가지만 집중 분석하여 그 의미를 상실하게 하거나 이들 적은 사료와 고고학 자료가 서로 공통점이 없거나 어떠한 결론을 내리는 데 공통분모가 없음을 비판하여 전체 의미를 상실하게 하여 확실한 결론을 내리지 못하게 한다. 이것이 소위 일제가 식민주의 사관에 이용하려고 도입한 실증주의 역사학 방법이다.

본 필자는 오래전부터 이 부분을 강조하여 왔다. 본 필자만의 편협하고 왜곡된 생각과 의견인지 예전이나 지금의 일본 역사가의 글이나 일본에서 역사를 공부하고 돌아와 교편을 잡거나 기관에 몸담고 역사를 전공하는 사람들의 논문이나 발표문, 신문 기고 글 등 전체 글을 살펴보면 파악할 수 있다. 본 필자가 이 글에서 비판하고 있는 소위 '젊은 역사학자들 모임' 일원의 글이 바로 이것이다. 적은 사료와 고고학적 자료 3대 지표 유물의 분포도가 일치하지 않으므로 고조선 영역을 정립해서는 안 된다. 사료와 자료가 적을 수밖에 없는 특성상 여러 가지를 감안하여 정립하였는데 안 된다 비판론이다. 그러면 모든 상고사는 정립할 수 없게 된다. 그리고 고조선에 대한 문자화된 역사 기록이 극히 적다고 소위 '젊은 역사학자들 모임' 일원은 말했다.

그런데 본 필자가 생각하기에는 비록 자기 입장에서 쓰였지만 고조선과 관련된 내용을 기록한 중국사서의 기록은 상당히 많다. 본 필자 같은 아마추어 사이비, 유사 역사가가 감당하기에는 벅찰 정도로 많다. 그래서 본인은 능력도 안 되고 너무나 힘이 부쳐 정식 역사가가 될 자격도 없고 할 마음도 없어 하지 않으면서 진정 역사 전문가들은 너무 힘들겠구나 하는 생각을 많이 하였다. 그 많은 기록을 찾아내고 검토하고 분석한다는 것은 진정 고된 작업이다.

그런데 나중에 '광개토대왕 비문' 비판에서 거론하겠지만 우리나라 역사가들은 너무 연구를 하지 않는다는 생각을 하게 되었다. 역사는 무궁무진하다. 역사 지리에도 능통하여야 하고 언어나 문자에도 전문가가 되어야 한다. 이것까지 제대로 하여야 진정한 역사가가 된다. 그런데 우리나라 역사가들 특히 선배들은 중국 측 역사가들이 결론 내린 것을 그대로 인정하여 인용한 후 이를 근거로 논리를 전개해 나간다. 만약 선배 특히 중국 측 역사가들이 내린 결론이 잘못되어 있다면 자신이 이에 따라 내린 결론도 잘못되는 것이 당연하다. 그런데 유난히 우리나라는 특히 자기들의 선배라고 여기는 역사가들이 내린 결론은 무조건 신뢰하여 따른다. 역사가의 기본적인 양식인 비판 정신이 없다. 예를 들어보자. 광개토대왕 비문과 '임나일본부설'에 있어 많은 지명이 나온다. 이 지명에 대하여 자기 나름대로 연구한 현재 주류 강단 사학계의 역사가는 단 한 사람도 없다. 과거 선배들부터 일본 식민 사학자들의 위치 비정을 나름 연구하지 않고 그대로 따르고 그 후배인 지금의 역사가들은 비난을 피하려 식민 사학자들을 인용하지 않고 이 식민 사학자들의 연구를 인용한 선배 사학자들을 인용하여 이를 나름 연구하지 않고 따르면서 논리를 전개한다. 결국 일제 식민사학을 그대로 인용하여 역사학 체계를 완성시켰다. 그 결과가 오늘날의 우리나라 역사학 체계이다.

> 결국 보편적 역사로 인정받지 못하면 고조선 역사를 정립하지 말아야 하는 것인가? 그러면 누가 보편적 역사로 인정하지 않는 것인가?

여기서 본 필자가 이 글에서 비판하는 논문에 대한 비판을 하면서 결론적으로 고조선의 위치 및 고조선 관련 기록을 정리하려고 하였던 것을 이곳에서 하려고 미루어두었다. 소위 '젊은 역사학자들 모임' 일원은 고조선과 관련된 증거 자료인 중국사서의 기록이 적다고 하여 그 정체가 애매하므로 정립된 역사로 하여서는 안 된다고 한다. 또 그는 다음 편인 낙랑군 편에서도 낙랑군 위치에 관하여 현재 한반도 평양에 낙랑군이 위치한다고 하는 1차 중국 사료는 없다는 비판에 대하여 이를 1차 사료상에 주석을 단 것을 가지고 1차 사료인 것처럼 한다고 비판하였다.

그럼 여기서 본 필자가 이 글에서 비판하는 논문과 소위 '젊은 역사학자들 모임' 일원이 그나마 고조선이 기록되어 있는 중국 1차 사료를 왜곡하여 자의적으로 해석하여 본 필자가 이 글에서 비판하는 논문의 경우 당초부터 고조선이 한반도 평양에 있었다는 논리에 맞추어 이용하거나, 본 필자가 이 글에서 비판하는 소위 '젊은 역사학자들 모임' 일원의 경우 고조선 이동설에 맞추어 이용한 사료를 제외한 다른 1차 사료를 제시하면서 고조선의 위치를 정립시키고자 한다. 그리고 다음 편인 '낙랑군 비판 편'에서 낙랑군에 대한 1차 사료를 제시하여 낙랑군의 위치를 정립시키고자 한다. 아울러 본 필자가 이 글에서 비판하는 소위 '젊은 역사학자들 모임' 일원이 비판하는 1차 사료에 대한 주석본이 1차 사료보다 오히려 더 높은 평가를 받는 한편, 이러한 주석이 있음으로써 1차 사료 원본이 평가를 제대로 받을 수 있으므로 1차 사료에 대한 주석을 평가 절하해서는 안 된다는 점을 설명하도록 하겠다.

고조선에 대한 자료는 본 필자가 이 글에서 비판하는 논문과 소위 '젊은 역사학자들 모임' 일원이 자기 논리에 이용하려고 제시한 『관자』, 『전국책』「연책」, 『사기』「소진열전」, 『산해경』, 『사기』「조선열전」, 『위략』, 『삼국지』〈위서〉「동이전」및, 『염철론』「벌공편」, 『사기』「흉노열전」, 『삼국유사』등이 있다. 이러한 1차 사료를 자기들 논리에 잘못 이용한 것에 대하여 지금까지 비판하였다. 그러면서 본 필자는 이 비판을 위하여 그동안 많은 1차 사료를 제시하였다. 그리하여 여기서는 본 필자가 이 글에서 비판하는 논문과 소위 '젊은 역사학자들 모임' 일원이 제시한 사료를 제외한 다른 사료들을 다시 한 번 결론적으로 제시하는 한편, 다음 편에서 제시할 관련 자료를 미리 제시하면서 소위 '젊은 역사학자들 모임' 일원의 고조선 관련 자료 부족함을 비판하고자 한다. 아울러 낙랑군 관련 자료도 부족하지 않고 넉넉히 많다고 비판하면서 이에 대하여는 다음 편에서 제시하고자 한다.

> 고조선 관련 자료는 본 필자가 이 글에서 비판하는 논문과 본 필자가 이 글에서 비판하는 소위 '젊은 역사학자 모임' 일원이 제시하는 것 이외에 너무나 많고 풍부하다.

【사료49】『회남자』「인간훈」: 몽염과 양옹자 장군으로 하여금 성을 쌓게 하였다. 서쪽으로는 유사에 이르고, 북쪽으로는 요수와 만나며, 동쪽은 조선과 연결되었다."

【사료50】『회남자』「시칙훈」: 동방의 끝은 갈석산으로부터 조선을 지나 대인지국을 통과하여, 동쪽으로 해가 뜨는 부목의 땅에 이른다.

【사료66】『사기』「화식열전」: 북쪽은 오환(烏桓), 부여(夫餘)와 이웃해 있고, 동쪽은 예맥(穢貉), 조선(朝鮮), 진번(眞番)의 이점이 있습니다.

【사료71】『한서』「조선전」'고조선' : 이에 진번조선의 오랑캐는 모두 '만'에 속했다.

【사료72】『염철론』「주진편」 : 진이 이미 천하를 병탄한 뒤에, 동쪽으로 패수를 끊어 조선을 병탄하여 멸망시키고,

【사료73】『염철론』「비호편」 : 조선은 요새를 넘어 연의 동쪽을 겁박했고,

【사료464】『한서』〈엄주오구주부서엄종왕가전〉「가연지열전」 : (한나라 강역이)서쪽으로 여러 나라를 연결하여 안식에 이르렀고 동쪽으로는 갈석을 지나 현도, 낙랑으로써 군을 삼았다.

새로 제시하는 관련 원본 자료들은 다음과 같다.

【사료472】『후한서』「광무제 본기」

낙랑군은 옛 조선국이다. 요동에 있다.

【사료473】『후한서』「배인열전」

장잠현은 낙랑군에 속해 있는데 그 땅은 요동에 있다.

【사료474】『상서대전』「은전 홍범조」

무왕이 은나라를 이겨 공자 녹부를 계승하였다. 기자를 석방하였다. 기자는 주나라의 석방을 참지 못하고 조선으로 갔다. 무왕이 기자가 조선으로 갔음을 듣고 그를 봉하였다. 기자는 이미 주나라의 봉함을 받은 바라 부득이 신하의 예를 올리지 않을 수 없었다. 고로 13년에(서기전 1110년) 찾아뵈었다. 무왕은 기자가 찾아오므로 홍범에 대하여 물었다.

『상서대전』에서 상서는 중국 최초의 역사서로 평가받는『서경』의 다른 이름이다.『상서대전』은 전한 효문제 시기인 B.C. 180~157년 사이에『상서』에 주석과 본문을 추가한 유교 경전이다. 후에 기자조선에 대하여 설명할 때 기술하겠지만 이 책이 가진 의미는 이전의 책들인『논어』,『상서』,『죽서기년』등에는 기자에 대한 기록은 있으나 기자가 조선으로 갔다거나 봉해졌다는 내용은 없다. 즉 한나라 이후부터 기자가 조선에 봉해졌다는 기록이 나온다. 하지만 이 시기에 이미 조선이 존재했다는 것을 나타내 주는 사료이다. 그리고 홍범에 관한 기사가 기자와 관련되어 보이는 것이 특징이다. 그러나 홍범이 기자가 주었는지의 여부는 확인하지 아니 하였다.

> 【사료475】『사기』「송미자세가」
>
> 무왕이 이미 은나라를 이기고 기자를 방문하여 무왕이 기자에게 하늘과 땅이 정해졌고 아래 백성들이 서로 화해하며 사는데 나는 상륜의 차례를 모른다 하니, 기자가 대하여 가로되 옛날 곤 때에 홍수가 있었는데 오행을 순조로이 펼치지 못하니 임금(순임금)께서 이에 진노하여 홍범구주 등의 상륜을 따르지 않느냐 하여 곤은 죽임을 당하였고 우가 뒤를 이었는데, 하늘(천제, 단군왕검, 단군의 사자 태자부루)이 우에게 홍범구주 등 상륜을 적은 바를 주었는데, 첫 번째 이르되 오행이라… 하였다. 이에 무왕이 기자를 조선에 봉하였으나 기자는 신하가 되지 아니 하였다.

위의『상서대전』에서는 기자가 조선으로 가서 조선에 봉해졌다는 내용이 나오는데 비하여 여기서는 조선에 봉하였으나 신하가 되지 아니 하였다고 하여 중국 국가와의 관련성이 부정되는데도 이후 조선에 봉하였다는 구절만 강조되어 이를 사실화함으로써 조선국은 중국의 제후국인 기자조선으로부터 시작되는 것으로 하였다. 또한 홍범구주가 기자와 관련이 없고 오히려 조선과의 관련성을 간접적으로 시사하고 있다. 하지만 여기서도 이전에는 이『사기』상에「본기」에는 조선이라는 호칭을 쓰지 아니하였는데 여기서는 조선이라는 호칭을 쓴 것이 특징이다.

> 【사료195】『한서』「지리지 연조」
>
> 은나라의 도가 약해지자 기자는 조선으로 갔다. 그 백성들에게 예의, 전잠과 베 짜는 것을 가르쳤다. 낙랑조선 백성들은 금팔조를 어기면, 살인을 하면 당시에 죽여서 갚고 상해를 입히면 곡식으로 배상하고, 도둑질을 하면 남자는 노로 삼고 여자는 비로 삼았다. 스스로 죄를 씻고 풀려나고자 하면 오십만을 주어야 한다. 비록 면제되어 평민이 되더라도 풍속에 오히려 차별을 하여 서로 혼인하려 하지 않으매 이로써 그 백성들은 끝내 서로 도둑질하지 아니하고 문을 닫지도 아니하며 여인들은 정숙하고 신실하고 음란하지 않았다.

이 사료보다 먼저인 사서상에는 기자가 단지 조선에 갔고 조선에 봉하였다고만 나오는데 반하여 이 사료는 더 한층 강화 내지는 구체화하여 먼젓번 사료에는 일체 없었던 내용인 기자는 조선에 가서 예의범절과 누에치기 및 베 짜는 기술을 가르친 것으로 되어 있다. 그리고 소위 고조선의 형벌제인 팔조금법(금팔조)을 언급하고 있다. 그러나 낙랑조선 백성들이 이를 지키고 있는 것으로 기록되어 있다.

> 【사료40】『삼국지(三國志)』〈위서〉「동이전」濊
>
> 옛날 기자가 이미 조선으로 갔다. 팔조의 가르침을 만들어 가르치니 문을 닫지도 않았고 백성들이 도둑이 되지도 않았고… 그 뒤 40여 세에 조선 제후 준에 이르러 스스로 왕이라 칭하였다.

먼젓번 사서가 소위 팔조금법(금팔조, 팔조)을 기자와 상관없이 고조선

(낙랑조선)인들이 이미 지키고 있는 것으로 되어 있는데 반하여 여기서는 기자가 이를 만들어준 것으로 하고 있다.

이와 같이 고조선 관련 기록이 중국사서 여러 곳에 나타나고 있다. 이외에도 앞에서 살펴보았듯이,

갈석산과 연나라 그리고 연 5군 그리고 요수와 관련하여 【사료8】 『사기』「권69 소진열전 제9」, 【사료10】『후한서(後漢書)』「군국지」1. 유주, 【사료19】『염철론』「험고」, 【사료18】『회남자』「추형훈」 고유의 주석, 【사료50】『회남자』「시칙훈」, 【사료58】『수서』「지리지」, 【사료66】 『사기』「화식열전」에서부터 갈석산과 진의 장성과 관련하여 【사료459】『수경주』「하수3」, 갈석산과 낙랑군(수성현), 진의 장성, 북평군, 갈석과 낙랑군의 위치와 관련하여 【사료17】『사기』권2「하본기」제2, 【사료22】『한서』「지리지」1. 유주, 【사료48】『서경』〈하서〉「우공」제11장, 갈석산과 한나라와의 경계, 낙랑군의 위치와 관련하여 【사료464】『한서』〈엄주오구주부서엄종왕가전〉「가연지열전」, 갈석산과 낙랑군 수성현, 진의 장성, 황하와 관련하여 【사료25】『통전(通典)』「변방」 '동이 하 고구려', (낙랑군)수성현과 진장성과 관련하여 【사료16】 『진서』「지리지」 '평주', '유주' 낙랑군 수성현, 【사료65】『통전(通典)』 「주군」 '평주', 【사료461】『무경총요』권16 상「변방 정주로」에 의하여 각각 확인할 수 있다.

이렇듯 활발하게 역사적 활동을 한 조선을 직접적으로 거론한 사서가 많다. 그리고 이러한 사서로 말미암아 확인할 수 있는 자료가 너무 많다. 본 필자가 언급하였듯이 고조선의 위치와 관련되어 본문 및 주석을 포함하여 확인할 수 있는 자료가 본인이 제시한 바와 같이 위의 【사료472】『후한서』「광무제 본기」와 함께 본 필자가 이 글에서 비판하는 논문과 소위 '젊은 역사학자들 모임' 일원이 제시한 자료 및

위에서 다시 제시하거나 새로 제시한 사료가 도합 63개나 된다. 이에는 나중에 살펴볼 낙랑군 관련 사료도 있다. 본 필자가 지금까지 이 글에서 비판하는 글을 쓰면서 제시하고 고조선과 관련된 사항을 파악하였듯이 자기의 논리에 맞는 사료가 없어서 그렇지 소위 '젊은 역사학자들 모임' 일원도 이러한 많은 사료를 검토하여 연구하면 고조선 사료가 많지 않다고 할 수 없을 것이고 이러한 사료를 통하여 고조선 역사를 명확히 정립할 수 있다. 이러한 사료가 명백히 입증한 바와는 전혀 다르게 한반도 평양에 고조선이 위치해 있었다는 논리를 폄으로 말미암아 이러한 사료를 외면하거나 부정적으로 보기 때문에 관련 사료가 적다고 하며 그래서 고조선 역사를 확실히 할 수 없는 것임을 깨닫거나 사실대로 실토하여야 한다.

소위 '젊은 역사학자들 모임' 일원인 그는 마지막으로 이렇게 말했다.

> "우리가 역사를 공부하는 이유는 인간과 그 인간들이 구성하는 사회를 더 잘 이해하기 위해서지 국력과 영토에 대한 콤플렉스를 달래고 환상을 충족시키기 위해서가 아니다. 현대인들이 가지고 있는 욕망의 거품을 걷어내고, 보편적 역사로서 고조선사를 대할 필요가 있다."

그렇다면 본 필자가 이 글에서 비판하고 있는 소위 '젊은 역사학자들 모임' 일원인 그가 비판하는 대상인 본 필자를 포함한 그가 이야기하는 사이비, 유사 역사가들은 국력과 영토에 대한 콤플렉스를 가진 사람들이라는 것이다. 그리고 자신은 이를 비판하므로 보편적으로 고조선사를 대하고 있다는 것으로 해석할 수밖에 없다. 본 필자가 이렇게 표현하면 좀 과하다거나 오해가 심하다고 할지도 모른다. 그러나 소위 '젊은 역사학자들 모임' 일원은 방송 등 언론 매체를 통해 자신들의 논리에 반한 역사관 즉 본 필자 같은 역사관을 논하는 사람들은 사이비, 유사 역사가들을 떠나 파쇼주의자들이라고 분명히 비난하였다.

본 필자를 포함한 소위 '젊은 역사학자들 모임' 일원과 현재 주류 강단 사학자들의 역사관을 비판하는 역사가들 일부를 제외하고는 모두 국력과 영토에 대한 콤플렉스를 가지고 비판하는 것이 아니라 현재 주류 강단 사학자들은 제대로 역사를 연구하지 않은 결과로 제대로 역사를 평가하지 않아 저평가된 우리 역사를 바로잡자는 것일 뿐이다. 물론 일부 재야 사학자들 중 무리하게 일부 자료를 비정하여 무리한 주장을 하는 경우가 있다. 물론 주류 강단 사학계에서는 일본 식민 사학자들이 즐겨 쓴 방법대로 이들의 잘못된 점을 들어 모든 재야 사학자들을 싸잡아 통틀어 비난하고 있다. 하지만 이는 상대방을 비난할 목적에 의한 것으로 반드시 지양해야 할 대목이다. 반면 현재 주류 강단 사학자들은 역사 연구를 제대로 하지 않아 즉 편파적으로 사료와 고고학적 자료를 취하고 그 취한 자료와 사료도 결론을 정해 놓고 여기에 맞추어 자의적으로 해석함으로써 보편적 역사를 펼치지 못하고 있다는 것을 본 필자를 포함한 사이비, 유사 역사가들은 요구한다는 것일 뿐이다.

> 현재 주류 강단 사학계는 연구를 제대로 하지 않고 상대방을 비학문적으로 비판 아닌 비난만 하고 있다. 이를 비판하는 것이지 영토에 대한 콤플렉스와 환상을 가지고 역사를 공부하는 것이 아니다. 전문가답게 철저히 연구하여 학문적으로 유사 사이비 역사가들을 꼼짝 못 하게 하기를 요구한다.

만약 이러한 본인의 의견에 동의하지 않거나 비난 내지는 비판할 용의가 있다면 본 필자 같은 아마추어 사이비 유사 역사가를 학문적으로 응대하여 다시는 비난이나 비판을 못 하도록 해주었으면 하는 소망이다. 전문가라면 당연히 비전문가 유사, 사이비 학자들에게 그렇게 해야만 한다.

  광개토대왕 비문을 고구려인들의 욕망에 의한 과장된 표현이고 신묘년 기사대로 일본이 바다를 건너와 신라와 백제 등을 신민으로 삼은 구절은 사실이라고 방송에서 역사를 잘 모르는 국민들에게 이야기하지 말고 고구려 분야 전문가답게 학문적으로 아마추어들에게 제대로 설득해 주길 바라면서 소위 '젊은 역사학자들 모임' 일원의 고조선 관련 글에 대한 비판을 마친다.

II. "낙랑군은 한반도에 없었다?(기경량)"를 반박하여 비판한다

1. 낙랑군 위치에 대한 왜곡된 주장
2. 실학자들도 식민 사학자?
3. 사이비 역사가의 엉터리 '1차 사료' 활용
4. 진짜 '당대 사료'가 증언하는 낙랑군 위치
5. 낙랑군 이동과 교치
6. '스모킹 건' 평양 지역 낙랑군 유적과 유물
7. 열린 접근이 필요한 낙랑군

본 필자가 이 글에서 비판하고 있는 소위 '젊은 역사학자들 모임' 일원은 위와 같은 순서로 낙랑군의 한반도 위치를 입증하고자 하였다.

1. 낙랑군 위치에 대한 왜곡된 주장

이 글 속에서 비주류 강단 사학계와 재야 민족 사학계의 수많은 비판과 비판을 입증하는 수많은 사료와 증거가 있음에도 불구하고 본 필자가 이 글에서 비판하고 있는 소위 '젊은 역사학자들 모임' 일원은 낙랑군이 평양 지역에 있었음을 증명하는 수많은 문헌 기록과 고고학적 증거를 통하여 교차 검증되었기 때문에 역사학계에서는 통설을 넘어선 상식으로 여기고 있다고 하였다. 또 역사학계를 식민사학이라고 매도하는 자들이 이를 격렬히 부정하며 낙랑군은 결코 한반도에 있어서는 안 된다는 당위에 빠져 관련 사료를 왜곡·조작해 대중을 선동하는 비학문적 행위를 일삼고 있다고 하였다. 그러면서 심지어 정치인들과의 유대를 통해 세를 과시하며 역사학계의 학문 활동에 압력을 가하고 방해하는 모습마저 보인다고 하였다.

그리고 이들은 스스로를 민족주의 역사학, 재야사학이라고 칭하고 있는데 결코 학문의 범주로 인정할 수 없는 반지성적이고 기만적인 행태를 보이기 때문에 학계에서는 사이비 역사학이나 유사 역사학이라고 규정하고 있다고 하였다. 그러면서 대표적인 주자로 활동하는 이는 역사 저술가 이덕일이라고 지목하여 비판하였다. 그러면 본 필자가 이 글에서 비판하고 있는 소위 '젊은 역사학자들 모임' 일원의 언급에 대하여 비판하여 반론을 제기하고자 한다.

우선, 고조선과 관련된 미천한 비학문적인 욕망에 사로잡혀 역사를 매도하는 본 필자 같은 사이비, 유사 역사학자들은 전문적인 정통 역사학자들인 소위 '젊은 역사학자들 모임' 일원을 비롯한 주류 강단 사학자들이 잘 거론하지 않고 거론하더라도 앞에서 살펴본 것처럼 고조선에 있어서 본 필자가 이 글에서 비판하는 논문과 소위 '젊은 역사학자들 모임' 일원과 같이 사료를 왜곡하고 자의적으로 자기 논리에 맞추어 해석하는 많은 사료를 이미 제시하였다. 나중에 살펴볼 낙랑군 관련 사료를 포함하고 본 필자가 이 글에서 비판하는 논문과 소위 '젊은 역사학자들 모임' 일원이 제시한 자료를 포함하여 본 필자가 위에서 다시 제시하거나 새로 제시한 사료가 도합 63개나 된다. 그리고 앞으로 낙랑군과 관련하여 제시할 자료를 합하면 전부 70개 내외이다. 그런데도 본 필자가 이 글에서 비판하는 논문과 소위 '젊은 역사학자들 모임' 일원이 제시한 자료는 고조선과 관련하여 각각 9개, 낙랑군과 관련하여서는 소위 '젊은 역사학자들 모임' 일원이 11개를 제시하여 결국 사료를 나열하여 계산하면 총 20개 내외이다. 주류 강단 사학계와 그들이 유사, 사이비 역사가라고 비난하는 재야 사학계 중 누가 비학문적인가를 판단하여야 한다.

그리고 본 필자는 이에 따른 소위 '젊은 역사학자들 모임' 일원을 비롯한 주류 강단 사학계의 '낙랑군 평양설' 기반이 잘못되었음을 제시하였다. 따라서 소위 '젊은 역사학자들 모임' 일원이 언급하였듯이 과연 누가 자기 당위에 빠져 관련 사료를 왜곡, 조작해 대중을 선동하는 비학문적 행위를 일삼고 있는지 이미 어느 정도 판단할 수 있었다. 그것을 다시 거론한다면 이중적인 것이 되므로 여기서는 가급적 중복을 피하면서 낙랑군과 직접적으로 관련된 자료만을 가지고 소위 '젊은 역사학자들 모임' 일원의 글을 비판하고자 한다.

본 필자가 이 글에서 비판하고 있는 소위 '젊은 역사학자들 모임' 일원은 이 글에서 주류 강단 사학계가 규정한 이덕일을 비롯한 사이비 역사학이나 유사 역사학이 이들을 비판함에 있어서 낙랑군이 평양에 있었음을 증명하는 역사 기록이 단 하나도 없다고 주장하였다고 하면서 실제로는 수많은 증거가 존재한다고 주장하였다.

> **학문적으로 비판하는 상대방을 허위에 의한 비학문적 비난을 하고 있다.**

이러한 말을 실제로 이덕일 박사를 비롯한 그들이 지정한 사이비 역사학이나 유사 역사학자들이 그랬다면 소위 '젊은 역사학 모임' 일원이 비난하는 것처럼 비난받아야 할 것이라고 생각할 것이고 그것이 당연하다. 그러나 이는 이러한 점을 노리고 하는 소위 중상모략이다. 이것이 소위 '젊은 역사학자들 모임' 일원을 비롯한 같은 부류의 이 글 다음 편의 다른 젊은 역사학자들이 비학문적으로 자신들이 수호하고자 하는 논리를 비판하는 상대방에 대한 비이성적 비판이 아닌 비난이다. 즉 이덕일 박사, 본 필자가 이 글에서 비판하고 있는 소위 '젊은 역사학자들 모임' 일원은 이덕일 박사를 지칭하면서 박사나 교수라고 하지 않는다. 역사 저술가라고 한다. 권위 있는 박사나 교수나 전문가가 아니고 그저 마음대로 근거 없이 써대는 역사 저술가라는 뉘앙스가 있도록 하는 것이다. 이것도 문제이다. 자신보다 나이도 위이고 역사 분야 전문가이면 예의를 해주면서 학문적으로 비판하면 되는데 그러지 않는다. 이러한 방식으로 이러한 사고방식으로 비판하는 자들을 학문적으로 설득하여 아무 소리도 못 하게 하지는 않고 사이비, 유사 파쇼주의자들이라고 비학문적으로 매도하고 있다. 그러면서 상대방이 역사 사료를 왜곡한다고 하면서 정작 본인이 사실을 왜곡하여 상대방을 매도하고 있다. 그는 이덕일 역사 저술가가 낙랑군이 평양에 있었음을 증명하는 역사 기록이 단 하나도 없다고 주장하였다고 하였다. 하지만 이덕일 박사는 이러한 말을 한 사실이 없다. 이덕일 박사는 단지 왜곡되어 변형된 2차 사료는 말고 낙랑군 설치 및 운영 당시를 기록한 1차 사료상에 낙랑군이 평양에 있다고 하는 사료가 하나도 없고 모든 사료가 다른 곳에 위치해 있음을 기록하였다고 하였다. 그런데도 비학문적인 방법으로 상대방을 매도할 목적으로 역사를 왜곡하여 기술하는 것과 같은 방식으로 왜곡하여 비난하고 있다. 이에 대하여 검증을 하자고 소위 '젊은 역사학자들 모임' 일원에게 공개적으로 요구한다. (주류 강단 사학계에 대한 공개 질문 15) 즉 실제 이덕일 박사가 언급한 사항과 이에 대한 위의 본 필자가 이 글에서 비판하고 있는 소위 '젊은 역사학자들 모임' 일원의 발언 중 어느 것이 당시에 실제 발언을 하였는지 확인해 보자고 요구한다. 역사를 전공한 사람이 자신의 논리를 위하여 허위 사실을 표하는 것은 해서는 안 된다.

이와 같은 방식은 이 글에서 비판 대상으로 하고 있는 소위 '젊은 역사학자들 모임' 일원과 같은 모임의 다른 일원이 같은 방식으로 역사를 잘 모를 수 있는 일반 대중에게 사실과 다른 사항을 알리고 있다. 즉 일본 내 오카야마[吉備] 지방의 한반도식(조선식 산성)이 7세기 이후에 축조된 것이 일본 내 통설로 인정된다고 하였다. 그럼으로써 분국설을 주장하여 당시 일본학계에 충격을 주었던 북한의 김석형과 조희승 박사의 분국설에 의하여 이 산성이 한반도 내 국가들이 일본에 진출하여 소국가인 분국을 형성하는 증거물로 삼는 것을 부정하기 위해서이다. 하지만 사실이 아니다. 이 같은 주장은 일본 극우파 학자들 즉 '임나일본부설'을 신뢰하고 한반도 내 소국가들의 일본 진출 및 한반도 분국을 세운 것을 부정하는 학자들이 주장하는 바이다.

실제로는 일본의 백과사전에서도 언급하였듯이 이에 대하여 5세기경에 가야인과 백제인들이 축조되었음을 인정하는 학설도 존재하는 것이고 일본인 학자들에 의하여 왜곡되었지만 실제로는 이것이 사실인 것으로 파악될 정도로 다른 학설도 존재하는데도 불구하고 완전히 후대 즉 백제 멸망 후에 축조된 것으로 한반도 세력의 일본 진출 분국 건국 사실이 부정되었음을 확실한 것으로 그는 기술하고 있다. 그러면서 이를 비판하는 상대방을 오히려 사료를 왜곡한다고 비난하고 있다.

> 본 필자가 이 글에서 비판하고 있는 소위 '젊은 역사학자 모임' 일원과 같이 같은 모임의 다른 일원도 한반도 국가 세력의 일본열도 진출 소국 형성 증거인 일본 내 한반도식(조선식 산성)을 일본 학자의 일부 왜곡 견해를 그대로 수용하면서 이를 통설인 것처럼 허위 전달하고 있다.

본 필자가 이 글에서 비판하고 있는 소위 '젊은 역사학자들 모임' 일원은 이와 같이 없는 사실을 왜곡하여 상대방을 매도하면서 실제로는 낙랑군이 평양에 있었음을 증명하는 수많은 증거가 존재한다고 하였다. 하지만 이것은 사실이 아닌 허위이다. 단지 앞에서의 이덕일 박사가 언급한 대로 1차 사료를 완전히 배제한 채 왜곡하여 해석할 수 있는 중국의 2차 사료 중 극히 일부와 나머지는 모두 사대 모화사상에 의하여 중국 본토와 만주 지방에서 이루어진 모든 역사적 사실을 우리나라 한반도로 끌어들여 소중화를 자처한 고려 및 조선시대 유학자들에 의한 우리나라 사료 전부가 그것이다.

중국의 모든 사료 중에 낙랑군이 한반도 평양에 있었음을 증명하는 것은 1개도 없다. 최소한 지금의 요동인 요하 지방에 있었다고 한다. 특히 1차 사료에는 예전의 요동으로서 현재의 요서 지방에 낙랑군이 있었다고 증명하고 있다.

본 필자가 이 글에서 비판하고 있는 소위 '젊은 역사학자들 모임'

일원이 낙랑군이 평양에 있었음을 증명하는 수많은 증거가 존재한다고 하는 그 사료들은 모두 우리나라 사료들이다. 물론 평양에 그것도 고구려 수도인 평양에 낙랑군이 있다고 하는 사료들은 당나라 이후에 많이 나타난다.

변명이 아니라고 하지만 이 평양은 한반도의 평양이 아니라 요하 근처에 있던 요양을 가리키는 것이 명백한데도 주류 강단 사학계는 고려 조선시대 유학자들이 한반도의 평양으로 끌어들인 실수를 몇 백 년 동안 똑같이 저질러 지금의 평양으로 비정하고 낙랑군이 지금의 평양에 있다고 믿고 주장하는 것이다.

이러한 사실은 본 필자가 앞의 고조선 비판에서 많이 살펴보아 잘 알 수 있었을 것이다. 그러므로 이번에는 어떻게 중국사서상의 요하 인근의 요양의 고구려 수도 평양 위치 기록이 한반도의 평양으로 변했는지를 살펴보아 주류 강단 사학계의 논리를 반박하여 비판하도록 하겠다.

> 본 필자가 이 글에서 비판하고 있는 소위 '젊은 역사학자 모임' 일원은 상대방을 비난하면서도 정작 본인은 낙랑군이 평양에 있음을 증명하는 수많은 증거가 존재한다고 허위 주장하고 있다. - 하지만 1차 사료는 그의 주장과는 반대로 단 1개의 사료도 없다. 단지 왜곡 해석하고 있을 뿐이다.

우선 대표적인 1차 사료로 소위 '젊은 역사학자들 모임' 일원이 비판하는 주석이 아닌 중국사서상의 한반도 평양 낙랑군을 부정하는 대표적인 사료를 보도록 한다. 앞에서 제시한 바 있는,

【사료472】『후한서』「광무제 본기」

낙랑군은 옛 조선국이다. 요동에 있다.

그리고 이 글의 앞부분에서 소개한 바 있는

【사료473】『후한서』「배인열전」

장잠현은 낙랑군에 속해 있는데 그 땅은 요동에 있다.

이 그것이다.

또한 낙랑군에 관한 중국사서상의 1차 사료와 1차 사료에 대한 주석 기록을 살펴보도록 하겠다.

1차 사료로는 【사료468】『설문해자』, 【사료466】『수경』「패수」, 【사료467】『수경주』「패수」, 【사료464】『한서』〈엄주오구주부서엄종왕가전〉「가연지열전」, 【사료22】『한서』「지리지」1. 유주 낙랑군, 【사료10】『후한서(後漢書)』「군국지」1. 유주 낙랑군, 【사료16】『진서』「지리지」'평주', '유주' 낙랑군, 【사료31】『구당서(舊唐書)』「동이열전 고구려」, 【사료26】『신당서(新唐書)』「동이열전 고구려」, 【사료25】『통전(通典)』「변방」'동이 하 고구려', 【사료58】『수서』「지리지」요서군 낙랑군, 【사료461】『무경총요』권16상「변방 정주로」, 【사료29】『요사』「지리지」동경도 동경요양부 4군 설치, 【사료28】『원사』「지리지」요양등처행중서성 동녕로 2군 설치 낙랑지역 기록 등이다.

또한 본문에 대한 주석 사항이 나타난 사료로는,

【사료6】『산해경』「제12 해내북경」곽박 주석/한서지리지/진서지리지, 【사료7】『산해경』「제18 해내경」곽박 주석, 【사료11】『사기』「조선열전」'고조선' 집해 장안 세 가지 물 열수 낙랑이 조선이란 이름/괄

453

지지/한서지리지 패수/신찬,【사료17】『사기』권2「하본기」제2 [2] 태강지리지,【사료22】『한서』「지리지」1. 유주 요동군 험독현 신찬,【사료71】『한서』「조선전」'고조선' 사고,【사료70】『삼국유사』권 제1 기이(紀異第一) 위만(魏滿:衛滿)조선(朝鮮) 안사고 패수 등이다.

이외에도 많으나 앞에서 살펴본 장성과 갈석산과 관련된 사료 등은 생략하고 여기서는 주로 고조선 위치, 이 위치와 관련된 열수와 패수 그리고 낙랑(군)과 관련된 사료만 나열하였다. 이렇게 낙랑군이 한반도가 아닌 중국 본토에 존재하였다는 많은 관련 사료들이 있는데도 이는 제외하고 사료가 풍부하지 못하다고 하면서 중국의 '춘추필법'에 의하여 왜곡되어 기록된 2차 내지 3차 사료만을 내세워 한반도 평양에 있다고 주장하는 것은 학자와 전문가의 도리가 절대 아니다.

> 반면 낙랑군이 평양에 없음을 전부 증명하는 중국 1차 사료는 너무나 많다. 그런데도 이를 배척한 채 2차 이후의 사료만을 내세워 자신의 논리에 이용하면 안 된다.

1) 기자조선의 실체

앞의 고조선에 대한 소위 '젊은 역사학자들 모임' 일원의 결론에 대한 비판에서 고조선 관련 기록이 수없이 많다며 미리 제시하였던 기자(조선)와 관련된 중국 사료가 기자(조선)에 대한 1차 사료이다. 그때 미리 설명하였지만 이번에는 기자(조선)와 관련하여 설명하도록 하겠다. 이것을 설명하는 데에는 그럴만한 이유가 있다. 그 이유는 설명을 들어보면 알 일이다.

【사료474】『상서대전』「은전 홍범조」

무왕이 은나라를 이겨 공자 녹부를 계승하였다. 기자를 석방하였다. 기자는 주나라의 석방을 참지 못하고 조선으로 갔다. 무왕이 기자가 조선으로 갔음을 듣고 그를 봉하였다. 기자는 이미 주나라의 봉함을 받은 바라 부득이 신하의 예를 올리지 않을 수 없었다. 고로 13년에(서기전 1110년) 찾아뵈었다. 무왕은 기자가 찾아오므로 홍범에 대하여 물었다.

앞에서 설명하기를 이 책이 가진 의미는 이전의 책들인『논어』,『상서』,『죽서기년』등에는 기자에 대한 기록은 있으나 기자가 조선으로 갔다거나 봉해졌다는 내용은 없다. 즉 한나라 이후부터 기자가 조선에 봉해졌다는 기록이 나온다. 그리고 홍범에 관한 기사가 기자와 관련되어 보이는 것이 특징이다. 그러나 홍범이 기자가 주었는지의 여부는 확인하지 아니 하였다.

【사료475】『사기』「송미자세가」

무왕이 이미 은나라를 이기고 기자를 방문하여 무왕이 기자에게 하늘과 땅이 정해졌고 아래 백성들이 서로 화해하며 사는데 나는 상륜의 차례를 모른다 하니, 기자가 대하여 가로되 옛날 곤 때에 홍수가 있었는데 오행을 순조로이 펼치지 못하니 임금(순임금)께서 이에 진노하여 홍범구주 등의 상륜을 따르지 않느냐 하여 곤은 죽임을 당하였고 우가 뒤를 이었는데, 하늘(천제, 단군왕검, 단군의 사자 태자부루)이 우에게 홍범구주 등 상륜을 적은 바를 주었는데, 첫 번째 이르되 오행이라… 하였다. 이에 무왕이 기자를 조선에 봉하였으나 기자는 신하가 되지 아니 하였다.

위의『상서대전』에서는 기자가 조선으로 가서 조선에 봉해졌다는 내용이 나오는데 비하여 여기서는 조선에 봉하였으나 신하가 되지 아니 하였다고 하여 중국 국가와의 관련성이 부정되는데도 이후 조선에 봉하였다는 구절만 강조되어 이를 사실화함으로써 조선국은 중국의 제후국인 기자조선으로부터 시작되는 것으로 하였다. 또한 홍범구주가 기자와 관련이 없고 오히려 조선과의 관련성을 간접적으로 시사하고 있다.

> 【사료195】『한서』「지리지 연조」
>
> 은나라의 도가 약해지자 기자는 조선으로 갔다. 그 백성들에게 예의, 전잠과 베 짜는 것을 가르쳤다. 낙랑조선 백성들은 금팔조를 어기면, 살인을 하면 당시에 죽여서 갚고 상해를 입히면 곡식으로 배상하고, 도둑질을 하면 남자는 노로 삼고 여자는 비로 삼았다. 스스로 죄를 씻고 풀려나고자 하면 오십만을 주어야 한다. 비록 면제되어 평민이 되더라도 풍속에 오히려 차별을 하여 서로 혼인하려 하지 않으매 이로써 그 백성들은 끝내 서로 도둑질하지 아니하고 문을 닫지도 아니하며 여인들은 정숙하고 신실하고 음란하지 않았다.

이 사료보다 먼저인 사서상에는 기자가 단지 조선에 갔고 조선에 봉하였다고만 나오는데 반하여 이 사료는 더 한층 강화 내지는 구체화하여 다른 먼젓번 사료에는 일체 없었던 내용인 기자는 조선에 가서 예의범절과 누에치기 및 베 짜는 기술을 가르친 것으로 되어 있다. 그리고 소위 고조선의 형벌제인 팔조금법(금팔조)을 언급하고 있다. 그러나 이를 낙랑조선 백성들이 지키고 있는 것으로 기록되어 있다.

앞에서 살펴본 사료인,

> 【사료64】『삼국지(三國志)』〈위서〉「동이전」韓
>
> 위략에 이르기를 : 옛 기자(箕子) 이후에 조선후가 있었고 주나라(周)가 쇠퇴해지니 연나라가 스스로 왕을 칭하고 동쪽 땅을 점령하려 하니 조선후도 스스로 왕을 칭하고 군사를 일으켜 연(燕)을 쳐서 주나라 왕실을 받들고자 하였다.

에는 『위략』을 인용하여 아예 조선후로 하여 중국 나라의 제후국으로 기록하고 있다.

> 【사료40】『삼국지(三國志)』〈위서〉「동이전」濊
>
> 옛날 기자가 이미 조선으로 갔다. 팔조의 교를 만들어 그들을 가르치니 문을 닫지도 않았고 백성들은 도둑질을 하지 않았다. 그 뒤 40여世를 지나 朝鮮侯 準이 참람되게 王이라 일컬었다.

같은 사서로서 다른 편인 이 기록에서는 먼첫번 사서인 【사료195】『한서』「지리지 연조」가 소위 팔조금법(금팔조, 팔조)을 기자와 상관없이 고조선(낙랑조선)인들이 이미 지키고 있는 것으로 되어 있는데 반하여 여기서는 기자가 이를 만들어줌으로써 교화시킨 것으로 하고 있다.

이렇게 후대의 기록으로 갈수록 원래 없던 내용이 추가되고 구체화되어 가는 와중에,

(1) 점점 조선이 중국의 신하국인 제후국이 되어가고,
(2) 원래 고조선의 형벌로 되어 있던 팔조금법이 처음에는 조선의 자체적인 것이라고 기록했다가 후대의 기록에 가서는 기자가 만들어 전해 준 것으로 되어가고,
(3) 처음에는 단순히 기자가 조선으로 간 것으로 기록하던 것이 후대의 기록에서는 선진 상전 국가인 중국에서 신하국인 조선에 법과 여러 가지 문물을 가르쳐주어 미개했던 조선을 교화시키고 문명화시킨 것으로 되어간다.

이는 본 필자가 지적하였듯이 전형적인 '춘추필법'이다. 그리고 설명하였듯이 중국의 유명한 고사변 학파가 인정한 중국의 역사서 기

록은 후대로 올수록 사건의 기록이

- 세세해지면서 없던 것도 덧붙여지거니와,
- 후대의 기록으로 내려올수록 그 사건의 연혁이 오래된 것으로 기록하고
- 중국의 고대사는 공자의 『춘추』로부터 사마천의 『사기』를 시작으로 유학자들이 주로 조작한 것이 많다는 것의 전형적인 것이다.

> 기자조선 관련 후대의 중국 기록은 없던 기록이 추가되고 구체화되어 간다. 이 같은 방식은 연나라 고조선 침입 사실과 함께 중국사서의 전형적인 '춘추필법' 방식이다.

이는 중국의 역사 기록 특히 쟁패를 다루던 우리 민족 국가와의 역사 기록에서 특히 그러하다. 이와 같은 예가 앞에서 살펴본 주류 강단 사학계의 식민사학 변형물인 '고조선 이동설'의 성립 논리가 되는 '연나라 진개의 공략'에서도 똑같이 적용된다. 또한 앞으로 살펴볼 한사군 설치 문제도 같은 방식이다. 이 모두 우리 고대사를 중국 예속적으로 변하게 한 주역인데 모두 후대의 가필이 극히 의심스러워 사실 정상적인 역사 해석과 정립이라면 또한 다른 나라의 경우 우리나라 역사 체계에 도입하지 않고 배척하였을 것이다.

그런데 앞으로 살펴볼 바와 같이 스스로 소중화를 자청하여 적극 끌어들이는 한편 더욱더 세세함은 물론 더 강조하여 중국 스스로도 놀라고 자랑스러워할 정도였다. 앞에서 살펴보았지만 '연나라 진개의 공략' 기사에서 사마천은 『사기』「흉노열전」과「조선열전」에서 각각 연나라의 공격 대상을 각각 동호와 진번조선으로 구분하였다. 즉, 동호를 물리치고 1,000여 리를 물러나게 한 다음 장성을 쌓고, 연 5군을 설치하였

다고 기록한 반면, 이와는 별도로 진번조선은 공격한 후 얼마를 물러나게 한 것이 없으며 성과 요새를 쌓았다고만 하면서 구분하였다.

이를 이어받아 기록한 다음 시기의 사서인『염철론』「벌공편」에서도 이를 구분하여 동호를 공격하여 1,000여 리를 차지하였으며, 이와는 별개로 조선은 공격한 대상으로만 나와 되어 있다. 즉 동호는 1,000여 리라는 점령 거리가 나와 있는 반면 조선은 단순 공격한 대상으로만 나와 있고 점령 거리는 안 나와 있다. 그리고 그 다음 서기 전후에 기록된『한서』「조선전」에도 진번조선을 공격하여 요새를 쌓았다고 했지 점령 거리 1,000여 리 여부는 기록하지 않았다. 즉 1,000여 리를 물러나게 한 대상은 같이 기록된 다른 공격 대상인 진번조선이 아니라 동호이다.

공격 대상을 구분하여 기록한 채 1,000여 리를 물러나게 한 대상이 동호라고 한 사서의 기록이 서기 전후를 한참 지난 후의 정체불명으로 지독하게 '춘추필법'에 의하여 쓰인 것으로 확인되는 그 원본이 전해지지 않는『'위략』를 근거로 인용하면서 쓰인『삼국지』〈위서〉「오환 선비 동이전」에 연의 침략 대상을 드디어 조선으로 일정하게 한정시키고 점령 거리를 기록하면서 그 거리를 2,000여 리로 늘려 기록하게 되었다. 그리고 우리나라 주류 강단 사학계는 이전의 기록과의 비교나 분석은 하지 않고『삼국지』〈위서〉「오환 선비 동이전」의 기록만을 신봉하여 과거의 요동인 북경 인근 지방도 아닌 지금의 대능화 지방이나 요동 즉 요하 동쪽 지방에 있던 고조선이 연의 침략을 받아 2,000여 리를 물러나 지금의 한반도 평양 지방으로 쫓겨난 것으로 우리나라 고대사의 정설로 만들어 버렸다.

더군다나 어떤 학자는 동호와 조선을 같은 대상으로 해석하여 각각 한 번씩 두 번 공격을 받은 것으로 하여『사기』「흉노열전」,『염철론』「벌공편」상의 동호 공략 1000여 리와『사기』「조선열전」,『한서』

「조선전」상의 진번조선 공략과 『삼국지』〈위서〉「오환 선비 동이전」의 조선 공략 2,000여 리를 합하여 연의 조선 공략, 3000여 리로 해석하는 사례도 있다. 이는 학문도 아니고 전문가도 전혀 아니다. 사건 발생 후 500년이 지난 한참 후인 200년 이후에 원전이 전해져 내려오지도 않아 그 근거도 불확실하며 중국의 상투적인 '춘추필법'으로 기록된 것으로 평가하여 비판받는 어환의 『위략』을 인용하여 이 사실을 나타내면서 '춘추필법'을 『삼국지』〈위서〉「오환 선비 동이전」에서 드디어 완성하였다. 즉 사마천의 『사기』「흉노열전」동호 1,000여 리 공략 기록과 「조선열전」상의 진번조선 공략 기록과 『염철론』「벌공편」상의 동호 1,000여 리 공략과 진번조선 공략 그리고 『한서』「조선전」의 진번조선 공략을 당시의 적대 상대 세력이었던 조선으로 한정 지목함과 동시에 동호의 1000여 리 공략과 진번조선 공략을 합침으로써 '조선 침략 2,000여 리'로 기록함으로써 중국의 전통적인 '춘추필법'을 완성시켰다.

그러므로 모든 역사적 사건의 진실 파악은 원전 그리고 그때 당시에 가까운 기록이 신빙성이 있는 것이다. 특히 중국의 사서기록은 더욱 그렇다.

이것은 지금의 동북공정과 마찬가지로 중국의 전통적인 역사 기록 수법인 '춘추필법'인 것이다. 이 사건 기록과 마찬가지로 현재 살펴보고 있는 기자조선의 경우에도 마찬가지이며 최종 춘추필법의 완성은 『위략』을 인용한 『삼국지』〈위서〉「오환 선비 동이전」이다. 원래는 단순히 조선으로 도망간 기자가 드디어 중국 사대 국가의 문명을 가지고 중국 신하로 봉해진 기자가 미개했던 조선에 와서 법과 질서를 바로잡고 교화를 펼쳐 문명을 전수하여 준 것으로 완성되었다.

이를 이어받은 우리 조상들과 식민사학을 이어받은 현재 주류 강단 사학계를 보자. 먼저 우리 조상들이 받아들인 기자(조선)에 대한 역사를 살펴보고 이를 이어받은 주류 강단 사학계의 기자에 관한 논리를 살펴보기로 한다. 여기서 기자(조선)에 대한 역사를 살펴보는 이유는 이 기자가 평양과 관련이 있기 때문이다. 즉 이 기자를 우리 조상 유학자들이 한반도 평양으로 끌어들임으로써 모든 중국사서에 있는 고조선 평양, 고구려 평양을 모두 한반도 평양으로 끌어들였다.

그래서 드디어 한사군 '낙랑군 한반도 평양설'이 완성되었다. 이로 인하여 이후 중국에서도 한반도 평양에 고조선과 낙랑군이 있었고 여기에 고구려가 도읍을 삼은 것으로 하였고, 이를 일제 식민 사학자들이 받아들였고 또한 현재 주류 강단 사학계가 이를 그대로 이어받아 현재에 이르게 된 것이다. 앞에서 살펴본 대로 중국사서상으로는 『수서』를 비롯한 당나라 이전에 기록된 사서들은 고구려 수도를 평양이라고만 기록하고 있으나, 『구당서』상에 나타나 있듯이 당나라 시기부터 고구려 수도를 평양이라고 하면서 이를 예전의 한나라 낙랑군이라고 기록하면서 고구려 평양성과 한나라 낙랑군을 동일시하고 있다. 이를 이어받은 우리나라는 『고려사』에 기록되어 있듯이

【사료476】『고려사』권63 지 권제17 예5(禮 五) 길례소사 잡사 1102년 10월 1일(음) 임자(壬子),

숙종이 예부의 건의로 기자 사당의 건립과 제사를 시행하다

10월 임자 초하루 예부(禮部)에서 아뢰기를, "우리나라의 교화와 예의가 기자(箕子)로부터 비롯하였음에도 사전(祀典)에 등재되지 못하였습니다. 바라옵건대 그 무덤을 찾고 사당을 세워서 제사를 지내소서."라고 하니, 이를 따랐다.

고려시대 숙종 7년(1102)에 기자의 무덤을 찾아 사당을 세워서 제사를 지내게 해달라는 예부의 주청에 이를 허락하였으나 이들이 끌어들

인 한반도 평양에 기자의 무덤이 있을 리 없어 이를 행하지 못하였다.

【사료477】『고려사』 권63 지 권제17 예5(禮 五) 길례소사 잡사 1325년 10월 미상(음)

충숙왕이 평양부에 기자 사당을 세우고 제사 지내게 하다

충숙왕(忠肅王) 12년(1325) 10월 평양부(平壤府)에 명하여 기자사(箕子祠)를 세우고 제사 지내도록 하였다.

【사료478】『고려사』 권63 지 권제17 예5(禮 五) 길례소사 잡사 1356년 6월 미상(음)

공민왕이 평양부에 명하여 기자 사당에 때맞춰 제사 지내게 하다

공민왕(恭愍王) 5년(1356) 6월 평양부(平壤부)에 명하여 기자(箕子)의 사우(祠宇)를 수축하고 때에 맞추어 제사를 지내도록 하였다.

【사료479】『고려사』 권63 지 권제17 예5(禮 五) 길례소사 잡사 1371년 12월 미상(음)

공민왕이 평양부에 기자 사우를 수리하고 때맞춰 제사 지내게 하다

〈공민왕(恭愍王)〉 20년(1371) 12월 평양부(平壤府)에 명하여 기자(箕子)의 사우(祠宇)를 수축하고 때에 맞추어 제사 지내도록 하였다.

이후 충숙왕 12년(1325)에 '평양부에 명을 하여 기자의 사당을 세워서 제사를 지내게 했다'라는 기록이 있는 것으로 보아 이때 사당을 짓고 제사를 지내기 시작한 것으로 보인다. 이러한 전통은 고려시대에 이미 기자가 동래한 사실 그리고 그곳이 평양이라는 인식이 있었음

을 확인시켜 주는 것이다. 이는 여러 중국사서상에서 낙랑군(조선현)에 기자가 온 것으로 취급한 것에서 시작하였다.

> 유교의 도입에 따른 '기자 동래설'에 의하여 고조선 및 낙랑군의 한반도 평양설이 성립되었다.

이는 앞에서의 중국사서가 왜곡하기 시작한 것에서 유래하였다. 그러나 이것은 어디까지나 기자를 낙랑군 즉 이전의 위만조선과 연결시킨 것이다. 물론 위만조선의 평양과 연결시키기도 하였다.

【사료16】『진서』「지리지」'평주', '유주'

③ 낙랑군

낙랑군(樂浪郡), 한(漢)에서 설치하였다. 6개의 현을 다스린다. 가구수는 3700이다.

1) 조선현(朝鮮縣), 주(周)가 기자(箕子)를 봉한 땅이다.

이러한 연결은 다시 고구려가 장수왕 시기에 이곳에 도읍함으로써

【사료28】『원사』「지리지」요양등처행중서성 동녕로

동녕로(東寧路). 본래 고구려(高句驪) 평양성(平壤城)으로 또한 장안성(長安城)이라고도 하였다. 한(漢)이 조선(朝鮮)을 멸하고 낙랑(樂浪)·현토군(玄菟郡)을 설치하였는데, 이것이 낙랑지역이었다. 진(晉) 의희(義熙) 연간 후반에 그 왕 고련(高璉)이 처음으로 평양성(平壤城)에 머물렀다[居]. 당(唐)이 고려(高麗)를 정벌할 때 평양(平壤)을 공략하여 그 나라가 동쪽으로 옮겨 압록

수(鴨綠水)의 동남쪽 1,000여 리 되는 데에 있었는데, 평양의 옛터가 아니었다. 왕건(王建)에 이르러 평양이 서경(西京)이 되었다. 원(元) 지원(至元) 6년(1269)에 이연령(李延齡)·최탄(崔坦)·현원열(玄元烈) 등이 부주현진(府州縣鎭) 60개 성(城)을 가지고 와서 귀부하였다.〈지원〉8년(1271)에 서경을 고쳐 동녕부(東寧府)라고 하였다.

위만조선 평양성, 낙랑군(조선현), 고구려 평양성이 기자가 동래한 지역으로 연결되었다. 이는

【사료31】『구당서(舊唐書)』「동이열전 고구려」

~ 그 나라는 平壤城에 都邑하였으니, 곧 漢 樂浪郡의 옛 땅이다. 長安에서 동쪽으로 5천1백 리 밖에 있다. 동으로는 바다를 건너 新羅에 이르고, 서북으로는 遼水를 건너 營州에 이른다. 동서로는 3천1백 리이고, 남북으로는 2천 리이다.

【사료26】『신당서(新唐書)』「동이열전 고구려」

~ 서북으로는 遼水를 건너 營州와 접하고, ~ 그 나라의 임금이 살고 있는 곳은 平壤城으로 長安城이라고도 부르는데, 漢代의 樂浪郡으로 長安에서 5천 리 밖에 있다. 산의 굴곡을 따라 外城을 쌓았으며, 남쪽은 浿水와 연해 있다. 王은 그 좌측에 宮闕을 지어 놓았다. 또 國内城과 漢城이 있는데 別都라 부른다.
물은 大遼와 少遼가 있다. 大遼는 靺鞨의 서남쪽 산에서 흘러나와 남으로 安市城을 거쳐 흐른다. 少遼는 遼山의 서쪽에서 흘러나와 역시 남으로 흐르는데, 梁水가 塞外에서 나와 서쪽으로 흘러 이와 합류한다. 馬訾水가 있어 靺鞨의 白山에서 흘러나오는데, 물빛이 鴨頭와 같아서 鴨淥水로 불리운다. 國内城의 서쪽을 거쳐 鹽難水와 합류한 다음, 다시 서남으로 [흘러] 安市[城]에 이르러서 바다로 들어온다. 平壤은 鴨淥江의 동남쪽에 있는데, 큰 배로 사람이 건너다니므로, 이를 해자(天塹)로 여긴다.

『당서』에서 확인이 된다. 하지만 이 기록상의 평양성은 분명히 당시 압록수인 지금의 호타하가 있는 하북성이다.

> **【사료25】**『통전(通典)』「변방」 '동이 하 고구려'
>
> 또한 평양성(平壤城) 동북쪽에 로양산(魯陽山)이 있고 그 정상에 로성(魯城)이 있다. 서남쪽으로 20리에 위산(葦山)이 있는데 남쪽에 패수(浿水)가 가깝다. 대요수는 말갈국 서남산에서 나와 남으로 흘러 안시현에 이른다. 소요수는 요산에서 나와 서남으로 흘러 대양수와 만난다. 대양수는 나라의 서쪽에 있다. 새 밖에서 나와 서남으로 흘러 소요수로 흘러간다. 마자수는 일명 압록수이다. 물이 동북 말갈의 백산에서 나온다. 물의 색이 기러기 머리색을 닮았기 때문에 속되게 부른 이름이다. 요동에서 5백 리 떨어져 있다. 국내성 남쪽을 지나 서쪽으로 흘러 염난수와 만나 두 물이 합하여 서남으로 흘러 안평성에 이르러 바다에 들어간다. 고구려에서 이 강이 제일 크다. 물결이 이는데 푸르고 맑으며, 나루터마다 큰 배가 서 있다. 그 나라에서 이를 천참(천연요새)으로 여긴다. 강의 너비가 3백 보이고, **평양성 서북 450리에 있다. 요수 동남 480리에 있다.**
> (한나라 낙랑군, 현토군 땅이다. 후한 때부터 위나라 때까지 공손씨가 점거하고 있다가 공손연 때 멸망했다. 서진 영가(307~312) 이후 다시 고구려에 함락되었다.~(생략))(생략)

그리고 이 사서에서 확인되는 바와 같이 원 사서기록은 분명히 하북성 호타하인 압록수를 기록하고 여기에 있는 고구려 평양성을 기록하고 있다. 하지만 후반부의 **평양성 서북 450리에 있다. 요수 동남 480리에 있다.** 이 기록만은 한반도의 평양과 압록강 그리고 요령성 요하를 기록하려고 후대에 조작한 기록이다. 단지 450리 기록이 탄생한 수나라의 고구려 공격 시의 압록수와 고구려 평양성 간의 거리만 그대로 인용한 채 같은 당나라 시기를 기록한 『신당서』 「가탐도리기」가 기록한 하북성 고구려 평양성이 아닌 산동성 고구려 평양성의 졸본성에 대한 방향만을 또한 그대로 인용한 채 기록한 것이다. 그러면 여기에서 우리 민족 고대 국가에 있어서 평양에 대하여 살펴보도록 한다. 이 평양이 '기자 동래설'에 의하여 결국은 한반도 평양에 왜곡 고착되었기 때문에 이를 살펴보는 것은 물론이고 이 평양의 위치는 결국 우리 고대사의 활동 영역을 확인시켜 주는 것이기 때문이다. 물론 이에 의하여 주류 강단 사학계의 한반도 고착화 왜곡을 비판하고자 함이다.

– 다음 〈제8권〉에서 계속됩니다.

인용 사료 목록

【사료1】『조선왕조실록』세조실록 7권, 세조 3년 5월 26일 무자 3번째기사 1457년
【사료2】『조선왕조실록』예종실록 7권, 예종 1년 9월 18일 무술 3번째기사 1469년
【사료3】『관자』「제78 규도 13」
【사료4】『관자』「제80 경중갑 13,20,22」
【사료5】『산해경』「제11 해내서경」
【사료6】『산해경』「제12 해내북경」
【사료7】『산해경』「제18 해내경」
【사료8】『사기』「권69 소진열전 제9」
【사료9】『염철론』「권6 벌공」편
【사료10】『후한서(後漢書)』「군국지」1. 유주
【사료11】『사기』「조선열전」'고조선'
【사료12】『자치통감(資治通鑑)』「권181 수기오」
【사료13】『무경총요』10
【사료14】『흠정사고전서』「수도제강 권3」
【사료15】『무경총요』「전집 권22 연경주군 12」
【사료16】『진서』「지리지」'평주', '유주'
【사료17】『사기』「하본기」
【사료18】『회남자』「추형훈」고유의 주석
【사료19】『염철론』「험고」
【사료20】『산해경』「해내동경」
【사료21】『수경주』「대요수」, 「소요수」
【사료22】『한서』「지리지」1. 유주
【사료23】『삼국지(三國志)』〈위서〉「동이전」'고구려전'
【사료24】『후한서(後漢書)』「동이열전」'고구려전'
【사료25】『통전(通典)』「변방」'동이 하 고구려'
【사료26】『신당서(新唐書)』「동이열전 고구려」
【사료27】『고려사』「세가 권제15」인종(仁宗) 4년 12월 1126년 12월 12일(음) 계유(癸酉)
【사료28】『원사』「지리지」요양등처행중서성 동녕로
【사료29】『요사』「지리지」
【사료30】『신당서(新唐書)』「가탐도리기」
【사료31】『구당서(舊唐書)』「동이열전 고구려」
【사료32】『통전(通典)』「주군 안동부」
【사료33】『통감지리통석』권 10 요동
【사료34】『삼국사기(三國史記)』고구려본기 제10 보장왕(寶藏王) 二十七年秋九月

【사료35】『삼국사기(三國史記)』고구려본기 제8 영양왕(嬰陽王) 二十三年秋七月
【사료36】『삼국사기(三國史記)』고구려본기 제8 영양왕(嬰陽王) 二十三年夏六月
【사료37】『무경총요』1044년 권22 압록수
【사료38】『삼국사기(三國史記)』잡지 지리4 백제(百濟) 압록수 이북의 항복한 성
【사료39】『삼국지(三國志)』〈위서〉「동이전」東沃沮
【사료40】『삼국지(三國志)』〈위서〉「동이전」濊
【사료41】『삼국유사』卷 第一 제1 기이(紀異第一) 고구려(高句麗)
【사료42】『양서(梁書)』「동이열전」'고구려'
【사료43】『사기』「흉노열전」
【사료44】『사기』「몽염열전」
【사료45】『삼국사기(三國史記)』고구려본기 제1 시조 동명성왕(東明聖王) 2년
【사료46】『송서(宋書)』夷蠻列傳 高句驪
【사료47】『삼국사기(三國史記)』卷 第二十 高句麗本紀 第八 영양왕 二十三年春二月
【사료48】『서경』〈하서〉「우공」제11장
【사료49】『회남자』「인간훈」
【사료50】『회남자』「시칙훈」
【사료51】『삼국사기(三國史記)』「잡지 지리」'고구려' '고구려 초기 도읍 홀승골성과 졸본'
【사료52】『삼국사기(三國史記)』「잡지 지리」'고구려' '평양성과 장안성'
【사료53】『고려사』지 권 제12 지리3 「동계」
【사료54】『고려사』지 권 제12 지리3 「북계」
【사료55】『삼국사기(三國史記)』雜志 第六 지리四 백제 압록수 이북의 항복하지 않은 성
【사료56】『삼국유사』「흥법」'순도조려'
【사료57】『후한서(後漢書)』「원소유표열전」
【사료58】『수서』「지리지」
【사료59】『삼국지(三國志)』〈위서〉'공손도, 공손강, 공손공, 공손강의 아들 공손연 열전'
【사료60】『위서』「지형지, 남영주/영주」
【사료61】『삼국사기(三國史記)』卷第十七 高句麗本紀 第五 동천왕(東川王) 20년 10월
【사료62】『삼국사기(三國史記)』권 제16 고구려본기 제4 신대왕(新大王) 5년
【사료63】『광개토대왕비문』
【사료64】『삼국지(三國志)』〈위서〉「동이전」韓
【사료65】『통전(通典)』「주군」'평주'
【사료66】『사기』「화식열전」
【사료67】『후한서(後漢書)』「동이열전(東夷列傳)」부여(夫餘)
【사료68】『삼국지(三國志)』〈위서〉「동이전」부여(夫餘)
【사료69】『진서(晉書)』卷九十七「列傳」第六十七 東夷: 夫餘國
【사료70】『삼국유사』권 제1 기이(紀異第一) 위만(魏滿:衛滿)조선(朝鮮)
【사료71】『한서』「조선전」'고조선'
【사료72】『염철론』「주진편」
【사료73】『염철론』「비호편」

【사료74】『한서』 권94 上 「흉노전」
【사료75】『통전(通典)』「변방 북적 서략 흉노상」
【사료76】『신당서(新唐書)』「지리지」
【사료77】『삼국사기(三國史記)』 고구려본기 제3 태조대왕(太祖大王) 94년 8월
【사료78】『삼국사기(三國史記)』 고구려본기 제8 영양왕(嬰陽王) 九年夏六月
【사료79】『삼국사기(三國史記)』 백제본기 제4 동성왕(東城王) 二十二年/夏五月
【사료80】『양서(梁書)』「東夷列傳 百濟」
【사료81】『흠정만주원류고』 권9 강역2 신라 9주
【사료82】『삼국사기(三國史記)』 卷第二十一 高句麗本紀 第九 보장왕 645년 05월(음)
【사료83】『삼국사기(三國史記)』 백제본기 제1 다루왕(多婁王) 3년 10월
【사료84】『흠정만주원류고』 권10 강역3 발해국경
【사료85】『삼국사기(三國史記)』 권 제37 잡지 제6 지리四 백제[삼국의 이름만 있고 그 위치가 ~
【사료86】『삼국사기(三國史記)』 百濟本紀 第四 무령왕(武寧王) 三年秋九月
【사료87】『남제서(南齊書)』「東南夷列傳 高[句]麗」
【사료88】『위서(魏書)』「列傳 高句麗」
【사료89】『주서(周書)』「異域列傳 高句麗」
【사료90】『남사(南史)』「東夷列傳 高句麗」
【사료91】『북사(北史)』「列傳 高句麗」
【사료92】『수서(隋書)』「東夷列傳 高句麗」
【사료93】『원사(元史)』「外夷列傳 高麗」
【사료94】『삼국유사』 卷第一 第1 기이(紀異第一) 말갈(靺鞨)과 발해(渤海)
【사료95】『삼국사기(三國史記)』 百濟本紀 第一 시조 온조왕(溫祚王) 2년 1월
【사료96】『삼국사기(三國史記)』 지리(地理)四 고구려 멸망과 이후 상황
【사료97】『삼국사기(三國史記)』 列傳 第六 최치원(崔致遠)
【사료98】『구당서(舊唐書)』「東夷列傳 百濟」
【사료99】『신당서(新唐書)』「東夷列傳 百濟」
【사료100】『삼국사기(三國史記)』 新羅本紀 第一 유리(儒理) 이사금(尼師今) 17년 9월
【사료101】『삼국사기(三國史記)』 新羅本紀 第一 시조 혁거세(赫居世) 30년
【사료102】『삼국사기(三國史記)』 百濟本紀 第一 시조 온조왕(溫祚王) 13년 5월
【사료103】『삼국사기(三國史記)』 신라본기 제1 유리(儒理) 이사금(尼師今) 14년
【사료104】『삼국사기(三國史記)』 新羅本紀 第一 시조 혁거세(赫居世) 53년
【사료105】『삼국사기(三國史記)』 백제본기 제1 시조 온조왕(溫祚王) 43년 10월
【사료106】『삼국사기(三國史記)』 新羅本紀 第二 아달라(阿達羅) 5년 3월
【사료107】『삼국사기(三國史記)』 百濟本紀 第一 溫祚王 二十七年夏四月
【사료108】『삼국사기(三國史記)』 新羅本紀 第一 시조 혁거세(赫居世) 十九年春一月
【사료109】『후한서(後漢書)』「東夷列傳 韓」
【사료110】『후한서(後漢書)』「東夷列傳 濊」
【사료111】『진서(晉書)』「東夷列傳 馬韓」
【사료112】『송서(宋書)』「夷蠻列傳 百濟」

【사료113】『남제서(南齊書)』「東南夷列傳 百濟」

【사료114】『위서(魏書)』「列傳 百濟」

【사료115】『주서(周書)』「異域列傳 百濟」

【사료116】『남사(南史)』「東夷列傳 百濟」

【사료117】『북사(北史)』「列傳 百濟」

【사료118】『수서(隋書)』「東夷列傳 百濟」

【사료119】『삼국사기(三國史記)』百濟本紀 第一 시조 온조왕(溫祚王) 13년 8월

【사료120】『삼국사기(三國史記)』고구려본기 제5 동천왕(東川王) 12년

【사료121】『삼국사기(三國史記)』고구려본기 제5 동천왕(東川王) 16년

【사료122】『삼국사기(三國史記)』고구려본기 제5 동천왕(東川王) 20년

【사료123】『삼국사기(三國史記)』백제본기 제2 사반왕(沙伴王)·고이왕(古尒王)

【사료124】『삼국사기(三國史記)』新羅本紀 第二 아달라(阿達羅) 이사금(尼師今) 5년

【사료125】『수경주』「유수」

【사료126】『구당서(舊唐書)』「지리지」

【사료127】『삼국사기(三國史記)』百濟本紀 第六 의자왕(義慈王) 665년(음)

【사료128】『삼국사기(三國史記)』신라본기 제6 문무왕(文武王) 4년 2월

【사료129】『삼국사기(三國史記)』신라본기 제6 문무왕(文武王) 5년 8월

【사료130】『흠정만주원류고』권5 부족5 말갈

【사료131】『삼국사기(三國史記)』신라본기 제7 문무왕(文武王) 十一年秋七月二十六日

【사료132】『통전(通典)』邊防 一 東夷 上 百濟

【사료133】『자치통감(資治通鑑)』卷一百三十六 齊紀二 世祖武皇帝上之下

【사료134】『자치통감(資治通鑑)』卷九十七 晉紀十九 孝宗穆皇帝上之上

【사료135】『선화봉사고려도경(宣化奉使高麗圖經)』「시봉편」

【사료136】『삼국사기(三國史記)』고구려본기 제6 고국양왕(故國壤王) 二年夏六月

【사료137】『삼국사기(三國史記)』고구려본기 제6 고국양왕(故國壤王) 二年冬十一月

【사료138】『삼국사기(三國史記)』고구려본기 제6 광개토왕(廣開土王) 十四年春一月

【사료139】『삼국사기(三國史記)』백제본기 제4 동성왕(東城王) 二十二年/夏五月

【사료140】『자치통감(資治通鑑)』卷一百三十六 齊紀二 世祖武皇帝上之下

【사료141】『양직공도』「백제국사」

【사료142】『한원(翰苑)』「번이부 백제(蕃夷部 百濟)」

【사료143】『흠정만주원류고』권3 부족3 백제

【사료144】『흠정만주원류고』권9 강역2 백제제성

【사료145】『수경주(水經注)』권11, '역수(易水)'

【사료146】『흠정만주원류고』권4 부족4 신라

【사료147】『삼국사기(三國史記)』卷第三十四 雜志 第三 지리(地理)一 신라(新羅)

【사료148】『흠정만주원류고』권9 강역2 신라

【사료149】『통전(通典)』「변방」'동이 상 신라'

【사료150】『삼국사기(三國史記)』百濟本紀 第一 시조 온조왕(溫祚王) 17년

【사료151】『삼국유사』권 제1 제1 기이(紀異第一) 낙랑국(樂浪國)

【사료152】『삼국사기(三國史記)』백제본기 제3 개로왕(蓋鹵王) 21년 9월
【사료153】『삼국사기(三國史記)』新羅本紀 第七 문무왕(文武王) 672년 01월(음)
【사료154】『흠정만주원류고』권3 부족3 백제
【사료155】『삼국사기(三國史記)』百濟本紀 第六 의자왕(義慈王) 二十年
【사료156】『삼국사기(三國史記)』新羅本紀 第一 시조 혁거세(赫居世) 1년 4월 15일
【사료157】『삼국사기(三國史記)』新羅本紀 第一 시조 혁거세(赫居世) 38년 봄 2월
【사료158】『삼국사기(三國史記)』新羅本紀 第一 시조 혁거세(赫居世) 30년
【사료159】『삼국사기(三國史記)』백제본기 제6 의자왕(義慈王) 논하여 말하다.
【사료160】『삼국유사』卷 第一 제1 기이(紀異第一) 진한(辰韓)
【사료161】『삼국사기(三國史記)』列傳 第一 김유신(金庾信) 상
【사료162】『진서(晉書)』「동이열전(東夷列傳) 辰韓」
【사료163】『양서(梁書)』「東夷列傳 新羅」
【사료164】『남사(南史)』「東夷列傳 新羅」
【사료165】『북사(北史)』「列傳 新羅」
【사료166】『수서(隋書)』「東夷列傳 新羅」
【사료167】『구당서(舊唐書)』「동이열전 신라」
【사료168】『신당서(新唐書)』「동이열전 신라」
【사료169】『후한서(後漢書)』「東夷列傳 東沃沮」
【사료170】『수경주(水經注)』권12 '거마하(巨馬河)'
【사료171】『삼국사기(三國史記)』新羅本紀 第一 시조 혁거세(赫居世) 8년
【사료172】『삼국사기(三國史記)』신라본기 제3 나물(奈勿) 이사금(尼師今) 38년 5월
【사료173】『삼국사기(三國史記)』백제본기 제1 시조 온조왕(溫祚王) 24년 7월
【사료174】『문헌통고』
【사료175】『삼국사기(三國史記)』백제본기 제4 무령왕(武寧王) 二十三年夏五月
【사료176】『고려사』지 권 제10 지리1 「지리 서문」
【사료177】『고려사』세가 권제14 예종(睿宗) 12년(1117년) 3월 6일(음)
【사료178】『고려사』세가 권제42 공민왕(恭愍王) 19년 12월 1370년 12월 2일(음)
【사료179】『선화봉사고려도경』권3 성읍(城邑) 영토[封境]
【사료180】『삼국유사』제1 기이(紀異第一) 고조선(古朝鮮) 왕검조선(王儉朝鮮)
【사료181】『삼국유사』제2 기이(紀異第二) 남부여(南扶餘) 전백제(前百濟) 북부여(北扶餘)
【사료182】『삼국유사』卷 第一-제1 기이(紀異第一) 태종춘추공(太宗春秋公)
【사료183】『삼국사기(三國史記)』新羅本紀 第七 문무왕(文武王) 十五年春一, 二月
【사료184】『삼국사기(三國史記)』雜志 第三지리(地理)一 신라(新羅) 원 신라
【사료185】『삼국사기(三國史記)』雜志 第三지리(地理)一 신라(新羅) 이전 백제
【사료186】『삼국사기(三國史記)』雜志 第三지리(地理)一 신라(新羅) 이전 고구려
【사료187】『삼국사기(三國史記)』新羅本紀 第八 신문왕(神文王) 五年
【사료188】『삼국사기(三國史記)』新羅本紀 第九 경덕왕(景德王) 十六年冬十二月
【사료189】『삼국사기(三國史記)』잡지 제4 지리(地理)二 신라(新羅)
【사료190】『삼국사기(三國史記)』신라본기 제7 문무왕(文武王) 十三年秋九月

【사료191】『삼국사기(三國史記)』신라본기 제12 경명왕(景明王) 五年春二月
【사료192】『고려사』세가 권제1 태조(太祖) 4년 2월 921년 2월 15일(음) 임신(壬申)
【사료193】『삼국사기(三國史記)』新羅本紀 第七 문무왕(文武王) 十五年秋九月
【사료194】『고려사』권82 지 권제36 병2(兵 二) 성보 930년 미상(음)
【사료195】『한서』「지리지 연」
【사료196】『삼국사기(三國史記)』高句麗本紀 第二 대무신왕(大武神王) 15년 04월
【사료197】『삼국사기(三國史記)』高句麗本紀 第五 미천왕(美川王)
【사료198】『한서 』「열전」〈엄주오구주부서엄종왕종왕가전〉 '가연지편'
【사료199】『고려사절요』권1 태조신성대왕(太祖神聖大王) 태조(太祖) 18년10월 935년 10월 미상
【사료200】『삼국사기(三國史記)』고구려본기 제2 대무신왕(大武神王) 9년 10월
【사료201】『삼국사기(三國史記)』고구려본기 제3 태조대왕(太祖大王) 4년 7월
【사료202】『삼국사기(三國史記)』고구려본기 제2 모본왕(慕本王) 2년
【사료203】『삼국사기(三國史記)』고구려본기 제1 시조 동명성왕(東明聖王) 10년 11월
【사료204】『삼국사기(三國史記)』고구려본기 제2 대무신왕(大武神王) 13년 7월
【사료205】『삼국사기(三國史記)』新羅本紀 第一 지마(祗摩) 이사금(尼師今) 14년 1월
【사료206】『삼국사기(三國史記)』고구려본기 제5 동천왕(東川王) 19년 10월
【사료207】『삼국사기(三國史記)』신라본기 제2 조분(助賁) 이사금(尼師今) 16년 10월
【사료208】『삼국사기(三國史記)』卷第四十四 列傳 第四 거칠부(居柒夫)
【사료209】『삼국사기(三國史記)』권 제45 열전 제5 온달(溫達)(AD590)
【사료210】『삼국사기(三國史記)』新羅本紀 第五 선덕왕(善德王) 11년
【사료211】『삼국사기(三國史記)』卷第四十一 列傳 第一 김유신(金庾信) 상
【사료212】『삼국사기(三國史記)』卷第四十九 列傳 第九 개소문(蓋蘇文)
【사료213】『삼국사기(三國史記)』신라본기 제5 태종(太宗) 무열왕(武烈王) 2년
【사료214】『삼국사기(三國史記)』신라본기 제12 효공왕(孝恭王) 905년 08월(음)
【사료215】『삼국사기(三國史記)』百濟本紀 第一 시조 온조왕(溫祚王)
【사료216】『삼국지(三國志)』「魏書 30 東夷傳 挹婁」
【사료217】『후한서(後漢書)』「東夷列傳 挹婁」
【사료218】『진서(晉書)』「동이열전(東夷列傳) 숙신(肅愼)」
【사료219】『위서(魏書)』「列傳 勿吉國」
【사료220】『북사(北史)』「列傳 勿吉」
【사료221】『수서(隋書)』「東夷列傳 靺鞨」
【사료222】『구당서(舊唐書)』「北狄列傳 靺鞨」
【사료223】『신당서(新唐書)』「北狄列傳 黑水靺鞨」
【사료224】『구당서(舊唐書)』「北狄列傳 渤海靺鞨」
【사료225】『신당서(新唐書)』「北狄列傳 渤海」
【사료226】『삼국사기(三國史記)』新羅本紀 第一 남해 차차웅 원년 7월
【사료227】『삼국사기(三國史記)』百濟本紀 第一 시조 온조왕 11년 4월
【사료228】『삼국사기(三國史記)』권 제40 잡지 제9 무관(武官)
【사료229】『금사(金史)』「외국열전(外國列傳) 고려(高麗)」

【사료230】『금사(金史)』「卷1 本紀1 世紀」
【사료231】『고려사절요』 권8 예종(睿宗) 10년 1월(1115년 1월 미상(음))
【사료232】『고려사』 列傳 권 제7 제신(諸臣) 서희 서희가 거란의 소손녕과의 외교 담판~
【사료233】『고려사절요』 권2 성종(成宗) 13년 2월 소손녕이~
【사료234】『무경총요』「전집 권 22」요방 북번지리
【사료235】『고려사』 세가 권 제14 예종(睿宗)(1105~1122) 12년 3월 1117년 3월 3일(음)
【사료236】『금사(金史)』 권1 본기1 세기(世紀)
【사료237】『금사(金史)』 권1 본기1 세기(世紀)
【사료240】『고려사절요』 권8 예종(睿宗) 10년 1월(1115년 1월 미상(음))
【사료241】『송막기문(松漠記聞)』
【사료242】『동명해사록(東溟海槎錄)』
【사료243】『삼국사기(三國史記)』 권 제37 잡지 제6 지리(地理)四 고구려(高句麗)
【사료244】『삼국사기(三國史記)』 신라본기 제9 선덕왕(宣德王) 四年春一月
【사료245】『삼국사기(三國史記)』 백제본기 제1 시조 온조왕(溫祚王) 13년 7월
【사료246】『고려사』 지 권 제12 지리3(地理 三) 서해도 평주
【사료247】『삼국사기(三國史記)』 신라본기 제2 유례(儒禮) 이사금(尼師今) 9년 6월
【사료248】『삼국사기(三國史記)』 신라본기 제6 문무왕(文武王) 8년 6월 22일
【사료249】『삼국사기(三國史記)』 백제본기 제1 시조 온조왕(溫祚王) 37년 4월
【사료250】『삼국사기(三國史記)』 新羅本紀 第八 성덕왕(聖德王) 三十四年
【사료251】『진서(晉書)』 卷十四 志 第四 地理上 惠帝卽位, 改扶風國爲秦國
【사료252】『고려사』 권별 보기 志 지 권제36 병2(兵 二) 성보 973년 미상
【사료253】『삼국사기(三國史記)』 신라본기 제8 성덕왕(聖德王) 三十二年秋七月
【사료254】『삼국사기(三國史記)』 신라본기 제10 헌덕왕(憲德王) 十八年秋七月
【사료255】『삼국사기(三國史記)』 新羅本紀 第三 나물(奈勿) 이사금(尼師今) 42년 7월
【사료256】『삼국사기(三國史記)』 新羅本紀 第三 눌지(訥祗) 마립간(麻立干) 34년 7월
【사료257】『삼국사기(三國史記)』 新羅本紀 第四 지증(智證) 마립간(麻立干) 13년 6월
【사료258】『삼국사기(三國史記)』 新羅本紀 第五 선덕왕(善德王) 8년 2월
【사료259】『삼국사기(三國史記)』 新羅本紀 第五 태종(太宗) 무열왕(武烈王) 5년 3월
【사료260】『삼국사기(三國史記)』 新羅本紀 第八 성덕왕(聖德王) 二十年秋七月
【사료261】『삼국사기(三國史記)』 新羅本紀 第三 자비(慈悲) 마립간(麻立干) 11년 9월
【사료262】『삼국사기(三國史記)』 新羅本紀 第一 지마(祗摩) 이사금(尼師今) 14년 7월
【사료263】『삼국사기(三國史記)』 新羅本紀 第三 소지(炤知) 마립간(麻立干)
【사료264】『삼국사기(三國史記)』 新羅本紀 第三 소지(炤知) 마립간(麻立干) 3년 3월
【사료265】『삼국사기(三國史記)』 高句麗本紀 第七 문자왕(文咨王) 六年秋八月
【사료266】『삼국사기(三國史記)』 高句麗本紀 第七 안원왕(安原王) 十年秋九月
【사료267】『후한서(後漢書)』「東夷列傳 倭」
【사료268】『삼국지(三國志)』 魏書 三十 烏丸鮮卑東夷傳 第三十 倭
【사료269】『진서(晉書)』 列傳 第六十七 東夷 倭
【사료270】『송서(宋書)』 列傳 第五十七 夷蠻 東夷 倭

【사료271】『남제서(南齊書)』列傳 第三十九 東夷 倭國
【사료272】『양서(梁書)』列傳 第四十八 諸夷 倭
【사료273】『북사(北史)』列傳 第八十二 倭
【사료274】『수서(隋書)』 列傳 第四十六 東夷 倭國
【사료275】『구당서(舊唐書)』列傳 第一百四十九上 東夷 倭國
【사료276】『신당서(新唐書) 列傳 第一百四十五 東夷 倭
【사료277】『삼국사기(三國史記)』百濟本紀 第一시조 온조왕(溫祚王) 11년 7월
【사료278】『일본서기(日本書紀)』譽田天皇 應神天皇
【사료279】『삼국사기(三國史記)』고구려본기 제3 태조대왕(太祖大王) 59년
【사료280】『삼국사기(三國史記)』고구려본기 제5 동천왕(東川王) 21년 2월
【사료281】『삼국사기(三國史記)』고구려본기 제6 고국원왕 343년 07월(음)
【사료282】『삼국사기(三國史記)』고구려본기 제6 광개토왕(廣開土王) 四年秋八月
【사료283】『삼국사기(三國史記)』백제본기 제3 아신왕(阿莘王) 4년 8월
【사료284】『삼국사기(三國史記)』백제본기 제3 아신왕(阿莘王) 4년 11월
【사료285】『삼국사기(三國史記)』백제본기 제1시조 온조왕(溫祚王)
【사료286】『삼국사기(三國史記)』고구려본기 제8 영양왕(嬰陽王) 二十三年夏六月
【사료287】『수서(隋書)』卷六十四 列傳 第二十九 (來護兒)
【사료288】『삼국사기(三國史記)』高句麗本紀 第五 미천왕(美川王) 14년 10월
【사료289】『삼국사기(三國史記)』高句麗本紀 第三 태조대왕(太祖大王) 66년 6월
【사료290】『삼국사기(三國史記)』지리(地理)四 백제(百濟) 압록수 이북의 도망간 성
【사료291】『삼국사기(三國史記)』高句麗本紀 第八 영류왕(榮留王) 十四年
【사료292】『삼국사기(三國史記)』高句麗本紀 第八 영류왕(榮留王) 十四年 春二月
【사료293】『자치통감(資治通鑑)』唐紀九 太宗文 (貞觀五年(631)) 秋, 八月)
【사료294】『삼국유사』흥법제3(興法第三) 보장봉로 보덕이암(寶藏奉老 普德移庵)
【사료295】『삼국사기(三國史記)』高句麗本紀 第八 영류왕(榮留王) 二十五年 春一月
【사료296】『삼국사기(三國史記)』열전 제9 개소문(蓋蘇文) 대대로에 오르지 못하다
【사료297】『삼국사기(三國史記)』고구려본기 제8 영류왕(榮留王) 십이년추팔월
【사료298】『삼국사기(三國史記)』신라본기 제4 진평왕(眞平王) 51년 8월
【사료299】『삼국사기(三國史記)』고구려본기 제8 영류왕(榮留王) 二十一年冬十月
【사료300】『삼국사기(三國史記)』신라본기 제5 선덕왕(善德王) 7년 10월, 11월
【사료301】『삼국사기(三國史記)』신라본기 제5 태종(太宗) 무열왕(武烈王)
【사료302】『삼국사기(三國史記)』高句麗本紀 第十 보장왕(寶藏王) 4년 5월(음)
【사료303】『삼국사기(三國史記)』新羅本紀 第七 문무왕(文武王) 十三年秋九月
【사료304】『구당서(舊唐書)』列傳 第 33. 劉仁軌傳
【사료305】『삼국사기(三國史記)』新羅本紀 第七 문무왕(文武王) 十五年春二月
【사료306】『삼국사기(三國史記)』신라본기 제7 문무왕(文武王) 十五年秋九月
【사료307】『삼국사기(三國史記)』百濟本紀 第一 시조 온조왕(溫祚王) 18년 10월
【사료308】『구당서(舊唐書)』卷三十八 志 第十八 地理 一
【사료309】『고려사』권82 지 권제36 병2(兵 二) 성보

【사료310】『삼국사기(三國史記)』고구려본기 제10 보장왕(寶藏王) 十四年春一月
【사료311】『삼국사기(三國史記)』백제본기 제6 의자왕(義慈王) 十五年秋八月
【사료312】『삼국사기(三國史記)』新羅本紀 第四 진흥왕(眞興王) 12년
【사료313】『삼국사기(三國史記)』高句麗本紀 第七 양원왕(陽原王) 七年
【사료314】『삼국사기(三國史記)』雜志 第六 지리(地理)四 백제(百濟)
【사료315】『삼국유사』기이제2(紀異第二) 남부여(南扶餘) 전백제(前百濟) 북부
【사료316】『일본서기(日本書紀)』권 19 天國排開廣庭天皇 欽明天皇 12년(0551년 (음))
【사료317】『삼국사기(三國史記)』백제본기 제4 성왕(聖王) 31년 가을 7월
【사료318】『삼국사기(三國史記)』신라본기 제4 진흥왕(眞興王) 14년 7월
【사료319】『삼국사기(三國史記)』高句麗本紀 第十 보장왕(寶藏王) 二十七年
【사료320】『삼국사기(三國史記)』열전 제5 온달(溫達)
【사료321】『삼국사기(三國史記)』백제본기 제2 책계왕(責稽王) 원년
【사료322】『삼국사기(三國史記)』新羅本紀 第六 문무왕(文武王) 10년 3월
【사료323】『삼국사기(三國史記)』新羅本紀 第七 문무왕(文武王) 十二年秋八月
【사료324】『삼국사기(三國史記)』高句麗本紀 第十 보장왕(寶藏王)(677년 02월(음))
【사료325】『삼국사기(三國史記)』高句麗本紀 第九 보장왕(寶藏王) 四年
【사료326】『삼국사기(三國史記)』고구려본기 제10 보장왕(寶藏王) 七年秋九月
【사료327】『삼국사기(三國史記)』고구려본기 제10 보장왕(寶藏王) 二十年秋八月
【사료328】『고려사』권127 열전 권제40 반역(叛逆)
【사료329】『자치통감(資治通鑑)』卷四十九 漢紀四十一 孝安皇帝
【사료330】『삼국사기(三國史記)』고구려본기 제1 유리왕(琉璃王) 33년 8월
【사료331】『삼국사기(三國史記)』고구려본기 제3 태조대왕(太祖大王) 3년
【사료332】『삼국사기(三國史記)』고구려본기 제3 태조대왕(太祖大王) 53년 1월
【사료333】『후한서(後漢書)』卷一下 光武帝紀 第一下
【사료334】『위서(魏書)』거란전
【사료335】『삼국사기(三國史記)』고구려본기 제7 양원왕(陽原王) 七年秋九月
【사료336】『삼국사기(三國史記)』고구려본기 제8 영양왕(嬰陽王) 十八年
【사료337】『고려사』세가 권제5 덕종(德宗) 2년(1033) 8월(1033년 8월 25일(음) 무오
【사료338】『고려사절요』권4 덕종경강대왕(德宗敬康大王) 덕종(德宗) 2년 8월(1033)
【사료339】『고려사』세가 권제5 덕종(德宗) 3년 3월(1034년 3월 27일(음) 정해(丁亥)
【사료340】『고려사절요』권4 덕종경강대왕(德宗敬康大王) 덕종(德宗) 3년(1034) 3월
【사료341】『고려사』정종10년 11월 1044년 11월 18일(음) 을해(乙亥)
【사료342】『고려사절요』권4 정종용혜대왕(靖宗容惠大王) 정종(靖宗) 10년 11월
【사료343】『고려사절요』권8 예종2(睿宗二) 예종(睿宗) 12년 3월
【사료344】『고려사』권82 지 권제36 병2(兵 二) 성보 1029년 미상(음)
【사료345】『고려사』권137 열전 권제50 우왕(禑王) 14년 2월
【사료346】『요사』二國外記 高麗 開泰 원년(A.D.1012; 高麗 顯…
【사료347】『고려사』세가 권제4 현종(顯宗) 6년 1월
【사료348】『고려사절요』권3 현종원문대왕(顯宗元文大王) 현종(顯宗) 6년 1월

475

【사료349】『고려사』세가 권제4 현종(顯宗) 6년
【사료350】『고려사절요』권3 현종원문대왕(顯宗元文大王) 현종(顯宗) 6년 미상
【사료351】『삼국사기(三國史記)』卷第十五 高句麗本紀 第三 태조대왕(太祖大王) 46년 3월
【사료352】『고려사』권82 지 권제36 병2(兵 二) 성보
【사료353】『조선왕조실록』태종실록 31권, 태종 16년 3월 25일 정사 4번째기사 1416년
【사료354】『삼국사기(三國史記)』신라본기 제6 문무왕(文武王) 2년 1월 23일
【사료355】『삼국사기(三國史記)』백제본기 제6 의자왕(義慈王)
【사료356】『삼국사기(三國史記)』신라본기 제9 선덕왕(宣德王) 三年春二月
【사료357】『삼국사기(三國史記)』신라본기 제10 헌덕왕(憲德王) 十四年春三月
【사료358】『삼국사기(三國史記)』신라본기 제5 태종(太宗) 무열왕(武烈王) 7년 6월 18일
【사료359】『삼국사기(三國史記)』열전 제2 김유신(金庾信) 중(中)
【사료360】『삼국사기(三國史記)』신라본기 제10 헌덕왕(憲德王) 八年春一月
【사료361】『삼국사기(三國史記)』열전 제10 궁예(弓裔)
【사료362】『삼국사기(三國史記)』신라본기 제12 효공왕(孝恭王) 二年秋七月
【사료363】『삼국사기(三國史記)』열전 제10 궁예(弓裔) 송악군을 도읍으로 삼다
【사료364】『삼국사기(三國史記)』신라본기 제12 효공왕(孝恭王) 七年
【사료365】『삼국사기(三國史記)』신라본기 제10 헌덕왕(憲德王) 十一年秋七月
【사료366】『고려사절요』현종(顯宗) 9年 12월 1018년 12월 10일
【사료367】『한원(翰苑)』「번이부 고려(蕃夷部 高麗)」
【사료368】『삼국사기(三國史記)』고구려본기 제1 시조 동명성왕(東明聖王) 一年
【사료369】『고려사』지 권제36 병2성보 의주 · 화주 · 철관에 성을 쌓다 1222년 미상(음)
【사료370】『조선왕조실록』태조실록 1권, 총서 44번째 기사
【사료371】『고려사절요』권3 현종(顯宗) 5년 10월 미상
【사료372】『고려사절요』권3 현종(顯宗) 1년 11월 1010년 11월 16일
【사료373】『삼국사기(三國史記)』권 제16 고구려본기 제4 산상왕(山上王) 21년 8월
【사료374】『사불허북국거상표(謝不許北國居上表)』
【사료375】『오대회요(五代會要)』五代會要 卷三十 渤海
【사료376】『유취국사』
【사료377】『신오대사(新五代史)』사이부록(四夷附錄) 발해 [渤海] 貴族의 姓은 大氏이다.
【사료378】『속일본기(續日本記)』卷32, 寶龜 3年 2月(己卯)
【사료379】『삼국사기(三國史記)』열전 제10 궁예(弓裔) (0901년 (음))
【사료380】『삼국사기(三國史記)』신라본기 제12 효공왕(孝恭王) 五年
【사료381】『삼국사기(三國史記)』열전 제10 궁예(弓裔) 궁예가 죽다.
【사료382】『삼국사기(三國史記)』열전 제10 궁예(弓裔) 공포정치를 펴다.
【사료383】『삼국유사』권 제1 왕력(王曆)
【사료384】『고려사』지 권제12 지리3「교주도」
【사료385】『고려사』지 권제12 지리3「서해도」
【사료386】『삼국사기(三國史記)』열전 제10 궁예(弓裔) 양길에게
【사료387】『태평어람(太平御覽)』목록 권 제4 주군부(제160권 주군부6 하남도하)

【사료388】『자치통감(資治通鑑)』卷二百一十三 唐紀二十九 玄宗
【사료389】『신당서(新唐書)』卷一百三十六 列傳 第六十一 오승차전(烏承玼(比))
【사료390】『삼국사기(三國史記)』고구려본기 제9 보장왕(寶藏王) 三年冬十一月
【사료391】『삼국사기(三國史記)』신라본기 제11 진성왕(眞聖王) 八年冬十月
【사료392】『삼국사기(三國史記)』신라본기 제12 경애왕(景哀王) 三年夏四月
【사료393】『삼국사기(三國史記)』권 제50 열전 제10 견훤(甄萱)
【사료394】『삼국사기(三國史記)』권 제50 열전 제10 견훤(甄萱)
【사료395】『삼국유사』권 제2 기이(紀異第二) 후백제(後百濟) 견훤(甄萱)
【사료396】『고려사』세가 권 제1 태조(太祖) 11년 8월 928년 8월 미상(음)
【사료397】『삼국사기(三國史記)』권 제50 열전 제10 견훤(甄萱)
【사료398】『삼국유사』권 제2 기이(紀異第二) 후백제(後百濟) 견훤(甄萱)
【사료399】『고려사』권2 태조(太祖) 19년 12월(936년 미상(음))
【사료400】『삼국사기(三國史記)』권 제28 백제본기 제6 의자왕(義慈王) 二十年
【사료401】『삼국사기(三國史記)』신라본기 제11 진성왕(眞聖王) 十一年冬十二月四日
【사료402】『송사(宋史)』「外國列傳 定安國」
【사료403】『고려사』권5 세가 권제5 현종(顯宗) 17년 윤5월 1026년 윤5월 19일(음) 갑자(甲子)
【사료404】『고려사』권3 세가 권제3 성종(成宗) 14년 9월 10도를 획정하다 995년 9월 7일(음)
【사료405】『고려사절요』권2 성종(成宗) 14년 7월
【사료406】『고려사』권12 세가 권제12 예종(睿宗) 3년 2월 1108년 2월 27일(음) 무신(戊申)
【사료407】『고려사절요』권7 예종(睿宗) 3년 2월 1108년 2월 미상(음)
【사료408】『고려사절요』권7 예종(睿宗) 3년 3월 1108년 3월 미상(음)
【사료409】『고려사』권82 지 권제36 병2(兵 二) 성보 1108년 미상(음)
【사료410】『고려사』예종 4년 2월 1109년 2월 28일(음) 계묘(癸卯), 1109년 3월 31일(양)
【사료411】『고려사』예종 4년 7월 1109년 7월 3일(음) 병오(丙午), 1109년 8월 1일(양)
【사료412】『조선왕조실록』세종실록84권, 세종21년 3월 6일 갑인 2번째기사 1439년
【사료413】『조선왕조실록』세종실록86권, 세종21년 8월 6일 임오 2번째기사 1439년
【사료414】『조선왕조실록』세종실록155권, 地理志 咸吉道 吉州牧 慶源都護府
【사료415】『고려사』권82 지 권제36 병2(兵 二) 성보 994년 미상(음)
【사료416】『고려사절요』권2 성종(成宗) 13년 미상 994년 미상(음)
【사료417】『고려사』권82 지 권제36 병2(兵 二) 성보 995년 미상(음)
【사료418】『고려사절요』권2 성종(成宗)14년 7월 995년 7월 미상(음)
【사료419】『고려사』권82 지 권제36 병2(兵 二) 성보 995년 미상(음) 영주에 ~성을 쌓다.
【사료420】『고려사』권82 지 권제36 병2(兵 二) 성보 995년 미상(음) 맹주에 ~성을 쌓다.
【사료421】『고려사』권82 지 권제36 병2(兵 二) 성보 996년 미상(음) 선주에 ~성을 쌓다.
【사료422】『고려사절요』권2 성종(成宗) 15년 미상(음)
【사료423】『송사전(宋史筌)』「요열전(遼列傳)」
【사료424】『송사(宋史)』卷487 列傳246 外國3 高麗 宋 眞宗 大中祥符 2年 1009년 미상(음)
【사료425】『속 자치통감』卷第三十 宋紀三十
【사료426】『고려사』卷九十四 列傳 卷第七 諸臣 서희,

【사료427】『동사강목』제6하
【사료428】『고려사』권82 지 권제36 병2(兵 二) 성보 습홀과 송성에 성을 쌓다 960년 미상(음)
【사료429】『삼국유사』제1 기이(紀異第一) 북부여(北扶餘)
【사료430】『동사강목』「안시성고(安市城考)」
【사료431】『주례(周礼)』「오좌진산(五座镇山)」
【사료432】『사기』「제태공세가」
【사료433】『태평환우기(太平寰宇記)』卷70「河北道 十九 平州」
【사료434】『명사(明史)』「지리지(地理志) 영평부(永平府)」
【사료435】『대명일통지』「영평부」
【사료436】『독사방여기요(讀史方輿紀要)』卷十七 北直八/卷十八 北直九
【사료437】『삼국사기(三國史記)』고구려본기 제5 고국원왕(故國原王) 十二年冬十月
【사료438】『진서』권124 載記 第二十四
【사료439】『수서』권61 열전26「우문술전」
【사료440】『대명일통지』권25「요동도지휘사사」고적 살수
【사료441】『조선왕조실록』세종실록154권, 지리지 평안도 안주목
【사료442】『동사강목』「살수고(薩水考)」
【사료443】『삼국사기(三國史記)』고구려본기 제2 대무신왕(大武神王) 27년 9월
【사료444】『후한서(後漢書)』卷七十六 순리열전(循吏列傳) 第六十六「왕경(王景)」
【사료445】『삼국사기(三國史記)』고구려본기 제7 문자왕(文咨王) 三年秋七月
【사료446】『삼국사기(三國史記)』백제본기 제4 동성왕(東城王) 十六年秋七月
【사료447】『삼국사기(三國史記)』신라본기 제3 소지(炤知) 마립간(麻立干) 16년 7월
【사료448】『조선왕조실록』세종실록154권, 지리지 평안도
【사료449】『고려사』권16 세가 권제16 인종(仁宗) 12년 2월 1134년 2월 29일(음) 기유(己酉)
【사료450】『고려사』권3 세가 권제3 성종(成宗) 9년 9월 990년 9월 7일(음) 기묘(己卯)
【사료451】『고려사절요』권3 현종(顯宗) 10년 2월 1019년 2월 1일
【사료452】『고려사』권82 지 권제36 병2(兵 二) 성보 1050년 미상(음)
【사료453】『고려사』권24 세가 권제24 고종(高宗) 45년 12월 1258년 12월 14일(음) 기축(己丑)
【사료454】『조선왕조실록』세종실록 세종 지리지 함길도
【사료455】『고려사』세가 권제26 원종(元宗) 11년 2월 1270년 2월 7일(음)
【사료456】『조선왕조실록』성종실록 134권, 성종 12년 10월 17일 무오 1번째기사 1481년
【사료457】『명사(明史)』지 第十七 地理 二 철령위(鐵嶺衛)
【사료458】『삼국사기(三國史記)』권 제34 잡지 제3 지리(地理)一 신라(新羅)
【사료459】『수경주』「하수3」
【사료460】『후한서』권3「장제기 제3」
【사료461】『무경총요』권16 상「변방 정주로」
【사료462】『서경』〈하서〉「우공」제10장
【사료463】『東國輿地勝覽(동국여지승람)』「序文(서문)」
【사료464】『한서』〈엄주오구주부서엄종왕가전〉「가연지열전」
【사료465】『독사방여기요』「직예8 영평부」

【사료466】『수경』「패수」

【사료467】『수경주』「패수」

【사료468】『설문해자』

【사료469】『독사방여기요』1678「요동행도사」

【사료470】『삼국사기(三國史記)』백제본기 제2 근초고왕(近肖古王) 26년

【사료471】『삼국사기(三國史記)』백제본기 제1 시조 온조왕(溫祚王) 38년

【사료472】『후한서』「광무제 본기」

【사료473】『후한서』「배인열전」

【사료474】『상서대전』「은전 홍범조」

【사료475】『사기』「송미자세가」

【사료476】『고려사』권63 지 권제17 예5(禮 五) 길례소사 잡사 1102년 10월 1일(음) 임자(壬子)

【사료477】『고려사』권63 지 권제17 예5(禮 五) 길례소사 잡사 1325년 10월 미상(음)

【사료478】『고려사』권63 지 권제17 예5(禮 五) 길례소사 잡사 1356년 6월 미상(음)

【사료479】『고려사』권63 지 권제17 예5(禮 五) 길례소사 잡사 1371년 12월 미상(음)

【사료480】『조선왕조실록』태조실록 1권, 태조 1년 8월 11일 경신 2번째기사 1392년 (임신)

【사료481】『조선왕조실록』태종실록 14권, 태종 7년 10월 9일 기축 1번째기사 1407년 (정해)

【사료482】『조선왕조실록』태종실록 23권, 태종 12년 6월 6일 기미 2번째기사 1412년 (임진)

【사료483】『조선왕조실록』세종실록 29권, 세종 7년 9월 25일 신유 4번째기사 1425년 (을사)

【사료484】『조선왕조실록』세종실록 35권, 세종 9년 3월 13일 신축 1번째기사 1427년

【사료485】『조선왕조실록』세종실록 37권, 세종 9년 8월 21일 병자 3번째기사 1427년

【사료486】『조선왕조실록』세종실록 40권, 세종 10년 6월 14일 을미 5번째기사 1428년

【사료487】『조선왕조실록』세종실록 44권, 세종 11년 5월 7일 임자 4번째기사 1429년

【사료488】『조선왕조실록』세종실록 45권, 세종 11년 7월 4일 무신 6번째기사 1429년

【사료489】『조선왕조실록』세종실록 51권, 세종 13년 1월 10일 을해 5번째기사 1431년

【사료490】『조선왕조실록』세종실록 75권, 세종 18년 12월 26일 정해 4번째기사 1436년

【사료491】『고려사』세가 권제1 태조(太祖) 원년 9월 918년 9월 26일(음) 병신(丙申)

【사료492】『삼국사기(三國史記)』신라본기 제12 경명왕(景明王) 三年

【사료493】『고려사』세가 권제1 태조(太祖) 2년 1월 919년 1월 미상(음)

【사료494】『고려사』세가 권제1 태조(太祖) 10년 12월 927년 12월 미상(음)

【사료495】『고려사』세가 권제2 태조(太祖) 16년 3월 933년 3월 5일(음) 신사(辛巳)

【사료496】『고려사』권71 지 권제25 악2(樂 二) 속악 서경

【사료497】『삼국사기(三國史記)』백제본기 제2 근초고왕(近肖古王) 26년

【사료498】『고려사』지 권제10 지리1(地理 一) 양광도 남경유수관 양주

【사료499】『삼국사기(三國史記)』잡지 제6 지리(地理)四 고구려(高句麗) '국내성'

【사료500】『조선왕조실록』세종실록152권, 지리지 황해도 해주목

【사료501】『한서(漢書)』卷28下 地理志 第8下

【사료502】『자치통감』"건흥 원년(建興元年)(AD313년)"조의 4월 기사

【사료503】『삼국사기(三國史記)』고구려본기 제5 미천왕(美川王) 15년 9월

【사료504】『삼국사기(三國史記)』고구려본기 제10 寶藏王 668년 02월(음)

【사료505】『삼국사기(三國史記)』 신라본기 제6 문무왕(文武王) 10년 7월
【사료506】『동사강목』 부록 하권 「마자수고(馬訾水考)」 [안정복(安鼎福)]
【사료507】『자치통감(資治通鑑)』 卷一百八十一 隋紀五 煬皇帝 (大業八年(612) 五月 壬午)
【사료508】『삼국사기(三國史記)』 고구려본기 제1 유리왕(琉璃王) 22년 10월
【사료509】『삼국사기(三國史記)』 고구려본기 제4 산상왕(山上王) 13년 10월
【사료510】『삼국사기(三國史記)』 고구려본기 제1 유리왕(琉璃王) 21년 3월
【사료511】『삼국사기(三國史記)』 고구려본기 제6 고국원왕(故國原王) 十二年春二月
【사료512】『삼국사기(三國史記)』 고구려본기 제6 고국원왕(故國原王) 十三年秋七月
【사료513】『삼국유사』 권 제1 왕력(王曆)
【사료514】『삼국사기(三國史記)』 고구려본기 제6 고국원왕(故國原王) 十二年秋八月
【사료515】『삼국사기(三國史記)』 고구려본기 제7 문자왕(文咨王) 三年春二月
【사료516】『삼국지(三國志)』 魏書 三十 「오환선비동이(烏丸鮮卑東夷)」 鮮卑
【사료517】『자치통감』 卷九十六 晉紀十八 顯宗成皇
【사료518】『상서대전(尙書大典)』
【사료519】『산해경(山海經)』「대황북경(大荒北經)」
【사료520】『삼국유사』 卷 第一 제1 기이(紀異第一) 동부여(東扶餘)
【사료521】『위서(魏書)』 卷七下 高祖紀 第七下 (太和十有三年(489)) 冬十月甲申
【사료522】『삼국사기(三國史記)』 고구려본기 제6 長壽王 489년 10월(음)
【사료523】『삼국사기(三國史記)』 고구려본기 제6 장수왕(長壽王) 七十二年冬十月
【사료524】『서경(書經)(상서)』 하서(夏書) 제1편 우공(禹貢)
【사료525】『산해경』「해내서경」
【사료526】『삼국사기(三國史記)』 고구려본기 제6 고국원왕(故國原王) 三十九年秋九月
【사료527】『삼국사기(三國史記)』 백제본기 제2 근초고왕(近肖古王) 24년 9월
【사료528】『삼국사기(三國史記)』 신라본기 제3 소지(炤知) 마립간(麻立干) 17년 8월
【사료529】『삼국사기(三國史記)』 신라본기 제3 나물(奈勿) 이사금(尼師今) 42년 7월
【사료530】『삼국사기(三國史記)』 신라본기 제3 나물(奈勿) 이사금(尼師今) 45년 08월/10월
【사료531】『삼국사기(三國史記)』 백제본기 제2 근초고왕(近肖古王) 24년 11월
【사료532】『삼국사기(三國史記)』 고구려본기 제6 광개토왕(廣開土王)
【사료533】『삼국사기(三國史記)』 백제본기 제3 진사왕(辰斯王) 8년 10월
【사료534】『삼국사기(三國史記)』 백제본기 제3 아신왕(阿莘王) 2년 8월
【사료535】『삼국사기(三國史記)』 백제본기 제3 진사왕(辰斯王) 3년 9월
【사료536】『삼국사기(三國史記)』 신라본기 제3 나물(奈勿) 이사금(尼師今) 40년 8월
【사료537】『삼국사기(三國史記)』 백제본기 제1 시조 온조왕(溫祚王) 원년
【사료538】『삼국사기(三國史記)』 백제본기 제1 시조 온조왕(溫祚王) 13년 9월
【사료539】『삼국사기(三國史記)』 백제본기 제1 시조 온조왕(溫祚王) 14년 1월
【사료540】『삼국사기(三國史記)』 백제본기 제1 시조 온조왕(溫祚王) 14년 7월
【사료541】『삼국사기(三國史記)』 백제본기 제1 시조 온조왕(溫祚王) 15년 1월
【사료542】『삼국사기(三國史記)』 백제본기 제2 근초고왕(近肖古王) 26년
【사료543】『삼국사기(三國史記)』 백제본기 제2 근구수왕(近仇首王) 3년 10월

【사료544】『삼국사기(三國史記)』 백제본기 제4 문주왕(文周王) 一年冬十月
【사료545】『삼국유사』 卷 第一 王曆
【사료546】『삼국사기(三國史記)』 백제본기 제4 동성왕(東城王) 十三年夏六月
【사료547】『삼국사기(三國史記)』 잡지 제6 지리(地理)四 백제(百濟)
【사료548】『삼국사기(三國史記)』 신라본기 제8 신문왕(神文王) 686년 2월(음)
【사료549】『삼국사기(三國史記)』 신라본기 제7 문무왕(文武王) 十一年春一月
【사료550】『삼국사기(三國史記)』 잡지 제5 지리(地理)三 신라(新羅)
【사료551】『삼국사기(三國史記)』 백제본기 제4 성왕(聖王) 四年冬十月
【사료552】『삼국사기(三國史記)』 백제본기 제5 위덕왕(威德王) 一年冬十月
【사료553】『삼국사기(三國史記)』 신라본기 제4 진흥왕(眞興王) 15년 7월
【사료554】『삼국사기(三國史記)』 백제본기 제4 성왕(聖王) 三十二年秋七月
【사료555】『삼국사기(三國史記)』 열전 제3 김유신(金庾信) 하
【사료556】『일본서기(日本書紀)』 권 19 天國排開廣庭天皇 欽明天皇
【사료557】『삼국유사』 기이제1(紀異第一) 진흥왕(眞興王)
【사료558】『조선왕조실록』 세종실록 149권, 지리지 충청도 청주목 옥천군
【사료559】『일본서기(日本書紀)』 권 19 天國排開廣庭天皇 欽明天皇 13년(0552년 (음))
【사료560】『삼국사기(三國史記)』 백제본기 제6 의자왕(義慈王) 二十年
【사료561】『자치통감(資治通鑑)』 卷二百 唐紀十六 高宗天皇大聖
【사료562】『책부원구(冊府元龜)』 卷九百八十六 外臣部 三十一
【사료563】『구당서(舊唐書)』 列傳 第三十三 「소정방 열전」
【사료564】『신당서(新唐書)』 卷一百一十一 列傳 第三十六 「소정방 열전」
【사료565】『삼국사기(三國史記)』 고구려본기 제10 보장왕(寶藏王) 七年春一月
【사료566】『삼국사기(三國史記)』 고구려본기 제10 보장왕(寶藏王) 七年夏四月
【사료567】『삼국사기(三國史記)』 고구려본기 제10 보장왕(寶藏王) 七年秋九月
【사료568】『산해경(山海經)』 「남산경 남차이경(南次二經)」
【사료569】『삼국사기(三國史記)』 백제본기 제6 의자왕(義慈王) 十六年春三月
【사료570】『삼국사기(三國史記)』 신라본기 제3 실성(實聖) 이사금(尼師今) 4년 4월
【사료571】『삼국사기(三國史記)』 신라본기 제3 눌지(訥祇) 마립간(麻立干) 28년 4월
【사료572】『삼국사기(三國史記)』 신라본기 제2 나해(奈解) 이사금(尼師今) 14년 7월
【사료573】『삼국사기(三國史記)』 신라본기 제1 파사(婆娑) 이사금(尼師今) 8년 7월
【사료574】『삼국사기(三國史記)』 신라본기 제2 조분(助賁) 이사금(尼師今) 4년 7월
【사료575】『삼국사기(三國史記)』 신라본기 제2 첨해(沾解) 이사금(尼師今) 3년 4월
【사료576】『삼국사기(三國史記)』 열전 제5 석우로(昔于老)
【사료577】『삼국유사』 권 제1 왕력(王曆)

참고 자료 목록

[단행본]

『욕망 너머의 고대사』, 2018, 서해문집, 젊은 역사학자 모임
『처음 읽는 부여사 : 한국 고대국가의 원류 부여사 700년』, 2015, 사계절, 송호정
『총균쇠』, 2005, 문학사상, 재레드 다이아몬드 저 ; 역자 김진준
『부여기마족과 왜』, 2006, 글을 읽다, 존 카터 코벨 저 ; 역자 : 김유경
『이야기로 떠나는 가야 역사여행』, 2009, 지식산업사, 이영식
『새 천년의 가락국사 : 한 권으로 읽는 가야사』, 2009, 김해향토문화연구소, 이영식
『가야 제국사 연구』, 2016, 생각과 종이, 이영식
『초기 고구려역사 연구 : 2007년 한중 고구려역사 학술회의』, 2007, 동북아역사재단, 동북아역사재단 중국사회과학원 편
『광개토왕비의 재조명』, 2013, 동북아역사재단, 연민수·서영수외
『역주 일본서기 1,2,3』, 2013, 동북아역사재단, 연민수 등 지음
『(譯註) 翰苑』, 2018, 동북아역사재단, 동북아역사재단 한국고중세사연구소 엮음
『고대 한일 관계사』, 1988, 한마당, 김석형
『일본에서 조선 소국의 형성과 발전』, 1990, 평양 백과사전출판사, 조희승
『초기 조일 관계사 1-3』, 2010, 사회과학출판사, 조희승·김석형
『(북한학자 조희승의) 임나일본부 해부』, 2019, 말, 이덕일
『古代韓日關係와 日本書紀』, 2001, 일지사, 최재석
『고대한일관계사 연구 비판』, 2010, 경인문화사, 최재석
『고조선은 대륙의 지배자였다』, 2006, 역사의 아침, 이덕일·김병기
『(이덕일의) 한국 통사』, 2019, 다산초당, 이덕일
『조선사편수회 식민사관 비판1-한사군은 요동에 있었다』, 2020, 한가람역사문화연구소, 이덕일
『압록과 고려의 북계』, 2017, 인하대 고조선연구소 연구총서, 주류성·윤한택·복기대·남의현 외
『고구려의 평양과 그 여운』, 2018, 인하대 고조선연구소 연구총서, 주류성, 복기대 외
『동북아 대륙에서 펼쳐진 우리 고대사』, 2012, 지식산업사, 황순종
『임나일본부는 없었다』, 2016, 만권당, 황순종
『가야와 임나』, 1995, 동방미디어, 이희진
『백제사 미로찾기』, 2009, 소나무, 이희진
『임나신론(역설의 한일 고대사)』, 1995, 고려원, 김인배·김문배 공저

『새로쓰는 한일 고대사)』, 2010. 동아일보사, 김운회
『우리가 배운 백제는 가짜다 : 부여사로 읽는 한일고대사』, 2017, 역사의 아침, 김운회
『한사군은 중국에 있었다』, 2018, 우리역사연구재단, 문성재
『한국고대사와 한중일의 역사왜곡』, 2018, 우리역사연구재단, 문성재
『임나의 인명』, 2019, 유페이퍼, 최규성
『임나의 지명』, 2019 유페이퍼, 최규성
『한단고기』, 1986, 정신세계사, 임승국
『일본의 역사는 없다』, 2000, 아세아문화사, 최성규
『거꾸로 보는 고대사』, 2010, 한겨레출판, 박노자
『고구려가 왜 북경에 있을까』, 2012, 글누림, 김호림
『고조선으로 가는 길』, 2015, 마고문화, 김봉렬
『세종실록 지리지와 고려사 지리지의 역사지리 인식』, 2006, 조선시대사학회, 조성을
『백제와 다무로였던 왜나라들 : 이제까지 감춰진 한·일 고대사의 비밀』, 2013, 글로벌콘텐츠, 김영덕
『고려사와 고려사절요의 사료적 특성』, 2019, 지식산업사, 노명호
『밝혀진 고려역사 : 통일신라의 실체』, 2019, 홍익기획출판, 한창건
『동명왕편 : 신화로 읽는 고구려의 건국 서사시』, 2019, 아카넷, 이규보 저·조현설 역해
『廣開土王碑文의 世界』, 2007, 제이앤씨, 권오엽
『桓檀古記 역주본』, 2012, 상생출판, 桂延壽 編著·안경전 역주
『흠정만주원류고』, 2018, 글모아, 남주성 역주
『광개토대왕릉비 : 동북아 시대를 맞아 우리의 광개토대왕릉비를 말한다』, 2014, 새녘, 이형구·박노희
『낙랑고고학개론』, 2014, 진인진, 중앙문화재연구원
『유라시아 역사 기행 : 한반도에서 시베리아까지, 5천 년 초원 문명을 걷다』, 2015, 민음사, 강인욱
『(고구려 평양성에서 바라보는) 초주와 해주』, 2012, 어드북스, 김진경
『고구려-발해인 칭기스 칸 1·2』, 2015, 비봉출판사, 전원철
『(한반도에) 백제는 없었다』, 2021, 시간의 물레, 오운홍
『삼국사기 바로알기』, 2022, 키메이커, 김기홍

[논문 외]

「고조선사 연구 방법론의 새로운 모색」, 2017, 인문학연구 제14호, 송호정
「집안고구려비의 성격과 고구려의 수묘제 개편」, 2014, 한국고대사학회연구 제76집, 기경량
「사이비 역사학과 역사 파시즘」, 2016, 역사비평 통권114호, 기경량

「"학문은 '닫힌 결과' 강요해선 안 돼": '역사파시즘' 용어 제시한 기경량 강사, 대중 선동하는 사이비역사학 작심 비판 〈인터뷰〉」, 2016, 주간경향 통권1168호, 기경량
「한국 유사 역사학의 특성과 역사 왜곡의 방식」, 2018, 강원사학 제30집, 기경량
「낙랑군은 평양에 있었다」, 2017, 한올문학 통권 제161호, 기경량
「낙랑군은 평양에 있었다 : 사료 몰이해로 엉뚱한 주장하는 사이비역사가들 : 올바른 역사 연구에 전문적 훈련·지식 뒤따라야」, 2017, 한겨레21 통권1174호, 기경량
「가짜가 내세우는 '가짜' 프레임 : 2600기 무덤, 1만5천여 점 유물 등 낙랑군이 평양에 있었다는 물증을 무조건 가짜이고 조작이라 말하는 사이비역사가들의 망상」, 2017, 한겨레21 통권1175호, 기경량
「정치적인, 너무나 정치적인 광개토왕비 : 19세기 제국주의 일본이 속았다… 광개토왕비에 숨은 5세기 고구려인의 진짜 속내」, 2017, 한겨레21 통권1173호, 안정준
「광개토왕비 연구의 어제와 오늘 : 신묘년조 문제를 중심으로」, 2017, (내일을 여는)역사 제68호, 강진원
「광개토왕비문의 '安羅人戍兵'에 대한 재해석」, 2017, 동방학지 제178집, 신가영
「고조선의 이동과 강역의 변동」, 1988, 한국사시민강좌 2, 서영수
「위만조선의 형성과정과 국가적 성격」, 1996, 한국고대사연구 9, 한국고대사학회, 서영수
「관산성-새로운 동아시아 국제질서의 시작, 한강유역과 관산성」, 2019, 충청남도 역사문화연구원, 주보돈·노중국외
「임나일본부설의 허상과 가야제국」, 2016, 한국고대사학회 고대사 시민강좌 2016 하반기, 이영식
「이영식교수의 이야기 가야사 여행」, 2007, 국제신문사, 이영식
「고구려 평양의 진실」, 2016, 역사인문학강연, 복기대
「조선시대 실학자들의 역사 인식과 조선총독부 편수회의(조선사)」, 2018, 인하대학교 고조선연구소 학술회의, 윤한택
「한국사에서 단군인식- 나말 여초~조선 중기 단군인식의 전개와 우리 역사체계」, 2018, 인하대학교 고조선연구소 학술회의, 조성을
「광개토왕릉비문 '신묘년 조' 연구 고찰」, 2017, 석사학위몬문, 전희재
「廣開土好太王碑 硏究 100年. 上, 中, 下」, 1996, 高句麗硏究會
「廣開土大王 碑文 硏究」, 1987, 경남대학교 석사학위논문, 박병태
「고조선 말기 패수의 위치에 관한 제학설과 문제점」, 2017, 이찬구
「2016년 제2회 상고사 토론회」고조선 한의 경계, 패수는 어디인가?, 2016, 동북아역사재단, 김종서·이후석·박준형·심백강
「2016년 제3회 상고사 토론회」한국 상고사의 쟁점, 고조선과 연의 경계 만번한은 어디인가?, 2016, 동북아역사재단, 심백강·박준형·이후석·김종서
「서희 6주와 고려-거란전쟁지역 재고찰」, 2017, 남주성
「고구려 동성 연구의 현황과 과제」, 2014, 고구려발해학회, 양시은

지도 목록

[그림1] 삼수(습수, 열수, 산수)회지 위치도
[그림2] 요동, 요수 세 가지 개념
[그림3] 고대사 평양 여섯 가지
    ①하북성 위만조선 평양성
    ②산동성 고구려 졸본성인 나중의 남평양인 평양성
    ③고구려 천도지 하북성 평양성(=①위만조선 평양성)
    ④왜곡시킨 하북성 진황도시 노룡현
    ⑤왜곡시킨 위만조선 평양성 위치인 고려 서경 평양성인 요령성 요양,
    ⑥왜곡시킨 위만조선 평양성이자 고구려 및 고려 서경 평양성인 지금의 한반도 평양
[그림4] 일본교과서 중국 조조 위나라 한반도 점령도(공손씨 대방군)
[그림5] 중국 및 주류 강단 사학계 왜곡 비정 압록수, 대요수, 소요수, (서)안평현
[그림6] 압록수, 대요수, 소요수, 갈석산, 태백산, 흑수하, (서)안평현
[그림7] 공손씨 양평(요동성군), 대방군, 대방고지
[그림8] 중국 및 주류 강단 사학계 연나라 위치 비정
[그림9] 연나라와 고조선 위치도
[그림10] 일본 교과서 중국 진나라 한반도 점령도(진장성)
[그림11] 일본 교과서 중국 한나라 한반도 점령도(한사군)
[그림12] 요동외요, 좌갈석/요동고새, 우갈석
[그림13] 연5군, 한2군 위치 비정도
[그림14] 임유관. 마수산, 용성, (우)갈석산 비정도
[그림15] 주류 강단 사학계 왜곡 비정(압록수, 대수, 패수, 한수, 살수)
[그림16] 압록수, 대수, 패수, 한수, 살수, 평양성 위치 비정도
[그림17] 주류 강단 사학계 고구려 최대 영토 및 사국 비정도
[그림18] 고구려, 백제, 신라 영역도
[그림19] 백제 위치 강역도(동서남북 경계)
[그림20] 백제 하남 위례성 위치도
[그림21] 낙랑 이동과 예족(신라) 이동도
[그림22] 중국의 [위치 이동, 명칭 이동] 조작(탁록, 탁수, 거용관, 갈석산, 압록수, 요수, 노룡현, 용성, 등주, 서안평)
[그림23] 주류 강단 사학계 왜곡 비정(삼국지/후한서 동이 한전)
[그림24] 삼국지/후한서 동이 한전 비정도

[그림25] 주류 강단 사학계 통일신라 9주 5소경
[그림26] 한주, 삭주, 명주 비정 비교도
[그림27] 남옥저, 죽령 비정 비교도
[그림28] 중국/주류 강단 사학계의 거란 및 선비 위치 비정도
[그림29] 거란, 선비 위치 비정도
[그림30] 독산 비정 비교도
[그림31] 구천 비정 비교도
[그림32] 고구려 천리장성 위치 비교도
[그림33] 아차(단)성 비정 비교도
[그림34] 안동도호부 이동 비교도
[그림35] 고려 천리장(관)성 비정 비교도
[그림36] 주류 강단 사학계와 비주류 강단 사학계(재야) 고려 국경 및 동북 9성 비교도
[그림37] 통일신라 국경선 비정 비교도
[그림38] 신당서 가탐도리기 기록에 의한 위치 비정도
[그림39] 요사 지리지상 신라 및 옛 평양성(고구려 졸본성) 비정도
[그림40] 송악 철원 비정 비교도
[그림41] 주류 강단 사학계 발해 당나라 등주, 마도산 공격 비정도
[그림42] 발해 당나라 등주, 마도산 공격 비정도
[그림43] 산서(기주, 병주, 유주/산동(청주, 영주)
[그림44] 유주와 평주
[그림45] 주류 강단 사학계 고려, 거란(요) 여진 왜곡 비정도
[그림46] 고려 영역도
[그림47] 요택 위치 비정 비교도
[그림48] 주류 강단 사학계 발해5경 위치 비정도
[그림49] 발해5경 위치 비정도
[그림50] 동북9성 위치설
[그림51] 주류 강단 사학계 서희 강동 6주 위치 비정도
[그림52] 서희 8성 위치 비정도
[그림53] 『삼국사기』상의 졸본성의 위치 및 이에 대한 주류 강단 사학계의 왜곡과 교과서 비정
[그림54] 고죽국 왜곡 이동
[그림55] 살수(청천강), 환도성, 안시성 비정도
[그림56] 주류 강단 사학계 쌍성총관부, 동녕부 조작 비정
[그림57] 쌍성총관부, 동녕부 위치 비정도
[그림58] 주류 강단 사학계 고려 5도 양계
[그림59] 고려 북계, 동계 위치도
[그림60] 후한서 동이열전 왜전 "낙랑에서 왜로 가는 길"

[그림61] 삼국지 위서 오환선비동이전 왜전 "대방에서 왜로 가는 길"
[그림62] 고구려 수도 천도(주류 강단 사학계)
[그림63] 고구려 수도 천도
[그림64] 삼연(전연, 후연, 북연) 위치 비정도
[그림65] 중국/주류 강단 사학계의 북위 위치 비정도
[그림66] 북위 위치 비정도
[그림67] 광개토대왕비문 신묘년조 비교도
[그림68] 주류 강단 사학계 고구려 백제 한성 함락 공격 경로
[그림69] 고구려 백제 한성 함락 공격 경로
[그림70] 주류 강단 사학계 나당연합군 백제 공격 경로
[그림71] 나당연합군 백제 공격 경로

도표 목록

[도표1] 본 필자의 비판 대상인 이 논문의 비판 사료 이용
[도표2] 연 5군 및 현토·낙랑군 거리 적용 (『후한서』「군국지」)
[도표3] 중국사서 지리지상 소속현 규모 변화
[도표4] 연표
[도표5] 고조선 이동설 사서기록 분석표
[도표6] 임유관(현, 궁, 임삭궁) 비정
[도표7] 마수산(책) 비정
[도표8] 고구려, 백제, 신라, 왜의 거리 수치
[도표9] 백제 온조왕 활동 사항
[도표10] 죽령, 남옥저 비정
[도표11] 안동도호부 위치 비정
[도표12] 하(아)슬라 비정
[도표13] 니하, 우산성 비정
[도표14] 독산(禿山, 獨山)『삼국사기』기록 정리표
[도표15] 구천책(狗川柵), 구천(狗川), 구원(狗原) 비정
[도표16] 남옥저, 죽령 지방 영유권 변천 과정
[도표17] 아차(단)성 비정
[도표18] 나당전쟁 관련 중국사서『신당서』순서 조작
[도표19] 나당전쟁 관련『삼국사기』명칭 조작
[도표20] 부양(부현, 대부현) 비정
[도표21] 발해 5경 비정표
[도표22] 서희의 강동 6주(8주) 비정
[도표23] 서희의 강동 6주(8주) 위치 비정
[도표24] 패수에 대한 학설
[도표25] 고구려 천도 사실
[도표26] 치양, 주양, 패수, 패하, 패강 위치 비교표
[도표27] 신라 실성이사금 활동 사항
[도표28] 수나라 고구려 공격루트 비정(AD612년 6월, 고구려 영양왕 23년)
[도표29] 백제 천도 사실
[도표30] 백제 말기 산동성 활동 기록
[도표31] 나당연합군 백제 침략 경로 위치 비정표
[도표32] 백제 항복 주체 논란 및 예씨 선조 유래
[도표33] 이영식 교수 가야 비정 비교표
[도표34] 가야와 포상8국 비교표